Segurança Pública

Segurança Pública

DIREITO, DEVER E RESPONSABILIDADE

2020

Nathan Glina

ALMEDINA

SEGURANÇA PÚBLICA
DIREITO, DEVER E RESPONSABILIDADE

AUTOR: Nathan Glina
DIRETOR ALMEDINA BRASIL: Rodrigo Mentz
EDITORA JURÍDICA: Manuella Santos de Castro
EDITOR DE DESENVOLVIMENTO: Aurélio Cesar Nogueira
ASSISTENTES EDITORIAIS: Isabela Leite e Marília Bellio

DIAGRAMAÇÃO: Cláudia Lorena
DESIGN DE CAPA: Roberta Bassanetto

ISBN: 9786556270968
Outubro, 2020

Dados Internacionais de Catalogação na Publicação (CIP)
(Câmara Brasileira do Livro, SP, Brasil)

Glina, Nathan
Segurança pública : direito, dever e
responsabilidade / Nathan Glina. -- 1. ed. --
São Paulo : Almedina, 2020.

ISBN 978-65-5627-096-8

1. Direito penal 2. Direito penal - Brasil
3. Responsabilidade (Direito) 4. Segurança pública
I. Título.

20-42340 CDU-34:351.78

Índices para catálogo sistemático:

1. Segurança pública : Direito 34:351.78

Maria Alice Ferreira - Bibliotecária - CRB-8/7964

Este livro segue as regras do novo Acordo Ortográfico da Língua Portuguesa (1990).

EDITORA: Almedina Brasil
Rua José Maria Lisboa, 860, Conj.131 e 132, Jardim Paulista | 01423-001 São Paulo | Brasil
editora@almedina.com.br
www.almedina.com.br

"Ah! Desgraçados!
Um irmão é maltratado e vocês olham
para o outro lado?
Grita de dor o ferido e vocês ficam calados?
A violência faz a ronda e escolhe a vítima,
e vocês dizem:
"a mim ela es-tá poupando, vamos fingir
que não estamos olhando".
Mas que cidade?
Que espécie de gente é essa?
Quando campeia em uma cidade a
injustiça, necessário que alguem se levante.
Não havendo quem se levante, é pre-ferível
que em um grande incêndio, toda cidade
desapareça, antes que a noite desça."

Bertolt Brecht. "Ah, desgraçados!"

Dedico este trabalho aos filhos amados da terra brasileira, que mesmo padecendo de condições difíceis de vida, num cenário de violência intranquilizador, permanecem em sua esmagadora maioria honestos e não deixam de lutar por um país melhor.

AGRADECIMENTOS

Aos meus pais e à minha família, pela amizade, dedicação, carinho, educação que me forneceram, pela paciência, amor, apoio, incentivo, conselhos e colaboração imprescindíveis à realização deste projeto, registro minha gratidão eterna.

À minha filhinha, maior presente que um pai poderia sonhar, que na mais tenra idade, me inspira, alegra e desafia todos os dias a fazer o melhor sempre e a nunca desistir, num aprendizado recíproco diário.

Ao meu orientador professor Ricardo Hasson Sayeg, exemplo no exercício do magistério e na aplicação do Direito, que faz parte deste projeto desde a sua gênese, contribuindo com ideias, direcionamentos, críticas, incentivos e orientações valiosas, tornando possível a consecução deste trabalho.

Aos professores Antonio Carlos da Ponte e Willis Santiago Guerra Filho, absolutamente diferenciados no mundo acadêmico e profissional, pelas valiosas orientações, análises e críticas para o aprimoramento deste trabalho quando da realização da banca de qualificação.

Aos meus amigos, pelo apoio irrestrito e compreensão demonstrados ao longo deste trajeto pessoal e profissional.

LISTA DE FIGURAS

SUMÁRIO

1
Introdução

Segurança[1], sentir-se seguro (sentimento), estar seguro (estado, situação fática), sensação de segurança (crença, fé, estatística de sentimento por métricas definidas), ter segurança quanto a seus direitos (segurança jurídica e a necessária efetivação real de direitos declarados), afinal, o que é isso, na teoria e na prática, num mundo de riscos permanentes e cambiantes, de transformações evidentes e cada vez mais rápidas, de riscos compartilhados de todas as espécies? O que é e, em especial, o que deve ser a Segurança Pública na atualidade? Entre contradições, avanços e retrocessos, lutas e esperanças, sofrimento e fé, a importância do tema em análise, sociedade e segurança, vai se revelando ao espectador atônito de desgraças diárias no mundo da "hiperinformação".

Quem é este espectador e quais são os atores do drama da realidade nua e crua? A pessoa humana! Por sua natureza, ela é possuidora de consciência e racionalidade, aspirações e necessidades, que precisam ser preenchidas em suas diversas dimensões, para que possa viver uma existência digna e desenvolver em sua plenitude o seu potencial. O ser humano é complexo, contraditório, capaz de amar e destruir, demonstrar ternura e também ódio, ajudar e enganar, guerrear e fazer paz, exterminar semelhantes e

[1] Termo de amplitude semântica quanto aos significados possíveis que leva à necessidade de ser direcionado para objetos de interesse específicos, de forma a permitir a sua compreensão.

cuidar de enfermos, de atitudes altruístas e egoístas, de se revoltar em determinados temas e aceitar outros de forma insensível, de sacralizar e de profanar, de experiências místicas, religiosas, espirituais e também de um ceticismo absoluto, dentre diversas outras contradições. Um ser, de fato, admirável pelas possibilidades que encerra e, ao mesmo tempo, perigoso pelo mal que dele advém, potencializado pelo desenvolvimento de técnicas e conhecimentos.

Como o ser humano, que individual e coletivamente já é complexo, pode encontrar a paz, seja em isolamento, seja na convivência social? Como efetivar o direito à paz, direito este arrolado em Declarações de Direitos Humanos, numa sociedade de conflitos permanentes, culturas diferentes, anseios diversos, interesses distintos, mas com riscos compartilhados, desde pandemias, como a do denominado COVID-19 ou outras mais graves que porventura virão, até guerras químicas, biológicas, com armas de destruição em massa, ou ainda os riscos de exaurimento dos recursos naturais, econômicos, políticos, dentre tantos outros?

A paz e a guerra, a violência, a criminalidade e a segurança pública, nas *hipercomplexas* sociedades contemporâneas, com os diversos adjetivos a elas atribuídos para tentar destacar suas características, como industrializada, tecnológica, de riscos compartilhados, do medo, de concentração econômica e exclusão social, de performance, do cansaço, de consumo, de *hiperinformação*, globalizada, líquida, egoísta, individualista etc.: estes são temas não só presentes, mas de grande relevância.

Por maior que seja este desafio, é necessário encontrar caminhos, jurídicos e de outras áreas de conhecimento e ação, para se concretizar o direito à paz e também o direito à segurança pública, sob pena de, no futuro, a omissão no presente ocasionar a perda destes direitos antes mesmo que pudessem ter sido concretizados. Direitos nunca exercidos, nunca efetivados, infelizmente, acabam não sendo incorporados no ideário insuprimível de cada pessoa. Assim, não se tornam reais ao ponto de a violação despertar reações de luta por estes direitos. É isso o que se verifica na vida, quando a violação de direitos é tamanha e tão constante que já não causa mais reação, de tão banalizado torna-se aceito e as pessoas se acostumam a isso.

O costume, quando nocivo, é perigoso, ainda mais quando se trata de violação de direitos, pois o costume também é, ele mesmo, uma Fonte do Direito e, dele, pode se perpetuar tanto a inefetividade, quanto a supressão de direitos. A realidade e o Direito são, de uma forma simplificada, forças que estão sempre moldando os espaços uma das outras, ou seja, na medida em que o Direito muda a realidade, esta também muda o Direito. Direito e realidade, portanto, reagem um ao outro.

O grau de eficácia social e legitimidade das normas jurídicas e de um dado Ordenamento Jurídico revelam o nível de impactação do Direito na realidade, transformando-a e regendo-a. Igualmente, a produção de normas de forma incessante numa alteração que parece uma "dança das cadeiras acelerada", como ocorre no Brasil, em que se tem, ao mesmo tempo, mudanças de entendimentos judiciais que não chegam a se estabilizar, demonstram um grau de eficácia social e legitimidade diminuta das normas jurídicas e a realidade mudando o Direito, o que é percebido como falta de estabilidade e insegurança jurídica.

Não há problema algum em ocorrerem mudanças nas normas jurídicas, a vida muda e as normas também devem ser atualizadas, isso é normal. Mas a ineficácia social, a ilegitimidade das normas, o desrespeito aos direitos humanos, a violação da dignidade da pessoa humana e a falta de confiança nas instituições, além da insegurança jurídica não devem ser o normal. Quanto maior é o grau de efetivação dos direitos humanos em cada sociedade, maior é a sua contribuição para o progresso da civilização humana na aldeia global.

A mudança das normas e das condições de vida, portanto, deve ser direcionada para a melhoria tanto do Direito, quanto da realidade, não o contrário. É isso o que se busca com esta contribuição.

A análise jurídica do tema segurança pública, portanto, não pode ser completa sem a interlocução com os conhecimentos de outras áreas, pois o ser humano, racional e consciente, também é impulsivo, dotado de instintos, de inconsciente, arquétipos e diversas outras "influências" ou "essências", que apontam a necessidade de se buscar um conhecimento mais completo dos fenômenos sociais.

Afinal, segurança para quê? Para que as pessoas possam viver uma vida digna, em que seja possível se desenvolver em sua plenitude. Seria possível abordar temas como a paz, a segurança pública, a liberdade e a violência, sem se indagar o que motiva o ser humano a agir e quais são suas necessidades? Seria superficial e limitada uma análise sem levar em conta estas interlocuções.

Com efeito, conforme estudo de psicologia humana apresentado por MASLOW (1954)[2], logo após o atendimento às necessidades fisiológicas,

[2] Estudo esse que será abordado um pouco mais adiante.

a necessidade de segurança é a mais premente para a realização do ser humano. Mas, se considerada a visão antropológica biocultural, verifica-se que se trata de uma necessidade de primeira ordem.

Discutir o direito à segurança (gênero), portanto, é discutir o direito à proteção de uma necessidade de primeira grandeza, inerente a toda e qualquer pessoa, que propicia uma vida digna em sociedade.

No aspecto objetivo, o direito à segurança está positivado nos planos jurídicos nacional e internacional. Ele constitui um direito humano de que são titulares todas as pessoas, indistinta e independentemente da condição jurídica, cidadania, nacionalidade ou de onde estiver. A efetividade do direito à segurança é necessária para a concretização da dignidade da pessoa humana, para a busca da felicidade e o gozo dos demais direitos humanos.

A prestação de serviços públicos para atender à necessidade humana de segurança, portanto, é rigorosamente vinculada ao interesse público primário[3], isto é, da sociedade em busca do bem comum e não de interesses egoísticos de grupos determinados. Este interesse é o de se criar a condição para que as pessoas possam ter existência digna e se desenvolverem plenamente. Ela visa, assim, à promoção do bem-estar geral.

Os demais direitos humanos, notadamente à liberdade (liberdades públicas), não podem ser vistos, neste cenário, como antagonistas ao direito humano à segurança[4].

[3] Explica SOUZA (2007, p. 24), baseado em doutrina de Renato Alessi, que: "Nesse diapasão, o interesse público primário caracteriza o bem geral, o autêntico interesse da sociedade; o secundário, por seu turno, implica no modo pelo qual o Administrador Público interpreta os anseios sociais: se do primeiro decorreria autêntica autotutela, a impor decisão plebiscitária com relação a todos os problemas que viessem a afligir a sociedade, do segundo brota a decisão administrativa do Poder Público, calcada, não apenas nos interesses sociais, mas também em avaliação da necessidade, conveniência e oportunidade da adoção de determinada medida. Certo é que, de regra, as duas facetas do interesse público coexistem de forma harmônica. Sem embargo, a divisão fez surgir a concreta possibilidade de que eventual colidência entre ambas pudesse vir a ser válida e eficazmente dirimida por uma função do Poder com independência orgânica (em que pese integrada à estrutura Estatal), incumbida da resolução de conflitos - o Judiciário."

[4] Os direitos humanos reconhecidos em momentos ulteriores pela humanidade se prestam também e notadamente a garantir o uso e gozo das liberdades públicas.

Nas normas de direito internacional dos direitos humanos, a segurança pública foi prevista como limitação objetiva aos demais direitos, a fim de protegê-los, evitando que qualquer direito sirva de escudo para o seu exercício abusivo, para expor a risco e lesionar os direitos das outras pessoas. Nestes diplomas internacionais, a segurança pessoal e a segurança individual foram previstas como direitos, exatamente nos mesmos dispositivos que preveem o direito à vida e à liberdade, justamente em razão da interdependência de ambos[5]. O direito à segurança e especialmente a sua concretização protegem a pessoa, permitindo que ela exerça seus direitos de liberdade. Sem segurança, qual liberdade existiria e quanto se conseguiria exercê-la num mundo perigoso?

Não há liberdade absoluta, seja sob o ponto de vista natural, ante as próprias limitações do corpo e do intelecto do ser humano, seja no aspecto jurídico, diante da necessidade de se regrar ao menos minimamente as condutas humanas para propiciar a vida em sociedade, evitando o abuso, o massacre e o desprezo de uns contra outros, a violação de direitos alheios pela força, pela astúcia ou pela união de interesses egoísticos nefastos[6].

[5] Simbiose é um conceito de biologia, que serve para ilustrar a relação entre liberdade e segurança, considerados não como organismos, mas como direitos interdependentes, interrelacionados, incindíveis, em que para o gozo das liberdades é necessário assegurá-las. Simbiose no Dicionário HOUAISS (2009, p. 689) é definida como a "associação de dois organismos que vivem juntos, com benefício de ambos ou de apenas um deles." Este paralelo permite visualizar que, quando há equilíbrio na relação liberdade-segurança, potencializam-se ambos os direitos. Quando o desequilíbrio impera, apenas um acaba sendo melhor protegido, ou nenhum deles. Mas ambos são previstos nos diplomas internacionais de direitos humanos.

[6] Neste ponto, ressalte-se que só existe Direito em sociedades humanas. Para NAVARRO COELHO (2018) o Direito é um produto social: "Da vida em sociedade brota o direito. *Ex facto oritur jus.* O "ser" e o "outro", convivendo, realçam o social, e, por certo, do fato social projetam-se interesses, carências e aspirações a suscitar regulação. Daí valores. E são eles que fecundam o direito. Se o direito é dever-ser, é dever-ser de algo, já o disse Vilanova, o recifense, como a sublinhar que o axiológico não paira no ar, desvinculado da concretude e da vida. Os valores não são entes etéreos ou coleção de imperativos morais, imutáveis e intangíveis, tais quais essências sacrossantas. Não são supra-humanos nem nos chegam ab extra. Projetam-se do homem na história, do homem concreto, de um "estar aí no mundo com os outros". Das necessidades às aspirações e, daí, às normas. Assim, se o direito está na norma, por certo brotou do espaço cultural de cada povo com as suas aspirações e os seus valores, epifenômenos da experiência social, nucleada à volta do processo de reprodução da vida humana. Ocorre que os critérios e valores que informam historicamente a construção das legalidades vigentes trazem a marca dos interesses concretos, até mesmo conflitantes, que do fundo mais profundo da

Aliás, liberdade não é sinônimo de ausência de regras, de abolicionismo jurídico ou de anarquia[7]. Também não há segurança absoluta, dada a impossibilidade de se precaver, antever e impedir toda a série de eventos, acontecimentos e causas que acarretam a lesão à vida, integridade física, psicológica e moral, bem como ao patrimônio e aos demais bens sensíveis do ser humano.

Mesmo que existisse a liberdade absoluta, no mundo dos fatos e no âmbito jurídico, seria ela a aspiração da humanidade? Por óbvio que, sendo o homem "o lobo do próprio homem"[8], a insegurança que o estado de

sociedade emergem à luz colimando formalização e juridicidade. Trata-se então de dar forma, eficácia e vigência a prescrições que se reputam certas e necessárias à convivência humana e à ordem pública. Tudo isso é feito por meio de instituições que repassam para a ordem jurídica os conflitos de interesses existentes no meio social." Entendemos que o direito regulamenta a vida em sociedade, mas tanto o Direito muda a sociedade, quanto esta vai modificando o Direito num processo recíproco. Contudo, este processo de influência recíproca não deve ser visto atualmente, em pleno século XXI, na exata forma da denominada lei da ação e reação ou Terceira Lei de Newton. Isto porque não se pode olvidar as normas de direitos humanos e a dignidade da pessoa humana. Assim, ainda que se considere o Direito um produto social, não se admite qualquer previsão normativa (por exemplo, a supressão dos direitos dos que não detém o poder político ou econômico, ou a determinação da perda da condição humana para alguns). Neste sentido, lecionam SAYEG e BALERA (2019, p. 297), sob o prisma do direito quântico, que "Toda norma positiva, mesmo aquelas tidas como indiferentes, colocadas em perspectiva quântica, é norma de Direitos Humanos que, ao ser aplicada, deve satisfazer a Dignidade da Pessoa Humana, ainda que remotamente, desde que, conforme a reação do Direito Realidade diante do texto positivo".

7 Segundo lecionava CRUET (1908, pp. 287- 288): "Ao passo que o direito constitucional considera a lei como uma garantia de liberdade, a economia política teme-a como uma manifestação da autoridade. É uma questão de ponto de vista: para o direito constitucional, a lei é uma protecção do indivíduo contra o arbitrío governamental; para a economia política, é um modo de intervenção do Estado no domínio das transsacções privadas. Não há nisto nada de contradictorio. Sem dúvida, a liberdade não é a ausência de regras, a não há sociedade possível sem um mínimo de prescripções obrigatórias e com sancção, determinado as condições da vida commum, ou, para me exprimir como Kuat, da coexistência das liberdades: reconhecer em cada uma liberdade sem fronteira, seria mui simplesmente organizar o conflicto incessante e universal das forças individuais. Definir a liberdade, é seguramente limitá-la, mas é também dar a uma faculdade incerta e precária a estabilidade d'um direito incontestado e permanente. Nunca estamos seguros da propria liberdade, num país em que a dos outros não está garantida."

8 "*Homo homini lupus*", expressão latina atribuída a Plauto (254 a 184 a.C.) e popularizada por Thomas Hobbes, em 1651 em sua obra Leviatã, em que fundamenta a existência do contrato

social, explicando que o homem livre, no estado de natureza (não regido pelo Estado-Direito) está sempre pronto para atacar os seus semelhantes e se valer da força para sua própria satisfação, sendo necessário o controle e a força do Estado para retirar os cidadãos do estado de natureza, colocando-os sob o império da lei. Acerca da natureza humana, explica HOBBES (2003, p. 107) que: "Portanto, se dois homens desejam a mesma coisa, ao mesmo tempo que é impossível ela ser gozada por ambos, eles tornam-se inimigos. E no caminho para o seu fim (que é principalmente a sua própria conservação, e às vezes apenas o seu deleite) esforçam-se por se destruir ou subjugar um ao outro. E disto se segue que, quando um invasor nada mais tem a recear do que o poder de um único outro homem, se alguém planta, semeia, constrói ou possui um lugar cômodo, espera-se que provavelmente outros venham preparados com forças conjugadas, para o desapossar e privar, não apenas do fruto do seu trabalho, mas também da sua vida ou da sua liberdade. Por sua vez, o invasor ficará no mesmo perigo em relação aos outros." Assim, aponta o pensador que o estado de natureza do ser humano é de não haver segurança para nenhum homem (ou seja, insegurança para todos), concluindo que a regra geral da razão é de que todo homem deve buscar a paz: "E dado que a condição do homem (conforme foi declarado no capítulo anterior) é uma condição de guerra de todos contra todos, sendo neste caso cada um governado pela sua própria razão, e nada havendo de que possa lançar mão que não lhe ajude na preservação da sua vida contra os seus inimigos, segue-se que numa tal condição todo homem tem direito a todas as coisas, até mesmo aos corpos uns dos outros. Portanto, enquanto perdurar este direito natural de cada homem a todas as coisas, não poderá haver para nenhum homem (por mais forte e sábio que seja) a segurança de viver todo o tempo que geralmente a natureza permite aos homens viver. Consequentemente, é um preceito ou regra geral da razão: Que todo homem deve se esforçar pela paz, na medida em que tenha esperança de a conseguir, e caso não a consiga pode procurar e usar todas as ajudas e vantagens da guerra. A primeira parte desta regra encerra a primeira e fundamental lei de natureza, isto é, procurar a paz, e segui-la. A segunda encerra a súmula do direito de natureza, isto é, por todos os meios que pudermos, defendermo-nos a nós mesmos." (Ibidem, p. 113). Igualmente, FREUD (1976, p. 70) também aponta para esta característica do ser humano: "[...] é que os homens não são criaturas gentis que desejam ser amadas e que, no máximo, podem defender-se quando atacadas; pelo contrário, são criaturas entre cujos dotes instintivos deve-se levar em conta uma poderosa quota de agressividade. Em resultado disso, o seu próximo é, para eles, não apenas um ajudante potencial ou um objeto sexual, mas também alguém que os tenta a satisfazer sobre ele a sua agressividade, a explorar sua capacidade de trabalho sem compensação, utilizá-lo sexualmente sem o seu consentimento, apoderar-se de suas posses, humilhá-lo, causar-lhe sofrimento, torturá-lo e matá-lo. *Homo homini lupus.*"

Ainda no mesmo sentido, advertiu KANT em 1795 (2008, p.10) que: "O estado de paz entre os homens que vivem juntos não é um estado de natureza (*status naturalis*), o qual é antes

natureza geraria é incompatível com a vida em sociedade, ante os ciclos generalizados de violência e dominação que o uso da força e da astúcia combinada de pessoas contra pessoas acarretariam. A liberdade é, portanto, um direito relativo, que se sujeita aos deveres da vida em sociedade, em especial o limite de não ofensa aos direitos alheios[9].

Segurança e liberdade são duas faces da proteção à dignidade humana[10]. Assim, eventuais conflitos de interesses e direitos em casos concretos sempre devem ser resolvidos com a consciência do intérprete das normas jurídicas acerca da sua indivisibilidade, em função da qual não é possível ter liberdade plena sem segurança, nem a segurança absoluta e total teria serventia quando não existe liberdade alguma. Seria, aliás, certeza de insegurança, a busca de uma segurança que trouxesse a ausência de liberdades.

A liberdade e a segurança se conformam em espaços que devem permitir que ambos os direitos, com todos os valores e interesses postos em análise, sejam prestigiados pelo menos em algum grau e nenhum seja suprimido ou relativizado a ponto de se desfigurar em seu núcleo irredutível, tornando-se irreconhecível. As necessidades humanas postas em caso de conflito devem ser sempre sopesadas, para que as soluções aplicadas não configurem a aplicação de um Direito parcial, divorciado dos ditames da Justiça.

No plano da previsão normativa, a maior restrição à liberdade, para o fim de se proteger com maior força a segurança, ou a ampliação da liberdade com a consequente diminuição da segurança, são objetos de aprecia-

um estado de guerra, isto é, um estado em que, embora não exista sempre uma explosão das hostilidades, há sempre todavia uma ameaça constante. Deve, pois, instaurar-se o estado de paz; a omissão de hostilidades não é ainda a garantia de paz e, se um vizinho não proporcionar segurança a outro (o que só pode acontecer num estado legal), cada um pode considerar como inimigo a quem lhe exigiu tal segurança."

[9] Explica LIMA (1974, pp. 153 - 154), acerca do limite da liberdade que "O direito reconhece a liberdade da pessoa. Mas também reconhece a autoridade da comunidade, de cada comunidade, com relação a cada pessoa, a cada membro dessa comunidade. A vida social é um entrelaçamento contínuo desses direitos e desses deveres, como é uma tensão, também continua, entre liberdade a autoridade, por mais que aquela supere a esta, como anteriormente vimos, numa relação de fim (liberdade) a meio (autoridade). A liberdade, porém, sendo um fim relativo, está sujeita, por sua própria natureza, a *limitações*. E este direito provém do termo final (no plano natural) da vida social: a comunidade." (grifo do autor).

[10] Na lição de KANT (1984, p. 141), "a autonomia é pois o fundamento da dignidade da natureza humana e de toda a natureza racional".

ção popular direta ou por seus representantes nos Poderes de Estado, que constroem o arcabouço normativo com os espaços de conformação cabíveis a cada direito. O crivo judicial então formará a interpretação jurisprudencial acerca das normas e dos espaços e restrições nelas previstos, completando o sentido das normas jurídicas e a criação do Ordenamento Jurídico.

De qualquer forma, a segurança pública, em que a força estatal pode ser legitimamente desempenhada, não deve ser compreendida como mera garantia da ordem (seja qual for) e do Estado (ainda que se constitua de fato em algo meramente nocivo à população), pois sua legitimidade repousa na proteção aos bens jurídicos essenciais à dignidade da pessoa humana. A segurança pública, como segurança de direitos, assegurando-os no plano jurídico e fático, pela criação e efetividade de normas jurídicas idôneas, implementação de políticas públicas, colaboração público-privada e prestação de serviços públicos e sociais, é a única leitura possível deste direito, dever e responsabilidade trazido no artigo 144 da Constituição da República Federativa do Brasil, para evitar, por exemplo, a desestabilização e insegurança jurídica, a sensação crescente de insegurança das pessoas em relação a seus bens jurídicos, o domínio da força de uns contra outros, a escravidão, a servidão, o absolutismo, o totalitarismo, ditaduras, a seleção de pessoas para serem privadas de direitos ou como inimigas do Estado, ou outras formas discriminação desigualadora, exploração e desproteção retornem.

A segurança pública, deste modo, deve ser interpretada como um direito com conteúdo próprio, que engloba a garantia geral aos demais direitos humanos. Justamente por este motivo ela é prevista junto com a liberdade ou como restrição a esta, nas normas internacionais de direitos humanos: trata-se de um direito garantidor, que, para garantir, precisa restringir pondo limites ao exercício legítimo dos outros direitos, impedindo que o exercício ilimitado, abusivo ou desviado por alguém impeça o gozo dos direitos de outrem. O fim da segurança pública é garantir direitos de todos, não privilégios de alguns ou o massacre de muitos, daí a sua legitimidade ao restringir liberdades[11].

Esta é a interpretação proposta para a segurança pública, pois permite uma visão muito mais ampla dela, integrada com os demais direitos fun-

[11] A respeito desta tensão de estruturas, a restrição deve se dar com observância ao Princípio da Proporcionalidade, que na lição de GUERRA FILHO e CANTARINI (2017): "Outrossim, merece atenção, a análise do princípio da proporcionalidade como um princípio absoluto, em

damentais, deveres estatais e de particulares, multidisciplinar e comprometida com a sua efetivação, descolando-a do punitivismo formalista e evitando, ao mesmo tempo, que sirva de justificativa para abusos, excessos, arbitrariedades, exceções discriminatórias ilegítimas ou a omissão lesiva. Trata-se, em suma, de uma interpretação que pode dar o propósito correto para a produção normativa, a atividade e o serviço público de segurança[12].

Faz-se um deslocamento desde o punitivismo formalista - com enfoque na soberania estatal interna para a manutenção do Estado e da ordem como *status quo* - para a segurança de direitos, a proteção dos direitos das pessoas. O exercício da coação legítima para a manuten-

razão da necessária aplicação de tal princípio de forma absoluta, em toda e qualquer relação jurídica, envolvendo conflitos de direitos fundamentais, preservando-se o núcleo essencial de cada direito, ou seja, a dignidade humana. O "princípio dos princípios", é de se considerar o único absoluto, por ser aquele que relativiza a relatividade de todo princípio (no que se diferenciam dos valores, absolutos, e também das regras, de aplicação absoluta, aplicando-se ou não), sendo, por isso, absoluto, sem perder a natureza de princípio fundamental (*Grundsatz*), que é a norma fundamental (Grundnorm) requerida para se pensar e realizar o Direito assumindo e resolvendo a tensão entre princípios com o máximo de respeito fático e teoricamente possível à dignidade humana. Daí que, diante de conflitos de princípios e direitos fundamentais, sempre envolvendo a dignidade humana, por presente em todos os conflitos deste tipo, evita-se que ela seja absolutamente negada, negando-se totalmente a aplicação, ainda que mínima, de algum dos direitos, fundamentais, conflitantes."

12 Modernamente, verificam-se contingentes de pessoas que não tem direitos garantidos (ainda quando formalmebnte declarados), sendo considerados como meras vidas biológicas ou nuas (apenas existem e vivem, ou sobrevivem), despidas de direitos. É estarrecedor que 46% da população mundial sobrevive abaixo da linha da pobreza, com menos de U$D 5,50 por dia. Identificou-se ainda, especialmente no Ocidente, a existência de técnicas de governo e estados de exceção, que não se confundem com direito especial de guerra, de sítio, de defesa ou outros em que há um regramento especial que limita ou suprime temporariamente direitos para lidar com uma situação grave excepcional. Nestes estados de exceção, em que há uma permanência do estado excepcional, ao contrário, há a suspensão fática dos direitos fundamentais das categorias de pessoas eleitas "inimigas" ou que são meramente desprezadas. A suspensão, no discurso legitimador dita como temporária e excepcional, na prática se constitui em técnica de governo, especialmente em países tidos como democráticos. É um espaço de não-direito, de suspensão do direito, de verdadeira força-de-lei. Como ensina AGAMBEN (2004, p.39): "Na verdade, o estado de exceção não é nem exterior nem interior ao ordenamento jurídico e o problema de sua definição diz respeito a um patamar, ou a uma zona de indiferença em que dentro e fora não se excluem mas se indeterminam. A suspensão da norma não significa a sua abolição e a zona de anomia por ela instaurada não é (ou, pelo menos, não pretende ser) destituída de relação com a ordem jurídica."

ção do Estado continua presente, mas vinculada à garantia de direitos, da ordem como meio para a promoção de direitos de todos. Com isso, direciona-se corretamente o exercício do monopólio da coação estatal e, como a visão é global e muito mais ampla, a atividade de segurança pública, em seu viés preventivo (evitar que ocorram infrações penais e outras lesões a direitos), repressivo (punir proporcionalmente infrações penais e outras lesões a direitos concretizadas), ressocializador (de infratores penais) e promotor de direitos (efetivando direitos sociais e econômicos de todos, inclusive para prevenir infrações penais), passa a enfocar resultados e eficiência para a maior promoção de direitos e a maior diminuição possível da violência interpessoal, da criminalidade e da lesão a direitos[13].

Neste ponto, cabe lembrar que segurança e felicidade "andam de mãos dadas". Para que se possa ver assegurado o direito à busca da felicidade[14], é

[13] A violência estatal, conforme BENJAMIN (2013, p. 136), está no domínio dos meios, e não dos fins, sendo ou instauradora, ou mantenedora do direito: "Toda violência como meio é ou instauradora ou mantenedora do direito. Se não pode reivindicar nenhum desses predicados, ela renuncia por si só a qualquer validade. Daí resulta que toda violência como meio, mesmo no caso mais favorável, participa da problemática do direito em geral". De fato, a violência é meio, mas deve ser meio para quê? Para a promoção e manutenção dos direitos humanos e fundamentais.

[14] Declarada em discurso oficial às margens do Ipiranga como motivo para a Independência Nacional brasileira a felicidade geral da nação, trata-se a busca pela felicidade de aspiração humana, prevista expressamente no preâmbulo da Declaração de Independência dos Estados Unidos da América, nos artigos 1 e 3 da Declaração de Direitos de Virgínia, no preâmbulo da Declaração dos Direitos do Homem e do Cidadão da Constituição Francesa de 1793 e implicitamente em quase todas as ordens jurídicas atuais. No Brasil, acerca de referido direito, já decidiu o Supremo Tribunal Federal que: "O princípio constitucional da busca da felicidade, que decorre, por implicitude, do núcleo de que se irradia o postulado da dignidade da pessoa humana, assume papel de extremo relevo no processo de afirmação, gozo e expansão dos direitos fundamentais, qualificando-se, em função de sua própria teleologia, como fator de neutralização de práticas ou de omissões lesivas cuja ocorrência possa comprometer, afetar ou, até mesmo, esterilizar direitos e franquias individuais. Assiste, por isso mesmo, a todos, sem qualquer exclusão, o direito à busca da felicidade, verdadeiro postulado constitucional implícito, que se qualifica como expressão de uma ideia-força que deriva do princípio da essencial dignidade da pessoa humana." (BRASIL. STF - RE 477.554 AgR, rel. Min. Celso de Mello, j. 16-8-2011, 2ª T, DJE de 26-8-2011). Aquela Corte reconheceu também a busca da felicidade como princípio constitucional brasileiro em diversos outros julgados.

necessário que a pessoa goze de um nível de segurança que lhe permita o desenvolvimento sadio das faculdades humanas, garantindo a sua dignidade.

Enquanto a segurança é uma necessidade humana da mais alta importância, a busca da felicidade é o princípio que determina o funcionamento da psiquê das pessoas desde o início de sua vida, conforme esclarecia FREUD, segundo o qual a felicidade só é atingida quando episodicamente se supre uma necessidade represada de alto grau[15].

Quem anda seguro nas ruas, vive seguro em sua casa, tem a segurança de que seu patrimônio não estará a todo tempo em risco, que seus familiares estão a salvo, que sua vida não será ceifada a qualquer momento pelo motivo mais ínfimo, que um mero passeio não se transformará numa experiência de terror, pode exercer seus direitos, viver em paz em sociedade, e parece ser alguém em situação que propicie a satisfação de sua necessidade de ter estabilidade que lhe permita ser feliz.

15 FREUD (1976, p. 49): "Voltar-nos-emos, portanto, para uma questão menos ambiciosa, a que se refere àquilo que os próprios homens, por seu comportamento, mostram ser o propósito e a intenção de suas vidas. O que pedem eles da vida e o que desejam nela realizar? A resposta mal pode provocar dúvidas. Esforçam-se para obter felicidade; querem ser felizes e assim permanecer. Essa empresa apresenta dois aspectos: uma meta positiva e uma meta negativa. Por um lado, visa a uma ausência de sofrimento e de desprazer; por outro, à experiência de intensos sentimentos de prazer. Em seu sentido mais restrito, a palavra ´felicidade´ só se relaciona a esses últimos. Em conformidade a essa dicotomia de objetivos, a atividade do homem se desenvolve em duas direções, segundo busque realizar – de modo geral ou mesmo exclusivamente – um ou outro desses objetivos. Como vemos, o que decide o propósito da vida é simplesmente o programa do princípio do prazer. Esse princípio domina o funcionamento do aparelho psíquico desde o início. Não pode haver dúvida sobre sua eficácia, ainda que o seu programa se encontre em desacordo com o mundo inteiro, tanto com o macrocosmo quanto com o microcosmo. Não há possibilidade alguma de ele ser executado; todas as normas do universo são-lhe contrárias. Ficamos inclinados a dizer que a intenção do homem seja ´feliz´ não se acha incluída no plano da 'Criação'. O que chamamos de felicidade no sentido mais restrito provém da satisfação (de preferência, repentina) de necessidades represadas em alto grau, sendo, por sua natureza, possível apenas com uma manifestação episódica. Quando qualquer situação desejada pelo princípio do prazer se prolonga, ela produz tão–somente um sentimento de contentamento muito tênue. Somos feitos de modo a só podermos derivar prazer intenso de um contraste, e muito pouco de um determinado estado de coisas."

Felicidade é uma palavra que comporta múltiplos significados. Em regra, ela está ligada ao bem-estar[16], à paz de espírito ou paz interior[17], ao sentimento pessoal positivo, de satisfação com a vida, satisfação de desejos[18], ao prazer.[19]

[16] Aliás, o bem-estar também é utilizado pela Organização Mundial da Saúde (OMS) desde 7 de abril de 1948 como conceito de saúde: "Saúde é o estado do mais completo bem-estar físico, mental e social e não apenas a ausência de enfermidade". SCLIAR (2007), explica acerca deste conceito, que a origem é dos movimentos sociais e que a "Saúde deveria expressar o direito a uma vida plena, sem privações." A ligação entre segurança, liberdade, felicidade e bem-estar é realmente imensa. Neste sentido, reafirmando a relação entre segurança, bem-estar e paz, explica NUCCI (2016): "Sentir-se seguro significa estar confortável, livre de preocupações, envolto na sensação de bem-estar. Não por acaso, o termo segurança foi adicionado a outros, fazendo nascer a segurança jurídica (ter o cidadão a certeza de que o Estado não poderá prejudicá-lo sem lei, nem voltar-se contra o ato jurídico perfeito, o direito adquirido e a coisa julgada), a segurança material (ter o cidadão a garantia de não ser agredido de qualquer forma) e a *segurança pública* (contar a sociedade com a paz social)." (grifo do autor)

[17] Para o monge budista Dalai Lama, a felicidade é um estado de espírito, objetivo humano, que se atinge pelo treinamento da mente, por meio de disciplina interior (2000, pp. 16 - 17).

[18] Cf. BENTHAM, Jeremy. *An introduction to the principles of Morals and Legislation*. Disponível em <http://www.dominiopublico.gov.br/download/texto/0175_Bk.pdf>. Acesso em 24 Abr. 2018.

[19] Com explica SANDEL (2015, Cap. 1, l. 7) acerca da justiça na distribuição de bens, esta pode ser analisada sob três perspectivas: "a que leva em consideração o bem-estar, a que aborda a questão pela perspectiva da liberdade e a que se baseia no conceito de virtude. Cada um desses ideais sugere uma forma diferente de pensar sobre a justiça. [...] Começamos com a ideia de maximizar o bem-estar. Para sociedades de mercado como a nossa, é um ponto de partida natural. Grande parte dos debates políticos contemporâneos é sobre como promover a prosperidade, melhorar nosso padrão de vida, ou impulsionar o crescimento econômico. Por que nos importamos com essas coisas? A resposta mais óbvia é: porque achamos que a prosperidade nos torna mais felizes do que seríamos sem ela — como indivíduos ou como sociedade. A prosperidade é importante, em outras palavras, porque contribui para o nosso bem-estar. Para explorar essa ideia, voltamo-nos para o utilitarismo, a mais influente explicação do "porquê" e do "como" maximizar o bem-estar ou (como definem os utilitaristas) procurar a máxima felicidade para o maior número de pessoas."

Também está ligada à justiça[20], à autoestima, à virtude[21], à beleza, à realização pessoal e do propósito de vida, à boa qualidade de vida comunitária[22], ao exercício dos direitos civis e políticos[23], dentre outros.

Para que se possa buscar a felicidade e viver com dignidade, em seu mais amplo significado, é necessário que as pessoas gozem da liberdade de viver a salvo do temor e da necessidade, conforme proclamado por ROOSEVELT (1941) e reconhecido no plano jurídico internacional, por exemplo, no segundo considerando da Declaração Universal dos Direitos Humanos, e nos preâmbulos dos Pactos Internacionais de Direitos Civis e Políticos, dos Direitos Econômicos Sociais e Culturais e da Convenção Americana de Direitos Humanos. Isto porque aquele que vive com medo, submetido a intensa sensação de insegurança, ao temor e ao terror, sem suas liberdades e direitos efetivamente garantidos pelo Estado, mediante políticas e serviços públicos capazes de realmente protegê-lo, e desprotegido pela comunidade em que se insere ou pela sociedade em que vive,

[20] Com explica SANDEL (2015, Cap. 1, l. 7) acerca da justiça na distribuição de bens, esta pode ser analisada sob três perspectivas: "a que leva em consideração o bem-estar, a que aborda a questão pela perspectiva da liberdade e a que se baseia no conceito de virtude. Cada um desses ideais sugere uma forma diferente de pensar sobre a justiça. [...] Começamos com a ideia de maximizar o bem-estar. Para sociedades de mercado como a nossa, é um ponto de partida natural. Grande parte dos debates políticos contemporâneos é sobre como promover a prosperidade, melhorar nosso padrão de vida, ou impulsionar o crescimento econômico. Por que nos importamos com essas coisas? A resposta mais óbvia é: porque achamos que a prosperidade nos torna mais felizes do que seríamos sem ela — como indivíduos ou como sociedade. A prosperidade é importante, em outras palavras, porque contribui para o nosso bem-estar. Para explorar essa ideia, voltamo-nos para o utilitarismo, a mais influente explicação do "porquê" e do "como" maximizar o bem-estar ou (como definem os utilitaristas) procurar a máxima felicidade para o maior número de pessoas."

[21] Conforme aponta SCHOPENHAUER (2005, p. 142): "A ética estóica ensina que a felicidade certa só se encontra na paz interior e tranquilidade espiritual [...], por sua vez só alcançáveis pela virtude: precisamente isso significa dizer que a virtude é o bem supremo."

[22] Para KANT (1964, p. 5), por exemplo, felicidade estaria ligada ao que denomina "dons da fortuna", pois para ele: "O mesmo se diga dos dons *da fortuna*. O poder, a riqueza, a honra, a própria saúde e o completo bem-estar e satisfação do próprio estado, em resumo o que se chama *felicidade* [...]". (grifo do autor)

[23] O direito à busca da felicidade, previsto entre os direitos do homem na Declaração de Independência dos Estados Unidos da América de 1776, teve por base também as reflexões filosóficas de David Hume, estando ligado ao exercício dos direitos civis e políticos.

sofre lesão à sua esfera jurídica, que atenta contra a sua dignidade e frustra a garantia de plenas condições para que possa buscar a sua felicidade.

O mesmo raciocínio se aplica às sociedades e comunidades que, não estando livres do temor e da opressão, acabam por conviver com a sensação de medo e insegurança, o que fomenta o medo coletivo[24], em lugar do desenvolvimento sadio.

Nestas comunidades, inseguras e, portanto, não libertas, a experiência e o aprendizado gerado e transmitido para as futuras gerações é o do ciclo do medo[25]. E não é esse um legado que se possa aceitar. Como apontou ROUSSEAU (2002, p. 6), "a força constituiu os primeiros escravos, a covardia os perpetuou.", não sendo desejável, eticamente defensável ou

[24] Frise-se, acerca do medo coletivo, que conforme JUNG (2000, p. 54), existe um "inconsciente coletivo", cujo conteúdo é denominado arquétipos, sendo composto pelos mitos, religiões e a experiência humana, fazendo com que de algum modo, todas as pessoas de uma grande comunidade estejam conectadas: "Minha tese é a seguinte: à diferença da natureza pessoal da psique consciente, existe um segundo sistema psíquico, de caracter coletivo, não-pessoal, ao lado do nosso consciente, que por sua vez é de natureza inteiramente pessoal e que - mesmo quando lhe acrescentamos como apêndice o inconsciente pessoal - consideramos a única psique passível de experiência. O inconsciente coletivo não se desenvolve individualmente, mas é herdado. Ele consiste de formas preexistentes, arquétipos, que só secundariamente podem tomar-se conscientes, conferindo uma forma definida aos conteúdos da consciência."

[25] Para TELLES JÚNIOR (1971, pp. 54 - 56): "O comportamento dos seres vivos, inclusive do homem, se acha sob controle genético. O primeiro fundamento das tábuas morais, dos sistemas axiológicos de referência, dos usos e costumes, das ordenações jurídicas se encontra nos elementos quânticos, de que se compõem as moléculas do ácido nucleico, no núcleo das células humanas. Ora, o patrimônio genético de cada ser é produto da experiência. Não, é certo, da exclusiva experiência de cada indivíduo. Mas da longa experiência dos cromossomos, através das gerações. [...] Quanto mais "vivido" é o ser, quanto mais evoluído e complexo, mais seu comportamento é plástico. Sem perder suas tendências básicas, o ser se aperfeiçoa com a experiência. Aprende a responder, convenientemente, aos desafios de cada circunstância. [...] Às formas inatas e hereditárias de comportamento, se vão acrescentando formas adquiridas. E as formas adquiridas de comportamento, após mutações das estruturas genéticas de que dependem, acabam se tornando formas inatas e hereditárias. Para se conservarem, para garantir a sobrevivência das espécies, os seres se vão especializando em comportamentos eficientes, ou seja, em comportamentos adequados a suas respectivas contingências. A maneira pela qual uma espécie ou variedade de seres se comporta, determina sua sobrevivência ou seu extermínio. As espécies e variedades que se comportam bem, se conservam e evoluem. As que se comportam mal, acabam por desaparecer. Essa discriminação genética, entre bons e maus comportamentos, é o fundamento de todos os códigos morais."

juridicamente possível a criação de uma sociedade - ou partes dela - acovardadas pelo medo e "escravizadas" pela opressão gerada, em especial, pelo descumprimento do dever do Estado de promover efetiva e suficiente segurança pública, responsabilidade e direito de todos.

A necessidade de segurança ou, ao menos, de se sentir seguro constitui uma necessidade básica do ser humano, que se explica por vários fatores inerentes à condição humana, como a fragilidade do corpo, que traz a certeza da morte por razões naturais com o passar do tempo, e, também, o risco de morte prematura em razão de acidentes, ataques físicos, doenças e outros eventos[26].

Somando-se a isto a racionalidade do ser humano, que lhe impõe questões existenciais[27], e as sociedades *hipercomplexas* atuais, com alterações em velocidades cada vez mais altas que modificam os meios de desenvolvimento e expressão da vida, verifica-se facilmente que esta necessidade surge como uma das dominantes nas motivações e no comportamento das pessoas, tamanha a sua importância para nossa espécie.

Acerca do tema, deve-se frisar inclusive a denominada "Teoria de Maslow", desenvolvida pelo psicólogo MASLOW (1954, p. 39), segundo a qual as necessidades humanas estão organizadas numa hierarquia de motivos, em que a necessidade mais forte na hierarquia é substituída pela seguinte, da mais forte para a mais fraca, na exata medida em que começa a ser satisfeita. Para o referido autor, a necessidade de segurança é a maior na ordem de premência, figurando logo após as necessidades fisiológicas de sobrevivência[28].

MASLOW revela a importância da segurança, observada clinicamente, pois as pessoas que não se sentem seguras apresen-

[26] Neste sentido, ao expor o pensamento freudiano, FÉLIX (2009) explica que "Significativas fontes de sofrimento são: a) testemunhar a irreversível decrepitude e a certeza da mortalidade de nosso corpo; b) ameaças do próprio mundo externo, cuja destruição, seja fruto do poder superior da natureza ou da violência de nossos semelhantes sempre nos assombram e, c) a maçante tarefa de nos relacionarmos com os outros, no seio da família, em sociedade e no Estado."

[27] Questões como "de onde viemos?" (qual a origem do ser humano), "por quê existimos?" (qual a razão e finalidade de nossa existência), "há existência após a morte?" (ou seja, se nossa existência como um todo cessa com a morte física), "estamos sozinhos no universo" (ou seja, há vida inteligente em outros planetas?) etc.

[28] *"If the physiological needs are relatively well gratified, there then emerges a new set of needs, which we may categorize roughly as the safety needs (security, stability, dependency, protection, freedom from*

tam características de apreensão, medo, pavor e ansiedade, tensão, nervosismo[29]. Para melhor visualizar a importância da segurança para ele, apresenta-se abaixo a imagem da denominada "Pirâmide de Maslow", em cuja base ficam as necessidades motivacionais do ser humano mais predominantes e, nos níveis superiores da pirâmide (e inferiores em termos de predominância), as necessidades que só são buscadas conforme as anteriores vão sendo preenchidas[30]:

fear, from anxiety and chaos; need for structure, order, law, limits; strength in the protector; and so on). All that has been said to the physiological needs is equally true, although in less degree, of these desires. The organism may equally well be wholly dominate by them. [...] *Practically everything looks less important than safety and protection (even sometimes the physiological needs, which, being satisfied, are now underestimated).* [...]". Em tradução livre nossa: "Se as necessidades fisiológicas são relativamente bem satisfeitas, surge um novo conjunto de necessidades, que podemos categorizar aproximadamente como as necessidades de segurança (segurança, estabilidade, dependência, proteção, liberdade do medo, ansiedade e caos; necessidade de estrutura, ordem, lei, limites; força no protetor; e assim por diante). Tudo o que foi dito sobre as necessidades fisiológicas é igualmente verdadeiro, embora em menor grau, desses desejos. O organismo pode igualmente ser verdadeiro, embora em menor grau, desses desejos. O organismo pode igualmente ser completamente dominado por eles. [...] Praticamente tudo parece menos importante do que segurança e proteção (mesmo às vezes as necessidades fisiológicas, que, sendo satisfeitas, agora estão subestimadas)."

29 *"At any rate, when we speak of the safety needs we are on much firmer ground. Apprehensiveness, fear, dread and anxiety, tension, nervousness, and jitteriness are all consequences of safety-need frustration. The same type of clinical observation clearly shows corresponding effects of safety-need gratification (for which as usual we lack adequate vocabulary), e.g., lack of anxiety, lack of nervousness, relaxedness, confidence in the future, assurance, security, etc. Whatever words we use, there is a character difference between the man who feels safe and the one who lives his life out as if he were a spy in enemy territory."* (Ibidem, p. 66.). Em tradução livre nossa: "De qualquer forma, quando falamos das necessidades de segurança, estamos em um terreno muito mais firme. Apreensão, medo, pavor e ansiedade, tensão, nervosismo são consequências da frustração de necessidade de segurança. O mesmo tipo de observação clínica mostra claramente os efeitos correspondentes da gratificação por necessidade de segurança (para a qual, como de costume, não temos vocabulário adequado), por exemplo, falta de ansiedade, falta de nervosismo, relaxamento, confiança no futuro, garantia, segurança, etc. Quaisquer que sejam as palavras que usamos, há uma diferença de caráter entre o homem que se sente seguro e aquele que vive sua vida como se fosse um espião em território inimigo."

30 Cf. SILVA, A. M. de L., RODRIGUES, C. de A., ALBUQUERQUE, C.M. de, SILVA, M.J. da. *A Importância da Pesquisa das Personalidades Auto-Realizadoras na Teoria de Abraham Maslow.* Disponível em <https://psicologado.com/abordagens/humanismo/a-importancia-da-pesquisa-das-personalidades-auto-realizadoras-na-teoria-de-abraham-maslow>. Acesso em 09 fev. 2018.

Figura 1 – Pirâmide de Maslow
Fonte: Adaptado de imagem disponível em: https://psicologado.com/abordagens/humanismo/a-importancia-da-pesquisa-das-personalidades-auto-realizadoras-na-teoria-de-abraham-maslow

Na figura acima, nota-se que as necessidades de segurança formam a base para a satisfação das demais necessidades, presentes nos três últimos níveis superiores, ligadas à liberdade.

Como o homem é um ser biocultural[31], consoante se depreende da vertente da antropologia denominada por esta razão de biocultural, verifica-se facilmente que, em regra, a segurança é fundamental até mesmo para o exercício das necessidades fisiológicas. Com efeito, aquele que necessita suprir suas necessidades de alimentação, hidratação, sexo, repouso e outras, busca escolher, sempre que possível, um local que pareça ao menos seguro. Por exemplo, o meio de uma rodovia de intenso fluxo de veículos automotores não é o palco escolhido por alguém para fazer suas refeições, ou para se deitar no asfalto e praticar sexo com o risco de ser atropelado a todo o momento.

Aliás, a necessidade de segurança, não bastasse ser motivação de primeira grandeza do agir da pessoa humana em decorrência da sua natureza biocultural, também pode ser apreendida em estudos acerca das pulsões ou instintos humanos. Neste sentido, em carta dirigida a Albert Einstein, o "pai da psicanálise" FREUD (2005, p. 38) escreve sobre a teoria dos

[31] Sobre o tema, MORIN (2005, p. 53) aponta o caráter biocultural da pessoa humana: "o indivíduo humano, na sua autonomia mesma, é, ao mesmo tempo, 100% biológico e 100% cultural."

instintos, em que aponta o instinto de preservação humano como um dos dois grupos básicos que ele elenca[32]. A busca pela segurança, neste viés, relaciona-se com o instinto humano de preservação e deve ser lida, no sentido jurídico, como a preservação da vida digna com todos os seus atributos consagrados como direitos humanos[33].

Em reforço, é de se notar que até mesmo o hábito, entendido como o costume, a reiteração de condutas, a rotina, a repetição de ações e omissões que trazem estabilidade e otimizam a realização dos afazeres do cotidiano, é um elemento do caráter humano resultante da necessidade de segurança[34]. O hábito é busca de ordem, de paz, atrelado ao instinto de autopreservação, de proteção, pois se situa na zona segura do conhecido, que atualmente vem sendo trabalhada em dinâmicas modernas de abordagem psicológica no denominado *"coaching"* (treinamento), no sentido de "zona de conforto", que, apregoa-se, deve ser superada para que a pessoa possa se desenvolver mais plenamente[35].

Neste cenário, a busca pela segurança é algo natural e imanente à condição humana, às características físicas (instintos) e psicológicas (neces-

[32] Nas palavras dele: "De acordo com nossa hipótese, os instintos humanos são de apenas dois tipos: aqueles que tendem a preservar e a unir - que denominamos 'eróticos', exatamente no mesmo sentido em que Platão usa a palavra 'Eros' em seu Symposium, ou 'sexuais', com uma deliberada ampliação da concepção popular de 'sexualidade'-; e aqueles que tendem a destruir e matar, os quais agrupamos como instinto agressivo ou destrutivo."

[33] Em adição ao instinto de preservação, deve-se lembrar que a insegurança acerca da continuidade da existência após a morte, traz a ânsia do ser humano por deixar a sua marca e provar que por este planeta passou, para que sua existência não seja simplesmente apagada com a morte, conforme se verifica até mesmo pelas gravuras deixadas desde os primórdios da humanidade.

[34] Para HUME (1995, pp. 68 - 89): "Somos determinados exclusivamente pelo hábito a supor o futuro conforme o passado. [...] Não é, pois, a razão que conduz a vida, mas o hábito. Apenas ele determina a mente, em todas as circunstâncias, a supor que o futuro é conforme ao passado. [...] Não podemos apresentar razão alguma para estender ao futuro nossa experiência do passado; mas somos inteiramente determinados pelo costume quando concebemos um efeito seguindo-se a sua causa habitual. Mas também cremos que um efeito se segue, ao mesmo tempo que o concebemos [...] A crença, portanto, em todas as questões de fato, brota apenas do costume, e é uma ideia concebida de um modo peculiar. [...] Quando a causa está presente, a mente, pelo hábito, passa imediatamente à concepção e crença no efeito costumeiro".

[35] Talvez esse sentido de se abandonar o hábito para que a pessoa possa se aperfeiçoar, seja o resultado, também, do pensamento de autoria incerta, às vezes atribuído no dito popular

sidades motivacionais) que compõem os seres humanos e, como já era de se esperar pelo quanto até agora apontado, traduz-se inclusive na previsão normativa de direitos. Ou seja, é possível indicar que a previsão de normas jurídicas dispondo acerca de direitos se dá em razão da necessidade humana de segurança[36].

A vida em si é caótica, num incessante ir e vir de acontecimentos que se sobrepõem e de riscos de toda espécie. A ordem jurídica (sistema de normas de dever-ser com coercibilidade), neste mundo caótico, é o elemento de previsibilidade, que permite o desenvolvimento individual e coletivo do ser humano em sua vida em sociedade. Existe, portanto, ordem jurídica no caos. Esta ordenação da vida por meio de normas jurídicas acerca do comportamento humano, da vida em sociedade e das relações sociais, entretanto, não pode ser apenas formal, pois a previsibilidade e estabilidade decorrem, também, da observância e coerência do Ordenamento Jurídico, searas em que a efetividade e a criação normativa ditam a maior ou menor segurança jurídica.

Dito de outra forma, há uma ordenação deontológica para a transformação do plano ontológico, de forma a regular a vida humana em socie-

a Albert Einstein, de que "Loucura é querer resultados diferentes fazendo tudo exatamente igual." Por outro lado, o ser humano tende a fazer tudo igual para otimizar sua atividade funcional e não se jogar em aventuras com resultados imprevisíveis. O hábito serve para manter a ligação com o "terreno firme", área em que já se sabe - ou pensa-se saber - de antemão as consequências prováveis dos comportamentos que se adota, eliminando-se riscos e obtendo-se maior segurança.

[36] Na lição de BARATTA (2001, pp. 17 - 18): "*La seguridad es una necesidad humana y una función general del sistema jurídico.*" (Em tradução livre nossa: "A segurança é uma necessidade humana e uma função geral do sistema jurídico."). Para ele, enquanto necessidade, é acessória e secundária às necessidades básicas "primárias". No sistema jurídico a necessidade de segurança se apresenta sob a forma de direitos. Aponta que em uma teoria sociológica do direito, a pergunta que se faz é: "*Hasta qué punto el derecho, entendido como sistema de operaciones, contribuye a la seguridade en la sociedade?*" (Em tradução livre nossa: "Até que ponto o direito, entendido como sistema de operações, contribui para a segurança na sociedade?"), enquanto numa teoria normativa (técnico-jurídica) do direito, questiona-se se a segurança é proporcional à validade "*ideal do direito, se considera a segurança do direito, sua "certeza"*. Dizer que os direitos são certos, nesta perspectiva, significa que a norma que os protege é suficientemente clara, compatível com as regras e princípios constitucionais e coerente do ponto de vista operacional, com o procedimento legal para sua dedução em Juízo. Lembre-se, neste ponto, entretanto, que o ser humano é biocultural e que até mesmo para a satisfação necessidades fisiológicas, considera-

dade, com o fim de garantir a sua harmonia, a paz nas relações sociais, conflituosas por natureza, mas que, se forem deixadas sem normatização, facilmente podem ser desviadas para relações não sadias, perniciosas, destrutivas. A ordenação de comportamentos humanos, em categorias de permissão, proibição e obrigação, portanto, vincula-se à necessidade humana de segurança. A segurança é direito, que se configura meio necessário para se atingir a paz e, sem segurança pública, jurídica e social, não se dá concretude ao direito à paz[37].

Conforme será exposto mais adiante, o direito à paz apresenta dois planos interdependentes, individual e coletivo, tratando-se de direito universal das vítimas, sempre ofendido quando ocorre violação a seus bens juridicamente valorados e, por tal razão, seletivamente escolhidos para serem tutelados pelo Ordenamento Jurídico.

A tutela jurídica ocorre em velocidades distintas, com espécies de sanções diversas, conforme a esfera aplicável dentre os ramos do Direito (civil, administrativa, penal). Mas é preciso notar que, ao menos em tese, a violação à paz ocorre em maior grau quando a conduta lesiva ao bem jurídico está prevista entre as hipóteses de responsabilização penal.

A segurança desejada pelo ser humano em busca de sua paz ou de concretizar seu direito à paz nunca se limitou, ao longo da história da humanidade, à proteção contra os riscos à integridade corpórea e à vida para o fim de sobrevivência. Esta segurança também visou garantir o amparo, inclusive, contra riscos sociais (direitos de seguridade ou segurança social) e morais (direitos de honra, pensamento, expressão, intelectuais, artísticos) ou de aperfeiçoamento pessoal e espirituais (direitos de educação, crença e fé). Pensa-se em segurança para viver e existir, não apenas sobreviver como vida biológica desprovida de direitos que assegurem as possibilidades para o pleno desenvolvimento.

A necessidade de pelo menos se sentir seguro, ou seja, a crença em segurança relaciona-se à característica humana de ser um “acreditador”, ao suprimento das demandas da racionalidade humana, sendo historicamente

das básicas para o referido autor, em verdade como regra a pessoa busca a segurança antes e para poder satisfazê-las, ou seja, a segurança é de primeira grandeza na ordem de premência.

[37] Para IHERING (2008, p. 31): “o objetivo do direito é a paz. A luta é o meio de consegui-la.” Pela segurança pública voltada à garantia de direitos humanos, promove-se o direito humano à paz também.

procuradas respostas às altas indagações existenciais, por uma série de meios, desde as mitologias e religiões até as teorias científicas que, em contraposição ao criacionismo, sustentam o evolucionismo como a base de nossa origem[38].

Justamente por isso, o direito à segurança, como gênero, não se limita ao dever estatal de fornecer serviços públicos que garantam e promovam a segurança de todos contra a violência intersubjetiva, manifestada por ataques físicos, morais, intelectuais, patrimoniais que constituam infrações penais, mas também a proteção contra a outros riscos sociais, promovida por serviços da seguridade social, proteção no trabalho, nas relações de consumo, em relação ao meio ambiente etc., incluindo sobretudo a garantia de direitos por meio de posturas positivas, de implementação, de remoção de violência estrutural e de culturas de violência.

Diante de tamanha relevância da segurança para as pessoas, ela foi declarada como direito humano, que pode ser exigido dos Estados, Organismos Internacionais, pessoas físicas e jurídicas, enfim, de todos, no plano jurídico internacional e interno, sendo objeto de interesse para este trabalho pelos fins acadêmicos, mas, sobretudo, para a aplicação prática dos conhecimentos, visando à transformação da realidade.

Pela importância do tema proposto, este trabalho analisará em que consiste o direito à segurança pública, o dever estatal nesta seara e a responsabilidade de todos prevista na Constituição da República Federativa do Brasil. Será apontada a relação do direito à segurança pública com os demais direitos humanos, inclusive de liberdade, e se mostrará posteriormente que existe uma falácia em se alegar suposta contraposição da segurança aos demais direitos humanos.

Na abordagem da normatização constitucional brasileira, será verificado o tratamento dado ao tema nas Constituições precedentes e em aná-

[38] Para GLEISER (2011): "O ser humano é um animal acreditador. Talvez esse seja um bom modo de definir nossa espécie. "Humanos são primatas com autoconsciência e a habilidade de acreditar." Já que " acreditar" sempre pede um "em quê?", refiro-me aqui a acreditar em poderes que transcendem a percepção do real, algo além da dimensão da vida ordinária, além do que podemos perceber apenas com nossos sentidos. Eu me pergunto se a necessidade de acreditar em algo (não uso a palavra "fé", pois essa tem toda uma conotação religiosa) é consequência da consciência. Será que outras inteligências cósmicas também acreditam? Parece que somos incapazes de viver nossas vidas sem acreditar na existência de algo maior do que nós, algo além do "meramente" humano. Bem, nem todos nós, mas a maioria. Isso desde muito tempo.[...]".

lise comparativa, tomando por exemplo algumas Constituições de outros Estados no plano internacional. Também se realizará a análise dos custos da violência e insegurança, em abordagem acerca do descumprimento do contrato social pela República Federativa do Brasil, os mecanismos jurídicos para compelir o Estado a dar efetiva segurança, apresentando-se em seguida a nossa visão acerca da matéria, com a explicação inclusive de que a segurança pública deve ser vista como plataforma para a garantia dos demais direitos humanos, em resposta à indagação sobre o que consiste a segurança pública: trata-se de segurança de quê?

Será exposta a necessidade de se superar a visão de segurança pública como princípio, enfocando o direito, exercível, exigível e oponível, que cria vínculo jurídico e deve ser concretizado, sendo insuficiente a dimensão meramente abstrata para a sua efetividade. Serão expostas algumas ponderações para aumentar a efetividade do direito à segurança pública no Brasil, inclusive a criação de um Estatuto de Defesa das Vítimas. Dada a ligação indissociável entre segurança e paz, também se analisará o direito à paz como direito universal das vítimas, sendo os agentes públicos verdadeiros defensores da paz, para, ao final, apresentar nossas considerações finais.

2
Definições de Segurança Pública

Segurança é um direito expresso na ordem jurídica brasileira como direito fundamental, direito social, dever do Estado e responsabilidade de todos, constando no preâmbulo da Constituição da República Federativa do Brasil como base para as disposições nela contidas. Este direito foi declarado na ordem jurídica internacional como direito humano, que, portanto, preexistia à sua própria declaração. Também cabe notar que, no plano antropológico[39], a segurança é uma necessidade de primeira ordem, pois a pessoa humana é biocultural e busca segurança para satisfazer até mesmo as necessidades fisiológicas.

No plano axiológico a segurança é um valor[40], assim como a liberdade, igualdade e outros. Todos estes são valores absolutos no plano abstrato,

[39] Na lição de ALEXY (2008, pp. 145 - 146): "Exemplos de conceitos antropológicos, por fim, são os conceitos de vontade, interesse, necessidade, decisão e ação."

[40] Trata-se de um valor e não de um objeto ou critério de valoração, pois possui dimensão própria de peso, vinculada ao conceito de bom. Acerca do significado dos valores para a ordem jurídica, analisando os ensinamentos de Miguel Reali, GONZAGA e CAMPITELLI ROQUE (2017, pp. 11 - 12) explicam que: "Miguel Reale diz que é impossível definir valor segundo uma exigência lógico-formal. O que se pode dizer é que os valores são enquanto valem. O ser do Valor é valer. Porque é uma categoria primordial, a exemplo de ser (ou se é ou não-é), assim deve ser considerado. Ou se vê algo enquanto é ou enquanto vale, e porque valem devem-ser. O Valor tem características precisas importantes que devem ser lembradas: bipolaridade, implicação, referibilidade, preferibilidade, incomensurabilidade, graduação

mas a segurança vai além do valor abstrato[41], configurando o que é devido (dever ser) plano deontológico. As normas jurídicas que preveem a segurança, frise-se, configuram efetivo direito, não um princípio meramente programático, categoria que já deveria ter sido escoimada da nova doutrina, porquanto inconstitucional.

Justamente por atender à necessidade básica de estabilização, fundamental para que o ser humano possa se desenvolver em uma vida digna, plena de significado, a segurança é um direito que se vincula diretamente à dignidade da pessoa humana, tornando obrigatória a sua observância[42]. Ainda que não estivesse expressamente prevista como direito, no

hierárquica, objetividade, historicidade e inexauribilidade. Um Valor é sempre bipolar porque a ele se contrapõe um desvalor; caracteriza-se pela implicação porque influi na realização dos demais e, além disso, faz com que os homens dedicados a um valor queiram compartilhar com os outros; a referibilidade, enquanto característica, quer dizer que os valores são enquanto devem ser, ou seja, possuem um sentido de orientação; fazendo com que os homens tomem posição e orientam seu modo de agir, suas condutas portanto, com relação aos fatos do mundo com base nos valores que possuem, diz-se que se caracterizam pela preferibilidade; ao fim, toda sociedade, num determinado tempo selecionado, possui uma tábua de valores onde os gradua e ordena conforma as preferências, sendo característica do Valor sua possibilidade de gradação hierárquica. Conforme apontado por Celso Lafer, "os valores referem-se à realidade, mas a ela não se reduzem, pois para Miguel Reale, têm um significado que aponta para uma direção de dever-ser das condutas humanas."

41 Que se refere ao que é bom, ao que é melhor.

42 Conforme apontam GONZAGA e CAMPITELLI ROQUE (2017, pp. 12 - 13) acerca dos valores jurídicos: "Desse modo, os valores obrigam porque representam o homem mesmo, como autoconsciência espiritual. Existe atitude valorativa subjetiva, consubstanciada na conclusão do que cada pessoa considera como correto ou incorreto. Também há atitude valorativa objetiva, consistente na interpretação da realidade fática, conforme prismas de valor, cujo objetivo é situar ou determinar algo em função de suas objetivas conexões de sentido. O fenômeno jurídico é informado pela valoração objetiva aqui descrita. Consoante Miguel Reale, a dignidade humana é o valor que funda a ordem jurídica. A partir da consciência de sua existência, outros valores são estipulados pelo ser humano, qualificando atos e fatos, o que possibilita a construção do mundo da cultura. Deste modo, mesmo admitindo que tais valores possam se modificar no transcorrer dos tempos, é verdade que sempre decorrerão dessa autoconsciência relativa a dignidade do ser humano. Por outro lado, importante ressaltar que valor não se confunde com vontade e sim da qualificação de comportamentos à luz de uma qualificação axiológica (imperativismo axiológico). Este processo é resultante da estabilização cultural. Consequentemente, a norma é medida que integra o fato ao valor." Acerca da ligação entre valores e princípios, e da possibilidade de conversão de enunciado sobre valor em princípio, leciona ALEXY (2008, p. 144): "Duas considerações fazem com

plano interno e internacional, seria constitutiva de uma ordem jurídica pré-existente[43].

Segurança, do verbo assegurar, tem o sentido de tornar certo, garantir, dar certeza, ratificar, proporcionar, possibilitar, proteger, basear, nortear, apoiar-se, firmar, o que demonstra a vocação do direito à segurança como plataforma de garantia dos demais direitos humanos[44].

A especificação do objeto da segurança se dá pela colocação de termos que denotam a espécie de segurança de que se cuida (por exemplo, segurança social, segurança jurídica, segurança alimentar, segurança patrimonial, segurança física, segurança afetiva, segurança ambiental, segurança no trabalho, segurança espiritual, segurança digital, segurança de dados e informações, segurança predial, segurança de comunicações, segurança marítima, segurança aérea, segurança terrestre etc.), fenômeno que também se verifica no que tange às previsões normativas do direito à segurança.

Dentre as classificações possíveis do termo segurança, as que importam para o objeto em análise são, quanto ao local: segurança residencial,

que seja facilmente perceptível que princípios e valores estão intimamente relacionados: de um lado, é possível falar tanto de uma colisão e de um sopesamento entre princípios quanto de uma colisão e de um sopesamento entre valores; de outro lado, a realização gradual dos princípios corresponde à realização gradual dos valores. Diante disso, é possível transformar os enunciados sobre valores do Tribunal Constitucional Federal em enunciados sobre princípios, e enunciados sobre princípios ou máximas em enunciados sobre valores, sem que, com isso, haja perda de conteúdo". Mas o autor adverte para a diferença entre valores e princípios, que interessa para o presente trabalho, nos seguintes termos: "A diferença entre princípios e valores é reduzida, assim, a um ponto. Aquilo que, no modelo de valores, é *prima facie* o melhor é, no modelo de princípios, *prima facie* devido. Princípios e valores diferenciam-se, portanto, somente em virtude de seu caráter deontológico, no primeiro caso, e axiológico, no segundo. No direito o que importa é o que deve ser. Isso milita a favor do modelo de princípios. Além disso, não há nenhuma dificuldade em se passar da constatação de que determinada solução é a melhor do ponto de vista do direito constitucional para a constatação de que ela é constitucionalmente devida." (Ibidem, p. 153).

[43] Na lição de SAYEG e BALERA (2019, p. 171): "Os Direitos Humanos são o ponto de partida de todo o ordenamento jurídico que preexiste em razão da existência em si do Homem e do Planeta. Uma ordem jurídica preexistente ao Direito constituído. São revelados e, como tal declarados; ainda que não sejam necessariamente constituídos. Via de consequência são facultativamente positivados. Não prescindem da lei para sua constituição."

[44] Por exemplo, conferir o verberte atualizado assegurar em AULETE DIGITAL. Disponível em: <www.aulete.com.br/assegurar>. Acesso em 10 Set. 2019.

segurança escolar, segurança institucional, segurança da comunidade, segurança municipal, segurança estadual, segurança nacional, segurança internacional, segurança mundial etc. Da mesma forma, a segurança também pode ser especializada em razão do objeto ou pessoa a que se destina, por exemplo: segurança presidencial, segurança de autoridades, segurança particular, segurança patrimonial etc.

Não há aqui a pretensão de esgotar as formas de classificação possível da segurança, mas apenas apontar para a sua amplitude e como se dão as suas especificações.

O direito humano à segurança é plataforma de garantia dos demais direitos humanos[45]. Independentemente da ordem cronológica em que foram declarados os direitos humanos (gerações), ou das dimensões em

[45] Conforme BONAVIDES (2004, pp. 526 - 530), existe a diferenciação dogmática entre direitos e garantias, em que direitos são interesses e faculdades reconhecidas, declaradas, principais, que garantem a realização das pessoas, são bens nas respectivas esferas jurídicas, enquanto garantias são acessórias, instrumentais, derivadas, meios de defesa dos direitos, proteções práticas para dar eficácia ao direito, para assegurar a fruição do bem, para proteger a liberdade perante o Estado, por exemplo a garantia do devido processo legal que serve para proteger o direito à liberdade. Na lição dele, entretanto, em casos raros e excepcionais, o critério distintivo se faz de todo inexequível (Ibidem, p. 526): "Publicistas de renome na América Latina, tendo em vista a proximidade dos direitos com as garantias e considerando o fim destas, que é fazer eficaz a liberdade tutelada pelos poderes públicos e estampada nas célebres e solenes declarações de direitos, tiveram todavia a justificada preocupação de fixar um conceito de garantia tanto quanto possível desembaraçado e independente do conceito de direito, embora com a ressalva de casos raros e excepcionais, em que a rigorosa observância ou preservação de tal critério distintivo se faz de todo inexequível." É o que se verifica no tocante ao direito à segurança pública, que é direito de todas as pessoas e, ao mesmo tempo, garante todos os demais direitos humanos. A proteção que dele emana não se destina especificamente à defesa de apenas um ou alguns direitos determinados, mas de todos os direitos humanos. Também não se trata de um instrumento processual constitucional para fazer valer direito específico no caso de sua violação, o que o configuraria como remédio constitucional. Assim, diante de sua configuração como direito, com conteúdo próprio, de existência segura da pessoa humana, mas com a característica de ao mesmo tempo proteger os demais direitos humanos, parece mais apropriado que seja apontado como direito garantidor, pois é em si direito e, ao mesmo tempo, garante outros direitos. Por exemplo, quando se exige o patrulhamento de um bairro por viaturas de rádiopatrulha policial, está sendo exigido o direito à segurança pública, para a existência segura das pessoas humanas naquele bairro. Mas quando se exige que força policial acompanhe a vítima de violência doméstica até a sua casa para que possa retirar seus pertences, está sendo garantida, por meio da segurança pública, concretamente a liberdade, a integridade física e a propriedade daquela pessoa.

que estejam inseridos, todos são universais, fundados na dignidade da pessoa humana, interdependentes, interrelacionados, formando um todo indissolúvel, que vai sendo ampliado conforme o ser humano desperta sua consciência acerca de outros direitos preexistentes, inatos, que vão sendo declarados[46]. A base para o exercício dos demais direitos humanos é o direito à segurança, cuja satisfação é, por isso, imprescindível.

O exercício legítimo do monopólio da coação estatal se funda na força normativa do direito humano à segurança, que torna exigível a coerção. Entretanto, esta deve estar vinculada à finalidade de proteger direitos humanos e deve atender ao princípio da proporcionalidade, o que permite o controle do uso da força quanto aos fins e o controle da legitimidade dos meios empregados, na necessária análise de fins e meios, imprescindível para um Estado Democrático de Direito.

A segurança pública é um direito, expresso por meio de normas jurídicas, que engloba a segurança de todos, inclusive em suas dimensões pessoal e social, pela proteção da ordem pública e da incolumidade das pessoas e dos bens jurídicos tutelados pelo Ordenamento Jurídico. A segurança pública foi prevista como norma no plano jurídico internacional em diversos Pactos e Declarações de Direitos, vinculantes aos Estados que os ratificaram, e, mesmo àqueles que não os ratificaram, eles têm uma força moral[47]. No plano interno, ela foi prevista no artigo 144 da Constituição da República Federativa do Brasil, em adição ao direito fundamental de cunho individual e, também, se extrai do direito fundamental social à segurança, considerando a regra de interpretação de que a norma não contém palavras ou regras inúteis.

A estes direitos, corresponde o dever do Poder Público de promovê-los pela realização de condutas positivas, agindo mediante serviços públicos,

[46] Na lição de SAYEG e BALERA (2019, pp. 176 - 177): "São três as dimensões primárias dos Direitos Humanos: a liberdade inata; a igualdade inata e a fraternidade inata. Esta tríade conforma os elementos estruturantes de um só núcleo, - o feixe essencial, indissociável e interdependente que constitui a Humanidade imanente ao Homem e a todos os Homens, e que atribui objetivamente à pessoa humana valor por si, ou seja, Dignidade. Há outras dimensões derivadas dos Direitos Humanos, já que o universo é ilimitado, sendo também ilimitada a expressão do Homem e de todos os Homens no meio difuso de todas as coisas."

[47] Serão apontadas em tópico específico deste trabalho, previsões acerca da segurança pública em normas de direito internacional.

planejamentos e ações em programas de governo e políticas públicas, conforme será analisado em tópico específico.

Da Constituição da República Federativa do Brasil, além dos direitos de segurança, extrai-se um princípio da segurança, tratando-se de um valor consagrado na ordem jurídica como dever-ser, inclusive no preâmbulo desta Norma Fundamental[48]. Como princípio jurídico, não constitui uma única norma-regra, que contenha uma sanção direta para a hipótese de descumprimento e, em caso de colidência com outra norma, a solução do conflito não se dá pela determinação de qual delas tem validade com base nos critérios de resolução de antinomia jurídica, com a exclusão de uma das normas[49].

Este princípio se configura como um mandado de otimização, que obriga o Estado brasileiro a realizá-la na máxima medida do possível e, sempre que houver conflito com outros princípios ou regras, obriga à resolução pela ponderação do peso e importância dos valores conflitantes[50].

Mas a segurança pública vai além deste princípio, por se tratar de direito humano e fundamental concreto, que gera deveres e a responsabilidade

48 Explica PANCOTTI (2007, pp. 28 - 29) que: "Os princípios constitucionais formam o conteúdo ideológico e a essência do sistema constitucional, porque eles vão constituir no conteúdo intelectivo dos valores magnos de uma sociedade política. São estes valores materializados nos princípios e formalizados em normas jurídicas que vão produzir uma ordenação política do Estado. Por evidente, os valores consagrados socialmente são conseqüência da opção ético-social de cada povo e, por isso, antecedem aos princípios. Estes devem incorporar aqueles, para guardarem coerência com o ideário social (de acordo com a opção ético-social). O sistema jurídico só será legítimo e terá melhores condições de efetividade, se expressar igualmente com coerência os princípios formulados que encarnarem aqueles valores."

49 Isso não significa que, a par do princípio, não possa haver, como de fato há, diversas normas jurídicas do tipo regra, com a previsão de hipóteses de incidência e sanções respectivas para quem violá-las. Os exemplos são muitos, desde normas penais tipificadoras de crimes e contravenções, a infrações administrativas, cíveis, regulamentares ou até mesmo contratuais.

50 Na exposição de ALEXY (2008, p. 90): "O ponto decisivo na distinção entre regras e princípios é que princípios são normas que ordenam que algo seja realizado na maior medida possível dentro das possibilidades jurídicas e fáticas existentes. Princípios são, por conseguinte, mandamentos de otimização, que são caracterizados por poderem ser satisfeitos em graus variados e pelo fato de que a medida devida de sua satisfação não depende somente das possibilidades fáticas, mas também das possibilidades jurídicas. O âmbito das possibilidades jurídicas é determinado pelos princípios e regras colidentes."

de todos reciprocamente para a sua consecução e, na hipótese de violação, traz a possibilidade de gerar responsabilização. Em tese, a cada responsabilidade corresponde ao menos um direito e a cada direito corresponde pelo menos um dever.

O direito à segurança deve ser concretizado, pois compõe a pauta axiológica e de legitimação de nosso Estado Democrático de Direito. Ele se revela essencial para o desenvolvimento da vida em sociedade, protegendo os demais direitos humanos que integram a consciência ética coletiva da humanidade na realidade histórica atual, tornando possível inclusive a existência do próprio sistema jurídico[51], pois Direito sem força não é Direito, mas normas morais de observância facultativa.

Sem a segurança pública, proporcionada inclusive pelas Forças Armadas e pelos órgãos com atribuição de fiscalização, policiamento, deter-

[51] Que segundo a teoria autopoiética, reproduz-se em conformidade com os procedimentos por ele mesmo estabelecidos, conseguindo se acoplar aos demais sistemas da vida humana, na lição de GUERRA FILHO (1997, pp. 70 - 71): "O Direito, em uma sociedade com alta diferenciação funcional de seus sistemas internos, se mantém autônomo frente aos demais sistemas, como aqueles da moral, da economia, da política, da ciência, na medida em que continua operando com seu próprio código, e não por critérios fornecidos por algum daqueles outros sistemas. Ao mesmo tempo, sem que seus componentes percam seu conteúdo especificamente jurídico, para adotar outros, de natureza moral, política, econômica etc., o sistema jurídico há de realizar o seu acoplamento estrutural com outros sistemas sociais, para o que desenvolve cada vez mais procedimentos de reprodução jurídica, procedimentos legislativos, administrativos, judiciais, contratuais. Tais procedimentos são instituídos para (auto)regulação e (auto) controle na fundamentação de algum dos possíveis conteúdos das normas jurídicas, que seja adequado a exigências sociais da racionalidade, participação democrática, pluralismo de valores, eficiência econômica etc. Os procedimentos jurídicos é que haverão de ser estruturados atendendo já a essas exigências, pois não é mais possível, nas sociedades hipercomplexas de hoje em dia, que o Direito se limite a consagrá-las formalmente, nem se pode pretender que ele as realize plenamente. É nesse contexto que a Constituição se revela como grande responsável pelo acoplamento estrutural entre os (sub)sistemas jurídico e político (cf. Neves, 1994', p. 61 ss.), jurisdicizando relações políticas e mediatizando juridicamente interferências da Política do Direito, ao condicionar transformações nas estruturas de poder a procedimentos de mutação previstos constitucionalmente. Os direitos fundamentais tornam-se, assim, o que há de mais importante a ser consagrado na Constituição de um Estado Democrático, com sua multidimensionalidade, enquanto direitos de liberdade, direitos a prestações (os direitos sociais), direitos à participação na formação da vontade política estatal, direitos de natureza processual etc. (Guerra Filho, 1996). Neles acham-se expressos valores integrantes de ideologias as mais diversas, tornando a Constituição que os consagra uma representação fiel ou, ao menos, bastante aproximada, da sociedade hipercomplexa que a instituiu."

minação da responsabilidade e aplicação de punições, não se sustenta o Estado de Direito, pois não se consegue exercitar nenhum direito, diante da anarquia decorrente, com a desestabilização de todas as instituições, a vingança privada como regra e a imposição da vontade dos mais fortes ou mais astuciosos. Criam-se regimes próprios de exceção, com as especificidades postas por quem os domina.

A segurança pública, mediante os órgãos com a incumbência de prestá-la[52], constitui emanação de poder sem a qual o Estado não se estrutura em nenhuma de suas funções, e sem a qual não há soberania, não há Direito, nem livre exercício de direitos, ainda que fundamentais[53]. A segurança pública também configura, assim, um princípio de direito constitucional e internacional. Este *status* jurídico, entretanto, em nada enfraquece sua posição, pois os princípios configuram, eles mesmos, normas jurídicas, normas-princípios, como se expôs anteriormente. Como norma jurídica da espécie princípio constitucional, a segurança pública pode ser exigida com fundamento direto na Constituição da República Federativa do Brasil[54] e produz efeitos como um dos vetores de interpretação das demais

[52] Que não se limitam aos órgãos vinculados ao policiamento, fiscalização e combates armados, incluindo, também o Ministério Público, o Poder Judiciário, o Poder Legislativo e o Poder Executivo em suas diversas áreas de atuação.

[53] Sobre o tema, VARONA (1997) "*La seguridad es la confianza que nos permite ejercer los derechos, desde los más elementales. No tener la menor seguridad sería algo así como estar muerto en vida. Pues no tener nada a qué atenerse es estar cercado por la nada, reducido a ella. De allí que asumamos ahora la prevención del delito desde el punto de vista de los derechos humanos.*" Em tradução livre nossa: "Segurança é a confiança que nos permite exercer direitos, desde os mais elementares. Não ter o mínimo de segurança seria algo como estar morto em vida. Pois, não ter nada a que se ater é estar cercado por nada, reduzido a ele. Portanto, agora assumimos a prevenção ao crime do ponto de vista dos direitos humanos."

[54] Acerca da força normativa da Constituição, em artigo dedicado ao tema, BARROSO (2005), após expor que "o Direito vive uma grave crise existencial. Não consegue entregar os dois produtos que fizeram sua reputação ao longo dos séculos. De fato, a injustiça passeia pelas ruas com passos firmes e a insegurança é a característica da nossa era.", esclarece que "a constitucionalização do Direito importa na irradiação dos valores abrigados nos princípios e regras da Constituição por todo o ordenamento jurídico, notadamente por via da jurisdição constitucional, em seus diferentes níveis. Dela resulta a aplicabilidade direta da Constituição a diversas situações, a inconstitucionalidade das normas incompatíveis com a Carta Constitucional e, sobretudo, a interpretação das normas infraconstitucionais conforme a Constituição, circunstância que irá conformar-lhes o sentido e o alcance. A constitucionalização, o aumento

normas do Ordenamento Jurídico, na sua dimensão de peso. Mas a segurança pública é, principalmente, um direito humano, de todos, declarado, exercitável, oponível e exigível diretamente por seus titulares, sendo possível que a sua tutela se dê inclusive pela legitimação extraordinária para a defesa judicial e extrajudicial, como ocorre, por exemplo, com a legitimidade do Ministério Público para a defesa dos direitos e interesses difusos, coletivos e individuais homogêneos, na sua função de efetiva promoção de direitos humanos.

Postas estas características e perspectivas acerca da segurança pública, é necessário buscar defini-la no âmbito da ciência jurídica. Esta, talvez, seja uma das tarefas mais importantes, não apenas do ponto de vista científico e acadêmico, mas sobretudo prático e de transformação da realidade social, pois a definição conceitual do que é segurança pública facilita a visualização do objeto. Isto permite a verificação acerca da idoneidade de modelo(s) destinados ao seu atendimento, assim como o controle da(s) política(s) pública(s), programa(s) de ações, com a análise inclusive dos meios adotados e fins visados, além da própria adequação da estrutura estatal e sua interlocução comunitária, para que de fato exista segurança pública.

Na doutrina, tanto internacional quanto nacional, encontram-se variados posicionamentos acerca do conceito de segurança e de sua vertente segurança pública. Notam-se propostas de definições mais abertas, que englobam não só o combate à criminalidade, mas a toda espécie de infração ou ainda a outros riscos, ao lado de outras que reduzem o tema à repressão e prevenção de infrações penais, bem como aquelas que vinculam a segurança pública à efetiva promoção e garantia de direitos e, em adição, as propostas de que se cuide de função estatal ou de situação jurídica.

Na lição de BALDWIN (1997, pp. 13 - 17), por exemplo, a segurança poderia ser conceituada como *"a low probability of damage to acquired values"*[55]. Na exposição dele, a segurança teria por destinatários o indivíduo, o Estado ou Estados, o sistema internacional, dentre outros, a depender do objeto de pesquisa. Para ele, no plano fático a segurança absoluta é inatingível, mas é necessário verificar o quanto de segurança se revela suficiente, pois é esta a questão que os economistas há muito tempo levam em considera-

da demanda por justiça por parte da sociedade brasileira e a ascensão institucional do Poder Judiciário provocaram, no Brasil, uma intensa judicialização das relações políticas e sociais."

[55] Em tradução livre nossa: "uma baixa probabilidade de dano a valores adquiridos".

ção para alocar os escassos recursos entre os fins que competem por eles. Para resolver o quanto de recursos deve ser investido em segurança, este autor defende a adoção do conceito de valor marginal, de que um mínimo de segurança, assim como de outras necessidades para uma vida sustentável, deve ser atingido. Para avaliar o valor de um incremento em segurança, pelo conceito de valor marginal, BALDWIN defende a análise do quanto de segurança cada Estado possui e do contexto histórico de cada qual, e não só do quanto de segurança ele ainda necessita.

Entendo que a baixa probabilidade de danos a valores adquiridos seria uma das consequências de haver segurança, não podendo ser encarnada como a sua própria definição. Além disso, se a segurança absoluta é ou não é atingível, depende da definição de segurança e do que se pretende com ela atingir. O conceito marginal para a distribuição de recursos públicos entre áreas que competem entre si não leva em conta, enfim, a interdependência destas áreas, pois os direitos humanos que visam tutelar são interdependentes, interrelacionados e indissociáveis, ou seja, de fato não competem entre si. Partindo do pressuposto de que a segurança é a base para a satisfação das demais necessidades e plataforma de garantia dos direitos humanos, tem-se que é necessário integrar políticas públicas de diversas áreas.

Para NUCCI (2016, pp. 39 - 42):

> *Segurança* é um termo representativo de conforto, bem-estar, confiança, certeza [...] Estar seguro não significa estar livre de crimes; pode ter esse sentido, mas não é único nem exclusivo. [...] A segurança pública é justamente a sensação de bem-estar de uma comunidade, certos os seus moradores de que terão uma vida tranquila e pacífica. Livre de aborrecimentos trazidos justamente pela convivência com outras pessoas, por isso, *pública*. Não há dúvida de que, no art. 144 da Constituição Federal, abrindo o Capítulo III do Título V (Da Defesa do Estado e das Instituições Democráticas), tem-se o tema *Da segurança pública*, querendo referir-se aos órgãos encarregados de assegurar à sociedade essa paz e bem-estar, que todos merecem no Estado Democrático de Direito. Pode-se sustentar que grande parte do enfoque da segurança pública destina-se a prevenir a ocorrência das infrações penais, mas, ainda insistindo, não é somente isso. [...] Tanto é realidade envolver a segurança pública a capacidade do Estado para evitar toda e qualquer infração – penal ou extrapenal – que temos a atuação

> da polícia rodoviária e da polícia ferroviária, além do corpo de bombeiros, instituições não ligadas diretamente ao combate à criminalidade. [...] Enfim, pretende-se demonstrar que *segurança pública* é o bem-estar social, associado à paz e à ordem da comunidade em várias acepções e aspectos; essa modalidade de segurança não tem por base, *exclusivamente*, o combate ao crime. (grifo do autor)

Novamente, ressalva-se o raciocínio de que segurança pública não é uma sensação, mas um direito a uma existência segura, e de que o bem-estar social, associado à paz e à ordem, são consequências desejáveis da segurança pública, e não a sua definição.

Conforme FILOCRE (2010, p. 13):

> [...] *segurança pública* é a ausência de risco correspondente ao interesse da sociedade, tomada esta como a soma das individualidades, mas como um corpo, qual seja, a coletividade. Segurança pública é o conjunto das ações preventivas e reativas, de natureza pública, que, em resposta ao fenômeno da criminalidade, volta-se ao alcance ou à manutenção da ordem pública e que tem por fim último proporcionar aos indivíduos, na convivência social, a fruição de relações pautadas no direito básico de liberdade, garantidas a *segurança jurídica* – proteção contra repressão autoritária do Estado – e a *segurança material* – proteção contra agressões de todo tipo. (grifo do autor)

Observe-se que a eliminação ou não de riscos é consequência da segurança pública, e não a sua definição. As ações preventivas e reativas estão relacionadas ao exercício do direito, do dever e das responsabilidades de todos. O conjunto destas ações não define o que é segurança pública, mas uma das formas de sua materialização, assim como os projetos, programas de ações, planejamentos, normatizações etc. Definir segurança pública como ações, só se concebe, numa visão de que se trate de mera atividade, o que configura uma perspectiva reducionista.

LUNARDI (2012, pp. 42 – 43) explica que:

> A segurança é um direito à proteção por meio de normas e ações do poder público contra atos de particulares e do próprio poder público quando houver violação ou ameaça de violação dos diversos direitos pessoais. Isso indica que a segurança não possui conteúdo próprio. É um direito de segundo grau,

> "acessório" ou "secundário". Quando pensamos no conceito de segurança temos sempre em mente outro direito ameaçado ou violado, integridade física, saúde, patrimônio, privacidade, alimentação ou qualquer outro. Mas em todos os casos a segurança se refere à satisfação de outro direito. Por isso foi sugerido não se referir ao "direito à segurança" e sim às condições fáticas e jurídicas (políticas públicas e existência de normas jurídicas) que permitam garantir a "segurança dos direitos". Torna-se clara a necessidade de adotar um conceito holístico de segurança que evita discriminações de certos grupos sociais ou que privilegie certos direitos. Nesse sentido, há autores que se referem à *segurança humana* como conceito que abrange reivindicações e políticas públicas voltadas a evitar todas as situações de insegurança de indivíduos ou grupos, independentemente de sua causa. Nessa ótica, a segurança se define como a situação na qual um direito é garantido de forma permanente e em um nível satisfatório. Sente-se inseguro quem, em razão de uma crise econômica, não tem certeza se receberá o salário no final do mês (insegurança causada pela falta de regularidade, impedindo a satisfação permanente), assim como quem recebe salário que não atende suas necessidades básicas (insegurança causada pelo nível insuficiente de satisfação do direito). (grifo do autor)

A exposição acima retira o conteúdo próprio do direito à segurança pública, ao qual não corresponde somente o dever de agir estatal. Reduzir segurança pública a uma situação de tudo-ou-nada, existência ou inexistência, a põe no plano fático das consequências, perdendo o objeto em si. À segurança pública não corresponde somente o dever estatal, pois tratando-se de direito, é exigível e oponível a outras pessoas físicas e jurídicas e entes despersonalizados, tendo em vista a eficácia horizontal dos direitos fundamentais. Em se tratando de direito, a segurança pública possui conteúdo próprio, o que se verifica, por exemplo, quando o Estado age prevenindo infrações penais. Quando cria forças públicas para atuarem na seara da segurança, ele está atendendo especificamente este direito. A disponibilização de serviços de segurança pública, ou mesmo a responsabilização pautada na violação à segurança pública, demonstram que ela não se refere somente à satisfação de outros direitos e não pode ser resumida a uma situação de existência ou inexistência.

Em sua tese de doutorado na Università Degli Studi di Napoli Federico II, SERPICO (2016, p. 5), aponta para a fluidez do conceito de segurança pública, como um fim objetivo do Estado, não só para a estabilidade institucional e dos poderes constituídos, mas especialmente ao bem comum, garantindo a condição de estabilidade que permita a convivência civil, indispensável para o desenvolvimento de toda atividade humana:

> La sicurezza pubblica ha costituito tradizionalmente un fine, un obiettivo che lo Stato – apparato, ha riservato alla sua esclusiva competenza. Ciò perché il mantenimento della sicurezza garantiva la stabilità delle istituzioni e del potere costituito, ponendoli al riparo da minacce esterne ed interne. Tuttavia, la sicurezza non deve essere intesa come un concetto che ha mantenuto costanti il suo significato e le sue finalità, ma costituisce un istituto fluido, con scopi in evoluzione, soprattutto negli ultimi decenni. In particolare, l'attenzione dello Stato non si è rivolta esclusivamente al proprio apparato istituzionale, bensì anche alla collettività. Fine precipuo dello Stato è diventato, pertanto, la garanzia di quelle condizioni di stabilità che permettono ai cittadini la civile convivenza, condizione indispensabile per lo sviluppo di tutte le attività umane (commerciali, industriali, et c.). I privati, tuttavia, sono diventati non solo i destinatari delle politiche di sicurezza, ma anche gli attori, quantomeno compartecipi. Tale condizione non deve essere intesa come volontà di decentramento funzionale da parte dello Stato. Il coinvolgimento dei soggetti privati nel settore della sicurezza pubblica nasce dall'esigenza di coinvolgere con sempre maggiore costanza i privati al fine di attuare le condotte più adatte per far percepire la sicurezza ai cittadini e di focalizzare l'attenzione maggiormente sulla prevenzione anziché sulla repressione dei reati e di quelle condizioni che minano la serenità della vita quotidiana. Se la ricerca della "sicurezza" costituisce il "minimo comune denominatore" nella politica governativa delle varie civiltà da quando ha cominciato a riunirsi in comunità fino ad oggi, si è evoluto e cambiato il modus dell'impegno in tale settore.[56]

A segurança pública não pode ser limitada como um fim ou objetivo somente do Estado, pois bastaria mudar, por exemplo, a Constituição para

[56] Em tradução livre nossa: "A segurança pública tem sido tradicionalmente um fim, um objetivo que o aparato estatal reservou para sua competência exclusiva. Isso ocorre porque a

ser possível alterar os fins e objetivos estatais, ou desnaturar a segurança pública. Como fim ou objetivo do Estado, fica ao seu inteiro arbítrio, conveniência e oportunidade se irá atingi-lo, de que forma, quando e em qual intensidade, o que é incompatível com a segurança como necessidade de primeira ordem da pessoa humana e ainda retira os atributos de exigibilidade e oponibilidade geral do direito e a luta pela sua concretização.

Por sua vez, VARONA (1997) expõe que:

> En resumen, entiendo por seguridad no principalmente la garantía de la disponibilidad de ciertos bienes materiales, como el «libre tránsito», el «orden público», la «propiedad privada» o el «imperio de la ley». Seguridad es en el fondo el tejido interpersonal de la confianza que permite actuar cooperativamente, o la red de exigencias intersubjetivas cumplidas que otorga vigencia al sentimiento moral.[57]

Conquanto a segurança tenha o efeito de tecer a confiança interpessoal que permite atuar de forma cooperada, isso só ocorre como consequência.

No âmbito internacional, outrossim, desenha-se o conceito de segurança cidadã, que tem por marco princípios de desenvolvimento humano, considera

manutenção da segurança garantiu a estabilidade das instituições e do poder estabelecido, protegendo-as de ameaças externas e internas. No entanto, a segurança não deve ser entendida como um conceito que manteve constante o significado e a finalidade, mas constitui uma instituição fluida, com objetivos em evolução, principalmente nas últimas décadas. Em particular, a atenção do Estado não se voltou exclusivamente para seu aparato institucional, mas também para a comunidade. O principal objetivo do Estado tornou-se, portanto, a garantia daquelas condições de estabilidade que permitem que os cidadãos convivam civilmente, condição indispensável para o desenvolvimento de todas as atividades humanas (comerciais, industriais e assim por diante). Os indivíduos privados, no entanto, tornaram-se não apenas os destinatários das políticas de segurança, mas também os atores, pelo menos em conjunto. Esta condição não deve ser entendida como um desejo de descentralização funcional por parte do Estado. O envolvimento de sujeitos particulares no campo da segurança pública decorre da necessidade de envolver indivíduos com uma constância cada vez maior, a fim de implementar a conduta mais adequada para fazer os cidadãos perceberem a segurança e focar mais atenção na prevenção do que na repressão da crimes e condições que minam a serenidade da vida cotidiana. Se a busca por "segurança" é o "menor denominador comum" na política governamental das várias civilizações desde que começou a se reunir na comunidade até hoje, o modo de compromisso nesse setor evoluiu e mudou."

[57] Em tradução livre nossa: "Em resumo, entendo por segurança não primariamente a garantia

a natureza multicausal da violência, defende o controle e repressão qualificados e a prevenção mediante políticas públicas integradas no âmbito local. Ela se volta à proteção de direitos humanos, e não eminentemente à manutenção do *status quo* e da ordem pública para o fim de perpetuar o poder estatal[58].

Após esta exposição acerca de diversos posicionamentos acerca deste tema, propomos a definição da segurança pública na deontologia jurídica como sendo: o direito humano de existência segura - de estar, sentir-se e viver em segurança -, que garante juridicamente e sob pena de coerção os demais direitos fundamentais e humanos, legitimando a coação estatal como necessária para garantir direitos contra quem os vulnere, bem como a legítima defesa pelos titulares, para que possam resistir à violação deste direito. A segurança pública é direito humano que exige o cumprimento de deveres e responsabilidades de todos para assegurá-la[59]. O desempenho da coação estatal se legitima para proteger direitos fundamentais.

Em contrapartida ao direito humano à segurança pública, existe para os Estados o dever, responsabilidade e função essencial de promoção de

da disponibilidade de certos bens materiais, como «trânsito livre», «ordem pública», «propriedade privada» ou «estado de direito». A segurança é basicamente o tecido interpessoal de confiança que permite a ação cooperativa ou a rede de demandas intersubjetivas cumpridas que reforçam o sentimento moral."

[58] Neste sentido é o posicionamento do Programa das Nações Unidas para o Desenvolvimento no Brasil (PNUD BRASIL), de 19 de fevereiro de 2019, disponível em: https://pnudbrasil.exposure.co/seguranca-cidada. Acesso em 10/Set./2019. Ainda sobre o tema, FREITAS (2012, pp. 86 - 87) aponta que: "Os órgãos estatais envolvidos na efetivação da segurança voltada para a segurança cidadã devem ter por objetivo o resgate da cidadania, a solidariedade e o respeito aos direitos humanos. Sua atuação, com a participação de toda a sociedade deve priorizar ações que promovam a valorização dos direitos humanos, mobilizando especialmente a educação como instrumento de transformação e de sistematização do conhecimento de seus participantes. Explica o Professor nicaraguense *(Francisco Javier Bautista Lara)* que afetam a segurança cidadã, dentre outras ocorrências: os desastres naturais, a pobreza, a discriminação, a desigualdade, a contaminação ambiental, as epidemias, a instabilidade política, as guerras e a delinquência. Em sentido estrito, contudo, a segurança cidadã pode ser verificada, em relação aos indivíduos, nas seguintes situações: ausência de riscos e ameaças provocadas pela violência criminal; não ser afetado ou não perceber ameaças por delito ou distúrbio, havendo nas pessoas ou na comunidade a percepção de que existe pouca probabilidade de que seus direitos fundamentais sejam afetados por ações delitivas; e, contar, no caso de ocorrer essas ações, com o auxílio imediato das instituições encarregadas da segurança, respondendo com prontidão à situação de emergência." (grifo do original)

[59] Deveres e responsabilidades de promoção, acesso e proteção a direitos fundamentais,

direitos e da garantia dos bens juridicamente tutelados como direitos fundamentais. O Estado cumpre esse seu dever mediante as chamadas políticas públicas, programas de ações e prestação de serviços públicos, que devem ser integrados com a atuação democrática dos organismos sociais. Em última análise, o dever estatal e a responsabilidade de todos visam garantir a dignidade da pessoa humana, o bem-estar social e a livre convivência harmoniosa em sociedade, garantindo a ordem, tranquilidade e estabilidade, para o fim de permitir o desenvolvimento individual de seus componentes, com a responsabilidade de todos para a sua consecução.

A definição proposta acima é deliberadamente aberta, pois segurança pública é direito, ao qual correspondem o dever estatal e a responsabilidade de todos, que devem ser interpretados de forma mais ampla, compatibilizada com os objetivos e fundamentos da República Federativa do Brasil, promovendo a atuação conjunta do Estado com a comunidade e seus diversos atores e organismos. Ainda, as políticas e programas voltados a prevenir e combater a prática de infrações penais e de outras naturezas não atingem plena eficácia se não estão integrados com a promoção e garantia de direitos.

Frise-se que, se a segurança não garante direitos, não há igualdade de oportunidades e de condições, nem possibilidades reais de exercer liberdades, ainda que declaradas, o que interfere diretamente na existência ou não de segurança. Elas se impactam, portanto, mutuamente. Para que a segurança atinja um grau satisfatório, é necessário que se volte a assegurar os demais direitos, e para que os demais direitos possam ser exercidos é necessário que haja segurança. Assim, a segurança é mais ampla e engloba não só a ordem pública e a incolumidade das pessoas e de seus bens, mas o propósito de proteção e promoção efetiva de todos os bens juridicamente tutelados.

Aliás, buscou-se apontar, na definição proposta, a síntese do objeto pelas características que compõem a essência da segurança pública, o que se revela adequado do ponto de vista científico e prático. Igualmente, posta em prática a definição proposta, é indubitável que existirá a situação de segurança pública, a atividade, a função estatal, as consequências do bem-estar, da paz e da estabilidade a ela associadas, demonstrando a sua ido-

além da prevenção de lesões a direitos fundamentais ou neles embasados e repressão das condutas voltadas a isso.

neidade do ponto de vista técnico, no plano deontológico que lhe confere a condição de "dever-ser".

A segurança pública, como direito humano, permite exigir o adimplemento das responsabilidades de todos, bem como compelir o Estado a fornecer a proteção estatal aos demais direitos humanos, mediante serviços públicos adequados para tanto e do escorreito cumprimento das funções de repressão a quem lese ou ameace outrem, prevenção de lesões (seja de que fonte provenham, inclusive do próprio Estado), de ressocialização de infratores, dentre outras. Das políticas público-privadas, exige-se a promoção exatamente destes direitos humanos, em especial os de natureza social e econômica, assegurando-os para a garantia da paz.

Em regra, todas as atividades estatais se relacionam ou interferem, direta ou indiretamente, na seara da segurança pública, em diferentes graus, pois afetam a ordem, a tranquilidade e a estabilidade necessárias ao desenvolvimento da vida em sociedade.

3

A Segurança Pública como Direito, Dever e Responsabilidade

No Brasil, a segurança pública encontra-se prevista no preâmbulo e no artigo 144 da Constituição da República Federativa do Brasil, em tripartição de direito, dever e responsabilidade, já direcionando a integração de todos e divisão de ônus para a consecução do fim visado. Este direito humano também tem base no artigo 5º, *caput*, que prevê expressamente a segurança como direito individual, e no artigo 6º, que prevê a segurança como direito social. Ambos exigem a responsabilidade de todos e o desempenho do dever estatal, inclusive com a prestação de serviço de segurança pública idôneo para a sua concretização, sendo insuficiente a omissão estatal e inadmissível a atuação desviada, insuficiente ou abusiva.

A segurança pública voltada a assegurar direitos humanos é a única leitura possível deste direito, dever e responsabilidade previsto na Constituição da República Federativa do Brasil, com o fim de evitar abusos, omissões, proteções deficientes, o retorno do domínio da força, a escravidão, a servidão, o absolutismo, o totalitarismo, ditaduras, a seleção de pessoas para serem privadas de direitos ou como inimigas do Estado, ou outras formas de lesão.

O direito humano à segurança pública configura garantia geral aos demais direitos humanos, por ser exigível, oponível e, acima de tudo, permitir a luta para a sua concretização[60]. Justamente por este motivo ela é sempre prevista ou nos mesmos dipositivos que declaram os direitos à vida e à liberdade nas normas internacionais de direitos humanos, ou como limite ao exercício de direitos declarados nestas normas, para que alguns não abusem ou se desviem no seu gozo, afetando os direitos das outras pessoas.

É um direito destinado a assegurar a pessoa humana, para que ela possa viver com segurança quanto aos seus demais direitos humanos, permitindo-lhe se sentir segura, estar segura, existir, expressar-se e se desenvolver em segurança, exercendo seus direitos. Daí se infere o caráter garantidor de outros direitos da segurança pública, que envolve a responsabilidade de todos e um dever estatal expresso. O fim da segurança pública é garantir direitos de todos, não privilégios de alguns ou o massacre de muitos, daí a sua legitimidade ao restringir liberdades.

Esta é a interpretação proposta aqui, permitindo uma visão da segurança pública muito mais ampla, integrada com os demais direitos humanos e com os direitos fundamentais, com a responsabilidade e deveres de todos, multidisciplinar, moderna e efetiva, evitando, ao mesmo tempo, que sirva de justificativa para abusos, excessos, arbitrariedades, exceções discriminatórias ilegítimas ou a omissão lesiva, dando o propósito correto para a atividade e o serviço público de segurança.

Para facilitar a análise, passamos a abordar a segurança pública em suas vertentes previstas no artigo 144 da Constituição da República Federativa do Brasil como direito, como dever e como responsabilidade.

[60] Na lição de IHERING (2008, p. 43): "A luta pelo direito subjetivo ou concreto, do qual agora vou tratar, tem como causa a lesão ou subtração desse direito. Nenhum direito, quer o do indivíduo, quer o dos povos, está livre desse risco, porque ao interesse do titular do direito em defendê-lo sempre se contrapõe, na sua esfera, o interesse de outrem em desrespeitá-lo, do que decorre que a luta se repete em todas as esferas do direito, tanto nas regiões inferiores do direito privado como nas alturas do direito público e do direito das gentes." Ainda, ele aponta a necessidade de concretização da norma jurídica, pois falta: "A essência do direito consiste na sua efetivação prática. A norma jurídica, que ficou pairando e nunca se efetivou, ou que perdeu essa efetivação, perde o caráter de norma, transformando-se em roda emperrada do mecanismo jurídico, e que, por essa inércia, em nada contribui para seu funcionamento, podendo, pois, ser suprimida, sem que isso produza qualquer prejuízo. [...] Esvazia-se a norma de seu valor quando os particulares, por desconhecimento do seu direito, por comodismo ou por covardia, se omitem, de modo geral e permanente, em relação às normas jurídicas [...]" (Ibidem, p. 74).

3.1 Segurança pública como direito

A segurança é um direito humano, preexistente ao Ordenamento Jurídico, jungido à necessidade básica de segurança da pessoa humana, como ser biocultural. Ela independe de positivação, e, portanto, a eventual revogação das normas jurídicas que o preveem, não o elimina, pois se não é outorgado pelo Estado, por exemplo a ele não cabe revogar este direito[61].

Quanto à amplitude, a segurança pode ser classificada em individual, da sociedade ou comunitária, nacional, mundial; quanto a quem presta a segurança, pode ser privada, pública ou público-privada; quanto ao objeto da segurança, pode se tratar da proteção contra riscos sociais (segurança social), da proteção da estabilidade das relações jurídicas, faculdades, deveres, direitos, responsabilidades e posições no plano do Direito (segurança jurídica), da proteção à segurança física, psicológica e moral da pessoa (segurança pessoal) ou de seus bens de valor econômico (segurança patrimonial), bem como da proteção da paz social (segurança pública estrito senso como proteção da ordem pública, tranquilidade e da incolumidade das pessoas e de seus bens, inclusive pela promoção de direitos sociais e econômicos).

Neste tópico serão apontados os posicionamentos sobre a segurança pública configurar ou não um direito. Inicialmente serão apontadas as previsões normativas no âmbito interno e internacional que declaram a segurança e, especificamente, a segurança pública como direito. Para permitir uma visualização melhor da amplitude de cada declaração do direito à segurança pública, se a declaração é geral, universal do direito à segurança (que engloba a vertente pública), se a declaração é específica, ou se é apenas de uma das subespécies de segurança pública, apontamos inicialmente qual é a amplitude do objeto que está sendo analisado.

Neste sentido, o direito à segurança pública engloba garantir: (1) a segurança pessoal (proteção à vida, integridade física, psicológica e moral, à liberdade, à manifestação de pensamento, ao exercício de religião, credo e culto, dentre outros direitos humanos de primeira dimensão, sobretudo

[61] Sobre o tema, SAYEG e BALERA (2019, p. 171) apontam que: "Os direitos do homem são inatos, não se confundem com os direitos fundamentais, uma vez que, estes, mais restritos, representam a positivação constitucional daqueles e de outros valores tidos como fundamentais, promulgados pelo Estado para maior segurança de concretização. Os Direitos Humanos os antecedem e são abrangentes, determinados por Direitos inatos, constitutivos de uma ordem jurídica preexistente – logo, são imanentes ao Homem e a todos os Homens, não se confundindo com os fundamentais [...]".

em face do abuso do poder estatal, mas não só, sendo, portanto, um direito fundamental individual); (2) a segurança patrimonial (proteção aos bens e direitos, materiais e imateriais, de valor econômico, configurando, assim, um direito fundamental individual); (3) a segurança da sociedade ou comunitária (proteção da ordem pública, da estabilidade das relações sociais, normalidade da vida em sociedade, com a proteção de direitos transindividuais, como das relações de consumo, da ordem econômica, da saúde pública, de bens e direitos ambientais, da segurança aérea, viária, marítima e promoção dos direitos sociais e econômicos).

No plano externo, o direito à segurança é reconhecido em diversos instrumentos normativos da ordem jurídica internacional como um direito humano, sempre vinculado aos direitos de liberdade, igualdade e fraternidade, que ele protege[62].

Aliás, desde a Declaração dos Direitos do Homem e do Cidadão, de 26 de agosto de 1789, a segurança vem prevista como direito. No artigo 2º do documento, previu-se que: "a finalidade de toda associação política é a conservação dos direitos naturais e imprescritíveis do homem. Esses direitos são a liberdade, a propriedade a segurança e a resistência à opressão."[63].

[62] Para se ressaltar esta relação da segurança com a liberdade, igualdade e fraternidade, desde já se exemplifica com o artigo 8° da Lei n. 13.146/2015 (Estatuto da Pessoa com Deficiência), que prevê expressamente o dever da família, da sociedade e do Estado de "assegurar" direitos à pessoa com deficiência e, por exemplo, para assegurar o direito à vida e à saúde, fazem-se necessários serviços eficientes de segurança pública. E como este dever está relacionado à proteção dos direitos individuais da pessoa com deficiência, nota-se que esta proteção será reivindicada, ainda com base no seu direito à segurança pessoal ou individual: "Art. 8º É dever do Estado, da sociedade e da família assegurar à pessoa com deficiência, com prioridade, a efetivação dos direitos referentes à vida, à saúde, à sexualidade, à paternidade e à maternidade, à alimentação, à habitação, à educação, à profissionalização, ao trabalho, à previdência social, à habilitação e à reabilitação, ao transporte, à acessibilidade, à cultura, ao desporto, ao turismo, ao lazer, à informação, à comunicação, aos avanços científicos e tecnológicos, à dignidade, ao respeito, à liberdade, à convivência familiar e comunitária, entre outros decorrentes da Constituição Federal, da Convenção sobre os Direitos das Pessoas com Deficiência e seu Protocolo Facultativo e das leis e de outras normas que garantam seu bem-estar pessoal, social e econômico."

[63] SÃO PAULO (Estado). USP. Biblioteca Virtual de Direitos Humanos. *Declaração de direitos do homem e do cidadão – 1789. In* Textos Básicos sobre Derechos Humanos. Madrid. Universidad Complutense, 1973, traduzido do espanhol por Marcus Cláudio Acqua Viva. Apud. FERREIRA Filho, Manoel G. et. alli. Liberdades Públicas São Paulo, Ed. Saraiva, 1978. Disponível em: http://www.direitoshumanos.usp.br/index.php/Documentos-anteriores-%C3%A0-

Nesta disposição, trata-se do direito à segurança de todos, nas suas várias dimensões interdependentes, incluindo a segurança pessoal ou individual, a segurança social e a segurança pública. É interessante notar que o diploma reconhece que se trata de direito natural e imprescritível da pessoa, o qual independe, portanto, de outorga estatal.

Na sequência são enumeradas normas de direito internacional público que exemplificam a previsão normativa do direito à segurança pelos Estados-membros da Organização das Nações Unidas (ONU). Essas normas reconhecem expressamente inclusive o direito à "segurança pessoal", além da segurança nacional e da "segurança de todos", indicando que se trata de segurança pública, bem demarcado pelas expressões ordem, saúde, moral públicas, liberdades das demais pessoas.

3.1.1 Declaração Universal dos Direitos Humanos, de 10 de dezembro de 1948

A Declaração de 1948 prevê, em seu artigo III, a segurança pessoal (Senado Federal, 2013, pp. 20 – 23), nos seguintes termos: "toda pessoa tem direito à vida, à liberdade e à segurança pessoal.", mas ao final traz a segurança pública como limite a todos os direitos e garantias ali declarados.

O direito à segurança pessoal previsto no artigo citado[64] tem por escopo garantir que a pessoa humana possa se sentir e estar segura, certa no que tange à proteção de sua vida, integridade física, psicológica e moral, à liberdade, à manifestação de pensamento, ao exercício de religião, credo e culto, dentre outros direitos de primeira dimensão, da esfera individual (do ser consigo) e da esfera política (do ser com o outro)[65]. Ela

-cria%C3%A7%C3%A3o-da-Sociedade-das-Na%C3%A7%C3%B5es-at%C3%A9-1919/declaracao-de-direitos-do-homem-e-do-cidadao-1789.html. Acesso em 11/Set./2019.

64 Como limite a todos os direitos e liberdades previstos na Declaração, vem em seu artigo XXIX, 2., a previsão da cláusula geral de que (Senado Federal, 2013, pp. 20 - 23): "No exercício de seus direitos e liberdades, todo ser humano estará sujeito apenas às limitações determinadas pela lei, exclusivamente com o fim de assegurar o devido reconhecimento e respeito dos direitos e liberdades de outrem e de satisfazer as justas exigências da moral, da ordem pública e do bem-estar de uma sociedade democrática.", ou seja, a segurança é prevista nesta disposição gênero em sua vertente segurança pública, sob a denominação de "ordem pública".

65 ANTUNES ROCHA (2008) explica ao comentar o artigo III da Declaração Universal dos Direitos Humanos, que: "Vida com justiça é que é o objeto do direito. E a vida é justa quando garantida a dignidade da experiência humana. Vida com fome não é justa nem digna. Vida

é, destarte, a plataforma de garantia dos demais direitos individuais que permitem que a pessoa se sinta e esteja assegurada[66]. Pode-se dizer que a pessoa humana tem segurança quando seus direitos estão assegurados.

3.1.2 Convenção Americana de Direitos Humanos, de 22 de novembro de 1969[67]

A Convenção Americana prevê, em seu artigo 7º que "toda pessoa tem direito à liberdade e à segurança pessoais."[68]. Ela dispõe, igualmente, que:

> Artigo 12 - Liberdade de consciência e de religião
>
> [...]
>
> 3. A liberdade de manifestar a própria religião e as próprias crenças está sujeita apenas às limitações previstas em lei e que se façam necessárias para proteger a segurança, a ordem, a saúde ou a moral públicas ou os direitos e as liberdades das demais pessoas[69].
>
> [...]
>
> Artigo 13 - Liberdade de pensamento e de expressão
>
> [...]
>
> 2. O exercício do direito previsto no inciso precedente não pode estar sujeito à censura prévia, mas a responsabilidades ulteriores, que devem

com dor também não, seja qualquer a espécie de dor que acometa o homem. A vida tocada pelo medo e pela angústia é experiência malsã, mais ainda se o desequilíbrio vem de fora. [...] Se a insegurança assinala o turbilhão que a cada qual é dado viver, a certeza da e na convivência torna-o mais generoso quando o direito se oferece como esteio garantidor da presença respeitosa, digna e solidária do outro. [...] A valorização do direito à vida digna preserva as duas faces do homem: a do indivíduo e a do ser político: a do ser em si e a do ser com o outro. [...] O homem não é só o amigo; pior, é também o inimigo, o que falseia e trai a sua própria imagem oferecida ao outro. O direito é o instrumento da fraternização racional e rigorosa."

66 Sobre o tema, comentando este dispositivo da Declaração Universal dos Direitos Humanos, BARRETO (2008, p. 20), define: "o direito à segurança pessoal que é o direito de viver sem medo, protegido pela solidariedade e livre de agressões. O direito à segurança pessoal objetiva não apenas reforçar a proteção à vida, mas serve também para garantir a integridade daqueles participantes da sociedade. [...] Tal direito, em uma visão holística, objetiva reforçar a proteção à vida."

67 Senado Federal, 2013, pp. 150 - 165.

68 O direito à segurança pessoal é previsto umbilicalmente ligado ao direito à liberdade.

69 A segurança pessoal e pública é prevista como limite ao direito à liberdade de consciência e religião.

ser expressamente previstas em lei e que se façam necessárias para assegurar: [...] b) a proteção da segurança nacional, da ordem pública, ou da saúde ou da moral públicas[70].[...]

Artigo 15 - Direito de reunião
É reconhecido o direito de reunião pacífica e sem armas. O exercício desse direito só pode estar sujeito às restrições previstas em lei e que se façam necessárias, em uma sociedade democrática, ao interesse da segurança nacional, da segurança ou ordem públicas, ou para proteger a saúde ou a moral públicas ou os direitos e as liberdades das demais pessoas[71].

Artigo 16 - Liberdade de associação
[...]
O exercício desse direito só pode estar sujeito às restrições previstas em lei e que se façam necessárias, em uma sociedade democrática, ao interesse da segurança nacional, da segurança e da ordem públicas, ou para proteger a saúde ou a moral públicas ou os direitos e as liberdades das demais pessoas[72].

Artigo 22 - Direito de circulação e de residência
[...]
3. O exercício dos direitos supracitados não pode ser restringido, senão em virtude de lei, na medida indispensável, em uma sociedade democrática, para prevenir infrações penais ou para proteger a segurança nacional, a segurança ou a ordem públicas, a moral ou a saúde públicas, ou os direitos e liberdades das demais pessoas[73].

Artigo 27 - Suspensão de garantias
1. Em caso de guerra, de perigo público, ou de outra emergência que ameace a independência ou segurança do Estado-parte, este poderá adotar as disposições que, na medida e pelo tempo estritamente limitados às exigências da situação, suspendam as obrigações contraídas em virtude

70 A segurança pública é prevista como limite à liberdade de pensamento e expressão.

71 A segurança pessoal e pública é prevista como limite à liberdade de reunião.

72 A segurança pessoal e pública é prevista como limite à liberdade de associação.

73 A segurança pessoal e pública é prevista como limite ao direito de circulação e residência.

desta Convenção, desde que tais disposições não sejam incompatíveis com as demais obrigações que lhe impõe o Direito Internacional e não encerrem discriminação alguma fundada em motivos de raça, cor, sexo, idioma, religião ou origem social[74].

Artigo 32 - Correlação entre deveres e direitos

1. Toda pessoa tem deveres para com a família, a comunidade e a humanidade.

2. Os direitos de cada pessoa são limitados pelos direitos dos demais, pela segurança de todos e pelas justas exigências do bem comum, em uma sociedade democrática[75].

Esta Convenção, também denominada de Pacto de San José da Costa Rica, fala em proteção da segurança, por exemplo em seu artigo 12. Proteger a segurança significa proteger os direitos das demais pessoas. No caso do artigo 12, o gozo ilimitado do direito à liberdade de manifestar a própria religião e crenças, se fosse exercido sem limites, importaria violação aos direitos das demais pessoas, afetando a segurança pública, que, portanto, deve ser protegida.

A segurança nacional, prevista nesta norma, não é expressão idêntica a "segurança do Estado-Parte", esta utilizada no artigo 27 da Declaração. Ela é mais ampla do que a definição elementar de Estado, pois não protege apenas os seus elementos - território, governo e povo - contra agressões internas e externas, mas também o vínculo jurídico-político que forma a nacionalidade e, sobretudo, o vínculo histórico-cultural que dá a relação

[74] A segurança do Estado, que por interpretação teleológica não poderia ser jamais reduzida à segurança do ente abstrato ou somente dos bens, serviços e pessoas a ele diretamente vinculados, porquanto o Estado existe para a garantia dos direitos humanos e, portanto, a restrição em análise visa à segurança da própria sociedade, em que a ordem e estabilidade se fazem necessárias, englobando, assim, a segurança pública.

[75] A segurança de todos (segurança pessoal e pública) e os direitos dos demais são limites objetivos a todos os demais direitos humanos, o que demonstra, já desde a própria concepção desta declaração de direitos, que estes não se prestam a servir como um escudo para a impunidade dos malfeitores e criminosos, não sendo possível sua contraposição à segurança, pois os limites e espaços para a convivência entre os direitos estão previstos no próprio diploma legislativo internacional.

de identidade e pertencimento daquele povo a uma mesma comunidade. Isto porque a segurança nacional é a segurança de uma nação[76].

A segurança nacional, a segurança pública, a ordem, a saúde e a moral públicas são sintetizadas no artigo 32.2. como a "segurança de todos", ou seja, trata-se de assegurar todos os direitos de todas as pessoas, sendo este o conteúdo da segurança, que lhe permite limitar os demais direitos previstos para que o gozo por uns não afete os direitos dos demais. A natureza jurídica da segurança de todos é de direito à segurança em suas várias dimensões, pois, numa Declaração de Direitos, a limitação dos direitos declarados só se justifica para proteger outros direitos declarados e não para atender interesses[77].

A limitação se dá porque se trata de modelo deontológico, o que exclui, portanto, os interesses e valores. Mas não se trata de norma com a natureza

[76] Acerca do significado de Nação, DIAS (2012, pp. 65 - 66) aponta que: "[...] Nação é um verdadeiro processo, um constante devir, que depende, claramente, da cultura política, da produção do conhecimento, do *ethos* cultural de uma comunidade, mas acima de tudo, de práticas democráticas. [...] É necessário que se revise o sentido de identidade coletiva em âmbito nacional justamente em função dos fluxos migratórios hoje recorrentes." E conclui a autora que: "É necessário que o povo redescubra sua historicidade – único meio para o resgate de sua cultura." (Ibidem, p. 68). No Brasil, a Lei n. 7.170, de 14 de dezembro de 1983, ao definir os crimes contra a segurança nacional, limitou esta em seu artigo 1° aos crimes que lesam ou expõem a perigo de lesão a integridade territorial e a soberania nacional, o regime representativo e democrático, a Federação e o Estado de Direito, bem como a pessoa dos chefes dos Poderes da União. Já a estratégia nacional de segurança dos Estados Unidos da América, é definida pelo governo norte-americano como "*The 2017 NSS focuses on four vital national interestes: Protect the Homeland, the American people, and American way of life; Advance American Prosperity; Preserve Peace trough Strenght; and Enhance American Influence.*" (Disponível em https://ge.useembassy.gov/2017-national-security-strategy-united-states-america-president/. Acesso em 11/Set./2019). Em tradução livre nossa: "O NSS 2017 foca em quatro interesses nacionais vitais: Proteger a pátria, o povo americano e o modo de vida americano; Avançar a prosperidade americana; Preservar a paz por meio da força; e melhorar a influência americana."

[77] Na lição de ALEXY (2008, p. 144): "A diferença entre princípios e valores é reduzida, assim, a um ponto. Aquilo que, no modelo de valores, é prima facie o melhor é, no modelo de princípios, prima facie devido. Princípios e valores diferenciam-se, portanto, somente em virtude de seu caráter deontológico, no primeiro caso, e axiológico, no segundo. No direito o que importa é o que deve ser." Ainda na lição dele: "O ponto decisivo na distinção entre regras e princípios é que *princípios* são normas que ordenam que algo seja realizado na maior medida do possível dentro das possibilidades fáticas e jurídicas existentes. Princípios são, por conseguinte, *mandados de otimização*, que são caracterizados por poderem ser satisfeitos em

de princípio que seja de realização ao máximo do possível fática ou juridicamente, segundo o mandado de otimização. Com efeito, não seria racional existir um mandado de otimização para a limitação dos demais direitos humanos ao máximo do possível, quando a restrição ao direito se legitima por ser estritamente necessária para a proteção da própria pessoa e dos direitos de outrem. A regra é de livre convivência harmônica de direitos.

Deste modo, um direito é limite para outro, assim como o direito à segurança, que assegura todos os direitos de todas as pessoas, configura limite ao gozo destes direitos, justamente para que possa assegurá-los. Proteger a segurança, nesta ótica, significa proteger o direito à segurança, balizando o exercício regular dos direitos declarados para assegurá-los, de forma que o gozo por uns não impeça o gozo pelos demais ou viole os direitos alheios.

Nas normas seguintes, as disposições sobre a segurança pessoal (ou sua expressão equivalente de segurança da pessoa), proteção da segurança nacional, ordem, saúde ou a moral pública, vão no mesmo sentido acima exposto.

3.1.3 Pacto Internacional de Direitos Civis e Políticos, de 16 de dezembro de 1966[78]

O Pacto Internacional de Direitos Civis e Políticos prevê que:

> Artigo 9º
> 1. Toda pessoa tem direito à liberdade e à segurança pessoais[79].[...]
>
> Artigo 12
> 1. Toda pessoa que se ache legalmente no território de um Estado terá o direito de nele livremente circular e escolher sua residência.
> 2. Toda pessoa terá o direito de sair livremente de qualquer país, inclusive de seu próprio país.
> 3. os direitos supracitados não poderão em lei e no intuito de restrições, a menos que estejam previstas em lei e no intuito de proteger a segurança

graus variados e pelo fato de que a medida devida de sua satisfação não depende somente das possibilidades fáticas, mas também das possibilidades jurídicas." (Ibidem, p. 90).

[78] SENADO FEDERAL, 2013, pp. 130 - 143.

[79] Novamente o direito à segurança pessoal é disposto na previsão acerca do direito à liberdade.

nacional e a ordem, a saúde ou a moral pública, bem como os direitos e liberdades das demais pessoas, e que sejam compatíveis com os outros direitos reconhecidos no presente Pacto[80]. [...]

Artigo 13

Um estrangeiro que se ache legalmente no território de um Estado Parte do presente Pacto só poderá dele ser expulso em decorrência de decisão adotada em conformidade com a lei e, a menos que razões imperativas de segurança nacional a isso se oponham, terá a possibilidade de expor as razões que militem contra sua expulsão e de ter seu caso reexaminado pelas autoridades competentes, ou por uma ou varias pessoas especialmente designadas pelas referidas autoridades, e de fazer-se representar com esse objetivo[81].

Artigo 14

[...] A imprensa e o público poderão ser excluídos de parte da totalidade de um julgamento, quer por motivo de moral pública, de ordem pública ou de segurança nacional em uma sociedade democrática, quer quando o interesse da vida privada das Partes o exija, que na medida em que isso seja estritamente necessário na opinião da justiça, em circunstâncias específicas, nas quais a publicidade venha a prejudicar os interesses da justiça;[...][82]

Artigo 18

[...]

3. A liberdade de manifestar a própria religião ou crença estará sujeita apenas à limitações previstas em lei e que se façam necessárias para proteger a segurança, a ordem, a saúde ou a moral públicas ou os direitos e as liberdades das demais pessoas[83].

80 O direito à segurança pessoal e pública é previsto como limite à livre circulação e escolha do local da residência.

81 A segurança nacional, englobando manifestamente a ordem e a estabilidade e, portanto, a segurança pública, é prevista como fundamento para a expulsão do estrangeiro.

82 A segurança pública é prevista como limite à liberdade de imprensa e publicidade dos julgamentos pelo Poder Judiciário.

83 A segurança pessoal e pública é prevista como limite à liberdade de religião ou crença.

Artigo 19

[...]

2. Toda pessoa terá direito à liberdade de expressão; esse direito incluirá a liberdade de procurar, receber e difundir informações e ideias de qualquer natureza, independentemente de considerações de fronteiras, verbalmente ou por escrito, em forma impressa ou artística, ou por qualquer outro meio de sua escolha.

3. O exercício do direito previsto no parágrafo 2 do presente artigo implicará deveres e responsabilidades especiais. Consequentemente, poderá estar sujeito a certas restrições, que devem, entretanto, ser expressamente previstas em lei e que se façam necessárias para:

a) assegurar o respeito dos direitos e da reputação das demais pessoas;

b) proteger a segurança nacional, a ordem, a saúde ou a moral públicas[84].

Artigo 21

O direito de reunião pacifica será reconhecido. O exercício desse direito estará sujeito apenas às restrições previstas em lei e que se façam necessárias, em uma sociedade democrática, no interesse da segurança nacional, da segurança ou da ordem pública, ou para proteger a saúde ou a moral pública ou os direitos e as liberdades das demais pessoas[85].

Artigo 22

1. Toda pessoa terá o direito de associar-se livremente a outras, inclusive o direito de construir sindicatos e de a eles filiar-se, para a proteção de seus interesses.

2. O exercício desse direito estará sujeito apenas às restrições previstas em lei e que se façam necessárias, em uma sociedade democrática, no interesse da segurança nacional, da segurança e da ordem públicas, ou para proteger a saúde ou a moral públicas ou os direitos e liberdades das demais pessoas. O presente artigo não impedirá que se submeta a restrições legais o exercício desse direito por membros das forças armadas e da polícia[86].

[84] A segurança pessoal e pública é prevista como limite à liberdade de expressão, de receber e difundir informações e ideias.

[85] A segurança pessoal e pública é prevista como limite à liberdade de reunião.

[86] A segurança pessoal e pública é prevista como limite à liberdade de associação.

3.1.4 Carta Africana dos Direitos do Homem e dos Povos, de 28 de junho de 1981[87]

A Carta Africana reconhece a segurança como direito da pessoa e dos povos, no plano nacional e internacional, dispondo que:

> Artigo 6º Todo indivíduo tem direito à liberdade e à segurança da sua pessoa. Ninguém pode ser privado da sua liberdade salvo por motivos e nas condições previamente determinados pela lei. Em particular, ninguém pode ser preso ou detido arbitrariamente[88].
>
> Artigo 11º Toda pessoa tem direito de se reunir livremente com outras pessoas. Este direito exerce-se sob a única reserva das restrições necessárias estabelecidas pelas leis e regulamentos, nomeadamente no interesse da segurança nacional, da segurança de outrem, da saúde, da moral ou dos direitos e liberdades das pessoas[89].
>
> Artigo 12º 1. Toda pessoa tem o direito de circular livremente e de escolher a sua residência no interior de um Estado, sob reserva de se conformar às regras prescritas na lei. 2.Toda pessoa tem o direito de sair de qualquer país, incluindo o seu, e de regressar ao seu país. Este direito só pode ser objeto de restrições previstas na lei, necessárias à proteção da segurança nacional, da ordem, da saúde ou da moralidade públicas[90].
>
> Artigo 23º 1. Os povos têm direito à paz e à segurança, tanto no plano nacional como no plano internacional. O princípio da solidariedade e das relações amistosas implicitamente afirmado na Carta da Organização das

[87] USP, Biblioteca Virtual de Direitos Humanos. Disponível em http://www.direitoshumanos.usp.br/index.php/Documentos-não-Inseridos-nas-Deliberações-da-ONU/carta-africana-dos-direitos-humanose-dos-povos-carta-de-banjul.html. Acesso em 09/Ago./2019.

[88] A liberdade e a segurança da pessoa são previstas atreladas neste dispositivo. Segurança da pessoa é o direito à segurança pessoal, tem por escopo garantir que a pessoa humana possa se sentir e estar segura, certa no que tange à proteção de sua vida, integridade física, psicológica e moral, à liberdade, à manifestação de pensamento, ao exercício de religião, credo e culto, dentre outros direitos de primeira dimensão, da esfera individual (do ser consigo) e da esfera política (do ser com o outro).

[89] A segurança pública é prevista como limite ao direito à liberdade de reunião.

[90] A segurança pública é prevista como limite ao direito de ir e vir, à circulação.

Nações Unidas e reafirmado na Carta da Organização da Unidade Africana deve dirigir as relações entre os Estados.

> Artigo 27º 1. Cada indivíduo tem deveres para com a família e a sociedade, para com o Estado e outras coletividades legalmente reconhecidas, e para com a comunidade internacional. 2.Os direitos e as liberdades de cada pessoa exercem-se no respeito dos direitos de outrem, da segurança coletiva, da moral e do interesse comum[91].

Deve-se destacar que esta Carta, em seu artigo 27º, parágrafo 1º, dispõe que os direitos e liberdades têm por limites os direitos de outrem e a segurança coletiva, tendo o mesmo sentido do artigo 32 da Convenção Americana de Direitos Humanos, que correlaciona direitos e deveres. Logo, o sentido de "segurança coletiva" previsto na Carta Africana é o mesmo da "segurança de todos" previsto na Convenção Americana, a saber, assegurar todos os direitos de todas as pessoas, englobando tanto a segurança pessoal, quanto a segurança social e a segurança pública.

3.1.5 Carta dos Direitos Fundamentais da União Europeia, de 07 de dezembro de 2000[92]

O artigo 1º da Carta dos Direitos Fundamentais da União Europeia já prevê que a dignidade da pessoa humana dever ser respeitada e protegida, o que fundamenta o direito à segurança como forma de assegurar os demais direitos humanos, para que a vida com dignidade possa encontrar a sua expressão na existência com direitos assegurados. Ele dispõe que: "a dignidade do ser humano é inviolável. Deve ser respeitada e protegida."

Esta Carta reconhece expressamente o direito à segurança no Capítulo II, denominado "Liberdades", dispondo em seu artigo 6º, sobre *direito à liberdade e à segurança*, que "todas as pessoas têm direito à liberdade e à segurança." O direito à segurança nele previsto deve ser entendido em

[91] Novamente a segurança é prevista como limite às liberdades de cada pessoa.

[92] SÃO PAULO (Estado). USP. Biblioteca Virtual de Direitos Humanos. *Carta dos Direitos Fundamentais da União Europeia – 2000.* Disponível em: http://www.direitoshumanos.usp.br/index.php/Documentos-n%C3%A3o-Inseridos-nas-Delibera%C3%A7%C3%B5es-da-ONU/carta-dos-direitos-fundamentais.html. Acesso em 11/Set./2019.

suas múltiplas dimensões, incluindo não apenas a segurança pessoal, mas também a segurança pública, tendo em vista que de forma proposital ele não foi restringido à segurança pessoal.

No âmbito da segurança pessoal, deve-se ressaltar que esta Carta prevê, por exemplo, a proteção destacada dos dados pessoais no artigo 8º, que se refere à segurança de dados da pessoa humana para que não sejam "vazados" para utilização por criminosos, empresas e terceiros em prejuízo da segurança individual:

> Artigo 8º
> *Proteção de dados pessoais*
> 1. Todas as pessoas têm direito à proteção dos dados de caráter pessoal que lhes digam respeito.
> 2. Esses dados devem ser objeto de um tratamento leal, para fins específicos e com o consentimento da pessoa interessada ou com outro fundamento legítimo previsto por lei. Todas as pessoas têm o direito de aceder aos dados coligidos que lhes digam respeito e de obter a respectiva retificação.
> 3. O cumprimento destas regras fica sujeito a fiscalização por parte de uma autoridade independente.

No artigo 52º, parágrafo 1º, a Carta invoca diretamente o princípio da Proporcionalidade para a restrição aos direitos nela reconhecidos, com o objetivo de atender objetivos de interesse geral reconhecidos pela União Europeia, ou à necessidade de proteção dos direitos e liberdades de terceiros, tendo, portanto, fundamento na segurança de todos, em suas várias dimensões, pessoal, social e pública:

> Artigo 52º
> *Âmbito dos direitos garantidos*
> 1. Qualquer restrição ao exercício dos direitos e liberdades reconhecidos pela presente Carta deve ser prevista por lei e respeitar o conteúdo essencial desses direitos e liberdades. Na observância do princípio da proporcionalidade, essas restrições só podem ser introduzidas se forem necessárias e corresponderem efetivamente a objetivos de interesse geral reconhecidos pela União, ou à necessidade de proteção dos direitos e liberdades de terceiros.

Por fim, no artigo 54 proíbe o abuso de direito, com a feição nítida de segurança dos direitos nela reconhecidos, para que não sejam violados:

> Artigo 54º
> *Proibição do abuso de direito*
> Nenhuma disposição da presente Carta deve ser interpretada no sentido de implicar qualquer direito de exercer atividades ou praticar atos que visem a destruição dos direitos ou liberdades por ela reconhecidos, ou restrições maiores desses direitos e liberdades que as previstas na presente Carta.

Pela leitura das disposições acima mencionadas, verifica-se facilmente que as previsões destes instrumentos acerca do direito de todas as pessoas à "segurança pessoal" ou da pessoa e à "segurança de todos", protegem contra ações de qualquer outra pessoa física ou jurídica, inclusive do próprio Estado, entes despersonalizados e organismos internacionais, pois os preceitos não limitam, em sua abrangência, quem pode ser o ofensor da segurança da pessoa ou da segurança coletiva. Também não restringem contra quem estes direitos podem ser exercidos[93].

3.1.6 Considerações sobre o direito à segurança

O direito à segurança pessoal ou individual, conforme se observa nos diplomas de direito internacional de direitos humanos mencionados nos sub-

[93] Neste sentido, no Relatório sobre Segurança Cidadã e Direitos Humanos da Comissão Interamericana de Direitos Humanos de 2009, a segurança cidadã foi conceituada como a situação social em que as pessoas são livres para gozarem seus direitos fundamentais e as instituições públicas tem capacidade suficiente para reagir à violação da lei, garantir o exercício destes direitos e responder com eficiência quando são violados, por meio de políticas de segurança para prevenir e controlar a violência e o crime. O objetivo das políticas é a pessoa humana e não a segurança do Estado ou de dado sistema político. Foi exposta a segurança cidadã como o direito à segurança em relação a crimes e a violência interpessoal e social, que se infere dos dispositivos de direitos humanos que elenca: "*The right to security from crime or interpersonal or social violence is not expressly protected under the international system of human rights law.However, the right to such protection can be inferred from the obligation of the State to guarantee the security of the individual, as set forth in Article 3 of the Universal Declaration of Human Rights: "Everyone has the right to life, liberty and security of person"; Article 1 of the American Declaration of the Rights and Duties of Man: "Every human being has the right to life, liberty and the security of his person"; Article 7 of the American Convention on Human Rights: "Every person has the right to personal liberty and*

-itens anteriores, vem previsto nas mesmas disposições que declaram os direitos à vida e à liberdade, diante do caráter de interdependência dos direitos humanos, enquanto em sua dimensão como direito de todos, vem previsto como limitação aos direitos e liberdades individuais, para que não se degenerem em abuso de direito e violação dos direitos dos outros.

A interpretação acerca do artigo 9º do Pacto Internacional de Direitos Civis e Políticos, no *Draft General comment nº 35, Article 9 liberty and security of person*[94], da ONU, cuja tradução adotada pela Secretaria de Direitos Humanos do Governo Federal é:

> [...] Além de respeitar, o Estado tem o dever de proteger o direito de liberdade da pessoa contra ações de terceiros. Medidas apropriadas devem ser tomadas com o objetivo de proteger as pessoas de sequestros ou detenção por criminosos individuais ou grupos, incluindo grupos armados ou

security"; and Article 9 of the International Covenant on Civil and Political Rights: "Everyone has the right to liberty and security of person". Nevertheless, the Commission considers that the current basis of the obligations incumbent upon States is a normative core demanding the protection of rights particularly vulnerable to criminal or violent acts that citizen security policies are intended to prevent and control. This group of rights includes the right to life, the right to physical integrity, the right to freedom, the right to due process and the right to the use and enjoyment of one's property, without prejudice to other rights that will be specifically examined in the body of this report." (Disponível em: http://www.cidh.org/countryrep/Seguridad.eng/CitizenSecurity.II.htm. Acesso em 03/Mai./2018). Em tradução livre nossa: "O direito à segurança em relação a crimes ou violência interpessoal ou social não é expressamente protegido pelo sistema internacional de direitos humanos. No entanto, o direito a essa proteção pode ser deduzido da obrigação do Estado de garantir a segurança do indivíduo, conforme estabelecido no artigo 3 da Declaração Universal dos Direitos Humanos: "Todo mundo tem direito à vida, liberdade e a segurança pessoal"; Artigo 1 da Declaração Americana dos Direitos e Deveres do Homem: "Todo ser humano tem direito à vida, liberdade e segurança pessoal"; Artigo 7 da Convenção Americana sobre Direitos Humanos: "Toda pessoa tem direito à liberdade e segurança pessoal"; e Artigo 9 do Pacto Internacional sobre Direitos Civis e Políticos: "Todo mundo tem direito à liberdade e a segurança pessoal". No entanto, a Comissão considera que a base atual das obrigações que incumbem aos Estados é um núcleo normativo que exige a proteção de direitos particularmente vulneráveis a atos criminosos ou violentos que as políticas de segurança ao cidadão pretendem prevenir e controlar. Esse grupo de direitos inclui o direito à vida, o direito à integridade física, o direito à liberdade, o direito ao devido processo e o direito ao uso e gozo de sua propriedade, sem prejuízo de outros direitos que serão examinados especificamente no corpo deste relatório."

[94] Em tradução livre nossa: "Projeto de comentário geral nº 35, Artigo 9, liberdade e segurança da pessoa".

> terroristas que operam ilegalmente. Os indivíduos também devem ser protegidos de privação ilegal de liberdade por organizações cuja existência e legal, como escolas, hospitais e empregadores. Dentro de suas possibilidades, um Estado também deve adotar as medidas adequadas, para proteger a liberdade pessoal de seus habitantes contra as atividades de outro Estado dentro de seu território. [...] O direito a segurança da pessoa é independente do direito a liberdade da pessoa. Há violação ao direito a segurança pessoal quando ocorrem lesões corporais injustificadas, independentemente de a vítima estar detida ou não. O direito a segurança pessoal também obriga os Estados a tomarem medidas apropriadas para protegerem os indivíduos, estejam eles detidos ou não, de ameaças conhecidas para sua vida ou integridade física, tanto de fontes governamentais ou privadas.[95]

Nota-se que, na referida interpretação, não se buscou definir o direito à segurança, mas houve a preocupação de se explicitar que o direito à segurança é independente do direito à liberdade, para que possa ser exercido sem restrição indevida, a despeito do caráter de interdependência da liberdade e da segurança, no sentido de que ambas se limitam mutuamente, porém sem uma não é possível o pleno exercício da outra.

Explica-se: para que se possa ter segurança pública efetiva, é necessário restringir a liberdade. Por exemplo, para o ingresso em prédios públicos é obrigatória a verificação de identidade da pessoa; para a liberdade de conduzir automóveis é necessária a autorização administrativa com o preenchimento de determinados requisitos; para o livre exercício da cidadania é necessária a identificação civil por documentos públicos. Aliás, até mesmo para que a segurança privada seja efetiva, a liberdade é restringida. Por exemplo, a imposição de prévio cadastro ou apresentação de documentos e autorização do morador para ingressar em prédio de condomínio, ou estabelecimentos comerciais, ou a colocação de barreiras físicas que impedem o livre acesso ao interior de propriedades privadas.

[95] Cf. BRASIL. Secretaria de Direitos Humanos da Presidência da República. *Direito à liberdade e à segurança da pessoa*. – Brasília: Coordenação Geral de Educação em SDH/PR, Direitos Humanos, Secretaria Nacional de Promoção e Defesa dos Direitos Humanos, 2013. ISBN: 978-85-60877-37-9. Disponível em www.sdh.gov.br/assuntos/...e-defesa/.../direito-a-liberdade-e-a-seguranca-da-pessoa. Acesso em 19/02/2018.

O reverso também ocorre, pois para se aumentar a liberdade das pessoas, é necessário não somente criar condições materiais que lhes permitam, do ponto de vista econômico, político e social o gozo de seus direitos, como diminuir em algum grau aquelas mesmas restrições que promovem a segurança delas.

Mas não há conflito entre liberdade e segurança, não se trata de direitos antagônicos, cujo exercício pressuponha a escolha entre um ou outro. Trata-se de direitos humanos que convivem de forma interdependente, pois, sem a segurança, não se consegue exercer a liberdade plena e, sem liberdade alguma, não existe segurança. Mesmo aqueles punidos com pena que restrinja a sua liberdade, ainda assim continuam titulares do direito à segurança pessoal, impondo ao Estado que custodia a pessoa o dever de protegê-la. Não sendo perpétua a pena, aqueles que sofreram restrição ao direito terão a liberdade restituída após o cumprimento da sanção penal[96].

Ressalte-se, por fim, que o direito à segurança pessoal, como plataforma de garantia dos demais direitos humanos, acaba por ser destacado no mencionado posicionamento da ONU, ao dispor que há violação à segurança pessoal quando a pessoa sofre lesões corporais injustificadas. Isso porque a integridade corporal é um direito cuja ofensa configura lesão, também, ao direito à segurança pessoal, que a assegura.

[96] Na lição de SEN (2000, p. 18), entretanto, ocorre privação da liberdade daqueles que sofrem carência de serviços públicos e de instituições eficazes para a manutenção da paz e da ordem locais: "O desenvolvimento requer que se removam as principais fontes de privação de liberdade: pobreza e tirania, carência de oportunidades econômicas e destituição social sistemática, negligência dos serviços públicos e intolerância ou interferência excessiva de Estados repressivos. A despeito de aumentos sem precedentes na opulência global, o mundo atual nega liberdades elementares a um grande número de pessoas – talvez até mesmo à maioria. Às vezes a ausência de liberdades substantivas relaciona-se diretamente com a pobreza econômica, que rouba das pesso as a liberdade de saciar a fome, de obter uma nutrição satisfatória ou remédios para doenças tratáveis, a oportunidade de vestir-se ou morar de modo apropriado, de ter acesso a água tratada ou saneamento básico. Em outros casos, a privação de liberdade vincula-se estreitamente à carência de serviços públicos e assistência social, como por exemplo a ausência de programas epidemiológicos, de um sistema bem planejado de assistência médica e educação ou de instituições eficazes para a manutenção da paz e da ordem locais. Em outros casos, a violação da liberdade resulta diretamente de uma negação de liberdades políticas e civis por regimes autoritários e de restrições impostas à liberdade de participar da vida social, política e econômica da comunidade."

O direito fundamental à segurança individual, pessoal, veio a ser internalizado na Constituição da República Federativa do Brasil em seu artigo 5º, *caput*, sendo manifestamente um limite ao poder estatal de agir em face das pessoas, mas que pode ser exercido igualmente em face de particulares que pretendam ofender a segurança alheia, em razão da eficácia horizontal dos direitos fundamentais[97]. Por exemplo, agentes de uma clínica ou instituição de acolhimento devem respeitar a segurança individual dos pacientes e pessoas ali acolhidas, assim como outros estabelecimentos particulares devem respeitar a segurança de seus clientes e terceiros a qualquer título, como Shopping Centers, casas noturnas, mercados, lojas, bancos e inúmeros outros.

Em relação à previsão do direito à segurança no artigo 5º da Constituição da República Federativa do Brasil, há posicionamentos distintos, ou sustentando que se trata de previsão de direito à segurança pública, ou de que se trata de direito somente à segurança individual, ou ainda no sentido de que o direito seria sempre individual[98].

[97] Acerca do reconhecimento da eficácia horizontal dos direitos fundamentais pelo Supremo Tribunal Federal, destaca-se o seguinte trecho de ementa de Acórdão proferido em Recurso Extraordinário, que bem ilustra este ponto: "EMENTA: SOCIEDADE CIVIL SEM FINS LUCRATIVOS. UNIÃO BRASILEIRA DE COMPOSITORES. EXCLUSÃO DE SÓCIO SEM GARANTIA DA AMPLA DEFESA E DO CONTRADITÓRIO. EFICÁCIA DOS DIREITOS FUNDAMENTAIS NAS RELAÇÕES PRIVADAS. RECURSO DESPROVIDO. I. EFICÁCIA DOS DIREITOS FUNDAMENTAIS NAS RELAÇÕES PRIVADAS. As violações a direitos fundamentais não ocorrem somente no âmbito das relações entre o cidadão e o Estado, mas igualmente nas relações travadas entre pessoas físicas e jurídicas de direito privado. Assim, os direitos fundamentais assegurados pela Constituição vinculam diretamente não apenas os poderes públicos, estando direcionados também à proteção dos particulares em face dos poderes privados. [...]" (BRASIL. Supremo Tribunal Federal. Recurso Extraordinário nº 201819 / Rj - Rio de Janeiro. Relatora: Ministra Ellen Gracie. Relator(a) para o Acórdão: Ministro Gilmar Mendes. Julgamento: 11/10/2005. Segunda Turma. DJ 27-10-2006. Disponível em: http://stf.jus.br/portal/jurisprudencia/listarJurisprudencia.asp?s1=%28201819%2ENUME%2E+OU+201819%2EACMS%2E%29&base=baseAcordaos&url=http://tinyurl.com/y3mczexw. Acesso em 11/Set./2019.)

[98] Sobre o tema, NUCCI (2016, pp. 50 - 52), apresenta posicionamentos no sentido de que o artigo 5º, *caput*, da Constituição Federal consistiria em direito à segurança pública, ou de que a segurança seria sempre direito individual, e expõe sua própria posição, de que "o direito à segurança, previsto no artigo 5º, *caput*, da Constituição Federal, ao lado de outros relevantes direitos humanos fundamentais, é o direito à segurança individual, ou seja, cabe ao Estado Democrático de Direito preservar a vida, a liberdade, a igualdade,

O direito à segurança pública, no âmbito interno brasileiro, tem o objetivo de promover a paz social, para garantir o desenvolvimento nacional e o bem-estar geral, permitindo que a República Federativa do Brasil, que tem por fundamento a dignidade da pessoa humana (artigo 1º, III da Constituição Federal), possa atingir os objetivos previstos em seu artigo 3º, por meio da proteção aos bens jurídicos tutelados em especial em normas penais, realizada por órgãos e serviços públicos, políticas públicas e ações governamentais.

a propriedade do indivíduo, juntamente com o seu bem-estar, sua paz individualmente considerada. É um direito contra eventuais abusos do Estado, como, aliás, a maioria dos preceitos do art. 5º." A posição que sustentamos, também é a de que o artigo 5º, *caput*, da Constituição Federal, traz o direito individual fundamental à segurança, porém, divergimos em relação a quem ele pode ser oposto, pois, não nos parece que a pessoa só possa opor seu direito à segurança em relação aos abusos do Estado. Ainda que os direitos fundamentais ditos de primeira geração ou dimensão e também chamados de liberdades públicas, tenham como origem a limitação do poder estatal em face das pessoas, estes direitos declarados, em seu exercício, podem ser opostos em face de qualquer um que os pretenda violar, o que permite o exercício do direito à resistência, a legítima defesa, a solicitação de serviços públicos voltados à proteção da segurança pública e o acesso ao Judiciário em face de outras pessoas que causem lesão ou ameaça de lesão à segurança individual. Isto se dá em razão da denominada eficácia horizontal dos direitos fundamentais. Para exemplificar a matéria, quando um particular viola o direito individual à liberdade, por exemplo, praticando cárcere privado em casa noturna para constranger a pessoa a pagar aquilo que o estabelecimento entenda devido, este direito à liberdade poderá ser exercido em relação a este particular, seja pela resistência da própria pessoa, sua legítima defesa, seja acionando o Estado, para que lhe preste tutela por meio de seus agentes, ou mesmo da tutela jurisdicional. O mesmo ocorre em relação ao direito à propriedade, em que é cabível, por exemplo, o exercício de ações possessórias e reintegração de posse ao legítimo proprietário do bem em relação a outos particulares que invadam ou turbem a posse. Em relação à segurança individual, portanto, o exercício também pode se dar em face de outras pessoas que não integram o Estado e seus agentes, motivo pelo qual a divergência de nosso posicionamento, em relação àquele exposto de que se trataria de direito contra eventuais abusos do Estado, pois este limite de fato não há ao direito. Por fim, os ditos direitos de liberdade não se concretizam com a mera abstenção estatal, sendo necessário que, para além de não violar estas liberdades, o Estado atue positivamente, de forma a tornar possível o gozo destes direitos. Neste sentido, portanto, a postura estatal ativa, para proteger as liberdades públicas, deve garantir a segurança pública e os demais direitos sociais.

Trata-se da segurança pública de todos, que integra o interesse público primário[99], previsto inclusive no artigo 144 da Constituição da República Federativa do Brasil, que também a traz em seu Preâmbulo[100].

O direito à segurança pública pode ser classificado como direito humano de segunda geração, pela ordem cronológica em que foi declarado, em momento posterior ao da declaração das liberdades públicas e direitos políticos[101], mas o direito à segurança pessoal, que é interdependente e exprime parcela da segurança pública que cabe como direito imediatamente a cada pessoa humana, é de primeira geração[102]. Sobretudo como fator de limita-

[99] Consoante esclarece acerca da matéria MAZZILLI (2008, pp. 49 - 50): "O interesse público primário é o interesse social (o interesse da sociedade ou da coletividade como um todo). A distinção de Alessi permite evidenciar, portanto, que nem sempre coincide o interesse público primário e o secundário. Nesse sentido, o interesse público primário (bem geral) pode ser identificado com o interesse social, o interesse da sociedade ou da coletividade, e até mesmo com alguns dos mais autênticos interesses difusos (o exemplo, por excelência, do meio ambiente em geral). Partindo, porém, da constatação de que a sociedade atual é cada vez mais complexa e fragmentária – pois os interesses de grupos se contrapõem de forma acentuada (característica de conflituosidade, em regra presente nas questões que envolvam interesses difusos e coletivos) -, alguns doutrinadores, mais recentemente, têm sustentado o esvaziamento do conceito de *interesse público*, ou, na mesma linha de raciocínio, têm negado que exista um único *bem comum*." (grifo do autor)

[100] No qual enuncia que a instituição do Estado Democrático é destinada "a assegurar o exercício dos direitos sociais e individuais, a liberdade, a segurança, o bem-estar, o desenvolvimento, a igualdade e a justiça como valores supremos de uma sociedade fraterna, pluralista e sem preconceitos, fundada na harmonia social". Nessa disposição preambular verifica-se o emprego do termo segurança em sua máxima amplitude, englobando todas as suas espécies, inclusive a segurança pública.

[101] Acerca das gerações de direitos, explica GUERRA FILHO (1998, p.14) que: "A primeira geração é aquela em que aparecem as chamadas liberdades públicas, "direitos de liberdade" (Freiheitsrechte), que são direitos e garantias dos indivíduos a que o Estado omita-se de interferir em uma de suas esferas juridicamente intangíveis. Com a segunda geração surgem direitos sociais a prestações pelo Estado (Leistungsrechte) para suprir carências da coletividade. Já na terceira geração concebe-se direitos cujo sujeito não é mais o indivíduo nem a coletividade, mas sim o próprio gênero humano, como é o caso do direito à higidez do meio ambiente e do direito dos povos ao desenvolvimento."

[102] Como ensina LINDGREN: "Os direitos, todos, no Direito Interno e no Direito Internacional, são reconhecidos, há décadas, como conquistas históricas, que extrapolam fundamentações metafísicas, religiosas ou seculares, e se adaptam às necessidades dos tempos. Por isso, e somente no sentido de uma progressão temporal não-valorativa, é possível falar-se nas diferentes gerações de direitos humanos, em que os direitos econômicos e sociais, de

ção do poder estatal em relação às pessoas a ele submetidas, surgiu inicialmente o direito à segurança individual como direito humano de primeira geração e dimensão, consistindo em liberdade em face do Estado.

A classificação do direito à segurança pública como de segunda geração não impede que também se trate de direito de terceira dimensão (fraternidade), que determina a responsabilidade de todos pela sua consecução e reconfigura os demais direitos para a concretização da paz[103].

A cronologia em que se deu o reconhecimento da segurança pública como direito humano pela consciência ética da coletividade no âmbito internacional[104], ou a dimensão que ela ocupa na proteção conferida como direito humano, permite sua melhor visualização. É preciso frisar, entretanto, que as denominadas gerações ou dimensões de direitos humanos não são sucessões ou divisões, mas adições[105] e uma geração não afasta a impres-

segunda geração, consagrados na doutrina jurídica posteriormente aos direitos "lockeanos", mas devidamente incluídos na Declaração Universal dos Direitos Humanos, igualam-se em importância aos direitos civis e políticos, de primeira geração." (LINDGREN ALVES, José Augusto. *A Declaração dos Direitos Humanos na Pós-Modernidade.* Disponível em http://www.dhnet.org.br/direitos/militantes/lindgrenalves/lindgren_100.html, acesso em 07/04/2018).

103 Com supedâneo na lição de GUERRA FILHO (1998, p.14), nota-se ainda "que ao invés de "gerações" é melhor se falarem "dimensões de direitos fundamentais", nesse contexto, não se justifica apenas pelo preciosismo de que as gerações anteriores não desaparecem com o surgimento das mais novas. Mais importante é que os direitos gestados em uma geração, quando aparecem em uma ordem jurídica que já traz direitos da geração sucessiva, assumem uma outra dimensão, pois os direitos de geração mais recente tornam-se um pressuposto para entendê-los de forma mais adequada – e, consequentemente, também para melhor realizá-los. Assim, por exemplo, o direito individual de propriedade, num contexto em que se reconhece a segunda dimensão dos direitos fundamentais, só pode ser exercido observando-se sua função social e, com o aparecimento da terceira dimensão, observando-se igualmente sua função ambiental." Neste sentido, tendo em vista que a paz é a base para a segurança pública, que por sua vez é plataforma de garantia para os demais direitos humanos e imprescindível para a concretização do direito à paz, que se inclui entre os direitos de toda a humanidade, revela-se o espaço ocupado pelo direito à segurança pública nesta mesma terceira dimensão de direitos (fraternidade). Para BONAVIDES (2008, p. 92), entretanto, a paz é direito de quinta geração, pois para ele: "Elevou-se, assim, a paz ao grau de direito fundamental da quinta geração ou dimensão (as gerações antecedentes compreendem direitos individuais, direitos sociais, direito ao desenvolvimento, direito à democracia)."

104 Cf. COMPARATO, Fábio Konder. *A afirmação histórica dos direitos humanos.* 11ª edição – São Paulo: Saraiva, 2017, pp. 81 - 82.

105 Na lição de SAYEG, BALERA e CANTARINI (2019, p. 5): "Merece toda a atenção e relevo

cindibilidade das outras, pois os direitos humanos são complementares e interdependentes, indissociáveis. Como ele é necessário para a promoção da igualdade e para possibilitar o pleno gozo dos direitos individuais, a declaração do direito à segurança pública ocorreu num segundo momento, posterior ao do reconhecimento das liberdades públicas e direitos políticos.

Por fim, ao passo que o direito à segurança individual, previsto no artigo 5º da Constituição da República Federativa do Brasil, e o direito à segurança social, previsto no artigo 6º desta mesma Norma, pertencem a cada pessoa individualmente, mas podem ser protegidos de forma coletiva por outros colegitimados, o direito de todos à segurança pública, previsto no artigo 144, apresenta tanto natureza individual (porque é de todos) quanto natureza pública manifestamente difusa. Isso porque sua proteção interessa a toda a sociedade, sendo ele, nesta dimensão, um direito que não pertence integralmente a uma só pessoa determinada individualmente, mas a todas as pessoas como membros da coletividade, não sendo determinável qual a parcela da segurança pública que cabe a cada um, nem podendo ela ser conferida individualmente, pois a ação estatal beneficia a todos, assim como a omissão prejudica a coletividade como um todo[106].

A lesão ao direito individual à segurança, em razão da conduta estatal comissiva ou omissiva, é passível de reparação, como, por exemplo, no

a fraternidade, impondo a todos o respeito à liberdade e à igualdade; ou seja, referidos direitos humanos, em suas dimensões de liberdade, igualdade e fraternidade, interpenetram-se, e formam por consubstancialidade, devido a sua mútua dependência, sendo indissociáveis, complementares e interdependentes, um fecho reflexivo de força resultante a ser respeitado em sua plenitude. Esta tríade conforma os elementos estruturantes de uma só singularidade, — o feixe essencial, indissociável e interdependente que constitui a Humanidade imanente ao Homem e a todos os Homens, e que atribui objetivamente à pessoa humana valor por si, ou seja, Dignidade. Há outras dimensões derivadas dos Direitos Humanos, já que o universo é ilimitado, sendo também ilimitada a expressão do Homem e de todos os Homens no meio difuso de todas as coisas. As dimensões dos Direitos Humanos não se sucedem ou substituem-se umas às outras, ao contrário, manifestam-se em consubstancialidade numa única singularidade, sob a ótica do Direito Quântico. Não se deve confundir as dimensões dos Direitos Humanos com as designadas gerações, estas sim, historicamente reveladas ao longo do tempo e cronologicamente sequenciais, sendo a primeira geração, a da liberdade, descortinada no século XVIII; a segunda geração, a da igualdade; e, a terceira geração, a da fraternidade."

106 Neste sentido, leciona SOUZA (2017, pp. 17 - 18) que: "[...] podemos conceituar *interesses difusos* como aqueles pertencentes a um número indeterminável de pessoas, titulares de um objeto indivisível, as quais estão ligadas entre si por um vínculo fático. Do conceito que

caso de uma pessoa custodiada pelo Estado e que é vítima de ataque à sua integridade física que lhe ceifa a vida, hipótese em que será necessário verificar as especificidades para a análise acerca de eventual responsabilização do Estado.

Sem embargo, questões específicas acerca da segurança pública também podem apresentar a natureza de direito transindividual coletivo[107], na hipótese de pessoas determináveis pertencentes a um grupo, categoria ou classe, ou em razão de mesmo vínculo jurídico, como os alunos e professores de determinada escola pública, ou os presidiários de determinado estabelecimento prisional que não tenham nenhuma medida estatal que lhes garanta minimamente a segurança.

Nesta hipótese, além da lesão ao direito individual de cada pessoa daquele grupo, categoria ou classe, não deixa de se tratar de lesão ao direito difuso à segurança pública[108], pois a segurança naqueles locais é do interesse de toda a sociedade, podendo ser atingidas não somente as pessoas que já fazem uso daqueles serviços, mas qualquer pessoa que venha a deles se valer.

traçamos podemos extrair as principais características de mencionados interesses: *a indeterminabilidade dos sujeitos, a indivisibilidade do objeto e a existência de um vínculo fático ligando aludidos sujeitos entre si.* [...] Em outras palavras, as pessoas indetermináveis possuem certo direito que lhes é comum; no entanto, não se pode identificar a parcela respectiva, que cabe a cada uma delas, ou seja, o direito não pode ser usufruído individualmente. [...] Dessarte, o direito pertence a todos e a ninguém ao mesmo tempo, pois a sua satisfação implicará benefício comum, impossível de ser fragmentado entre os diversos integrantes do segmento social que o titulariza." (grifo do autor)

107 Nos termos do disposto no artigo 81, II, do Código de Defesa do Consumidor, que define os interesses ou direitos coletivos como sendo "os transindividuais de natureza indivisível de que seja titular grupo, categoria ou classe de pessoas ligadas entre si ou com a parte contrária por uma relação jurídica base".

108 Acerca da natureza difusa do direito à segurança pública, já decidiu o Supremo Tribunal Federal que: "[...] Em verdade, deveria a autoridade policial, após a apreensão do telefone, ter requerido judicialmente a quebra do sigilo dos dados nele armazenados, de modo a proteger tanto o direito individual à intimidade quanto o direito difuso à segurança pública. [...]". (BRASIL. Supremo Tribunal Federal. Recurso Extraordinário n. 1048340 / RN - Rio Grande do Norte. Relator: Ministro Gilmar Mendes. J. 14/Fev./2018. Dje 16/Fev./2019. Disponível em: http://stf.jus.br/portal/jurisprudencia/listarJurisprudencia.asp?s1=%28%281048340%2ENUME%2E+OU+1048340%2EDMS%2E%29%29+NAO+S%2EPRES%2E&base=baseMonocraticas&url=http://tinyurl.com/yykc3xan. Acesso em 16/Set./2019)

Por fim, se houver lesão à esfera jurídica de diversos professores e alunos que venham a ser vítimas de roubos, furtos, sequestros, ou a vários presidiários que sejam mortos, nos exemplos acima propostos, surgirá o interesse individual homogêneo, terceira categoria de direitos transindividuais prevista em nosso Ordenamento Jurídico, no artigo 81, parágrafo único, III, do Código de Defesa do Consumidor[109].

A importância de se verificar que, para além de direito individual e social, a segurança pública configura por diversas vezes direito transindividual está em se aferir a possibilidade de sua tutela jurisdicional diferenciada por mecanismos jurídicos que compõem o rol de ações possíveis na tutela coletiva de direitos[110], sempre com a possibilidade de se controlar as

[109] Explica SOUZA (2017, pp. 23 - 24) que: "[...] podemos definir *interesses individuais homogêneos* como aqueles que dizem respeito a um número determinável de pessoas, titulares de objetos divisíveis, as quais estão ligadas entre si por um vínculo fático, decorrente da origem comum das lesões. [...] o vínculo existente entre as pessoas determináveis, ao reverso do que ocorre nos interesses coletivos, é posterior ao evento danoso, deste decorrendo diretamente (origem comum das lesões, como afirma o CDC). [...] a divisibilidade *(do objeto)* implica poder saber perfeitamente qual a lesão individualmente sofrida pela pessoa, de forma que a reparação do dano pode ser feita caso a caso, ao contrário do que ocorre nos interesses difusos e coletivos, quando a solução do problema beneficiará indistintamente a todos. [...] Tratando-se de interesses individuais, que podem ser tutelados judicialmente pelos próprios lesados [...]". (grifo do autor)

[110] Acerca dos reflexos processuais desta identificação de interesses e direitos transindividuais, leciona SOUZA (2017, p. 30): "Pois bem, os direitos difusos e coletivos não podem ser titularizados individualmente, são de regra indisponíveis e abarcam matéria de ordem pública, consubstanciada no interesse social. Nessa quadra, a visão individualista do processo, o princípio dispositivo, os efeitos intrapartes da coisa julgada, o próprio sistema de legitimação ativa trazido pelo art. 18 do NCPC – apenas para exemplificar – são figuras que não se compatibilizam com a tutela dos interesses metaindividuais."
E o ensinamento de MAZZILLI (2008, pp. 50 - 51) vai na mesma linha, expondo que: "Situados numa posição intermediária entre o *interesse público* e o *interesse privado*, existem os *interesses transindividuais* (também chamados de interesses coletivos, em sentido lato), os quais são compartilhados por grupos, classes ou categorias de pessoas (como os condôminos de um edifício, os sócios de uma empresa, os membros de uma equipe esportiva, os empregados do mesmo patrão). São interesses que excedem o âmbito estritamente individual, mas não chegam propriamente a constituir interesse público. Sob o aspecto processual, o que caracteriza os interesses transindividuais, ou de grupo, não é apenas o fato de serem compartilhados por diversos titulares individuais reunidos pela mesma relação jurídica ou fática, mas, mais do que isso, é a circunstância de que a ordem jurídica reconhece a necessidade de que o acesso individual dos lesados à Justiça seja substituído por um acesso coletivo, de modo que a solução obtida no processo coletivo não apenas deve ser apta a evitar decisões contraditórias

políticas públicas nesta seara pelo devido processo legal em sua acepção substancial, conforme será apontado mais adiante.

O direito à segurança pública previsto no artigo 144 da Constituição da República Federativa do Brasil pode ser entendido como sendo o direito fundamental à prestação de serviços públicos eficientes e suficientes para a proteção e promoção das liberdades e dos direitos das pessoas, inclusive à segurança pessoal, ordem pública, saúde e moral pública, contra ataques de toda a sorte, por condutas comissivas, omissivas ou culposas que ofendam os bens jurídicos sobretudo penalmente tutelados (tais como a vida, liberdade e propriedade). Mas, além das críticas que serão feitas a ele mais adiante nesta pesquisa, deve-se destacar a crítica tecida por BARATTA (2001, p.18), segundo o qual

> un "derecho fundamental a la seguridade" no puede ser más que el resultado de una construcción constitucional falsa o perversa. En efecto, una construcción asi es superflua, si significa la legítima demanda de seguridad de todos los derechos por parte de todos los individuos en este caso, más que de derecho a la seguridad debería hablarse de seguridade de los derechos, o de "derecho a los derechos", o bien es ideológica, si implica la selección de algunos derechos de grupos privilegiados y una prioridad de acción del aparato administrativo y judicial en su favor, y, al mismo tiempo, limitaciones en los derechos fundamentos reconocidos em la constitución y em las convenciones internacionales.[111]

Para ele, a política de segurança pode ter duas direções opostas: "*puede estar orientada hacia el modelo del derecho a la seguridade o hacia el modelo de la*

como, ainda, deve conduzir a uma solução mais eficiente da lide, porque o processo coletivo é exercido em proveito de todo o grupo lesado." (grifo do autor)

[111] No mesmo sentido, defendendo que a segurança pública é função do Estado, e não direito social ou direito subjetivo, pelo qual se possa conceber um dever correspondente estatal de prestação universal, a qualquer hora e em qualquer lugar, por mera solicitação, ou se possa exigir a limitação da liberdade alheia fora das restrições legais, em sua tese de doutorado na Università Degli Studi di Napoli Federico II, SERPICO (2016, pp.10 - 11), expõe que: "*E' corretto quindi riferirsi alla classica "funzione di sicurezza" e non a diritti alla sicurezza. Non già perché all'esercizio di una funzione pubblica non possano corrispondere situazioni pretensive qualificabili come diritti, ma perché la sicurezza pubblica non può costituire il contenuto di un diritto alla persona o di un diritto sociale. La sicurezza pubblica – che non deve essere confusa nel generico bisogno di sicurezza che*

seguridade de los derechos. El modelo dominante em Europa y en los Estados Unidos es el primero"[112] (Ibidem), mas seria possível o segundo modelo, que corresponde a uma política integral de proteção e satisfação de todos os direitos humanos e fundamentais. Em nossa visão, nenhum dos modelos é excludente do outro, podendo da síntese de ambos ser promovida a melhor proteção dos direitos humanos de todos.

GRANGER (2008) dedicou-se especificamente ao tema, apontando que as características dos direitos fundamentais são estarem protegidos por norma constitucional ou convencional de âmbito internacional e apresentarem as características de direito subjetivo, reconhecido aos indivíduos, exigir do Estado uma proteção de sua própria pessoa e de seus bens contra as lesões resultantes de ameaças[113]. O direito subjetivo gera não somente a obrigatoriedade de se dar efetividade a ele, com a possibilidade de se reivindicá-lo judicialmente, mas uma obrigação estatal de resultados, que, entretanto, não constitui uma obrigação de resultado consistente em

investe settori quali l'economia, la salute, etc. –costituisce, infatti, come si analizzerà nei paragrafi e nei capitoli che seguono, uno stato psicologico, emotivo, da cui promana un interesse." Em tradução livre nossa: "Portanto, é correto se referir à clássica "função de segurança" e não os direitos à segurança. Não porque do exercício de uma função pública não possam corresponder situações pretensivas que podem ser qualificadas como direitos, mas porque a segurança pública não pode constituir o conteúdo de um direito à pessoa ou de um direito social. Segurança pública - que não deve ser confundida com a necessidade genérica de segurança que envolve setores como economia, saúde etc. - de fato, constitui um estado psicológico e emocional a partir do qual um interesse é expresso, como será discutido nos parágrafos e capítulos seguintes."

112 Em tradução livre nossa: "Pode ser orientado para o modelo de direito à segurança ou para o modelo de segurança de direitos. O modelo dominante na Europa e nos Estados Unidos é o primeiro."

113 As ameaças são entendidas, na visão por ele exposta, como ataques intencionais (por exemplo, ações terroristas), que se contrapõem aos riscos em geral (como uma crise sanitária ou ecológica, a exemplo da gripe aviária). As caraterísticas dos direitos fundamentais são, na exposição dele, de garantias objetivas e direitos subjetivos: "*Au-delà de la condition d'un support de rang supralégislatif, on reconnaît des droits fondamentaux par le fait qu'ils se présentent « à la fois comme des garanties objectives et comme des droits subjectifs opposables à tous les pouvoirs (et même aux autres individus et groupes d'individus), bénéficiant des voies et mécanismes de garantie de la primauté des normes constitutionnelles* »". Em tradução livre nossa : «Além da condição de apoio à posição supralegislativa, os direitos fundamentais são reconhecidos pelo fato de se apresentarem « como garantias objetivas e como direitos subjetivos que são opostos a todos os poderes (e até mesmo a outros indivíduos e grupos de indivíduos), beneficiando-se dos canais e mecanismos que garantem a primazia das normas constitucionais »".

garantir uma segurança absoluta. O autor explica que a segurança é um dever do Estado, vinculado à ordem pública, pelo qual se protege as pessoas e seus bens, e que pode ser exigido somente num segundo momento, mediante a responsabilização subjetiva do administrador público, por suas escolhas discricionárias. Para ele, trata-se de um valor que constitui um objetivo constitucional a ser buscado, não pela segurança em si, mas pelo bem-estar da coletividade. Por fim, expõe que, alçada a segurança a direito fundamental na França, ela não cria um direito subjetivo, mas um direito de abstenção e programático da intervenção estatal[114].

Estas análises apresentadas acima, representantes da corrente dogmática que entende que a segurança não constitui direito subjetivo fundamental, demonstram a importância de interpretar o direito fundamental e humano à segurança corretamente, como a segurança de direitos, ou seja, como garantia aos bens juridicamente tutelados de todos, e não sob o

[114] Nas palavras dele: *"Ergo, bien qu'élevée par le législateur au rang de droit fondamental, la sécurité ne saurait être considérée comme un droit subjectif, tout au plus peut-elle être appréhendée comme un « droit programmatique (qui) prolonge la jurisprudence qui fait peser sur l'autorité de police administrative une obligation d'intervention », voire quelquefois d'abstention « pour garantir l'ordre public ». On l'aura compris, l'affirmation législative selon laquelle il existerait « un droit fondamental à la sécurité » signerait l'émergence d'un « nouvel ordre de protection de la collectivité » où celle-ci est fondée à attendre toujours plus de sécurité. Cependant, sur le point d'identifier un droit subjectif à la sécurité à travers le prisme de l'obligation qui incombe à la puissance publique de prendre les dispositions nécessaires pour garantir la protection des personnes et des biens, les choix très largement discrétionnaires de cette dernière en la matière conduisent à y renoncer. C'est finalement dans l'ordre de la responsabilité qu'il reste à se demander si l'on ne peut percevoir une « subjectivisation » du droit à la sécurité dans la possibilité ouverte à l'administré de demander à bénéficier d'une réparation lorsque l'action étatique n'aurait pas permis de dissiper la menace."* Em tradução livre nossa: "Portanto, embora elevada pelo legislador à categoria de direito fundamental, a segurança não pode ser considerada como um direito subjetivo, no máximo pode ser entendida como um « direito programático (que) prolonga a jurisprudência que faz pesar sobre a autoridade policial administrativa a obrigação de intervir », às vezes até de abster-se « de garantir a ordem pública ». Como será entendido, a afirmação legislativa de que existe « um direito fundamental à segurança » significaria o surgimento de uma «nova ordem de proteção da comunidade », onde se justifica sempre esperar mais segurança. No entanto, a ponto de identificar um direito subjetivo à segurança, através da lente da obrigação do poder público de tomar as providências necessárias para garantir a proteção de pessoas e propriedades, as escolhas muito discricionárias dele a esse respeito, leva à renúncia. Em última análise, é da ordem de responsabilidade que nos perguntemos se podemos perceber uma « subjetivação » do direito à segurança na possibilidade aberta ao cidadão de pedir uma reparação, quando a ação do Estado não permitisse dissipar a ameaça."

prisma ideológico ou de uma construção supérflua, desnecessária, ou com consequência exagerada, impossível de ser realizada pelo Estado.

Ainda que se entenda que a segurança não devesse ter sido prevista como direito autônomo, não há como negar que esta previsão traz a possibilidade de se buscar a implementação de todo o necessário para que a segurança de todos e de cada um seja alcançada, o que é benéfico. Sua previsão ainda potencializa a incorporação do direito ao patrimônio do indivíduo e do povo, e a respectiva luta para sua concretização[115]. Prever o direito à segurança, nesta ótica, é prever a segurança dos demais direitos humanos, nos planos individual, coletivo e difuso, com a possibilidade de estabelecer políticas públicas, cooperação público-privada, serviços públicos específicos, a legítima defesa e controle jurisdicional[116]. É, portanto, possibilitar o controle democrático das políticas públicas e programas de ação, dos modelos adotados para se dar a segurança, de quem são os personagens e seus papéis nestes modelos, além do controle estatal mediante a tutela jurisdicional[117].

O direito individual à segurança, desta perspectiva, constitui um direito subjetivo que pode ser exercido em casos concretos de lesão ou ameaça

[115] Na lição de IHERING (2008, p. 69): "Ocorre que é a minha vontade, tão-só, e não o acaso, que forma o vínculo jurídico entre a minha pessoa e o objeto do direito, e isso como consequência de provocação anterior, de iniciativa minha ou de terceiro. É uma porção da tradição de trabalho, meu ou de outrem, que é meu e que defendo. Ao torná-lo meu, nele imprimi o selo de minha personalidade e, daqui por diante, quem o combate, atira-se contra a minha pessoa, sendo que a lesão que lhe é infringida me atinge, pois faço parte desse objeto no qual se integra aquela mencionada tradição do direito. Nada mais é a propriedade do que a parte epidérmica da pessoa integrada no terreno material." E prossegue o autor, afirmando que "A reação de um homem ou de um povo diante de ofensa a seu direito constitui medida exata do caráter de um e outro." (Ibidem, p. 72).

[116] Lembre-se que conforme frisou CAPPELLETTI (1999, p. 53), "desejo insistir nesta última assertiva, porque entendo tratar-se de ponto de vital importância para a própria sobrevivência da liberdade nas sociedades modernas. Em realidade, estou profundamente convicto de que não existe qualquer probabilidade de tal sobrevivência, a menos que se assegure e mantenha um sistema equilibrado de controles recíprocos. Como escreveu com penetrante perspicácia Alessandro Pekelis, uma atividade legislativa ou administrativa eficaz de modo algum é incompatível com o controle judiciário da própria atividade, [...] antes a coexistência equilibrada de tal atividade e de seu controle representa a essência mesma do regime constitucional".

[117] Mas, como visto, se trata de direito humano, independente de outorga estatal. Assim sendo, na lição de SAYEG e BALERA (2019, p. 176): "Os direitos Humanos são concretos e

de lesão, em face do Estado ou de particulares. Mas seu exercício deve se dar sempre nas hipóteses legais que permitem à pessoa agir diretamente ou solicitar a intervenção estatal, não constituindo um direito subjetivo de requisitar ações estatais a todo o tempo e em qualquer lugar, fora das hipóteses legais ou mesmo *contra legem*.

Ele também não dá ensejo à indenização sempre que ocorrer o evento lesivo que o Estado não conseguiu impedir, mas somente no caso em que há omissão juridicamente relevante[118].

O Estado realmente não pode ser considerado, nem da ótica do direito individual à segurança, nem da ótica do direito social à segurança pública, como um segurador universal[119], pois é impossível evitar todo e qualquer

não se interpretam, mas se concretizam – isto é, executam-se diante das realidades com o fim específico da consecução objetiva e tangível do Direito da Dignidade da Pessoa Humana. Violar a Dignidade Humana é colocar o Homem em situação desumana, ou seja, naquilo que avilta a sua condição humana existencial biocultural".

118 Conforme explicam SAYEG e BALERA (2019, p. 177): "Os Direitos Humanos, como direitos subjetivos naturais, estão revestidos de pretensão garantida pela ordem jurídica, sendo concretizáveis. Tal pretensão consiste na espontânea e objetiva atribuição da Dignidade da Pessoa Humana e Planetária. Os direitos Humanos não são somente ideais ou valores, e muito menos princípios programáticos destituídos de qualquer normatividade." Um exemplo de omissão juridicamente relevante do Estado, que gera o direito à indenização, é o caso de manutenção do funcionamento de sinais semafóricos durante o período noturno, de menor fluxo de carros, dotado de mecanismo para flagrar quem "passe o sinal vermelho", com tempo de fechamento prolongado, permitindo a ação de criminosos e sem atuar para prevenir a prática de infrações penais contra as pessoas naquele local. Ao criar e manter a condição perigosa, o Estado concorre com sua omissão para os crimes, sendo possível se discutir sua responsabilização. Ainda, é possível a defesa do direito à segurança, nesta hipótese, exigindo que o Estado aja diante da estatística criminal ou ao menos da ação de criminosos no local, concretizando o direito à segurança, inclusive por meio do controle jurisdicional, se necessário. Ainda, na hipótese em que o Estado cobra por um serviço, assim como ocorre nas relações horizontais entre particulares, torna-se responsável pela idoneidade e segurança do serviço para que não lese o direito à segurança de quem o utiliza. Assim, por exemplo na hipótese de cobrança para o estacionamento de veículo em vaga na rua demarcada como "Zona Azul", se o veículo for furtado, o Estado é responsável.

119 Acerca da responsabilidade civil do Estado por omissão, impossível deixar de se ressaltar a lição de BANDEIRA DE MELLO (2003, pp. 873 - 874): "Em síntese: se o Estado, devendo agir, por imposição legal, não agiu ou o fez deficientemente, comportando-se abaixo dos padrões legais que normalmente deveriam caracterizá-lo, responde por esta incúria, negligência ou deficiência, que traduzem um ilícito ensejador do dano não evitado quando, de direito, devia

impacto na segurança das pessoas e da comunidade. Por este motivo não é idôneo, nem viável se cobrar um dever estatal de garantir a segurança absoluta e impedir a prática de todas as infrações penais o tempo todo, o que jamais poderia ser atingido, nem mesmo se fosse tolhida a liberdade de todas as pessoas.

A interpretação deste direito, portanto, deve ser compatibilizada com o conceito de segurança pública e com a finalidade desta segurança. Ontologicamente, tanto a segurança pessoal, individual, quanto a pública, estão previstas convencionalmente como direito humano e, no Brasil, estão internalizadas na ordem jurídica constitucional, respectivamente, como direito fundamental de cunho individual e como direito social.

O mesmo se dá com diversos outros direitos, como o direito à saúde, que não permite exigir que o Estado disponibilize um médico, um enfermeiro e um cuidador para acompanhar cada pessoa a todo o momento e em todos os lugares, esteja ela sã ou não, para lhe proteger a saúde. Mas este direito à saúde, assim como o direito à segurança, permite exigir do Estado que preste serviço público eficiente, sendo ambos os direitos oponíveis *erga omnes* e exigíveis. No caso do direito à segurança, ele ainda permite a legítima defesa por parte de seu titular.

O direito à segurança permite cobrar serviços públicos que atendam aos ditames do artigo 37, *caput*, da Constituição da República Federativa do Brasil, notadamente a efetividade. O impossível não se exige, mas o controle da discricionariedade administrativa e a apuração da responsa-

sê-lo. Também não o socorre eventual incúria em ajustar-se aos padrões devidos. Reversamente, descabe responsabilizá-lo se, inobstante atuação compatível com as possibilidades de um serviço normalmente organizado e eficiente, não lhe foi possível impedir o evento danoso gerado por força (humana ou material) alheia. Compreende-se que a solução indicada deva ser a acolhida. De fato, na hipótese cogitada o Estado não é o autor do dano. Em rigor, não se pode dizer que o causou. Sua omissão ou deficiência haveria sido *condição* do dano, e não *causa*. Causa é o fator que positivamente gera um resultado. Condição é o evento que não ocorreu, mas que, se houvera ocorrido, teria impedido o resultado. É razoável e impositivo que o Estado responda pelos danos que causou. Mas só é razoável e impositivo que responda pelos danos que não causou quando estiver *de direito obrigado a impedi-los*. Ademais, solução diversa conduziria a absurdos. É que, em princípio, cumpre ao Estado prover a todos os interesses da coletividade. Ante qualquer evento lesivo causado por terceiro, como um assalto em via pública, uma enchente qualquer, uma agressão sofrida em local público, o lesado poderia sempre arguir que o "serviço não funcionou". A admitir-se responsabilidade objetiva nestas hipóteses, o Estado estaria erigido a um segurador universal."

bilidade do Estado pela falta, falha ou deficiência do serviço trazem para a Administração Pública o dever de comprovar que atuou cumprindo seu dever tanto quanto era possível. A denominada teoria da reserva do possível[120] presta-se, portanto, a que o Estado prove que implementou políticas públicas, destinou recursos orçamentários idôneos e fez o que era possível, e não para que se exima de agir com a eficiência devida e de provar que agiu de forma proporcional, ou seja, adequada, atendendo com suficiência o direito, por meios adequados, na intensidade devida e em tempo razoável.

O ônus da prova não é do titular do direito à segurança, que é hipossuficiente, frente ao Estado, para realizar a prova ou se contrapor à negativa da omissão estatal ou da proteção deficiente. Assim, o Estado deve provar que atuou idoneamente. Esta comprovação será analisada com a possibilidade de controle jurisdicional da Proporcionalidade e da Razoabilidade das decisões administrativas, que não podem deixar o direito insuficientemente protegido, pela Proibição da Proteção Jurídica Deficiente[121].

Quanto aos limites ou efeitos do direito fundamental à segurança pessoal ou individual, parece não haver discussão de que por ele se tem garantida a

[120] A Teoria da Reserva do Possível, construída na jurisprudência do Tribunal Constitucional Federal alemão, foi importada para o Brasil e vem sendo argumentada quando de debates em torno do controle jurisdicional da implementação de direitos fundamentais e políticas públicas. Na lição de PERLINGEIRO (2013, p. 166), entretanto: "[...] a reserva do possível no Brasil acabou atrelada à ideia de que os recursos orçamentários e também os recursos financeiros são condições para a Administração satisfazer direitos subjetivos de índole social, indistintamente." E explica o autor que na verdade "A reserva do possível (Vorbehalt des Möglichen) está intrinsecamente relacionada com a prerrogativa do legislador de escolher quais benefícios sociais considera prioritários para financiar, sem que isso implique limitação ou restrição de direitos subjetivos existentes e exigíveis. Portanto, não se cogita da reserva do possível em face de um *mínimo* existencial e tampouco da *justiciabilidade* de direitos sociais derivados e instituídos por lei. Nestes casos, é zero a margem de discricionariedade do legislador, inclusive o orçamentário, sob pena de ofensa ao princípio do Estado de Direito." grifo do autor (Ibidem, p. 185).

[121] Acerca do tema, é preciosa a lição de CAPPELLETTI (1999, p.100), expondo o papel democrático da atividade jurisdicional, bem como o maior atendimento à democracia pelo Poder Judiciário na função judicante, até mesmo do que dos demais Poderes Legislativo e Executivo, em diversas hipóteses: "Não há dúvida de que é essencialmente democrático o sistema de governo no qual o povo tem o "sentimento de participação". Mas tal sentimento pode ser facilmente desviado por legisladores e aparelhos burocráticos longínquos e inacessíveis, enquanto, pelo contrário, constitui característica quoad substantiam da jurisdição, como se viu no § 11, desenvolver-se em direta conexão com as partes interessadas, que têm o exclusivo

abstenção de o Estado, ou particulares, violarem a segurança alheia, além da prestação positiva de criarem as condições adequadas para o gozo deste direito. Exemplos da aplicação prática possível deste direito individual não faltam.

Apenas para se ter uma ideia do enorme espectro de atuação possível, por este direito se poderia exigir que o Estado mantivesse a pessoa que vai depor, na condição de testemunha, em recinto diferente de infratores penais mesmo quando desalgemados e não vigiados, ou não permitisse que o criminoso que será submetido ao reconhecimento pela vítima conseguisse ver a imagem dela ou ter acesso aos seus dados pessoais sem que haja especial comprovação da imprescindibilidade do acesso, diante do caso concreto, para permitir a ampla defesa e o contraditório. Igualmente, seria possível exigir, inclusive mediante ação popular, que o Estado mantivesse o serviço de policiamento ininterrupto, em quantidade suficiente, em determinado bairro jogado à própria sorte, com rara presença de agentes públicos. Também se poderia exigir, diante da eficácia horizontal dos direitos fundamentais, que uma empresa adotasse procedimentos de segurança para controlar a entrada e saída de pessoas, ou que uma concessionária de serviços de estradas de rodagem se abstivesse de manter a vítima de acidente esperando por tempo relevante em condições inseguras a chegada de um guincho para seu atendimento.

Tais são apenas alguns exemplos, que ilustram a extensão de possibilidades que um direito desta envergadura revela. Deste modo, embora o direito fundamental individual à segurança não possa ser interpretado de forma a gerar a conclusão absurda de que há um direito subjetivo de requisitar do Estado que dê segurança em tempo integral, a todo momento e em qualquer lugar, para sua pessoa e seus bens, ressalvadas situações excepcionais temporárias em que isso seja exigível, é perfeitamente possível realizar a interpretação proporcional, finalística, deste direito, afastando-se o resultado irrazoável e permitindo que o direito à segurança individual, da pessoa e de seus bens, produza os efeitos para os quais realmente se vocaciona e em que encontra a sua razão de ser.

poder de iniciar o processo jurisdicional e determinar o seu conteúdo, cabendo-lhes ainda o fundamental direito de serem ouvidas. Neste sentido, o processo jurisdicional é até o mais participatório de todos os processos da atividade pública." E conclui que "parece bem evidente que a noção de democracia não pode ser reduzida a uma simples ideia majoritária. Democracia, como vimos, significa também participação, tolerância e liberdade." (Ibidem, p. 107).

Assim, não somente a conduta comissiva é vedada e gera a responsabilidade estatal se violar a segurança da pessoa, como também a conduta omissiva acarretará sua responsabilidade civil, pelo ilícito, em razão de dolo, negligência, imperícia, imprudência, que marquem a atuação abaixo do padrão de expectativa social, das possibilidades reais de atuação e do dever jurídico, para cuja verificação deverão ser analisadas as diversas circunstâncias do caso concreto, inclusive, se houve omissão e se o ato foi irrazoável ou desproporcional[122].

Frise-se que a Razoabilidade é um cânone de hermenêutica relacionado com a racionalidade, com a vedação ao irrazoável, ao absurdo, ainda que juridicamente amparado. Trata-se de uma regra de interpretação oriunda do direito anglo-saxônico, sobretudo desenvolvida em decisões da Suprema Corte e outros Tribunais nos Estados Unidos da América. Já a Proporcionalidade é um princípio de origem alemã que estabelece critérios de adequação, necessidade e proporcionalidade em sentido estrito para que se opte por soluções possíveis considerando tais critérios e desde que nenhuma delas seja absurda, tendo em vista a promoção de direitos fundamentais[123].

Em relação ao direito social à segurança pública, ele pertence a toda a sociedade brasileira. Além de integrar o interesse público primário, pode constituir concretamente interesse ou direito transindividual, de natureza

[122] Sobre o tema, Cf. também BANDEIRA DE MELLO (2003, pp. 871 - 876).

[123] É neste sentido a lição de GUERRA FILHO e CANTARINI (2017), que explica que: "Não se confunda, também, o princípio constitucional da proporcionalidade, que é norma jurídica consagradora de um direito (*rectius*: garantia) fundamental - portanto, é uma prescrição -, com um cânone da nova hermenêutica constitucional, que não atua sobre a vontade, mas sim sobre o intelecto do intérprete do Direito, nos quadros de um Estado Democrático. Como bem salienta Chaïm Perelman, há diversas soluções possíveis, para determinado problema jurídico, que são razoáveis, donde o caráter negativo que apontamos ao princípio da razoabilidade, por ser antes um princípio de irrazoabilidade: *"il y a une limite a cette tolérance (de diversas soluções possíveis, bem entendido), et c´est le déraisonnable qui n´est pas acceptable"*. A solução a ser oferecida pela aplicação do princípio (positivo) da proporcionalidade, por certo, não se incluiria dentre aquelas tidas como irrazoáveis, por *"inadmissible dans une communauté à un moment donné"*, mas dentre as diversas soluções possíveis haver-se-á de encontrar aquela que é racionalmente proporcional, por ser além de necessária e exigível, a que melhor promove os direitos (garantias e princípios constitucionais) fundamentais em seu conjunto, evitando a violação de seu núcleo essencial intangível, pelo respeito à dignidade humana – o trabalho com a proporcionalidade começa quando termina aquele com base na aplicação do princípio da razoabilidade."

difusa ou coletiva, motivo pelo qual se pode exigir, inclusive judicialmente, políticas públicas e programas de ações adequados.

No mesmo sentido se coloca o que ocorre em relação aos demais direitos de mesma natureza, como o direito social à saúde, que não confere às pessoas o direito de requisitarem um médico público em tempo integral ao seu dispor onde quer que vá, e o direito à moradia, que não implica que todas as pessoas possam exigir do Estado uma casa digna num "passe de mágica". Nem por isso deixam de ter a natureza fundamental de direito social[124]. Estes direitos, pela sua natureza e forma de implementação, garantem a possibilidade de se cobrar políticas públicas idôneas e suficientes para atenderem a demanda existente por moradia em tempo razoável, assim como a disponibilização de serviços para a assistência integral à saúde.

Além disso, tanto o direito individual quanto o social à segurança possibilitam aos lesados pela omissão, insuficiência ou deficiência do serviço e do cumprimento do dever estatal, nas hipóteses admitidas pelo Ordenamento Jurídico, como a falta ou culpa administrativa, buscarem a reparação dos danos patrimoniais e extrapatrimoniais sofridos[125]. Igualmente,

[124] Na lição de LUNARDI (2012, p. 37): "A segurança é um dos direitos fundamentais protegidos pela Constituição brasileira e uma das funções do direito. A necessidade de segurança na sociedade é uma das mais antigas justificativas para a existência e a intervenção do estado nas relações sociais, especialmente através do direito e das forças de segurança (forças armadas e a polícia responsável pela segurança pública)." Após discorrer acerca do direito individual à segurança previsto no artigo 5°, *caput*, da Constituição Federal, ela aponta a segurança prevista no artigo 6° como direito social, expondo que: "A perspectiva de segurança nesse caso é a de direito de status positivo ou direito de prestação que refere-se à preservação dos direitos de todos contra as ameaças provenientes da sociedade. A segurança enquanto direito que permite exigir do Estado uma atuação positiva (prestação material e normativa) encontra-se especificado no artigo 142 *caput* da Constituição Federal que estabelece como finalidade das Forças armadas a preservação da segurança externa. Já o artigo 144 da Constituição Federal se refere à segurança interna, como dever do Estado que é confiado principalmente às autoridades policiais e consiste na "preservação da ordem pública e da incolumidade das pessoas e do patrimônio". A segurança é uma necessidade e um direito humano, além de ser uma das mais importantes funções das leis e do sistema jurídico de um Estado. Pode ainda ser definida como: ausência de impressão de perigo e agressões a bens e direitos. Tais definições, são de cunho psicológico e inevitavelmente subjetivo." (Ibidem, pp. 37 - 38).

[125] Sobre o tema, LUNARDI (2012, pp. 43 - 47), aponta que o Supremo Tribunal Federal inicialmente negava a responsabilidade civil do Estado em razão da prática de crime, exemplificando acórdão que entendeu a irresponsabilidade, por culpa de estabelecimento bancário ou mesmo em caso de quadrilha composta por preso foragido vários meses antes [...], porém

conferem o direito individual de submeter à responsabilização o particular que causou a desgraça alheia, ao descumprir o seu dever de se abster de violar a segurança dos outros.

Conclui-se, assim, que a segurança pessoal e a segurança pública, de fato, são direitos fundamentais, de cunho individual, social e transindividual, sendo possível que as críticas à concepção da segurança como direito sejam solucionadas pela correta interpretação quanto aos limites e efeitos da aplicação prática do direito que, diga-se, como todos os outros não é absoluto. O princípio da segurança deve ser ponderado nos casos concretos difíceis, em que houver colisão com outros princípios ou normas-regras, mas o direito é inalienável, indisponível, exigível e oponível.

3.2 A segurança pública como dever estatal

Pela relação de correspondência entre direitos e deveres, ao direito fundamental à segurança pública corresponde o dever do Estado de adotar ações positivas que promovam e assegurem este direito. Estas ações devem se dar pela prestação de serviços públicos, além da realização de políticas públicas e programas de governo.

No Ordenamento Jurídico brasileiro, o dever de agir do Estado veio previsto expressamente no próprio artigo 144 da Constituição da República Federativa do Brasil, que, como será analisado em tópico específico mais adiante, deve ser interpretado com cautela, para que não se extraiam resultados absurdos de sua literalidade.

De qualquer modo, desde já se aponta que o dever estatal não se exaure na prestação de serviços de policiamento, seja ostensivo, repressivo ou investigativo de polícia judiciária. Deve ser posto em prática todo um con-

explica que "esse posicionamento causa perplexidade. Se a segurança pública não for responsabilidade do Estado, será responsabilidade de quem? E se for afastada a responsabilidade do Estado, porque respondem as empresas privadas, inclusive pelo dano moral? O Supremo Tribunal Federal dá sinais de que seu entendimento sobre o tema mudou, conforme verificamos na decisão de 2008 [...]. A suprema Corte deferiu antecipação de tutela contra o Estado de Pernambuco para pagamento de despesas necessárias para realização de tratamento médico a cidadão que ficou paraplégico em razão de assalto ocorrido em via pública. Fundamento da decisão foi a omissão permanente e reiterada do Estado de Pernambuco em seu dever de prestar serviço adequado de policiamento ostensivo nos locais passíveis de práticas criminosas violentas. Isso gera o dever de indenizar por não ter promovido a segurança pela falta do serviço sendo essa a causa que gerou o efeito."

junto de medidas, ações e planos, com foco não somente nas consequências, mas sobretudo nas causas da insegurança e da criminalidade.

Para o Ministério da Justiça e Segurança Pública do Governo Federal:

> A **Segurança Pública** é uma atividade pertinente aos órgãos estatais e à comunidade como um todo, realizada com o fito de proteger a cidadania, prevenindo e controlando manifestações da criminalidade e da violência, efetivas ou potenciais, garantindo o exercício pleno da cidadania nos limites da lei.[126] (grifo do original)

Esta visão do Estado brasileiro acerca do tema demonstra exatamente algumas das razões pelas quais o modelo de segurança adotado, ao não promover direitos com políticas públicas nas diversas áreas integradas para o mesmo fim, nem promover a participação dos cidadãos na comunidade em concurso com organismos estatais e privados, leva à manutenção das desigualdades e exclusões, que aumentam exponencialmente, e às "manifestações da criminalidade e da violência", em razão, notadamente, da própria violação de direitos[127].

O Estado tem o dever de proteger os direitos humanos em seu território, sendo exigível, portanto, que atue com eficiência transformadora na

[126] Cf. em http://www.justica.gov.br/sua-seguranca/seguranca-publica/orgaos-de-seguranca-1/conceitos-basicos. Acesso em 16/Fev/2018.

[127] Sobre o tema, ANDRADE (2016) se debruçou em artigo no qual expõe que "o paradigma punitivo da segurança "da" ordem (e "contra" a criminalidade) em detrimento da segurança dos direitos culminou, desta forma, por polarizar a sociedade entre potenciais infratores e potenciais vítimas, replicando nesta polarização a desigualdade, a luta de classes e as assimetrias de gênero, raça e outras. Este modelo, que pode com razão ser denominado por paradigma bélico, tem a sustentá-lo uma estrutura social, uma engenharia e uma cultura punitivas. [...] Os socialmente marginalizados são convertidos em potenciais infratores e, como tal, tornam-se os clientes do controle social, seja da política da pena e da criminalização (estigmatizados como criminosos), seja da política social e do assistencialismo (estigmatizados como 'grupos de risco'). Nesse modelo, segurança pública tem sido fundamentalmente **segurança** (dos estratos médios e altos) **contra esta criminalidade** (dos baixos estratos sociais) real ou potencial e, neste sentido, tem sido a antítese da construção social da cidadania **destes criminalizados ou criminalizáveis**, pois enquanto aquele é um modelo de duplicação da marginalização social pela marginalização ou exclusão penal, esta é um movimento de inclusão social. No modelo oficial de segurança pública existe, portanto, uma contradição estrutural entre o processo de construção social da criminalidade (exclusão) e o processo de construção social

seara da segurança pública[128]. Exatamente por esta razão, o dever de atuar na área de segurança pública é compartilhado entre os três entes da federação, nenhum deles podendo se eximir de agir. No caso da União e dos Estados, a ação deve se dar inclusive por meio de seus órgãos de policiamento, fiscalização e de aplicação da Lei Penal, no que se inclui o Ministério Público e o Poder Judiciário.

Os Municípios, por sua vez, devem agir não somente por suas guardas civis ou metropolitanas, que pelo texto constitucional possuem poder de polícia limitado e finalisticamente vinculado, mas sobretudo pelo exercício de suas demais competências municipais, que incluem efetiva fiscalização, responsabilização administrativa de infrações de natureza não penal, além da promoção de direitos e da ordenação urbanística e ambiental das cidades, de forma a que se diminuam todos os fatores nesta seara que alavancam a escalada criminosa.

E, neste ponto, é necessário frisar que os demais direitos humanos não são óbice, nem justificativa para o Estado deixar de agir para promover a

da cidadania (inclusão). [...] Como o sistema de segurança pública não pode e não irá dar vazão a este fluxo insano de demanda punitiva e de transferência de responsabilidades, é ele que aparece cada vez mais como ineficiente, voltando a demandar mais sistema, justo para compensar a anterior ineficiência. Sua hipertrofia, resultado da hegemonia do "eficientismo penal" (mais conhecido por Movimento de Lei e Ordem), e a política criminal dos contemporâneos Estados neoliberais vão tornando cada vez mais superpostos os limites entre a (des) ordem e a criminalidade. Exsurge daí a falácia da ideologia do Estado mínimo, pois ao Estado neoliberal mínimo no campo social e da cidadania passa a corresponder um Estado máximo, onipresente e espetacular no campo penal." Como opção a este modelo, ela propõe: "para que a própria mudança preconizada ocorra, o princípio vertebral a sustentar todos os demais deve ser o princípio da proteção integral de direitos humanos, erigido como objeto e limite do poder de punir e no qual o direito à segurança (sobretudo a segurança da pessoa, da vida e dos corpos, antes que dos bens) seja um deles, libertando-se do paradigma da segurança "contra" a criminalidade. Isto faz a passagem do modelo de segurança pública focado na ordem e em nome da ordem, violando seletivamente direitos da pessoa, para um modelo de segurança pública focado no sujeito – segurança cidadã; faz ainda a passagem do paradigma repressivo (negativo e desconstrutor) de luta contra a criminalidade para uma cultura positiva e construtora de uma nova concepção de segurança e controle democrático dos problemas e conflitos sociais." (grifos da autora)

[128] Ensina SANTOS (2001, p. 26): "O Estado é uma pessoa jurídica [...] idealizada pelos homens principalmente para manter a ordem e a segurança – e que exerce uma jurisdição universal nos seus limites territoriais, para o que utiliza o Direito, respaldado pela força conferida pelo povo – que é reconhecida interna e externamente como autoridade soberana".

segurança pública e proteger a segurança individual das pessoas[129]. Inexiste antagonismo entre outros direitos humanos e o direito humano à segurança pública. Como já se apontou aqui, a segurança pública existe justamente para proteger direitos humanos, todos eles, inclusive a segurança individual das pessoas. Assim, o Estado brasileiro (União, Estados e Municípios), para cumprirem seus deveres e desempenharem sua função de prover segurança pública, devem instituir e manter adequado serviço público de segurança[130].

[129] Importante, neste ponto, a lição de Nilo Batista em *Punidos e mal pagos. Violência, justiça, segurança pública e direitos humanos no Brasil de hoje.* Rio de Janeiro: Editora Revan, 1990. pp.158 - 159 apud NUCCI (2016, p. 70), de que: "Direitos humanos são direitos que toda pessoa humana tem – independente do que seja, tenha, pense ou faça. [...] A ideia principal dos direitos humanos é que toda pessoa tem certos direitos que o Estado não pode tirar nem deixar de conceder: vida, trabalho, remuneração digna, aposentadoria, instrução, liberdade, manifestação de pensamento, livre associação, reunião etc. É claro que se um homem pratica um crime – um homicídio, um roubo, um estupro, um furto – ele deve ser processado e julgado. Os documentos dos direitos humanos também preveem isso. Mas não pode ser espancado. Não pode ser torturado. Não pode ser morto. Sua família não pode ser humilhada. Seus vizinhos não podem ser importunados e constrangidos. Casas de inocentes não podem ser vasculhadas. Se aqueles que matam, assaltam, violentam crianças ou mulheres, furtam não são presos, processados, julgados e condenados, a culpa não é dos direitos humanos. A lei prevê que um acusado que intimida testemunhas, ou que, ficando solto, coloca em perigo a vida, a integridade física ou o patrimônio de terceiros, pode ser preso. Basta a polícia pedir que a Justiça decreta a prisão. Se o acusado for preso em flagrante, em crimes graves, que não têm fiança, só se for primário, de bons antecedentes e inofensivo é que a Justiça pode liberá-lo antes do julgamento. E se for condenado, a lei programa que na penitenciária ele deve ser reeducado e aprender um ofício. Por que nada disso acontece? Por que é tão fácil praticar crimes? Por que tantos crimes são cometidos? Por que muitos daqueles que os praticam não são presos e processados? Por que as penitenciárias são imundas escolas superiores do crime? Culpa dos direitos humanos, culpa dos bandidos ou culpa das instituições que não cumprem com seus deveres? [...] Propensão para o crime tem é o Estado que permite a carência, a miséria, a subnutrição e a doença – em suma, que cria a favela e as condições sub-humanas de vida. [...] Perto da culpa do Estado, a do bandido é pequena. E o bandido, a gente ainda consegue prender, processar, julgar e condenar. E o Estado?"

[130] Na lição de BANDEIRA DE MELLO (2003, p. 612), o "*Serviço público* é toda atividade de oferecimento de utilidade ou comodidades material destinada à satisfação da coletividade em geral, mas fruível singularmente pelos administrados, que o Estado assume como pertinente a seus deveres e presta por si mesmo ou por quem lhe faça as vezes, sob um regime de Direito Público – portanto, consagrador de prerrogativas de supremacia e de restrições especiais -, instituído em favor dos interesses definidos como públicos no sistema normativo." Ele elenca

A eficácia deste serviço vincula-se à criação e evolução continuada de políticas públicas[131], que devem buscar não somente o enfrentamento repressivo da criminalidade, mas enfocar a eliminação dos fatores que geram a violência, a criminalidade e a violação de direitos em geral[132].

Por outro lado, é necessário que o Poder Judiciário possa corrigir não somente o inadimplemento da obrigação estatal, mas também o falso adim-

(Ibidem, pp. 617 - 618) diversos princípios decorrentes deste marco regulatório que pauta o regime de Direito Público, quais sejam (1) dever inescusável do Estado de promover-lhe a prestação; (2) princípio da supremacia do interesse público; (3) princípio da adaptabilidade; (4) princípio da universalidade; (5) princípio da impessoalidade; (6) princípio da continuidade; (7) princípio da transparência; (8) princípio da motivação; (9) princípio da modicidade das tarifas; (10) princípio do controle (interno e externo) sobre as condições de sua prestação.

131 Conforme já decidiu o Supremo Tribunal Federal brasileiro: "O direito a segurança é prerrogativa constitucional indisponível, garantido mediante a implementação de políticas públicas, impondo ao Estado a obrigação de criar condições objetivas que possibilitem o efetivo acesso a tal serviço. É possível ao Poder Judiciário determinar a implementação pelo Estado, quando inadimplente, de políticas públicas constitucionalmente previstas, sem que haja ingerência em questão que envolve o poder discricionário do Poder Executivo." (STF - RE 559.646 AgR, rel. min. Ellen Gracie, j. 7-6-2011, 2ª T, *DJE* de 24-6-2011). No mesmo sentido, decidiu aquela Corte no ARE 654.823 AgR, rel. min. Dias Toffoli, j. 12-11-2013, 1ª T, *DJE* de 5-12-2013).

132 O Relatório da Comissão Interamericana de Direitos Humanos de 2009 traz as diversas características desejáveis de uma política pública de segurança. Aponta este relatório, que a segurança cidadã deve ser vista como uma política pública, ou seja, como ferramenta de planejamento para o uso eficiente de recursos públicos, devendo ser sustentável. Além disso, expõe que as experiências de maior sucesso na prevenção de crimes focaram nos fatores que fazem da violência um problema recorrente em nível local, com medidas para reduzir o consumo de álcool, limitar e regular a posse privada de armas de fogo, "redesenhamento" urbano, criação e manutenção de áreas públicas e sistemas de transporte amigáveis, programas para profissionalização policial e para aumentar o relacionamento entre a polícia e as comunidades, além de diversos outros programas. Destacamos a seguir a definição proposta e características de um política de segurança pública pelo Relatório: *"Based on the preceding paragraphs, it is clear that citizen security must be thought of as public policy, defined as the guidelines or courses of action that the State authorities lay down in order to achieve a given objective and that serve to create or transform the conditions under which individuals or groups in society conduct their affairs. A public policy is, therefore, a planning tool that makes efficient use of available resources, within a framework of constant participation by the social actors involved. According to the most widely accepted definitions, public policies are: (1) comprehensive (as they systematically address human rights as whole); (2) inter-sectoral (because they impact the activities, plans and budgets of various state actors); (3) participatory (because the population in question is constantly involved and because public policies are instrumental in making societies more*

plemento, que se verifica pelo esvaziamento concreto do serviço público, o qual, prestado de forma deficiente, insuficiente e inadequada, revela-se ineficaz para o atendimento ao interesse público primário e gerador de um custo social ainda maior, além da frustração de justas expectativas.

Como dever, a segurança pública não se resume a ações para a luta contra a delinquência "de rua", que não é praticada apenas por pessoas sujeitas aos consectários da violência estrutural ou excluídos sociais marginalizados de direitos. Ela deve ser provida por políticas públicas e programas de ações integrados de prevenção e repressão à criminalidade em todas as suas formas de expressão, conjugadas com outras políticas e programas que levem ao atendimento, inclusive, das necessidades reais de todos os integrantes da sociedade, pelo menos em um grau mínimo, que lhes permita viver com dignidade[133].

democratic); (4) universal (because they are all - encompassing and do not discriminate in any way); and (5) intergovernmental (because they involve agencies in central and local government). [...] The preventive area includes responsibilities that are beyond the competence assigned to the judicial system and the police. Based on the definition of public policy adopted, this area includes the non - punitive measures that other state agencies must implement (within both the central government and local governments), working in partnership with civil society organizations, private enterprise and the media." (Relatório disponível em http://www.oas.org/en/iachr/docs/pdf/citizensec.pdf. Acesso em 03/Mai./2018. pp. 30 - 32). Em tradução livre nossa: "Com base nos parágrafos anteriores, fica claro que a segurança do cidadão deve ser considerada uma política pública, definida como as diretrizes ou linhas de ação que as autoridades do Estado estabelecem para atingir um determinado objetivo e que servem para criar ou transformar as condições sob as quais os indivíduos ou grupos da sociedade conduzem seus negócios. Uma política pública é, portanto, uma ferramenta de planejamento que faz uso eficiente dos recursos disponíveis, dentro de uma estrutura de participação constante dos atores sociais envolvidos. De acordo com as definições mais amplamente aceitas, as políticas públicas são: (1) abrangentes (pois tratam sistematicamente dos direitos humanos como um todo); (2) intersetorial (porque impactam as atividades, planos e orçamentos de vários atores estatais); (3) participativa (porque a população em questão está constantemente envolvida e porque as políticas públicas são fundamentais para tornar as sociedades mais democráticas); (4) universal (porque são abrangentes e não discriminam de forma alguma); e (5) intergovernamental (porque envolvem agências no governo central e local). [...] A área preventiva inclui responsabilidades que estão além da competência atribuída ao sistema judicial e à polícia. Com base na definição de política pública adotada, essa área inclui as medidas não punitivas que outras agências estaduais devem implementar (tanto no governo central quanto nos governos locais), trabalhando em parceria com organizações da sociedade civil, empresas privadas e mídia."

[133] Conforme leciona BARATTA (2001, p.19): "*En una visión correcta desde el punto de vista del*

Para o Estado realmente se desincumbir deste dever, impõe-se que combata com eficácia as causas geradoras da insegurança pública, os fatores que são molas propulsoras da violência, da prática de infrações penais, notadamente a não satisfação de necessidades básicas, pela não promoção dos direitos sociais pelo próprio Estado.

Por fim, este dever de dar segurança pública não legitima abusos estatais, até porque é impossível atingir a segurança absoluta e, mesmo que fosse possível, não seria desejável, pois ela viria ao "preço" de um controle absoluto de todos, destruindo-se a liberdade e a individualidade[134].

derecho constitucional e internacional, la política de prevención y de seguridad abarca un campo mucho más amplio que la prospectiva restringida de la "lucha" contra la delincuencia (una lucha dirigida, sobre todo o únicamente, hacia el control de los excluidos). Esta es también, y sobre todo, una lucha contra la exclusión social y contra los mecanismos inhumanos y esclavizadores de acumulación de impuestos para la globalización neoliberal de la economía; una lucha por una sociedad basada en la realización de las necessidades reales, es decir, de las posibilidades de desarollo de los indivíduos y de los pueblos." Em tradução livre nossa: "Em uma visão correta do ponto de vista do direito constitucional e internacional, a política de prevenção e de segurança abrange um campo muito mais amplo do que a perspectiva restrita da "luta" contra a criminalidade (uma luta direcionada, especialmente ou somente, para o controle dos excluídos). Trata-se também, e acima de tudo, de uma luta contra a exclusão social e contra mecanismos desumanos e escravizadores da acumulação de impostos para a globalização neoliberal da economia; uma luta por uma sociedade baseada na realização de necessidades reais, isto é, das possibilidades de desenvolvimento de indivíduos e povos."

No mesmo sentido, LUNARDI (2012, pp. 38 - 42) expõe que a *segurança pela força* é feita pelo Estado por meio da Legislação, da Polícia e das Forças Armadas, em que "O medo alimenta a força do Estado em relação à segurança, especialmente em épocas de instabilidade e de aumento da violência social, gerando a atuação do Estado uma sensação de estabilidade." Enquanto a *segurança pelo bem estar* é a realizada não de forma unilateral e discriminatória, se relacionando quase exclusivamente à violência urbana e às ameaças terroristas, mas abrangendo também os "grupos socialmente inferiorizados que não se preocupam de maneira prioritária com a segurança patrimonial e sim com aspectos materiais de satisfação de suas necessidades humanas. [...] Nessa perspectiva, a segurança relaciona-se com o bem-estar, dando base a uma série de exigências relativas às principais causas de insegurança: desemprego, acidentes, deterioração do meio ambiente, falta de alimentação adequada e, em geral, não satisfação de necessidades humanas, materiais e imateriais. [...] No âmbito da segurança pelo bem estar, devemos destacar a *segurança alimentar.* [...] é essa inclusive a justificativa de muitos países para a imposição de "barreiras sanitárias" contra importações de produtos."

134 Sobre o tema, LUNARDI (2012, pp. 40 - 41) expõe que: "Podemos pensar que um nível máximo de segurança seria atingido se todos os indivíduos fossem controlados pelo Estado, através de câmaras filmadoras, escutas telefônicas, combinação de informações contidas em

3.3 A segurança pública como "responsabilidade de todos"

Tanto na ordem jurídica interna brasileira, quanto no plano internacional, já se verifica há várias décadas que todos têm responsabilidade em relação à segurança pública. Para os Estados, há do dever direto de prestar serviços que garantam com eficácia a segurança pública. Para os particulares, esta responsabilidade é jurídica, e não somente moral, ou seja, vincula-os a concorrer para a segurança e não concorrer para a insegurança, sob pena de responsabilização e de sofrerem a ação legítima estatal para a necessária coerção[135].

Para exemplificar como esta responsabilidade se dá no âmbito das disposições internacionais de direitos humanos, a Carta Africana dos Direitos do Homem e dos Povos, de 1981, prevê como dever individual de todas as pessoas não atuar em prejuízo da segurança do Estado de que é nacional ou residente. Seu artigo 29 dispõe que "o indivíduo tem ainda o dever: [...] 3. De não comprometer a segurança do Estado de que é nacional ou residente."

O dispositivo acima mencionado, tal como ocorre com as demais normas internacionais declaratórias de direitos humanos, não prevê a sanção específica para o caso de descumprimento deste dever. Há um ponto que merece destaque: este dispositivo vincula o dever à nacionalidade ou residência. Ora, como é sabido, há sempre a questão do estrangeiro em território nacional, além dos apátridas que estejam no território do Estado.

bancos de dados e legiões de policiais. Mas essa segurança máxima significaria praticamente o fim das liberdades de opinião, de locomoção, de reunião, de associação, de pensamento, levando ao fim do individualismo próprio das sociedades modernas."

135 Na lição de LINDGREN: "Se, conforme ensina Foucault, o Direito foi inventado como uma forma de legitimação do poder estatal na "Idade Clássica", deixariam os direitos humanos de ser uma afirmação do indivíduo contra esse mesmo poder? Talvez sim, talvez não, dentro do contexto da Revolução Francesa, em sua fase napoleônica. Mas não numa época como a nossa, em que tais direitos são reconhecidos internacionalmente e se tornam passíveis de cobranças internas e interestatais, limitando significativamente o arbítrio do poder constituído. Mas ainda, com as interpretações a eles conferidas pelas Declarações de Viena de 1993 e de Beijing de 1995, deixariam de ser dirigidos apenas contra o Estado. Ao proteger mais claramente os direitos da mulher, das crianças, dos indígenas e das minorias oprimidas dentro das sociedades nacionais, os direitos humanos tornaram-se também instrumentos contra a "capilaridade do poder", exercido por agentes não-estatais. E cabe não somente ao Estado, mas à sociedade como um todo, a obrigação de evitar a violação difusa desses direitos específicos." (LINDGREN ALVES, José Augusto. *A Declaração dos Direitos Humanos na Pós-Modernidade.* Disponível em http://www.dhnet.org.br/direitos/militantes/lindgrenalves/lindgren_100.html, acesso em 07/04/2018)

Pela literalidade da previsão, nem os estrangeiros, nem os apátridas teriam o dever de não comprometer a segurança do Estado em que estivessem.

Ainda, a interpretação deste dispositivo que parece mais correta é aquela que estabelece um dever individual em relação à segurança de todos, pois a segurança do Estado, pelos fins teleológicos do diploma internacional de direitos humanos, deve ser compreendida como a segurança da sociedade e de todos os indivíduos que a compõem, e não como mera proteção a bens e instalações dos Poderes Públicos ou seus agentes estatais.

Nos demais diplomas internacionais de direitos humanos, como regra, a previsão do dever das pessoas em relação à segurança se verifica nas disposições que relacionam direitos e deveres, como na Convenção Americana de Direitos Humanos, por exemplo, em seu artigo 32, segundo o qual "1. Toda pessoa tem deveres para com a família, a comunidade e a humanidade."

Já no direito interno, em relação às pessoas em geral, a segurança pública foi prevista na rubrica de "responsabilidade de todos", no artigo 144 da Constituição da República Federativa do Brasil. Inicialmente, é necessário apontar que o conceito de responsabilidade adotado pela Carta Magna em relação à matéria, o qual inclui o Estado, não se limita à mera responsabilização civil, penal e administrativa. A responsabilização civil do Estado, por óbvio, ocorrerá quando ele descumprir o seu dever, porquanto poderá ser condenado à reparação dos danos que sua omissão e inércia causarem[136].

Mas os particulares que agirem para impedir a prestação do serviço estatal poderão, igualmente, ser responsabilizados pelos danos que advie-

[136] Por exemplo, em relação a mortes de pessoas custodiadas pelo Estado, menciona-se as seguintes ementas de julgados do Superior Tribunal de Justiça, expondo o entendimento sobre a matéria: "ADMINISTRATIVO E PROCESSUAL CIVIL. AGRAVO INTERNO NO RECURSO ESPECIAL. RESPONSABILIDADE CIVIL DO ESTADO. SUICÍDIO. DETENTO. ESTABELECIMENTO PRISIONAL. RESPONSABILIDADE OBJETIVA DO ESTADO. 1. O Superior Tribunal de Justiça sedimentou o entendimento de que a responsabilidade civil do Estado pela morte de detento em delegacia, presídio ou cadeia pública é objetiva, pois é dever do Estado prestar vigilância e segurança aos presos sob sua custódia. 2. Agravo interno a que se nega provimento." (BRASIL. STJ. AIRESP 201200345037 AIRESP - AGRAVO INTERNO NO RECURSO ESPECIAL – 1305249. Relator: Ministro OG FERNANDES. Órgão julgador: Segunda Turma. Dje: 25/09/2017); e "PROCESSUAL CIVIL. ADMINISTRATIVO. SUICÍDIO. DETENTO. CADEIA PÚBLICA. PRISÃO PREVENTIVA. ROUBO. RESPONSABILIDADE OBJETIVA DO ESTADO. DANO MATERIAL. PRETENSÃO DE REEXAME DE PROVAS. SÚMULA 7/STJ. 1. Trata-se de pedido de indenização por dano material e moral contra o Estado de São Paulo em decorrência de suposto suicídio de detento por autoenforcamento,

rem de suas condutas. Pensa-se, por exemplo, em pessoas que, a título de manifestação, bloqueiam vias públicas e dolosamente impedem o acesso de viaturas para atendimento a ocorrência com vítima, que vem a óbito, ou aquelas que agem mesmo cientes de que com tal conduta poderiam causar a morte alheia, como no caso de prédio em chamas com pessoas dentro ou de pessoa sendo enforcada ou golpeada com arma, na hipótese de outros particulares impedirem o acesso de policiais e bombeiros, sendo visíveis os danos que advirão de sua conduta, dada a situação concreta.

Por fim, também as pessoas que praticarem infrações penais serão responsabilizadas conforme o preceito secundário do tipo penal incriminador em que forem julgadas incursas, assim como quem praticar infração administrativa será punido conforme a previsão respectiva de sanção.

Mas não é somente destas responsabilizações que cuida o dispositivo constitucional. Ao prever a segurança pública como "responsabilidade de todos", em adição ao dever estatal, a Constituição da República Federativa do Brasil impôs um ônus para todos, literalmente, pessoas físicas ou jurídicas, ou entes despersonalizados, públicas ou privadas.

Esta responsabilidade, como o próprio dispositivo informa que o "dever" é do Estado, não pode ser interpretada como dever, pois, se fosse esta a finalidade do dispositivo, teria sido ali prevista como "dever de todos", e não somente do Estado[137]. Assim, esta responsabilidade deve ser entendida sob a ótica de "ônus". E a locução "responsabilidade de todos" deve ser lida, assim, como um ônus compartilhado entre todas as pessoas, o que chama a participação de todos na questão.

ocorrido em cela da Delegacia de Investigações Gerais da cidade de Marília/SP. 2. O Superior Tribunal de Justiça sedimentou o entendimento de que a responsabilidade civil do Estado pela morte de detento em delegacia, presídio ou cadeia pública é objetiva, pois é dever do estado prestar vigilância e segurança aos presos sob sua custódia, portanto mostra-se equivocada a interpretação realizada pelo egrégio Tribunal bandeirante. 3. A melhor exegese da norma jurídica em comento é no sentido de que o nexo causal se estabelece entre o fato de o detento estar preso, sob proteção do Estado, e o seu subsequente falecimento. Não há necessidade de se inquirir sobre a existência de meios, pela Administração Pública, para evitar o ocorrido e, muito menos, se indagar sobre a negligência na custódia dos encarcerados. 4. Recurso Especial parcialmente conhecido e, nesta parte, provido." (BRASIL. STJ. RESP 201700981320 RESP - RECURSO ESPECIAL – 1671569. Relator: Ministro HERMAN BENJAMIN. Órgão Julgador: Segunda Turma. Dje:30/06/2017).

[137] O Estado tem o dever jurídico de prestar serviços efetivos de segurança pública, promovendo e garantindo direitos.

Por se tratar a segurança pública de interesse *de todos*, é natural que a responsabilidade de zelar por este interesse seja dividida em ônus *para todos*, porquanto são interessados em ter segurança e verem concretizada a prestação de idônea segurança pública, devendo, por esta razão, colaborar para que ela seja atingida.

A "responsabilidade de todos", frise-se, deve ser interpretada em seu sentido literal, englobando todas as pessoas físicas e jurídicas, públicas ou privadas, em território nacional ou mesmo em território estrangeiro, mas cuja conduta traga resultados no Brasil ou atrelados às hipóteses de extraterritorialidade. Diante da responsabilidade de todos, é exigível que suportem os encargos decorrentes do dever estatal de dar segurança pública efetiva (por exemplo, se submeterem a blitz, identificando-se, colaborando para os mecanismos de controle estatal de fronteiras etc.).

Sua contribuição pode se dar seja não criando ou agravando situação de risco à segurança delas mesmas ou de terceiros, seja pela abstenção de violarem a segurança alheia, além da adoção de condutas que visem promover a segurança de todos, especialmente quando legalmente chamados a agirem.

O conceito é, em suma, de responsabilidades compartilhadas entre diversos atores que visam a um mesmo fim, de interesse comum a todos e que, portanto, é qualificado como interesse social ou interesse público primário, conforme se mencionou na introdução desse estudo.

A lesão ao direito à segurança pública, por ação ou omissão estatal, enseja o direito à reparação de danos sofridos, seja por pessoas individualizadas que tiveram sua segurança pessoal e patrimonial atingidas, ou ainda por uma coletividade de pessoas que tiveram sua esfera jurídica violada, como já se abordou anteriormente, sob a ótica da responsabilidade civil do Estado, que possui dever jurídico de agir de forma idônea.

Indaga-se: é possível aplicar a responsabilização de particulares, que não têm o dever jurídico, pela simples existência da "responsabilidade de todos"? Em caso negativo, a que se presta esta previsão constitucional?

A resposta à primeira pergunta, sobre a possibilidade de responsabilização de particulares, não é simples e literal, pois esta norma jurídica deve ser interpretada de forma apropriada. Com efeito, a existência de ônus gera a responsabilidade, seja civil, penal ou administrativa, desde que presentes os requisitos legais de cada uma destas modalidades[138]. Por

[138] Na lição de GRAU (1982, pp. 180-182), ônus jurídico é a expressão do cumprimento de in-

exemplo, se eu nada fizer em relação à segurança pública, não participar de programa de vizinhança solidária, não instalar câmeras de vigilância, fingir que não vejo crimes sendo praticados e condutas perigosas, não fizer nada a que não esteja obrigado por força de dever jurídico, não sofrerei sanções em razão disso. Mas não me locupletarei da minha inércia, não receberei nenhuma sanção premial porventura existente e, se também vier a ser vítima de crime em razão desta inércia, não estarei satisfazendo meu interesse de não sofrer lesão ao bem jurídico penalmente tutelado.

Se eu não concorro para a segurança da minha rua ou casa, ou dos lugares por onde passo em meus trajetos, não coloco câmera de vigilância interna e externa, não obterei a vantagem de viver em uma rua e uma casa mais seguras. Se eu não telefono para a polícia para narrar roubo em andamento em via pública pela qual círculo com meu veículo automotor, não satisfarei meu interesse de não ser roubado, possivelmente por aqueles mesmos criminosos, quando por ali estiver passando em outra ocasião.

O ônus decorrente da responsabilidade de todos pela segurança pública, literalmente recai sobre todos, que ao mesmo tempo têm a incumbência e são credores do encargo alheio. Por se tratar de um ônus compartilhado, a inação de cada pessoa em defender o seu direito à segurança individual e à segurança pública e de contribuir para a dos demais, vai se somando, concorrendo para a não concretização deste direito em uma sociedade cada vez mais violenta e insegura[139].

cumbências, que consubstanciam a gestão do interesse pessoal, para que se evite a perda de um direito, falando-se em ônus, quando o exercício de uma faculdade é definido como condição para a obtenção de uma certa vantagem. Para ele: "[...] o não cumprimento do *ônus* não acarreta, para o sujeito, sanção jurídica, mas tão-somente uma certa desvantagem econômica: a não obtenção da vantagem, a não satisfação do interesse ou a não realização do direito pretendido. Já o não-cumprimento do dever – ou da obrigação – acarreta sanção jurídica para o sujeito. Neste último caso, o interesse a cuja tutela aproveita o cumprimento do dever é alheio à pessoa do sujeito a ele vinculado; no primeiro caso, o interesse a que respeita a vinculação pelo *ônus* é do próprio sujeito vinculado. Descreve-se o *ônus*, assim, como o instrumento através do qual o ordenamento jurídico impõe ao sujeito um determinado comportamento, que deverá ser adotado se não pretender ele arcar com consequências que lhe serão prejudiciais. Ou como um comportamento que o sujeito deve adotar para alcançar uma determinada vantagem, que consiste na aquisição ou na conservação de um direito." (Ibidem, p. 181).

139 O descumprimento do ônus e a ausência de luta pelo direito de todos caminham na mesma direção da inefetividade da segurança pública prevista no artigo 144, da Constituição da República Federativa do Brasil.

A responsabilização pelo descumprimento da responsabilidade de qualquer um passa a ser possível, entretanto, no caso de ação que viole a segurança pública, ou de omissão juridicamente relevante[140]. Mas é descabido invocar a responsabilização, em qualquer de suas vertentes, sem a comprovação dos requisitos específicos, apenas com base na existência do ônus previsto no dispositivo constitucional, compartilhado por todos. Assim, por exemplo, haverá responsabilidade penal se existir uma conduta comissiva ou omissiva que se constitua fato típico e ilícito, sendo culpável o agente, pois se adota no Brasil a divisão tripartida no que concerne aos elementos da infração penal, que, praticada, enseja a responsabilidade criminal.

A previsão constitucional da "responsabilidade de todos" gera, portanto, ao mesmo tempo, a potencialização da responsabilização por ação ou omissão juridicamente relevante e o ônus de concorrer para a segurança pública.

De um lado, esta previsão se presta a reforçar a impossibilidade de que se pratique qualquer conduta comissiva ou de omissão juridicamente relevante, que afete a segurança pública. De outro, impõe a todos que concorram para a segurança pública realizando suas incumbências pessoais no âmbito do ônus, para poder satisfazer o interesse, obter a vantagem ou realizar o direito pretendido. Possibilita, ainda, que todos colaborem para a segurança pública de forma ativa, mesmo sem o dever de agir, reforçando o interesse comum. Por fim, legitima a criação de deveres jurídicos de agir também para aqueles que não integram o Estado diretamente como órgãos ou agentes.

[140] Exemplo de omissão juridicamente relevante, é a de instituição bancária ou de investimentos que viola o seu dever de cuidado, não adotando as cautelas de *compliance*, conhecendo seus funcionários (*know your employee*), parceiros (*know your partner*) e clientes (*know your customer*), exigindo e checando documentos de identificação, qualificação, atividade econômica, origem de renda, dentre outras cautelas, para evitar que o serviço ou produto se preste à lavagem de dinheiro, corrupção, financiamento do crime organizado, do terrorismo e da criminalidade em geral, em prejuízo da segurança pública. Com base nesta responsabilidade de todos, por exemplo, a Lei n. 9.613/1998, prevê uma série de pessoas e entes obrigados a cumprirem o mecanismo de controle de lavagem de dinheiro, com obrigações de identificação de clientes, manutenção de registros e comunicação de operações financeiras. Outro exemplo, é a Lei n. 12.846/2013 que dispõe sobre a responsabilização administrativa e civil de pessoas jurídicas pela prática de atos contra a administração pública, nacional ou estrangeira, prevendo que constitui ato lesivo à administração pública, inclusive dificultar atividade de investigação ou fiscalização de órgãos, entidades ou agentes públicos. Isto ocorre, por exemplo, quando estas pessoas se omitem em realizar o devido *compliance*.

4

Análise Crítica do Artigo 144 da Constituição da República Federativa do Brasil

O Direito não se legitima por si mesmo. Ele deve interagir com os demais sistemas existentes, os quais deve reger, sendo balanceado pelo princípio da Proporcionalidade[141] e pela pauta ética que impregna a ordem jurídica e é nela entronizada pelos direitos humanos.

A ordem jurídica não deve ser concebida como um grupo ou apanhado aleatório e condensado de normas, pois, sem a coerência lógica e finalís-

[141] Acerca do princípio da proporcionalidade, GUERRA FILHO (1997, pp. 35 - 36) explica que serve "para solucionar as colisões entre interesses diversos de certas coletividades entre si e com interesses individuais ou estatais, tão variadas e imprevisíveis em sua ocorrência, não há como se amparar em uma regulamentação prévia exaustiva, donde a dependência incontornável de procedimentos para atingir as soluções esperadas. Compreende-se, então como o centro de decisões politicamente relevantes, no Estado Democrático contemporâneo, sofre um sensível deslocamento do Legislativo e Executivo em direção ao Judiciário. O processo judicial que se instaura mediante a propositura de determinadas ações, especialmente aquelas de natureza coletiva e/ou dimensão constitucional - ação popular, ação civil pública, mandado de injunção etc. - torna-se um instrumento privilegiado de participação política e exercício permanente da cidadania." Sobre o mesmo princípio, o autor aponta que "é esse princípio que permite realizar o que os norte-americanos chamam 'balancing' de interesses e bens. A mesma ideia de sopesamento, ponderação, é expressa pela 'Abwägung" dos alemães Cf. v.g. R. Alexy, 1987; LUHMANN, 1983', p. 64ss., 1993, p. 480." e que "pode ser considerado o 'princípio dos princípios', dentre todas as normas jurídicas, uma vez que é a ele, em última

tica da unidade normativa, ela seria ineficaz e não se prestaria a nenhuma função, pela falta de sentido que adviria. Ao contrário, trata-se de sistema ou ordenamento[142].

Neste sistema normativo ou ordenamento jurídico, as normas vão retirando seu fundamento de validade de normas jurídicas superiores[143]. No caso brasileiro, o ápice da pirâmide jurídica no que tange à validade e hie-

instância, que se recorre para resolver, em 'casos difíceis' (*hard cases*), o conflito entre diversos valores e interesses, expressos em outros princípios fundamentais da ordem jurídica. Isso porque o princípio da proporcionalidade é capaz de dar um 'salto hierárquico' (*hierarchical loop*), ao ser extraído do ponto mais alto da 'pirâmide' normativa para ir até a sua 'base', onde se verificam os conflitos concretos, validando as normas individuais ali produzidas, na forma de decisões administrativas, judiciais etc. Essa forma de validação é tópica, permitindo atribuir um significado diferente a um mesmo conjunto de normas, a depender da situação a que são aplicadas. É esse o tipo de validação requerida nas sociedades hipercomplexas da pós-modernidade. Nela se misturam criação (legislação) e aplicação (jurisdição e administração) do Direito, tornando a linearidade do esquema de validação kelseniano pela referência à estrutura hierarquicamente escalonada do ordenamento jurídico em circularidade, com o embricamento de diversas hierarquias normativas, as '*tangled hierarchies*" da teoria sistêmica (cf. v.g. NEVES, 1994', p. 66ss., texto e notas 71 e 78). Concretamente, isso significa que assim como uma norma ao ser aplicada mostra-se válida pela remissão a princípios superiores, insculpidos na Constituição, esses princípios validam-se por serem referidos na aplicação daquelas normas." (Ibidem, rodapés pp. 35 - 36).

142 Para BOBBIO (1999, p. 21): "Se pode falar de Direito somente onde haja um complexo de normas formando um ordenamento, e que, portanto, o Direito não é norma, mas um conjunto coordenado de normas, sendo evidente que uma norma jurídica não se encontra jamais só, mas está ligada a outras normas com as quais forma um sistema normativo." Acerca do ordenamento jurídico constituir um sistema, ele aponta que: "Entendemos por "sistema" uma *totalidade ordenada,* um conjunto de entes entre os quais existe uma certa ordem. Para que se possa falar de uma ordem, é necessário que os entes que a constituem não estejam somente em relacionamento com o todo, mas também num relacionamento de coerência entre si. Quando nos perguntamos se um ordenamento jurídico constitui um sistema, nos perguntamos se as normas que o compõem estão num relacionamento de coerência entre si, e em que condições é possível esta relação." (Ibidem, p. 71)

143 Conforme lição de KELSEN (1998, p. 15): "O fundamento de validade de uma norma positiva, isto é, de uma norma posta através de um ato de vontade, não é o ato que põe esta norma ou põe uma norma superior, quer dizer, o ato cujo sentido objetivo é a norma inferior ou a norma superior, mas a norma superior, que é pressuposta como objetivamente válida e que opera a fundamentação da validade da norma inferior precisamente pelo fato de legitimar o sentido subjetivo do ato que põe esta norma como seu sentido objetivo, isto é, como norma objetivamente válida."

rarquia normativa é ocupado pela Constituição da República Federativa do Brasil e Tratados Internacionais de Direitos Humanos internalizados com *quorum* qualificado, pelo qual eles obtêm *status* constitucional[144].

Pois bem, considerando-se que a Constituição da República Federativa do Brasil, como norma jurídica de maior hierarquia, possui força normativa própria[145], é o fundamento de validade para todas as normas jurídicas de inferior status[146], e que os atos executivos, tendo em vista o princípio da Legalidade que os rege, somente podem ser praticados nos termos das leis e para os fins nelas previstos, é imprescindível analisar a disposição constitucional acerca da segurança pública, como a norma maior da qual emana o fundamento de validade primário acerca da matéria.

A Constituição da República Federativa do Brasil não conceitua a segurança pública, em sua Seção III Disposições Gerais, Capítulo III, denominado "Da Segurança Pública". Ela deixa clara, porém, uma lógica tripartida de "*direito, dever e responsabilidade*", dando ênfase ao dever do Estado, porquanto as disposições dos incisos e parágrafos da norma são todas relativas ao serviço público policial.

[144] Conforme dispõe o §3º do artigo 5º, da Constituição da República Federativa do Brasil: "Os tratados e convenções internacionais sobre direitos humanos que forem aprovados, em cada Casa do Congresso Nacional, em dois turnos, por três quintos dos votos dos respectivos membros, serão equivalentes às emendas constitucionais."

[145] Na lição de HESSE (1991, p. 20), "quanto mais o conteúdo de uma Constituição lograr corresponder à natureza singular do presente, tanto mais seguro há de ser o desenvolvimento de sua força normativa. Tal como acentuado, constitui requisito essencial da força normativa da Constituição que ela leve em conta não só os elementos sociais, políticos, e econômicos dominantes, mas também que, principalmente, incorpore o estado espiritual (geistige Situation) de seu tempo. Isso lhe há de assegurar, enquanto ordem adequada e justa, o apoio e a defesa da consciência geral."

[146] Como consequência, a norma superior prevalece sobre a inferior inclusive quando há a necessidade de solução de conflitos entre normas. Neste sentido, na lição de BOBBIO (1999, p. 93): "O critério hierárquico, chamado também de lex superior, é aquele pelo qual, entre duas normas incompatíveis, prevalece a hierarquicamente superior: lex superior derrogat inferiori. [...] Uma das consequências da hierarquia normativa é justamente esta: as normas superiores podem revogar as inferiores, mas as inferiores não podem revogar as superiores. A inferioridade de uma norma em relação a outra consiste na menor força de seu poder normativo; essa menor força se manifesta justamente na incapacidade de estabelecer uma regulamentação que esteja em oposição à regulamentação de uma norma hierarquicamente superior."

Com efeito, o artigo 144 da Constituição da República Federativa do Brasil prevê apenas os órgãos (todos policiais) a quem incumbe a preservação da ordem pública e da incolumidade das pessoas e do patrimônio. Assim, o dever está previsto para ser exercido somente por órgãos policiais que o preceito enumera. Senão vejamos:

> Art. 144. A segurança pública, dever do Estado, direito e responsabilidade de todos, é exercida para a preservação da ordem pública e da incolumidade das pessoas e do patrimônio, através dos seguintes órgãos:
>
> I - polícia federal;
>
> II - polícia rodoviária federal;
>
> III - polícia ferroviária federal;
>
> IV - polícias civis;
>
> V - polícias militares e corpos de bombeiros militares.
>
> §1º A polícia federal, instituída por lei como órgão permanente, organizado e mantido pela União e estruturado em carreira, destina-se a:
>
> I - apurar infrações penais contra a ordem política e social ou em detrimento de bens, serviços e interesses da União ou de suas entidades autárquicas e empresas públicas, assim como outras infrações cuja prática tenha repercussão interestadual ou internacional e exija repressão uniforme, segundo se dispuser em lei;
>
> II - prevenir e reprimir o tráfico ilícito de entorpecentes e drogas afins, o contrabando e o descaminho, sem prejuízo da ação fazendária e de outros órgãos públicos nas respectivas áreas de competência;
>
> III - exercer as funções de polícia marítima, aeroportuária e de fronteiras;
>
> IV - exercer, com exclusividade, as funções de polícia judiciária da União.
>
> §2º A polícia rodoviária federal, órgão permanente, organizado e mantido pela União e estruturado em carreira, destina-se, na forma da lei, ao patrulhamento ostensivo das rodovias federais.
>
> §3º A polícia ferroviária federal, órgão permanente, organizado e mantido pela União e estruturado em carreira, destina-se, na forma da lei, ao patrulhamento ostensivo das ferrovias federais.
>
> §4º Às polícias civis, dirigidas por delegados de polícia de carreira, incumbem, ressalvada a competência da União, as funções de polícia judiciária e a apuração de infrações penais, exceto as militares.

§5º Às polícias militares cabem a polícia ostensiva e a preservação da ordem pública; aos corpos de bombeiros militares, além das atribuições definidas em lei, incumbe a execução de atividades de defesa civil.

§6º As polícias militares e corpos de bombeiros militares, forças auxiliares e reserva do Exército, subordinam-se, juntamente com as polícias civis, aos Governadores dos Estados, do Distrito Federal e dos Territórios.

§7º A lei disciplinará a organização e o funcionamento dos órgãos responsáveis pela segurança pública, de maneira a garantir a eficiência de suas atividades.

§8º Os Municípios poderão constituir guardas municipais destinadas à proteção de seus bens, serviços e instalações, conforme dispuser a lei.

§9º A remuneração dos servidores policiais integrantes dos órgãos relacionados neste artigo será fixada na forma do §4º do art. 39.

§10. A segurança viária, exercida para a preservação da ordem pública e da incolumidade das pessoas e do seu patrimônio nas vias públicas:

I - compreende a educação, engenharia e fiscalização de trânsito, além de outras atividades previstas em lei, que assegurem ao cidadão o direito à mobilidade urbana eficiente; e

II - compete, no âmbito dos Estados, do Distrito Federal e dos Municípios, aos respectivos órgãos ou entidades executivos e seus agentes de trânsito, estruturados em Carreira, na forma da lei.

A disposição constitucional, além de não prever como seria exigida a "responsabilidade de todos" pela segurança pública, também não previu a integração de ações, planejamentos e sistemas de informação dos órgãos de segurança pública. Limitou-se o legislador a prever como sendo responsáveis pela segurança pública somente os órgãos policiais que compõem o aparato repressivo e investigatório estatal[147]. Apenas a alguns órgãos do

[147] Com cerca de 30 (trinta) anos de atraso, foi editada a Lei nº 13.675, de 11 de junho de 2018, instituindo o Sistema Único de Segurança Pública (Susp) e criando a Política Nacional de Segurança Pública e Defesa Social (PNSPDS). Como ponto positivo, a Lei previu a responsabilidade dos entes das três esferas da Federação em seu artigo 3º e a necessidade de estabelecerem suas políticas de forma harmônica com a política nacional, além da atuação integrada em ações de segurança pública. Apesar de não ter criado uma rede de segurança pública mais abrangente, previu a integração entre "os Poderes Legislativo, Executivo e Judiciário no aprimoramento e na aplicação da legislação penal" e a "colaboração do Poder Judiciário, do Ministério Público e da Defensoria Pública na elaboração de estratégias e metas

Poder Executivo Federal e Estadual foi incumbido o dever de segurança pública, não havendo qualquer previsão, neste dispositivo, em relação aos demais Poderes Públicos[148].

Aliás, a limitação do fim da segurança pública apenas para garantir a "da incolumidade das pessoas e do patrimônio", fragiliza-a, pois, em

para alcançar os objetivos desta Política". Ainda, trouxe dentre suas diretrizes a previsão de "uso de sistema integrado de informações e dados eletrônicos" e, como um de seus objetivos "promover a interoperabilidade dos sistemas de segurança pública".

[148] Neste sentido, NUCCI (2016, p. 41 e pp. 45 - 46) aponta que "a segurança pública, como fica claro, não é atividade ou responsabilidade exclusiva da polícia civil ou militar. Cuida-se de dever de todos, em particular dos órgãos realmente vinculados à Justiça Criminal, como o Ministério Público, a Defensoria Pública e o Judiciário. [...] Qual seria, afinal, o papel da Polícia? Certamente, pode-se responder que é garantir a segurança pública, não deixando de ser uma resposta evasiva, pois representa um enorme contingente de hipóteses sem nenhuma concretude. Acabar com a criminalidade não é, pois se trata de objetivo impossível. O meio-termo parece bem posto: manter sob controle na medida de suas forças e dos instrumentos proporcionados pelo Estado. [...] À polícia cabe realizar o possível, contando com o apoio de várias outras instituições, incluindo a sociedade em geral. Não é uma tarefa solitária, mas comunitária. [...] Ademais, quando se estabelece que seu alvo principal é fortalecer a legalidade, cria-se menor expectativa para futuras críticas. Os agentes policiais, quando chamados a atender a uma ocorrência, podem resolver o problema, prendendo criminosos, ou podem chegar tarde e nada fazer. Mas, de qualquer forma, buscou-se fortalecer a legalidade, eliminando-se a hipótese da vingança privada. Sob outro aspecto, a meta da polícia seria manter a ordem pública, outra expressão de conteúdo complexo e até hoje não definido a contento, nem pela doutrina, nem pela jurisprudência. Em termos simples, a ordem antagoniza com a desordem (confusão, tumulto, irregularidade, enfim, quebra da rotina). Transferindo-se para o âmbito *público*, a desordem provoca a quebra da rotina de um número imenso de pessoas, razão pela qual a polícia tem o dever de assegurar *um mínimo indispensável* ou *flexível* o suficiente para que os indivíduos cumpram seus deveres e obrigações no dia a dia, conforme programado. A *ordem pública* não deve ser visualizada num grandioso foco abrangendo *toda* a sociedade brasileira, pois seria humanamente inviável assegurá-la e também muito raro que toda a comunidade em qualquer canto do país entrasse, ao mesmo tempo, em colapso desordeiro. Vista sob tal ângulo, a garantia da ordem pública se volta a determinado local: uma rua, um bairro, quiçá uma cidade. É preciso tratar-se de algo concreto, com o qual pode a polícia trabalhar."
Como contribuição possível a esta exposição, frisamos que apresentar o enfoque da missão policial como o de controle "possível" da criminalidade, pode trazer à tona a indesejável discussão acerca da reserva do possível como desculpa para a proteção insuficiente de direitos e omissão estatal, quando em verdade é dever do Estado efetivamente garantir os direitos e, para tanto, aparelhar-se e instrumentalizar-se com todo o necessário para cumprir sua missão, que justifica a sua própria existência. Concordamos que as polícias devem promover o controle das infrações penais, nos aspectos preventivo e repressivo, e de que é impossível se

verdade, o escopo é proteger os direitos humanos e fundamentais, sejam quais forem, não havendo razão para a ênfase somente ao patrimônio, pois a propriedade material e imaterial não nos parece ser tão mais relevante do que os demais direitos humanos.

Assim, com a visão da época, em que o país era recém-saído do período militar, o legislador constituinte originário deixou de prever o serviço público de segurança com a integração entre os órgãos policiais que elencou. Omitiu também o dever em relação ao Poder Judiciário (incumbido de julgar as lides para a pacificação social, detendo o monopólio jurisdicional para a aplicação do Direito às demandas que versam sobre a responsabilização penal) e ao Poder Legislativo (que, além de fiscalizar o Poder Executivo, tem a incumbência de

atingir a segurança absoluta, ainda que houvesse um Estado realmente atuante e cumpridor do seu papel nas diversas searas em que deve agir, aliado a uma sociedade realmente disposta a também agir em seu próprio benefício. Entretanto, parece-nos correto que este controle policial deve ser aquele capaz de promover a paz social e o livre exercício dos direitos de todos, com grau mínimo de eficiência aferível por parâmetros objetivos que demonstrem que o fenômeno criminoso está sendo mantido em sua manifestação menos lesiva e sob efetivo controle, parâmetros estes que não podem ser reduzidos a meras taxas de incidência criminal segundo estatísticas com distorções, diante da enorme cifra negra, da grande quantidade de vítimas que, descrentes na atuação estatal ou desestimuladas pelas dificuldades que lhes são impostas para registrarem ocorrências, deixam de fazê-lo, além de criminosos que registram falsas ocorrências visando beneficiarem-se com o Boletim de Ocorrência obtido. No que tange ao papel da Polícia em relação à ordem pública, frisamos que *ordem pública* integra a paz social e não se contenta com a presença e atuação policial em resposta ao fenômeno criminoso, mas com a efetiva presença do Estado ocupando seu real espaço, promovendo e garantindo direitos, não apenas possibilitando que as pessoas cumpram os seus deveres. A ordem pública, embora pudesse ser objeto de trabalho específico, que provavelmente não a esgotaria, traz como características essenciais a ordenação da vida em sociedade para que sejam atingidos os fins da República Federativa do Brasil, por isso ordem e pública, no sentido de organização e fins públicos, que se confundem com o interesse social e não com interesses egoísticos de categorias, ou de administradores públicos e governantes em suas opções. Às polícias, em relação a esta ordenação da vida em sociedade para se atingir o interesse público primário, nos parece que cabe não apenas apresentar a resposta ao fenômeno criminoso (nos aspectos de prevenção e reação), mas, sobretudo, engajar-se e integrar-se nas comunidades em que atuam, para que junto com elas promovam e cobrem dos interessados, do próprio Estado e dos organismos sociais as ações necessárias para que as causas da insegurança sejam superadas e, em seu lugar, advenham condições adequadas ao desenvolvimento das faculdades e direitos de todos, momento em que a ordem pública realmente será atingida, em substituição ao caos. Não há ordem pública no cenário de violações a direitos humanos, seja por decorrência de infrações, seja pela ausência de condições básicas que propiciem a existência digna.

legislar para garantir a segurança pública por instrumentos normativos idôneos para a finalidade de atender ao interesse público primário e votar diretrizes orçamentárias que interferem direta ou indiretamente na segurança).

Ainda que estes Poderes não sejam órgãos específicos de segurança, é indubitável que compõem a rede de segurança pública, no desempenho de suas funções atinentes à aplicação da Lei Penal, ao julgamento das lides e à regulamentação e controle do Poder Executivo. Igualmente, a disposição constitucional não previu a existência de um sistema de segurança pública com atuação potencializada em rede, composição heterogênea e multidisciplinar, por outros entes e órgãos não estritamente policiais, como os Municípios, o Ministério Público, os órgãos do sistema penitenciário, os órgãos incumbidos de promover e fiscalizar o cumprimento de penas, medidas alternativas e de medidas socioeducativas, dentre outros[149].

Os Municípios são extremamente importantes no que tange à segurança pública. Eles possuem, no mais das vezes, serviços para a proteção dos bens e serviços municipais, por guardas civis e metropolitanas, além de serviços de fiscalização do cumprimento de normas e posturas municipais, da ocupação e ordenação do solo urbano, sua iluminação, segurança viária urbana, vídeo-monitoramento por câmeras e centrais de controle. É preciso contar, ademais, o enorme fluxo de informações das diversas áreas dos serviços municipais (transporte, saúde, educação, saneamento, fiscalização, dentre outros), que, se fossem compartilhadas com outros órgãos do sistema de segurança pública para o fim de promovê-la, potencializariam a eficiência da ação estatal[150]. Além disso, a articulação dos serviços

[149] Com a nova Lei 13.675, de 11 de junho de 2018, espera-se que diversos pontos criticáveis da norma constitucional sejam superados, em prol de uma efetiva segurança pública.

[150] Neste sentido, por exemplo, no âmbito da chamada "segurança urbana", de forma parecida com a chamada "Teoria das Janelas Quebradas", que aponta a desordem e o caos como fatores criminógenos, o ganhador da medalha de mérito da República Italiana PROIETTI (2013, p. 56), indica a segurança urbana com a prevenção e repressão da degradação na cidade como fundamental instrumento de atuação conexo à segurança pública: "*Una sicurezza urbana che viene giustificata in un particolare modo di curare l´ordine e la sicurezza pubblica, mediante la prevenzione e la repressione delle situazioni urbane di degrado e definita non sotto l'apetto ontologico, ma attraverso il suo fondamentale strumento attuativo connesso alla realizzazione di possibili forme di coordinamento e di collaborazione instituzionale Stato-autonomie locali.*" Em tradução livre nossa: "Uma segurança urbana que vem justificada em uma maneira particular de cuidar da ordem e da segurança

municipais com a política de segurança é fator decisivo para a efetividade da atuação estatal nesta seara, pois os Municípios atuam ou podem atuar em diversas causas da criminalidade e da violência.

O Ministério Público, além de ser o titular da ação penal pública e órgão com a incumbência de realizar o controle externo da atividade policial, também é o responsável pela "defesa da ordem jurídica, do regime democrático e dos interesses sociais e individuais indisponíveis", conforme dispõem os artigos 127 a 129 da Constituição da República Federativa do Brasil. Por esta razão, a omissão constitucional quanto ao Ministério Público integrar o sistema de segurança pública é relevante[151]. Aliás, o "parquet" titulariza a legitimidade para promover não apenas investigações de cunho criminal, mas também ações de inconstitucionalidade, inquéritos civis, ações civis públicas nas diversas áreas que interessam à segurança pública como garantia de direitos, dentre diversas outras funções relacionadas ao controle e fiscalização de políticas públicas, controle externo da atividade policial etc.

públicas, por meio da prevenção e repressão de situações de deterioração urbana e definidas não sob o aspecto ontológico, mas através de sua ferramenta fundamental de implementação conectada à realização de possíveis formas de coordenação e colaboração institucional entre Estado e autonomia local".

[151] Aliás, o Ministério Público não é somente destinatário de investigações promovidas, em especial, pelos órgãos que compõem a Polícia Judiciária, mas titular do poder de investigar por meios próprios, conforme reconheceu o Supremo Tribunal Federal no julgamento, com repercussão geral, do Recurso Extraordinário nº 593.727 Minas Gerais. A tese fixada em repercussão geral foi a seguinte: "O MP dispõe de competência para promover, por autoridade própria, e por prazo razoável, investigações de natureza penal, desde que respeitados os direitos e garantias que assistem a qualquer indiciado e qualquer pessoa sob investigação do Estado, observadas, sempre, por seus agentes, as hipóteses de reserva constitucional de jurisdição e, também, as prerrogativas profissionais de que se acham investidos, em nosso país, os advogados (lei 8906/94, artigo 7º, incisos I, II, III, XI, XIII, XIV e XIX), sem prejuízo da possibilidade – sempre presente no Estado Democrático de Direito - do permanente controle jurisdicional dos atos, necessariamente documentados (súmula vinculante 14), praticados pelos membros dessa instituição." (BRASIL. Supremo Tribunal Federal. Recurso Extraordinário nº 593.727 Minas Gerais. Relator: Min. Cezar Peluso. Plenário, 14 de maio de 2015). Neste sentido, relembre-se, ainda, a rejeição, pela Câmara dos Deputados, no ano de 2013, após forte pressão popular, da Proposta de Emenda Constitucional número 37, conhecida por "PEC da Impunidade", que pretendia impedir o Ministério Público de promover investigações criminais.

Os órgãos que compõem o sistema penitenciário, assim como os órgãos incumbidos de promover e fiscalizar o cumprimento de penas privativas de liberdade ou alternativas e medidas socioeducativas em meio fechado ou aberto, possuem papel fundamental para a segurança pública. Eles não apenas devem promover a ressocialização daqueles que lhe são submetidos, prevenindo novas condutas que violem bens juridicamente tutelados, como também devem proteger estas pessoas de sofrerem violação à sua segurança pessoal. Além disso, por exemplo, a quantidade de informações e ações que ocorrem nos estabelecimentos mantidos por estes órgãos poderia potencializar a eficiência da ação estatal em atuação no sistema de rede, mediante compartilhamento planejado com outros órgãos do sistema de segurança pública.

Especificamente acerca dos órgãos que compõem o sistema penitenciário, o Supremo Tribunal Federal decidiu por maioria de votos, na ADI n. 236-8, que não era possível a inclusão destes órgãos entre aqueles responsáveis pela segurança pública, pois o elenco do artigo 144 da Constituição da República Federativa do Brasil é *numerus clausus*. O Tribunal reconheceu, entretanto, a importância destes órgãos para a segurança: "a vigilância penitenciária é atividade relevante e pertinente à segurança, mas não pode ter tratamento constitucional a nível estadual, assim como não poderão tê-lo outros órgãos e pessoas, ainda que a segurança pública seja direito e responsabilidade de todos"[152].

Destaque-se, porém, o voto do Ministro do Supremo Tribunal Federal Moreira Alves, quando daquele julgamento, em que, decidindo em sentido contrário à maioria, expôs o seguinte: "acho que decisão dessa natureza enfraquece o policiamento dentro dos presídios, onde ele, aliás, se faz mais necessário. Não me parece que esse enfrentamento tenha sido querido pela Constituição, que, aliás, a propósito, deveria ter-se restringido apenas às linhas estruturais". O raciocínio por ele posto, infelizmente, mostrou-se vaticínio dos tempos cruéis que o Brasil vive, com os estabelecimentos penitenciários sendo berços de organizações criminosas das mais violentas que assolam o país.

[152] BRASIL. Supremo Tribunal Federal. Ação Direta de Inconstitucionalidade ADI 236-8 Rio de Janeiro. Relator: Min. Octávio Gallotti. Tribunal Pleno. D.J. 01.06.2001. Disponível em http://redir.stf.jus.br/paginadorpub/paginador.jsp?docTP=AC&docID=266262. Acesso em 19/02/2018.

Em relação ao Poder Judiciário, que foi omitido no que tange a integrar o sistema de segurança pública no dispositivo constitucional em comento, é indubitável que, pela tutela jurisdicional, ele se mostra essencial para a promoção da segurança, pois o trabalho policial e do Ministério Público, repressivo e investigativo, não tem eficácia alguma, nem mesmo em relação aos infratores penais identificados, se as decisões judiciais deixam de aplicar idoneamente as normas penais e processuais penais.

No âmbito da reserva jurisdicional, a eficácia das investigações promovidas pela Polícia Judiciária ou pelo Ministério Público dependem de decisões judiciais que analisem pedidos de quebra de sigilo de dados telemáticos, fiscais, bancários, interceptações telefônicas, telemáticas, buscas e apreensões, constrição e indisponibilidade de bens, prisões temporárias e preventivas. Do acesso a tais dados depende a determinação da autoria delitiva, a comprovação da materialidade e o combate efetivo aos infratores penais.

A preservação da ordem pública e da incolumidade das pessoas e de seus bens depende das decisões judiciais em relação àqueles que são identificados e custodiados pela prática de infrações penais, de forma a prevenir a prática de novas violações aos bens jurídicos penalmente tutelados mediante provimentos jurisdicionais não definitivos, em caráter cautelar. Tendo em vista que o Supremo Tribunal Federal brasileiro reconhece que a preservação da ordem pública deve ser analisada com a preocupação de impedir a reiteração criminosa, por meio de decisões judiciais que decretam a custódia cautelar do infrator penal, o texto constitucional não poderia ter omitido o Poder Judiciário do sistema de segurança pública[153].

Além disso, a política criminal judiciária dita os rumos da violência e da criminalidade em relação aos bens jurídicos penais submetidos ao seu

153 Acerca do tema, mencionamos como exemplo o seguinte julgado do Supremo Tribunal Federal: "O conceito jurídico de ordem pública não se confunde com incolumidade das pessoas e do patrimônio (art. 144 da CF/1988). Sem embargo, ordem pública se constitui em bem jurídico que pode resultar mais ou menos fragilizado pelo modo personalizado com que se dá a concreta violação da integridade das pessoas ou do patrimônio de terceiros, tanto quanto da saúde pública (nas hipóteses de tráfico de entorpecentes e drogas afins). Daí sua categorização jurídico-positiva, não como descrição do delito nem cominação de pena, porém como pressuposto de prisão cautelar; ou seja, como imperiosa necessidade de acautelar o meio social contra fatores de perturbação que já se localizam na gravidade incomum da execução

controle. Por exemplo, a exclusão judicial da ilicitude penal de condutas as fomenta, bem como penas mal aplicadas e regimes insuficientes, que não protegem efetivamente o bem jurídico e a sociedade, além do não cumprimento de fato de sanções penais aplicadas, fomentam a sensação de impunidade e aumentam a insegurança pública. O papel de garantia de direitos não retira a responsabilidade dos magistrados e do Poder Judiciário em relação à segurança pública, a despeito da redação isolada do dispositivo constitucional ora analisado.

Esta perspectiva limitada de segurança pública no Brasil, com somente atribuição de funções específicas a órgãos policiais, que não são integrados em um país de dimensão continental, aliada às diversas causas da enorme criminalidade, notadamente as desigualdades sociais e regionais, a corrupção lato senso[154], a ausência de estruturas estatais em diversas comunidades, o descaso com direitos fundamentais, dentre outros fatores, vem cobrando um preço social extremamente alto. Este preço inclui a grande sensação de insegurança, crescimento da criminalidade organizada, altas taxas de criminalidade inclusive violenta, o caos no sistema penitenciário, a perda de bilhões de reais por ano em razão da violência e da criminalidade em todas as suas vertentes, prejuízos ao desenvolvimento nacional e ao bem-estar geral, além das graves violações à dignidade das milhões de vítimas atingidas todos os anos e seus familiares.

A presente crítica apontou que, embora deva existir a previsão de órgãos policiais com o dever de promover a segurança pública, sua atuação isolada não basta para trazer os resultados sociais e promover integralmente o direito. É necessária, como se apontou, a atuação integrada, em rede,

de certos crimes. Não da incomum gravidade abstrata desse ou daquele crime, mas da incomum gravidade na perpetração em si do crime, levando à consistente ilação de que, solto, o agente reincidirá no delito. Donde o vínculo operacional entre necessidade de preservação da ordem pública e acautelamento do meio social. Logo, conceito de ordem pública que se desvincula do conceito de incolumidade das pessoas e do patrimônio alheio (assim como da violação à saúde pública), mas que se enlaça umbilicalmente à noção de acautelamento do meio social." (BRASIL. Supremo Tribunal Federal. HC 101.300. Relator: Ministro Ayres Britto, 2ª T, j. 5-10-2010, Dje: 18/Nov./2010.)

154 Como destaca PASTANA (2012, p. 186): "Encarcerando cada vez mais e por mais tempo as classes populares, via de regra por pequenos delitos contra o patrimônio ou por condutas ligadas ao pequeno comércio de entorpecentes, desvia-se, de forma estratégica, a atenção dos inúmeros crimes contra a ordem econômica e financeira praticados pela elite política."

de todo o arcabouço estrutural do Estado que influencia na seara, o que poderia ter sido objeto de disposição constitucional[155].

A despeito da redação do artigo 144 da Constituição da República Federativa do Brasil ter se limitado a elencar os órgãos policiais com atribuições dirigidas (o que nenhuma Constituição anterior fez, representando um avanço neste ponto), a interpretação desta disposição deve ser finalista e sistemática.

Isto implica levar em conta a integralidade da Constituição, em que o direito à segurança está previsto em outros dispositivos, não somente em seu Preâmbulo, mas também no artigo 5º, *caput* (segurança individual) e no artigo 6º (direito social à segurança), que exigem do Estado, como um todo, postura ativa, promovedora, não apenas abstenção, e são oponíveis e exigíveis em face de outros particulares. O direito à segurança individual e pública ainda está previsto em diplomas internacionais de que o Brasil é signatário e que, portanto, obrigam-no, conforme se apontou anteriormente, sem limitar a prestação a órgãos policiais.

A forma de execução e prestação dos serviços públicos de segurança, de como o Estado brasileiro implementa o direito à segurança pública e se desincumbe integralmente de seu dever, há de ser interpretada, enfim, conforme a realidade social exige, de forma a se atender à finalidade do interesse social e da preservação da dignidade da pessoa humana das milhões de vítimas de crimes praticados no país todos os anos[156].

Assim, os incisos e parágrafos do artigo 144 da Constituição Federal devem ser lidos apenas como um elenco dos órgãos com o dever de agir

155 Por exemplo, em relação ao direito à saúde pública, houve disposição constitucional prevendo um sistema único de saúde, com participação da comunidade, políticas sociais e econômicas, quantidade de recursos orçamentários e a atuação de todos os entes da Federação, dentre diversos outros aspectos para dar efetividade ao direito.

156 GUERRA FILHO (1997, p. 30), ensina que a Constituição é um processo, "porque a simples elaboração de um texto constitucional, por melhor que ele seja, não é suficiente para que o ideário que o inspirou se introduza efetivamente nas estruturas sociais, passando a reger com preponderância o relacionamento político de seus integrantes. Também é importante a percepção de que a realização efetiva da organização política idealizada na Constituição depende de um engajamento maciço dos que dela fazem parte nesse processo, e um Estado Democrático de Direito seria, em primeiro lugar, aquele em que se abre canais para essa participação.", sendo previstas as condições de sua própria modificação por regras jurídicas procedimentais, permitindo o diálogo do texto com o futuro.

ininterruptamente em atividade policial, pois prestam o serviço público de policiamento ostensivo e de investigação de infrações penais no âmbito de polícia judiciária. Este rol não deve ser visto, entretanto, como taxativo, ou seja, como o esgotamento de todos os atores estatais com função e dever de promoverem a segurança pública, afinal, o dever é do Estado e a responsabilidade é de todos.

Aliás, a eficácia da atuação de órgãos policiais torna-se potente quando conjugada com a atuação de outros entes e órgãos, como o Ministério Público, controladorias, órgãos de fiscalização e rendas, por exemplo, em forças-tarefas (*task forces*).

O fenômeno criminoso hodierno, cada vez mais grave, complexo, organizado, sem fronteiras, com a utilização de meios tecnológicos, infiltração em órgãos públicos, corrupção e, por diversas vezes, a utilização de armamentos pesados, além de estratégias para a lavagem de dinheiro em diversos países, requer enfrentamento que nenhum órgão policial isolado seria capaz de dar com os resultados almejados pelo direito de todos à segurança pública.

A interpretação restritiva e literal do dispositivo, como óbice à atuação em rede e a um sistema de proteção à segurança pública, multiórgãos, multiáreas, integrado, na prática esvaziaria enormemente a efetivação deste direito humano e fundamental, tendo em vista a relevância da atuação de diversos outros órgãos e poderes que se buscou apontar[157].

Pela mesma razão, entende-se que a Lei nº 13.675, de 11 de junho de 2018, que instituiu o Sistema Único de Segurança Pública (Susp) e criou a Política Nacional de Segurança Pública e Defesa Social (PNSPDS), embora com atraso de quase três décadas, ficou aquém do que poderia, pois deixou de prever a atuação em rede, por exemplo, com o Ministério Público e com os órgãos componentes do sistema socioeducativo.

[157] Neste sentido, conforme MAXIMILIANO (2011, p. 8), a interpretação "[...] não é simplesmente tornar claro o respectivo dizer, abstratamente falando; é, sobretudo, revelar o sentido apropriado para a vida real, e conducente a uma decisão reta [...]", pois para ele "[...] o intérprete é o renovador inteligente e cauto, o sociólogo do Direito. O seu trabalho rejuvenesce e fecunda a fórmula prematuramente decrépita, e atua como elemento integrador e complementador da própria lei escrita. Esta é a estática, e a função interpretativa, a dinâmica do Direito [...]" (Ibidem, p. 10).

Estas ausências apontam uma eficácia de antemão limitada, também se esquecendo de que de nada adianta um exemplar trabalho policial, sem que haja o envolvimento do Poder Judiciário, com a previsão expressa de seu dever primordial de atuar para garantir a segurança pública, direito humano.

Apesar disso, se for idoneamente implementada, a nova lei tende a aperfeiçoar a forma de prestação do dever estatal na seara de proteção da segurança pública, aumentando a eficiência do trabalho policial ao resolver problemas graves, como o isolacionismo entre órgãos que atuam muitas vezes de forma compartimentada, como ilhas, e a interoperabilidade de sistemas e o tráfego de informações entre órgãos policiais, dentre outros pontos positivos.

5
A Segurança Pública nas Constituições Históricas do Brasil

Como se poderá verificar pela análise a seguir, o termo *segurança pública* só foi utilizado na primeira Constituição brasileira (imperial) e na Constituição do denominado "Estado Novo", do ano de 1937. As demais Cartas Magnas não se valeram desta expressão, que somente retornou na atual Norma Fundamental.

Em nenhuma das Constituições anteriores à de 1988 houve sistematização da matéria "segurança pública", que não foi, portanto, prevista como direito ou dever nelas, ainda que se pudesse tentar interpretá-la como contida na "segurança interna" ou na "segurança nacional". Aliás, os papéis de cada órgão policial não foram delineados com contornos bem definidos, o que somente veio a ser realizado na atual Constituição[158].

A despeito da alternância de períodos mais democráticos e outros ditatoriais ao longo da história da República, os textos constitucionais não

[158] Sobre a evolução da realidade brasileira, até aquela encontrada quando da Assembleia Constituinte em 1987, FONTOURA, RIVERO e RODRIGUES (2009, p. 137) esclarecem que: "Os parlamentares constituintes herdaram, na área de segurança pública, um arcabouço institucional fragmentado, fortemente militarizado e marcado por atuação importante das Forças Armadas. A segurança já era objeto de tratamento constitucional desde o século XIX (quadro 1, do anexo 1). O arranjo institucional herdado pela ANC em 1987 foi de reconhecimento da segurança como direito individual, a definição constitucional das atribuições

variaram drasticamente. Não chegaram a apresentar previsão normativa manifestamente distinta acerca do tema de interesse segurança pública, que demonstrassem filiação ideológica e compromissos finalísticos diversos, propósitos políticos marcantes e a definição de rumos claros para políticas públicas na seara de segurança pública.

Esta ausência de variação drástica dos textos parece fruto de um descompromisso, já de antemão, com a plena realização dos ditames cons-

da Polícia Federal (PF) e, ainda, um modelo dualizado de polícias e a militarização desta atividade. Desde o século XIX, nossas polícias são organizadas de maneira dualizada. As forças policiais militarizadas, encarregadas de manter a ordem pública, foram criadas ainda durante o Império e, após a promulgação da República, foram denominadas forças públicas em muitos estados. A elas, sucedeu-se a criação de guardas civis, que passaram a responder pelo policiamento ostensivo, com objetivo de prevenir a criminalidade. [...] Nas primeiras décadas do século XX, temos, portanto, num quadro geral, a força militar à qual se recorria em casos de grandes distúrbios coletivos ou insurreições, a guarda civil responsável pelo policiamento nas ruas, e a Polícia Civil (PC) incumbida de coordenar o policiamento da cidade e instruir processos criminais, que ganha cada vez mais importância. Na República, cada estado federado ganhou autonomia para organizar sua segurança pública, por isso esta configuração se difere de um estado para outro. É somente em 1969 que ocorre a fusão entre as guardas civis e as forças públicas dos estados, por meio do Decreto-Lei nº 667, modificado pelo Decreto-Lei nº 1.072/1969, que extingue as guardas civis e institui as Polícias Militares (PMs) estaduais com competência exclusiva pelo policiamento ostensivo. Antes dele, existia a PM como uma polícia aquartelada, utilizada para conter greves de operários, manifestações públicas etc. Esta PM estava isolada da população e era chamada a agir em questões de ordem interna. A partir do Decreto-Lei, ela passa a incumbir-se do policiamento ostensivo e torna-se proibida a criação de qualquer outra polícia fardada pelos estados." Acerca das polícias militares, apontam que "De fato, em 1946, sua função aparecia como "segurança interna e manutenção da ordem"; em 1967, esta ordem é invertida "manutenção da ordem e segurança interna" e, em 1969, a função das PMs passa a ser a manutenção da ordem pública (quadro 1, do Anexo 1), o que é preservado em 1988. Outra característica importante do modelo policial adotado em nosso país, e a ser examinado a seguir, é a subordinação das polícias às Forças Armadas. Desde a Constituição de 1934, prevê-se que as Polícias Militares sejam consideradas reserva do Exército. Estas corporações, no entanto, não tinham as atribuições que o regime militar lhes determinou a partir de 1969.2 O mesmo Decreto-Lei nº 667/1969 que reorganiza as PMs e os Corpos de Bombeiros (CBs) define-os como forças auxiliares, reserva do Exército e remodela a Inspetoria-Geral das Polícias Militares (IGPM), que passa a integrar o Estado-Maior do Exército (EME). Este Decreto e outros que o seguiram – Decreto-Lei nº 1.072/1969 e Decreto nº 88.777/1983 – regulamentam o papel de controle e de coordenação do Exército sobre as Polícias Militares. Este papel abrange organização, legislação, efetivos, disciplina, adestramento e material bélico das corporações estaduais, todos assuntos gerenciados pela IGPM." (Ibidem, p. 138).

titucionais, exceto nos pontos de interesse dos que exerceram o poder e demais que nele influíam naqueles momentos históricos[159]. Contudo, é preciso ter em mente que a utilização da técnica legislativa na redação das normas buscava legitimá-las, o que muitas vezes era incompatível com a revelação clara dos fins nelas buscados e consequências deles advindas. Nunca houve, no Brasil, uma efetiva "cultura constitucional"[160].

Em adição, é necessário frisar que, com a instauração de cada nova ordem jurídica, não se apagava a história e toda a normatização precedente como num passe de mágica, havendo, como resultado, algum grau de aparente continuidade normativa nas diversas Cartas Magnas. Nenhuma delas correspondeu de fato à realidade brasileira e à vontade do povo, con-

[159] Na exposição de BARROSO e BARCELLOS (2003, p. 2): "A falta de efetividade das sucessivas Constituições brasileiras decorreu do não reconhecimento de força normativa aos seus textos e da falta de vontade política de dar-lhes aplicabilidade direta e imediata. Prevaleceu entre nós a tradição europeia da primeira metade do século, que via a Lei Fundamental como mera ordenação de programas de ação, convocações ao legislador ordinário e aos poderes públicos em geral. Daí porque as Cartas brasileiras sempre se deixaram inflacionar por promessas de atuação e pretensos direitos que jamais se consumaram na prática. Uma história marcada pela insinceridade e pela frustração."
Especificamente na seara da segurança pública, consoante apontam CARVALHO e FÁTIMA E SILVA (2011, p. 62): "No Brasil, somente uma década após a promulgação da "Constituição Cidadã", que estabeleceu a segurança pública como "dever do Estado e responsabilidade de todos", a política de segurança pública passa a ser pensada sob o contexto de uma sociedade democraticamente organizada, pautada no respeito aos direitos humanos, em que o enfrentamento da criminalidade não significa a instituição da arbitrariedade, mas a adoção de procedimentos tático-operacionais e político-sociais que considerem a questão em sua complexidade. Nesse panorama, no ano 2000, é criado o Plano Nacional de Segurança Pública (PNSP), e no ano de 2007, o Programa Nacional de Segurança Pública com Cidadania (Pronasci), inovando a forma de abordar dessas questões."

[160] Sobre o tema, esclarece SILVA NETO (2016, p. 19) que: "Definem-se como cultura constitucional os comportamentos e condutas, públicas ou privadas, tendentes a: I) preservar a "vontade de constituição"; II) efetivar, no plano máximo possível, os princípios e normas constitucionais; III) disseminar o conhecimento a respeito do texto constitucional." Igualmente, ele aponta que: "Logo, como não pode haver cultura constitucional sem constitucionalismo, ou seja, como não pode existir o sentimento constitucional sem amparo em sistema constitucional formalmente adotado, pode-se concluir que o constitucionalismo tardio é circunstância impeditiva da efetividade do texto constitucional, que resulta da ausência daquela cultura. No Brasil, a Constituição não triunfou, tampouco triunfou a ciência que se ocupa do seu estudo. Nem mesmo a habitualmente propalada constitucionalização do direito denota a condição vitoriosa dos valores constitucionais." (Ibidem, pp. 19 - 20).

siderados os grupos de interesses legítimos que o compõem. Em parte, isso se dá porque, diversamente do que ocorreu em locais em que houve a retirada violenta dos que exerciam o poder político, ou uma revolução político-constitucional embasada em forte mudança ideológica e cultural (ou ainda de viés religioso), no Brasil cada novo regime não alterou profundamente práticas políticas que não atendiam o interesse público primário e os direitos fundamentais, embora fossem dados novos contornos, continuando o Brasil a ser o eterno "país do futuro". Dava-se a elas uma nova roupagem, em regra eram distintos os atores, porventura outros os favorecidos, com as mudanças em forças políticas, econômicas e sociais[161].

Passamos a apontar, então, a seara da segurança traçada nas Constituições brasileiras.

5.1 Constituição Política do Império do Brazil de 1824

A primeira Constituição brasileira, outorgada e denominada Constituição Política do Império do Brazil, de 25 de março de 1824, baseou-se na doutrina de Benjamin Constant (como era conhecido Henri-Benjamin Constant de Rebecque), mas trouxe o Poder Moderador nas mãos do chefe supremo do Poder Executivo, o Imperador. Nela se previu a segurança interna e externa do Estado como função dele. Além disso, apresentava a segurança individual como base dos direitos civis e políticos, junto com a liberdade e a propriedade. Trazia a previsão de responsabilidade dos Ministros de Estado que "obrarem contra a Liberdade, segurança, ou propriedade dos Cidadãos".

O texto constitucional do Império falava especificamente em *segurança pública*, embora apenas como fator para a retirada de Senador ou Depu-

[161] Na lição de JAROCHINSKI SILVA (2011, p. 242): "A Constituição não é vista pelos detentores do Poder como a Lei maior que deve ser respeitada, aquela que delimita os pontos fundamentais ao desenvolvimento da nação. Ela é vista como um mero instrumento legitimador, que confere legalidade aos atos governamentais. A partir dessa constatação é que se explica a sua mutabilidade excessiva."
VILLA (2011), em sua análise da história das constituições brasileiras, já na apresentação aponta que: "Tivemos sete Constituições, uma no Império (1824) e seis na República (1891, 1934, 1937, 1946, 1967 e 1988). Pode ser acrescentada ainda à lista a Emenda Constitucional nº 1 de 1969, tendo em vista o número de alterações realizadas na Constituição de 1967. Se cada uma teve suas peculiaridades, o conjunto desses textos foi marcado pela dissociação com o Brasil real. Pode ser que Machado de Assis tenha razão: ainda estamos na fase da infância constitucional. Mas quando vamos crescer?"

tado para outra Comissão, ou seja, é possível dizer que ela a previa implicitamente como atribuição do Estado[162], mas sem contornos definidos. A preocupação era com os inimigos internos e externos, expressa em seu artigo 145: "Todos os Brazileiros são obrigados a pegar em armas, para sustentar a Independencia, e integridade do Imperio, e defendel-o dos seus inimigos externos, ou internos." Não havia a previsão de órgãos policiais.

5.2 Constituição da República dos Estados Unidos do Brasil de 1891

Decretada e promulgada pelo Congresso Constituinte no governo provisório do Marechal Deodoro da Fonseca, a primeira Constituição da República, denominada Constituição da República dos Estados Unidos do Brasil, de 24 de fevereiro de 1891, previu a "segurança das fronteiras" como competência legislativa do Congresso Nacional. Ela trouxe como crime de responsabilidade do Presidente atentar contra o gozo e exercício legal de direitos individuais e políticos e a "segurança interna do Pais". A segurança foi prevista como direito individual.

A segurança e defesa nacionais foram definidas como restrição ao direito de propriedade sobre minas e jazidas minerais. Ao dispor acerca dos juízes e tribunais federais, previu a possibilidade de auxílio da "polícia local" para a execução das ordens e sentenças, ou seja, reconheceu que existiam polícias locais. Também previu que a polícia poderia intervir em associações e reuniões, mesmo se nelas não houvesse armas, para "manter a ordem pública", ou seja, esta função era, portanto, implicitamente da polícia. Ela trouxe, enfim, a competência da Câmara dos Deputados e Senado Federal para regular o serviço de sua "polícia interna". Nada disse acerca da *segurança pública*, terminologia que não empregou[163].

5.3 Constituição da República dos Estados Unidos do Brasil de 1934

Durante o Governo Provisório de Getúlio Vargas, após a revolução de 1930 e a revolução constitucionalista de 1932, foi semi-outorgada a Constituição

[162] Vide artigo 34; artigo 102, XV; artigo 133, V; artigo 145; artigo 179, XXIV. O texto desta Constituição está disponível em: http://www.planalto.gov.br/ccivil_03/Constituicao/Constituicao24.htm. Acesso em 15/Dez./2018.

[163] Vide artigo 18, parágrafo único; artigo 54, itens 4º e 5º, com a redação original; artigo 34, item 16; artigo 60, §4º; artigo 72, §8º e §17, todos com a redação dada pela Emenda Constitucional de 03 de setembro de 1926. O texto desta Constituição está disponível em: http://

da República dos Estados Unidos do Brasil, de 16 de julho de 1934, que teve por influências inclusive a Constituição alemã de Weimar e a Constituição republicana da Espanha de 1931. A Constituição de 1934 previu a "segurança das fronteiras" como competência privativa da União, que também concentrou a polícia, as forças armadas e a organização da defesa externa, incluindo prover serviços de polícia marítima e portuária "sem prejuízo dos serviços policiais dos Estados".

À União também ficou reservado legislar sobre a "organização, instrução, justiça e garantias das forças policiais dos Estados e condições gerais da sua utilização em caso de mobilização ou de guerra". As "autoridades policiais" foram consideradas "inelegíveis". A Câmara dos Deputados e o Senado Federal eram competentes para regular o serviço de sua "polícia interna".

A "segurança nacional" foi prevista como fundamento para alteração da sede do governo. A Constituição previu como crime de responsabilidade do Presidente atentar contra o gozo e exercício legal de direitos individuais e políticos e a "segurança interna do Pais". A segurança individual foi prevista como direito. Já a "segurança nacional" teve um tratamento diferenciado, sendo o atendimento aos seus ditames requisito para se poder exercer função pública e previsto inclusive um Conselho Superior de Segurança Nacional.

A Constituição de 1934 também não disse expressamente acerca da *segurança pública*, terminologia que não empregou[164].

5.4 Constituição da República dos Estados Unidos do Brasil de 1937

Durante a Presidência de Getúlio Vargas, com a instauração da ditadura do denominado "Estado Novo", foi outorgada a Constituição da República dos Estados Unidos do Brasil, de 10 de novembro de 1937, apelidada de "a Polaca", pela influência da autoritária Constituição Polonesa da época. Esta Constituição previu a segurança como fundamento preambular para a outorga constitucional. Previu a "segurança das fronteiras" como competência privativa da União, que também concentrou a polícia, as forças

www.planalto.gov.br/ccivil_03/Constituicao/Constituicao91.htm. Acesso em 15/Dez./2018.

164 Vide artigo 5º, V e XI e § 1º, "1"; artigo 39, item 7; artigo 57, "d" e "e"; artigo 112, item 3, "b"; artigo 113; artigo 159, §1º; artigo 163, §2º. O texto desta Constituição está disponível em http://www.planalto.gov.br/ccivil_03/Constituicao/Constituicao34.htm. Acesso em 15/Dez./2018.

armadas e a organização da defesa externa, inclusive no âmbito legislativo. Aliás, no rol das competências legislativas privativas da União figurou a "organização, instrução, justiça e garantia das forças policiais dos Estados e sua utilização como reserva do Exército".

A "segurança pública" e a "segurança do Estado" foram previstas expressamente, para o fim de justificar a "censura prévia da imprensa, do teatro, do cinematógrafo, da radiodifusão, facultando à autoridade competente proibir a circulação, a difusão ou a representação". Elas foram, assim, diferenciadas, considerando-se que a norma não traria palavras inúteis, nem previsões da mesma coisa com terminologias diversas em um mesmo dispositivo, o que seria injustificável.

A possibilidade de pena de morte foi prevista para quem atentasse contra a "segurança do Estado". Foi previsto o direito à segurança individual. Mas a *segurança pública* e "do Estado", sob a rubrica de "paz e da ordem coletiva, bem como as exigências da segurança da Nação e do Estado", foram elencadas como limites para todos os direitos e garantias individuais.

Já a "segurança nacional" teve novamente um tratamento diferenciado, mantendo-se o atendimento aos ditames dela, como requisito para se poder exercer função pública. Houve a previsão de um Conselho Superior de Segurança Nacional e dispôs que os crimes contra a "segurança nacional" estariam sujeitos a um procedimento especial e um Tribunal Especial[165].

5.5 Constituição dos Estados Unidos do Brasil de 1946

A denominada Constituição dos Estados Unidos do Brasil, de 18 de setembro de 1946, promulgada no processo de redemocratização que sucedeu à Segunda Guerra Mundial, marcou o fim do denominado "Estado Novo". Previu a competência da União para "organizar as forças armadas, a segurança das fronteiras e a defesa externa", bem como "superintender, em todo o território nacional, os serviços de polícia marítima, aérea e de fronteiras".

As Câmaras do Congresso Nacional continuaram com a competência do policiamento interno delas. Previu a inelegibilidade "em cada Estado,

[165] Vide fundamentação de outorga; artigo 15, IV; artigo 16, II, V e XXVI; artigo 41; artigo 122, item 13, "h", item 15, "a" e "c", e item 17; artigo 123; artigos 161 a 164; e artigo 172. O texto constitucional está disponível em: http://www.planalto.gov.br/ccivil_03/Constituicao/Constituicao37.htm. Acesso em 15/Dez./2018.

até três meses depois de cessadas definitivamente as funções, dos comandantes de região, zona aérea, distrito naval, guarnição militar e polícia militar" e do "chefe de polícia". Manteve a possibilidade de a polícia intervir em reuniões nas quais não haja armas, para assegurar a ordem pública, ou seja, implicitamente esta foi reconhecida mais uma vez como atribuição policial neste dispositivo. Explicitamente esta função foi prevista como atribuição das polícias militares, em seu artigo 183: "as polícias militares instituídas para a segurança interna e a manutenção da ordem nos Estados, nos Territórios e no Distrito Federal, são consideradas, como forças auxiliares, reservas do Exército."

A Constituição de 1946 trouxe como crime de responsabilidade do Presidente atentar contra o gozo e exercício legal de direitos individuais, políticos e sociais e a "segurança interna do País". Foi previsto o direito individual à segurança. O Conselho de Segurança Nacional foi direcionado para tratar dos "problemas relativos à defesa do País".

Mas ela nada dispôs diretamente sobre a "segurança pública", termo de que também não se valeu[166], estando o tema, assim, previsto de forma dispersa, e não sistematizada, na seara das atribuições dos órgãos policiais apontados em cada norma.

5.6 Constituição da República Federativa do Brasil de 1967

No regime militar, a denominada Constituição da República Federativa do Brasil, de 24 de janeiro de 1967, outorgada após a tomada do poder pelos militares em 1964, para o fim de legalizar o regime militar, previu a segurança nacional como competência da União. Ela também organizou e manteve a polícia federal, inclusive para a repressão ao tráfico de entorpecentes e "a apuração de infrações penais contra a segurança nacional, a ordem política e social, ou em detrimento de bens, serviços e interesses da União, assim como de outras infrações cuja prática tenha repercussão interestadual e exija repressão uniforme, segundo se dispuser em lei."

Previu as "polícias militares, instituídas para a manutenção da ordem e segurança interna nos Estados, nos Territórios e no Distrito Federal".

166 Vide artigo 5º, IV e VII; artigo 28, §2º; artigo 40; artigo 89, III e IV; artigo 139, II, "d"; artigo 141; artigo 179, §1º e §2º; e artigo 183. O texto constitucional está disponível em http://www.planalto.gov.br/ccivil_03/Constituicao/Constituicao46.htm. Acesso em 15/Dez./2018.

Trouxe como crime de responsabilidade do Presidente atentar contra o gozo e exercício legal de direitos individuais, políticos e sociais e a "segurança interna do País", mas também a possibilidade de ele expedir decretos e aprovar a nomeação de Prefeitos com fundamento na segurança nacional.

Foi previsto o direito individual à segurança e a responsabilidade de todos pela segurança nacional: "Toda pessoa natural ou jurídica é responsável pela segurança nacional". Dispôs que o serviço militar era obrigatório para todos os brasileiros. O Conselho de Segurança Nacional foi direcionado para "assessorar o Presidente da República na formulação e na conduta da segurança nacional".

Na ordem econômica, previu "a intervenção no domínio econômico e o monopólio de determinada indústria ou atividade, mediante lei da União, quando indispensável por motivos de segurança nacional". Percebe-se, enfim, que ela nada dispôs diretamente sobre a "segurança pública", termo de que também não se valeu[167]. Mas, como visto, previu atribuições policiais em alguns dispositivos isolados, materialmente relacionados ao tema.

5.7 Emenda Constitucional de 1969

A formalmente denominada Emenda Constitucional n. 1, de 17 de outubro de 1969, pode ser entendida, do ponto de vista material, como uma nova Constituição outorgada pelo regime militar. Seu enfoque novamente foi a "segurança nacional". Foi prevista como competência da União, legislar sobre a "organização, efetivos, instrução, justiça e garantias das polícias militares e condições gerais de sua convocação, inclusive mobilização" a quem também incumbiu de organizar e manter a Polícia Federal para:

> *a)* executar os serviços de polícia marítima, aérea e de fronteiras; *b)* prevenir e reprimir o tráfico de entorpecentes e drogas afins; *c)*apurar infrações penais contra a segurança nacional, a ordem política e social ou em detrimento de bens, serviços e interêsses da União, assim como outras infrações cuja prática tenha repercussão interestadual e exija repressão uniforme, segundo se dispuser em lei.

[167] Vide artigo 8º, IV, "b", "c"; artigo 13, § 4º; artigo 58, I; artigo 83, V; artigo 84, III e IV; artigos 89 a 91; artigo 93; artigo 150; artigo 157, §8º. O texto constitucional está disponível em http://www.planalto.gov.br/ccivil_03/Constituicao/Constituicao67.htm. Acesso em 15/Dez./2018.

A manutenção da ordem foi incumbida para as forças armadas: "As Fôrças Armadas, essenciais à execução da política de segurança nacional, destinam-se à defesa da Pátria e à garantia dos podêres constituídos, da lei e da ordem". Contudo, foi mantida a previsão de que "As polícias militares, instituídas para a manutenção da ordem pública nos Estados, nos Territórios e no Distrito Federal", pois elas, assim como os bombeiros militares, continuaram sendo consideradas "fôrças auxiliares, reserva do Exército".

A Emenda manteve a possibilidade de o Presidente da República expedir decretos e aprovar a nomeação de Prefeitos com fundamento na segurança nacional. Previu a violabilidade de deputados e senadores no exercício do mandato por suas opiniões, palavras e votos, nos casos de injúria, difamação ou calúnia, ou nos previstos na Lei de Segurança Nacional. Dispôs que cada Câmara do Congresso Nacional fosse competente para reger a matéria atinente à sua polícia interna. Trouxe como crime de responsabilidade do Presidente atentar contra o gozo e exercício legal de direitos individuais, políticos e sociais e a "segurança interna do País".

A segurança individual foi prevista como direito. Manteve a responsabilidade de todos pela segurança nacional ao prever que "tôda pessoa, natural ou jurídica, é responsável pela segurança nacional, nos limites definidos em lei", prevendo o serviço militar obrigatório para todos os brasileiros. O Conselho de Segurança Nacional foi direcionado para "o órgão de mais alto nível na assessoria direta ao Presidente da República, para formulação e execução da política de segurança nacional". Na ordem econômica, previu "a intervenção no domínio econômico e o monopólio de determinada indústria ou atividade, mediante lei federal, quando indispensável por motivo de segurança nacional". Nada dispôs diretamente sobre a segurança pública, termo de que também não se valeu[168], limitando-se a prever atribuições policiais relacionadas ao tema, em dispositivos isolados, não sistematizados.

[168] Vide artigo 8º, IV, V, VIII, "a", "b", "c". XVII, "v"; artigo 15, "b"; artigo 30; artigo 32; artigo 55; artigo 81, VII; artigo 82, III e IV; artigos 86 a 89; artigo 91; artigo 92; artigo 153; artigo 163. O texto constitucional está disponível em http://www.planalto.gov.br/ccivil_03/Constituicao/Emendas/Emc_anterior1988/emc01-69.htm. Acesso em 15/Dez./2018.

6

Análise Comparativa: A Segurança Pública na Constituição de outros Estados

A Constituição da República Federativa do Brasil de 1988, como frisado anteriormente, previu que o dever estatal de segurança seria exercido por meio dos órgãos policiais que listou em seu artigo 144, apesar de a interpretação correta do dispositivo e da Carta Magna indicar o dever e responsabilidade do Estado como um todo. Para o fim de se verificar como a questão da segurança pública foi tratada em Cartas Magnas de outros Estados, passamos a apontar os dispositivos de outros textos constitucionais acerca da matéria, a título meramente exemplificativo, com o escopo de se verificar diferentes possibilidades de regência e ressaltar, por conseguinte, a opção política brasileira.

Na Espanha, a Constituição vigente, de 1978, conferiu, em seu artigo 104, apenas às forças e corpos de segurança a missão de proteger o livre exercício dos direitos e liberdades e garantir a segurança:

> 1. Las Fuerzas y Cuerpos de seguridad, bajo la dependencia del Gobierno, tendrán como misión proteger el libre ejercicio de los derechos y libertades y garantizar la seguridad ciudadana. 2. Una ley orgánica determinará las funciones, principios básicos de actuación y estatutos de las Fuerzas y Cuerpos de seguridad.[169]

[169] ESPANHA. Constituição Espanhola, de 29 de agosto de 1978. Disponível em: http://www.

De forma distinta, há Estados que não limitaram a segurança pública a órgãos policiais em suas Constituições. Por exemplo, a Constituição polonesa vigente, de 1997, prevê apenas a segurança como dever estatal, cabendo por força dele à República da Polônia assegurar as liberdades e direitos das pessoas e cidadãos, a segurança dos cidadãos:

> Article 5 The Republic of Poland shall safeguard the independence and integrity of its territory and ensure the freedoms and rights of persons and citizens, the security of the citizens, safeguard the national heritage and shall ensure the protection of the natural environment pursuant to the principles of sustainable development.[170]

Aquela Constituição atribuiu especificamente ao Conselho de Ministros garantir a segurança interna e ordem pública em seu artigo 146, item 7, bem como ao Presidente da República garantir a segurança do Estado em seus artigos 126 e 130[171].

Outro exemplo é a Constituição do México, que em seu artigo 21 previu que a investigação dos delitos é de atribuição do Ministério Público e das polícias e dispôs que a segurança pública é função de todos os entes da Federação. Além disso, disciplinou que o Ministério Público e as polícias das três ordens de governo devem se coordenar para cumprir os objetivos de segurança pública, compondo um Sistema Nacional de Segurança Pública:

> [...] La seguridad pública es una función a cargo de la Federación, las entidades federativas y los Municipios, que comprende la prevención de los delitos; la investigación y persecución para hacerla efectiva, así como

congreso.es/consti/constitucion/indice/titulos/articulos.jsp?ini=104&tipo=2. Acesso em 03/Mai./2018. Em tradução livre nossa: "1. As Forças e os Órgãos de Segurança, sob a dependência do Governo, terão a missão de proteger o livre exercício de direitos e liberdades e garantir a segurança dos cidadãos. 2. Uma lei orgânica determinará as funções, princípios básicos de ação e estatutos das Forças e Organismos de Segurança."

170 Em tradução livre nossa: "Artigo 5 A República da Polônia salvaguardará a independência e a integridade de seu território e garantirá as liberdades e direitos das pessoas e cidadãos, a segurança dos cidadãos, salvaguardará o patrimônio nacional e garantirá a proteção do meio ambiente natural, de acordo com os princípios do desenvolvimento sustentável."

171 POLÔNIA. Constituição da República da Polônia, de 02 de abril de 1997. Disponível em: http://www.sejm.gov.pl/prawo/konst/angielski/kon1.htm. Acesso em 03/Mai./2018.

> la sanción de las infracciones administrativas, en los términos de la ley, en las respectivas competencias que esta Constitución señala. La actuación de las instituciones de seguridad pública se regirá por los principios de legalidad, objetividad, eficiencia, profesionalismo, honradez y respeto a los derechos humanos reconocidos en esta Constitución. Las instituciones de seguridad pública serán de carácter civil, disciplinado y profesional. El Ministerio Público y las instituciones policiales de los tres órdenes de gobierno deberán coordinarse entre sí para cumplir los objetivos de la seguridad pública y conformarán el Sistema Nacional de Seguridad Pública, que estará sujeto a las siguientes bases mínimas: [...][172]

De forma distinta, a Colômbia não previu em sua Constituição nem o direito à segurança pública, nem a quem incumbiria prestá-lo. Na segunda parte de seu artigo 2º, a Constituição de 1991 previu como dever de todas as autoridades da Colômbia proteger as pessoas: "*Las autoridades de la República están instituidas para proteger a todas las personas residentes en Colombia, en su vida, honra, bienes, creencias, y demás derechos y libertad es, y para asegurar el cumplimiento de los deberes sociales del Estado y de los particulares.*"[173].

Além disso, determinou como sendo missão da Força Pública manter as condições necessárias para o exercício dos direitos e liberdades e assegurar que os habitantes da Colômbia convivam em paz:

[172] MÉXICO. *Constitución Política de los Estados Unidos Mexicanos*, de 05 de fevereiro de 1917. Disponível em http://www.ordenjuridico.gob.mx/Constitucion/articulos/21.pdf. Acesso em 03/Mai./2018. Em tradução livre nossa: "[...] A segurança pública é uma função desempenhada pela Federação, pelas entidades federativas e pelos Municípios, que inclui a prevenção ao crime; a investigação e persecução para efetivá-lo, bem como a sanção das infrações administrativas, nos termos da lei, nas respectivas competências indicadas nesta Constituição. As ações das instituições de segurança pública serão regidas pelos princípios de legalidade, objetividade, eficiência, profissionalismo, honestidade e respeito aos direitos humanos reconhecidos nesta Constituição. As instituições de segurança pública serão civis, disciplinadas e profissionais. O Ministério Público e as instituições policiais das três ordens do governo devem coordenar-se entre si para atender aos objetivos de segurança pública e formarão o Sistema Nacional de Segurança Pública, que estará sujeito às seguintes bases mínimas: [...]".

[173] Em tradução livre nossa: "As autoridades da República são instituídas para proteger todas as pessoas residentes na Colômbia, em suas vidas, honra, propriedades, crenças e outros direitos e liberdades, e para garantir o cumprimento dos deveres sociais do Estado e dos indivíduos."

> Artículo 218. La ley organizará el cuerpo de Policía. La Policía Nacional es un cuerpo armado permanente de naturaleza civil, a cargo de la Nación, cuyo fin primordial es el mantenimiento de las condiciones necesarias para el ejercicio de los derechos y libertades públicas, y para asegurar que los habitantes de Colombia convivan en paz. La ley determinará su régimen de carrera, prestacional y disciplinario.[174].

Igualmente, previu como atribuição do Procurador Geral da Nação, com o auxílio do Defensor do Povo, proteger os direitos humanos e assegurar sua efetividade, defendendo os interesses da sociedade. Ela ainda confere poderes de polícia judiciária à Procuradoria (art. 277) e atribuiu à lei a tarefa de disciplinar a ação popular para proteção dos direitos e interesses coletivos relacionados, dentre outros, com a segurança pública, motivo pelo qual se verifica que o reconheceu como direito e interesse coletivo:

> Artículo 88. La ley regulará las acciones populares para la protección de los derechos e intereses colectivos, relacionados con el patrimonio, el espacio, la seguridad y la salubridad pública, la moral administrativa, el ambiente, la libre competencia económica y otros de similar naturaleza que se definen en ella.[175]

Por fim, cabe mencionar o exemplo da França, cuja Constituição vigente, de 04 de outubro de 1958, previu em seu preâmbulo, que incorpora a Declaração dos Direitos do Homem e do Cidadão, de 26 de agosto de 1789, o direito à segurança, mas não os órgãos estatais dele incumbi-

[174] Em tradução livre nossa: "Artigo 218. A lei organizará a força policial. A Polícia Nacional é um corpo armado permanente de natureza civil, encarregado da Nação, cujo objetivo principal é a manutenção das condições necessárias para o exercício dos direitos e liberdades públicas e garantir que os habitantes da Colômbia convivam em paz. A lei determinará sua carreira, desempenho e regime disciplinar."

[175] COLÔMBIA. Constituição Política de Colômbia, de 06 de julho de 1991. Disponível em http://www.corteconstitucional.gov.co/inicio/Constitucion%20politica%20de%20Colombia.pdf. Acesso em 03/Mai./2018. Em tradução livre nossa: "Artigo 88. A lei regulamentará ações populares para a proteção de direitos e interesses coletivos, relacionados ao patrimônio, espaço, segurança e saúde pública, moral administrativa, meio ambiente, livre concorrência econômica e outros de natureza semelhante definida nela."

dos. Nos termos da própria Constituição: "II - O objetivo de qualquer associação política é a conservação dos direitos naturais e imprescritíveis do homem. Esses direitos são a liberdade, a propriedade, a segurança e a resistência à opressão." Em seu artigo 34, a Constituição Francesa ainda delegou à lei estabelecer as regras relativas aos direitos, garantias fundamentais e suas restrições[176].

Pela análise das disposições das Constituições que foram aqui mencionadas, nota-se que nelas não há em regra a determinação de rol exaustivo de órgãos responsáveis pela segurança pública com limitação a órgãos policiais apenas.

176 FRANÇA. Constituição da Quinta República Francesa, de 04 de outubro de 1958. Disponível em http://www.conseil-constitutionnel.fr/conseil-constitutionnel/root/bank_mm/portugais/constitution_portugais.pdf. Acesso em 03/Mai./2018.

7

A Falácia da Contraposição da Segurança Pública como Antagonista aos demais Direitos Humanos

Para que a segurança de todos possa ser prevista e promovida, é necessário limitar os direitos de liberdade, de forma a tornar possível a implementação do núcleo básico tanto destes direitos quanto da segurança de todos[177].

Liberdade e segurança compõem o rol dos direitos humanos reconhecidos pela ordem jurídica internacional. Seu reconhecimento se deu em momentos

[177] Isto porque, conforme ensinou o filósofo BAUMAN em entrevista concedida para Valéria Arnaldi (2016): "[...] Segurança e liberdade são valores fundamentais para a dignidade humana. A segurança sem liberdade é escravidão. A liberdade sem segurança é um tipo de deficiência. As pessoas, por séculos, procuraram equilibrar as coisas, e isso não funcionou. Cada passo em frente para a liberdade requer que se renuncie a uma parte da segurança. Cada passo rumo a uma maior segurança envolve renunciar a um pouco de liberdade. Não há um caminho direto para ter cada vez mais de uma ou da outra. É um pêndulo que oscila, empurrando para a mudança."
Esta limitação, conforme explica o mesmo filósofo em outra entrevista, concedida para Maria Lúcia Garcia Pallares-Burke (2004), na verdade se resume a conciliar ambos os valores, liberdade e segurança, igualmente indispensáveis para a dignidade humana: "[...] A ideia de Lord Beveridge, que infelizmente não se impôs, era que toda essa assistência social, esse bem-estar social, toda essa provisão eram necessários como medidas temporárias. E isso porque ele partia do pressuposto de que, para ter a coragem, a ousadia de ser aventurosas e se arriscar, as pessoas precisam se sentir seguras — e segurança elas não podem obter por si próprias, mas deve ser oferecida e garantida pela grande sociedade. Se as pessoas se arriscam sozinhas,

distintos, sendo os direitos de liberdade considerados de primeira dimensão, enquanto o direito à segurança surgiu em momento posterior, pois demanda não só uma postura omissiva, mas sobretudo ativa-positiva do Estado como prestador do serviço público de segurança, estando englobado na denominada segunda dimensão de direitos humanos[178].

Não existe, nem poderia existir antagonismo entre o direito à segurança pública, o dever de prestá-la e a responsabilidade de todos pela sua promoção em relação aos demais direitos humanos, dado que todos têm em vista o mesmo fim de proteção da dignidade dos seres humanos. Há, em síntese, uma complementaridade e interdependência entre os direitos humanos[179].

correm o perigo de ser abatidas por um grande fracasso, uma tragédia, uma crueldade ou coisa semelhante. Deve haver, portanto, essa garantia do Estado, o que eu chamo de seguro coletivo contra o infortúnio individual. Se isso existe, as pessoas se enchem de coragem e, sem receio de tentar, logo podem tornar-se prósperas. Essa era a ideia de Beveridge. Enfim, como vemos, se se considera o melhor na história do liberalismo e o melhor na história do socialismo, eles sempre convergem, há sempre essa conexão entre os dois. Para resumir, tudo se reduz à questão muito simples de que há dois valores igualmente indispensáveis para uma vida humana decente e digna: liberdade e segurança. Não se pode ter um sem que se tenha o outro. Esse é o meu ponto, mas infelizmente na prática política eles são normalmente justapostos e apresentados como tendo propósitos opostos, como sendo necessário sacrificar a segurança sob o argumento de que quanto maior ela for menos livre se é. A acusação mais comum hoje em dia é que o Estado de bem-estar social torna as pessoas dependentes, já que ninguém pode ser livre se depende de assistências de qualquer natureza: saúde, caridade e coisas do gênero. Isso tudo me soa muito cruel, porque eu sou um ser moral na medida em que me considero dependente de você. Em certo sentido, meu bem-estar depende do seu bem-estar, minha autonomia depende da sua autonomia. Assim, qualquer que seja a perspectiva da qual se parta, chega-se sempre à mesma questão de que, ou liberdade e segurança são obtidas juntas, ou não serão obtidas de modo algum. Esse é o ponto de encontro entre socialismo e liberalismo."

178 Não se pode deixar de relembrar que dentre as características dos direitos humanos, estão justamente a historicidade, relatividade, complementariedade e indivisibilidade, até porque todos retiram seu fundamento de validade da dignidade inerente a todas as pessoas, e de seu direito a ter direitos, lembrando-se a célebre lição de Hannah Arendt. Assim, embora seja importante relembrar a ordem cronológica de reconhecimento e declaração dos direitos humanos, isto em nada afeta a coexistência de todos, que vão se cumulando, independente do momento em que o despertar da consciência da humanidade acerca deles determinou o seu reconhecimento formal.

179 Sobre o tema, leciona COMPARATO (2017, pp. 81 - 82) que: "A consciência ética coletiva,

Nos casos concretos, havendo direitos contrapostos, ocorrerá a ponderação, dado não haver direitos absolutos. Permite-se a livre convivência entre todos, decidindo-se no caso concreto aquele que deve preponderar, com o limite de não se afetar o núcleo fundamental de nenhum dos direitos envolvidos, mas de forma a que não se esvazie na prática a própria função e finalidade da existência dos direitos humanos. Por exemplo, diante de um crime, relativiza-se o direito à liberdade de ir e vir daquele que o cometeu, na justa medida da gravidade de sua conduta e da necessidade de limitação de seu direito, prestigiando-se os demais direitos humanos em jogo, notadamente a segurança pública.

Igualmente, em artigo sobre o tema, NUCCI (2016) argumenta que se afasta o antagonismo entre a segurança pública e os demais direitos humanos:

> Alguns países, como o Brasil, vivenciam uma guerra interna entre marginais fortemente armados e policiais, nem sempre com o mesmo calibre de armas. O Estado precisa atentar para tais fatos, apoiando a sua polícia, ao mesmo tempo em que deve exigir respeito aos direitos humanos fundamentais. Não há nenhuma contradição nisso. Se o marginal ataca a tropa com fuzis, possa a tropa ter arma suficiente e eficiente para responder à altura. Entretanto, o fato de parte da criminalidade utilizar armas de grosso calibre não autoriza o resto da polícia a simplesmente eliminar o ladrão ou o assaltante que não os afronta do mesmo modo. Voltemos o nosso raciocínio, novamente, aos princípios fundamentais na esfera criminal: razoabilidade e proporcionalidade.

como foi várias vezes assinalado aqui, amplia-se e aprofunda-se com o envolver da História. A exigência de condições sociais aptas a propiciar a realização de todas as virtualidades do ser humano é, assim, intensificada no tempo, e traduz-se, necessariamente, pela formulação de novos direitos humanos. [...] O princípio da complementariedade solidária dos direitos humanos de qualquer espécie foi proclamado solenemente pela Conferência Mundial de Direitos Humanos, realizada em Viena em 1993, nos seguintes termos: 'Todos os direitos humanos são universais, indivisíveis, interdependentes e inter-relacionados. A comunidade internacional deve tratar os direitos humanos globalmente, de modo justo e equitativo, com o mesmo fundamento e a mesma ênfase. Levando em conta a importância das particularidades nacionais e regionais, bem como os diferentes elementos de base históricos, culturais e religiosos, é dever dos Estados, independentemente de seus sistemas políticos, econômicos e culturais, promover e proteger todos os direitos humanos e as liberdades fundamentais".

Aliás, quando se menciona o Estado como violador dos direitos humanos, é preciso destacar que os verdadeiros violadores são os agentes do Estado; desse modo, havendo punição a quem assim agir permite que a imagem do Estado continue preservada, como garantidor dos direitos individuais.

Quem pretende isolar no cenário do direito os "grupos de direitos humanos", como se fossem apoiadores do crime, é obtuso, cego à realidade. O mesmo se pode dizer daqueles defensores dos direitos humanos cuja visão se volta a sustentar que a defesa da segurança pública é um atraso ou atitude reacionária.

A bem da verdade, soa-me desprezível o uso de frases de efeito: "a turma dos direitos humanos"; "os fascistas da segurança pública" ... Prefiro considerar um desatino essa "divisão", frisando que todos os cidadãos de bem querem viver em paz, sem crimes e sem abusos estatais.

Em livro, NUCCI (2016, pp. 69 - 73) também explica que não há confronto nem entre a segurança individual e os demais direitos humanos, nem entre a segurança pública e estes:

> Inexiste qualquer confronto estre esses direitos, pois se está apontando o gênero (direitos humanos) e a espécie (segurança individual). Seria o mesmo que buscar o confronto entre direitos humanos e o direito à vida; este último é uma espécie de direito fundamental. [...] O mais importante é enfocar se a mera existência dos direitos humanos e, por óbvio, o respeito a cada um deles pelo Estado têm o condão de prejudicar a ordem pública, logo, a segurança pública. [...] Se os direitos humanos são individuais, abrangem todos os indivíduos, inclusive – e especialmente – os infratores. Menciona-se o termo especialmente, porque vários direitos e garantiras expressos nos incisos do art. 5° jamais serão aplicados, na prática, a quem nunca delinquir. Por outro lado, a segurança pública é um dever da coletividade, que dispõe de órgãos constituídos justamente para preservá-la, dando suporte a todos. [...] Os direitos humanos somente atrapalham a polícia quando esta é despreparada ou desaparelhada; mal paga ou corrupta. A polícia bem treinada, com armas, aparelhos tecnológicos modernos, cultivando o campo da inteligência contra o crime, bem paga e sem corrupção não sofre absolutamente nenhuma influência dos direitos humanos. Ao contrário, são até úteis para a demonstração da lisura dos trabalhos policiais e permitem aquilatar a idônea prova

> produzida, fazendo a palavra do policial ter um valor inestimável para a instrução do processo-crime. [...] O que é inadmissível, no Estado Democrático de Direito, é acatar a deliberada infringência aos direitos humanos em nome de uma pretensa segurança pública, aceitando os abusos policiais como se fossem indispensáveis para o sossego e a paz alheia. [...] Hoje, o cidadão que aplaude a violência abusiva dos agentes policiais pode deles tornar-se vítima. Se tal se der, para quem pretende reclamar?

Atualmente, a suposta contraposição de direitos humanos ao direito à segurança pública contribui para a impopularidade atual dos direitos humanos, apresentados em visões distorcidas de sua real natureza, função, dos fundamentos e da forma de proteção que visam dar, bem como dos limites a que se submetem, em particular o respeito aos direitos alheios, a responsabilidade social, a ordem, saúde pública e a segurança nacional, internacional e mundial. Apesar de serem diversos os motivos que levam os direitos humanos a estarem sofrendo repulsa e desinteresse cada vez maiores[180], há uma visão distorcida deles, como se fossem óbice ao legítimo poder punitivo estatal ou ao desenvolvimento nacional, quando na verdade se trata do contrário.

Esta visão tem minado, no entanto, a credibilidade dos direitos humanos, gerando risco de retrocessos inconcebíveis, da legitimação de violações que impedem a consecução deles e de se promover a efetiva dignidade de todas as pessoas humanas. É inquietante, portanto, o cenário que se avizinha não somente no Brasil, mas em todos os locais de crescentes discursos de "alienação" ideológica, com distorções conceituais e práticas, além de indevida utilização abusiva e desviada de direitos para justificar fins escusos, incluindo radicalismos, sectarismos, imposições ideológicas ditatoriais ou a impunidade crônica. Os direitos humanos nunca se prestaram a justificar ou gerar a impunidade, a insegurança, o caos na segurança pública a ineficácia de sistemas penitenciários, a inércia e omissão

[180] Para LINDGREN ALVES (2012, p. 59): "Os motivos da impopularidade atual dos direitos humanos são assim, menos aqueles habitualmente apontados no sistema internacional de proteção – seletividade das denúncias, politização dos mecanismos, inobservância das obrigações assumidas ou concessão de prioridade aos direitos civis e políticos sobre os direitos econômicos e sociais – do que os exageros de sua culturalização semântica, a que se somam absurdos do "politicamente correto", e, por outro lado, distorções inerciais intrínsecas à prática de sua defesa."

de Poderes Públicos, assim como não têm, e nunca tiveram, por função legitimar ações abusivas, ou omissões nefastas.

A incompreensão, por ignorância ou por deliberada vontade de distorcer estes direitos, é que veio a gerar a suposta contraposição deles até mesmo ao dever de punir estatal, o que contribuiu para minar a sua credibilidade, com consequências futuras potencialmente nocivas em grau que, por ora, ainda não se pode sequer visualizar. Como atendimento ao interesse social, modernamente denominado de interesse público primário, a atuação para proteger a segurança pública realizada de forma proporcional e legítima não pode ser vista como violação a direitos humanos. O interesse social é o interesse de todos na condição de membros de uma sociedade e não se confunde com interesses individuais de cunho meramente egoístico, com o interesse de maiorias, nem com privilégios de minorias, ou com interesses apenas da Administração Pública, mas com o bem-estar geral e a dignidade de todos os que compõem a sociedade.

Este interesse social, de todos, público primário, somente se atende quando há efetiva segurança pública na sociedade, para que todos possam viver uma vida digna, livres do medo, da opressão, do terror, de privações e necessidades básicas. A segurança pública para atender ao interesse social deve ser promovida justamente para proteger os direitos, de forma escorreita, e não por meio de abusos ou omissões do próprio Estado, com a conivência ou colaboração de setores da sociedade civil.

Se em algum caso houver a colisão ou conflito entre o direito à segurança pública corretamente promovido e algum outro dos direitos fundamentais[181], este conflito deverá ser resolvido de forma definitiva no âmbito

[181] O exemplo é dado por NUCCI (2016, p. 77): "Ilustrando, todo ser humano tem direito à liberdade de ir e vir para onde quiser dentro do território nacional, sem prévia autorização de qualquer órgão público; no entanto, esse mesmo indivíduo pode ser preso por ordem escrita e fundamentada de um juiz de direito competente para apurar um crime que ele tenha praticado. Embora pareça singelo, o exemplo evidencia que a norma asseguradora da prisão preventiva (art. 312, CPP) deve prevalecer, por ser específica àquele caso concreto, respaldada pela norma constitucional garantidora da segurança pública. O direito individual à liberdade, componente do quadro dos direitos humanos, cede – mas não é revogado. Imagine-se, agora, tenha sido demonstrado que um dos requisitos principais da prisão preventiva não mais existe. O acusado está preso. Novo conflito surge, pois ele almeja a liberdade; nessa situação deve o juiz revogar a prisão preventiva, dando espaço à liberdade individual. Cede a norma da prisão cautelar, criada em nome da segurança pública para se privilegiar a norma da liberdade."

da tutela jurisdicional, pois é ao Poder Judiciário que se incumbiu o dever de dizer o Direito, resolvendo as lides, trazendo a segurança jurídica e a decisão do Estado-Juiz acerca das pretensões antagônicas deduzidas em Juízo.

Para tanto, é necessário que o operador do Direito vá além das formas e regras tradicionais de resolução do conflito entre normas jurídicas, sobretudo princípios[182], de forma a ser capaz de, diante da realidade do caso concreto, ao mesmo tempo, harmonizar a livre convivência de direitos, produzindo uma ordem jurídica justa por técnicas que buscam não

[182] Conforme FARIAS (1996, p. 18), os princípios são analisados conforme seu peso ou importância nos casos de conflitos entre eles: "Todavia, não existem direitos absolutos, no sentido de direitos ilimitados. Os direitos fundamentais são relativos, sendo o conteúdo dos mesmos quase sempre conhecido apenas nas relações que travam entre si ou com outros bens jurídicos". Expõe o autor que "Segundo Alexy, a distinção lógica entre princípios e regras fica evidente nos casos de colisão de princípios e conflito de regras, porquanto a maneira de solucioná-los é diversa. No caso de conflito de regras, este é resolvido introduzindo uma cláusula de exceção ou declarando uma das regras inválida. [...] Por seu turno, se o conflito de regras tem lugar na dimensão da validez de regras, a colisão entre princípios (como só podem colidir princípios válidos) ocorre não na dimensão da validez, mas vai além, acontece na dimensão do peso. Assim, quando dois princípios entram em colisão e um deles prevalece sobre outro, isso não significa que o princípio preterido deva ser declarado inválido, senão que sob determinadas condições um princípio tem mais peso ou importância do que outro e em outras circunstâncias poderá suceder o inverso." (Ibidem, p. 26). No referido trabalho, propõe, "para dirimir a dialética de interesses contrapostos, dentre outros, os princípios da unidade da constituição, da concordância prática e da proporcionalidade. [...] e o método da ponderação dos direitos e bens constitucionais envolvidos de que faz uso a jurisprudência. É dizer: na solução do caso concreto, deve-se restringir o mínimo possível os direitos em pugna e, quando houver preferência por um direito, não se deve aniquilar totalmente o outro, mas preservar-lhe um mínimo irredutível chamado núcleo essencial" (Ibidem, pp. 18 - 19), de forma a se atingir um justo equilíbrio.
E especificamente acerca da resolução de conflitos em face do princípio da dignidade da pessoa humana, explica NUCCI (2016, p. 78), que: "Embora pareça uma contradição expressar que o princípio da dignidade humana tem o caráter absoluto e, ao mesmo tempo, relativizá-lo na aplicação concreta, conforme o caso, nada existe de ilógico. Em tese, no campo teórico, nada pode ser superior ao princípio da dignidade da pessoa humana, sob o próprio prisma da consagração dos direitos humanos. Porém, não se vale do Judiciário para consultas hipotéticas, mas para casos reais. Diante disso, se duas partes litigam em determinado processo, não é impossível encontrar, em ambas as argumentações contrapostas, a invocação do princípio da dignidade humana. O que passa a valer, a partir daí, é a interpretação judicial acerca desse princípio. No mundo real, a lesão à dignidade humana ocorreu com o autor ou com o réu? Eis o motivo pelo qual, na prática, o princípio se torna relativo."

somente um sistema jurídico efetivo, mas justo. Neste sentido, ganham destaque a Teoria do Diálogo das Fontes e a Teoria do Direito Quântico. Acerca destas teorias e como se relacionam, na explicação de SAYEG, BALERA e CANTARINI (2019, pp. 2 - 3), a Teoria do Diálogo das Fontes:

> Trata-se de uma nova ferramenta hermenêutica para solucionar o conflito entre normas jurídicas (antinomias) no sentido de interpretá-las de forma coordenada e sistemática, em consonância com os preceitos constitucionais, sem que uma norma exclua a outra, mesmo que pertencentes a ramos jurídicos distintos. Tal proposição vincula-se sobretudo à busca de um sistema jurídico mais justo e eficiente, novamente tornando-se irmãos o Direito e a Justiça, atualmente desconsiderados em seu conjunto por grande parte dos juristas. De forma semelhante a Teoria do Direito Quântico visa a plena efetividade do Direito e da Justiça de modo geral. Embora não faça uma referência expressa à solução de antinomias entre leis, como no caso da Teoria do Diálogo das Fontes, faz uma referência expressa à solução da antinomia existente entre as três principais concepções e compreensões do Direito, quais sejam, Direito Positivo, Realismo Jurídico e Direitos Humanos (jusnaturalismo), buscando ambas uma compreensão plena e integral do fenômeno jurídico, portanto.
>
> Ambas as teorias sustentam, pois uma interpretação e aplicação do Direito tendo por foco principal de observação as normas constitucionais, e sobretudo, a dignidade humana, valor axial de todo Ordenamento Jurídico que se consagre como Estado Democrático de Direito. Tais teorias visam a busca de um Direito vinculado à Justiça e à efetividade, bem como de um sistema jurídico eficiente e justo.

Neste sentido, por exemplo, SAYEG (2018-a) afirma, acerca da necessidade de se promover os direitos humanos pela segurança pública, que:

> [...] Ninguém tem direitos humanos numa terra sem lei, onde não se pode viver sossegado, sem medo que ele ou as pessoas que ama sejam assassinados, roubados, sequestrados ou vítimas de violência. Não dá para negar que, além do combate à pobreza e à miséria humana, é necessário lutar e fomentar os direitos humanos das vítimas da criminalidade. Imperioso garantir às pessoas de bem a segurança pública.

Aliás, os direitos humanos, no mais das vezes, são mal interpretados, desconectados de sua real função e finalidade de proteção da pessoa humana e de sua dignidade, jamais podendo servir de chancela para que se possa fazer o mal ao próximo impunemente e violar os direitos humanos dos outros. Direitos humanos não podem ser interpretados de forma a serem sinônimos de impunidade. Aliás, não servem para gerar insegurança para as pessoas, fazendo com que os agentes de segurança pública e o Estado fiquem acuados e impossibilitados de assegurar direitos, impedindo que o abuso e desvio no gozo por uns, impeça o gozo pelas outras pessoas[183].

[183] Neste sentido, SAYEG (2018-b) expõe que os direitos humanos não servem de escudo para os criminosos.

8

O Contrato Social e o Direito à Segurança

Contrato social, em regra, é a denominação do instrumento jurídico utilizado para a constituição de uma sociedade. No caso dos Estados (cujos três elementos básicos são o povo, território e governo), sua constituição é o acordo (quando promulgada) ou a imposição (quando outorgada), pelo qual cada sociedade politicamente organizada se constitui juridicamente[184], regrando a convivência das pessoas. Para os Estados modernos que optam pela forma escrita, o diploma jurídico Constituição é, a um só tempo, o documento que instrumentaliza este acordo de vontades, dá forma ao Estado e se eleva ao ápice normativo no Ordenamento Jurídico.

[184] Para ROUSSEAU (2002, p. 10), o "Pacto Social" ou "Contrato Social" é um ato de associação e este "ato de associação produz um corpo moral e coletivo, composto de tantos membros quanto a assembleia de vozes, o qual recebe desse mesmo ato sua unidade, seu eu comum, sua vida e sua vontade. A pessoa pública, formada assim pela união de todas as outras, tomava outrora o nome de cidade, e toma hoje o de república ou corpo político, o qual é chamado por seus membros: Estado, quando é passivo; soberano, quando é ativo; autoridade, quando comparado a seus semelhantes. No que concerne aos associados, adquirem coletivamente o nome de povo, e se chamam particularmente cidadãos, na qualidade de participantes na autoridade soberana, e vassalos, quando sujeitos às leis do Estado. Todavia, esses termos frequentemente se confundem e são tomados um pelo outro. É suficiente saber distingui-los, quando empregados em toda a sua precisão."
Vale ressaltar, para maior precisão terminológica, com apoio em PENA (2014, p. 49), que "o termo sociedade tem origem jurídico-econômico, como reunião por interesse, já a comunidade compartilha o múnus, o ônus."

A Constituição, como norma maior, revela a indissociável ligação entre o Estado e o Direito, pois as relações de poder são disciplinadas pelas regras jurídicas[185]. E o Direito não somente regulamenta o poder, mas também estrutura e legitima o Estado, baliza, limita, restringe e o ilumina com prerrogativas, atribuições, competências e poderes-deveres, seja pela proteção que confere às pessoas no território nacional, seja pela própria regulamentação de sua estrutura e do que é dado ao Estado fazer e deixar de fazer, expondo os meios possíveis e fins a serem atingidos. Os Estados modernos, em regra, submetem-se às normas jurídicas (regras e princípios) por eles editadas (normas internas) ou aceitas (normas internacionais internalizadas), sendo então chamados de Estados de Direito[186].

Neste ponto, é necessário ressaltar que, além de direito humano, direito fundamental, dever do Poder Público e responsabilidade de todos, a segu-

[185] Para MALUF (1999, p. 1): "O *Estado* é uma organização destinada a manter, pela aplicação do Direito, as condições universais de ordem social. E o Direito é o conjunto das condições existenciais da sociedade, que ao *Estado* cumpre assegurar." E conclui que "o Estado é o órgão executor da soberania nacional" (Ibidem, p. 22).

[186] Acerca destes Estados, PANCOTTI (2007, p. 32) ensina que consoante: "Fracesc de Carreras Serras (2002, p. 27) o Estado de Direito pode configurar-se antes de tudo como o governo das leis e não o governo de homens. Não se trata, portanto, unicamente, que o poder deve estar submetido às normas senão algo distinto: significa que o poder se exerce unicamente por meio de normas jurídicas, equivale dizer que os comandos através dos quais se exerce o poder adotam a forma de norma jurídica. O Estado de Direito não é um ente sem finalidade ou sem finalidade previamente determinada, senão que tem um encargo de muito específico: assegurar a liberdade e igualdade do homem ou, dito com mais precisão, garantir a 'igual liberdade' de todos os homens. *Estes valores de liberdade e igualdade se manifestarão no mundo jurídico - através da técnica do direito subjetivo - sob a forma de direitos fundamentais.*" (grifo do autor) Nos Estados de Direito, há a previsão de direitos públicos subjetivos, que constituem, conforme explica MANCUSO (2008, pp. 17 - 18), "créditos" dos cidadãos frente aos Estados: "Os direitos subjetivos compreendem posições de vantagem, privilégios, prerrogativas, enfim, situações jurídicas que, uma vez integradas ao patrimônio de seu titular, passam a se beneficiar de uma tutela especial do Estado (sobretudo através da ação judicial, de atos de conservação e de formalização perante órgãos públicos e, às vezes, até de certa permissão para a autotutela, como ocorre em matéria de proteção possessória [...] Quando tais prerrogativas se estabelecem contra ou em face do Estado, tomam a designação e direitos subjetivos públicos. [...] hoje, os "direitos subjetivos públicos", também chamados "liberdades públicas", apresentam conotação positivista, na medida em que alguns dos direitos inerentes à própria condição humana vieram a ser alçados ao nível de garantias constitucionais, configurando verdadeiros "créditos"em favor dos cidadãos, contra ou em face do Estado (cf., entre nós, os valores integrantes das rubricas "direitos sociais" e "existência digna" (CF, arts. 6º e 170)."

rança pública constitui pelo menos um dos fundamentos mais importantes para a existência do pacto social que institui juridicamente o Estado. Dito de outra forma, a razão para a instituição jurídica da sociedade politicamente organizada denominada Estado, a qual restringe os direitos de todos a ela submetidos e propicia a convivência harmônica de todos que estão naquele território ou são a ele submetidos, é a obtenção de segurança por parte deste Estado[187].

Neste sentido, FREUD (1976, p. 73) explicava, do ponto de vista da análise da psiquê humana, que "o homem civilizado trocou a parcela de suas possibilidades de felicidade por uma parcela de segurança"[188].

Já HOBBES (2003) afirmou expressamente que o motivo e a finalidade pela qual as pessoas renunciavam e transferiam parcela dos seus direitos para o Estado (Leviatã) era para obter segurança[189].

187 Independente da concepção porventura adotada quanto à gênese histórica dos Estados ter se dado com base em interação, ou na teoria da vontade ou interesse comum, ou como organismo natural ou biologia social, ou ainda a partir das relações de dominação e poder, ou do bando e biopolítica, conforme apontado por PENA (2014, pp. 50 - 56 e 64 - 72), aqui está se tratando de motivação, do fundamento para a celebração do instrumento jurídico que constitui um Estado moderno, do tipo Democrático de Direito, motivo pelo qual, afinado com este objetivo, é necessário se analisar o tema sob a ótica da formação do vínculo jurídico em razão de um pacto social.

188 Ainda, o chamado "pai da psicanálise" FREUD (1976, p. 27) explicava que: "A insegurança da vida, que constitui um perigo igual para todos, une os homens numa sociedade que proíbe ao indivíduo matar, e reserva para si o direito à morte comunal de quem quer que viole a proibição. *Aqui, então, temos justiça e castigo.*" Grifo do autor.

189 Para HOBBES (2003, p. 115): "Quando alguém transfere o seu direito, ou a ele renuncia, o faz em consideração a outro direito que reciprocamente lhe foi transferido, ou a qualquer outro bem que dai espera. Pois é um ato voluntário, e o objetivo de todos os atos voluntários dos homens é algum *bem para si mesmos*. Portanto, há alguns direitos que é impossível admitir que algum homem, por quaisquer palavras ou outros sinais, possa abandonar ou transferir. Em primeiro lugar, ninguém pode renunciar ao direito de resistir a quem o ataque pela força para lhe tirar a vida, pois é impossível admitir que com isso vise algum benefício próprio. O mesmo se pode dizer dos ferimentos, das cadeias e do cárcere, tanto porque desta resignação não pode resultar benefício como há quando se resigna a permitir que outro seja ferido ou encarcerado -, mas também porque é impossível saber, quando alguém lança mão da violência, se com ela pretende ou não provocar a morte. Por último, o motivo e fim devido ao qual se introduz esta renúncia e transferência do direito não é mais do que a segurança da pessoa de cada um, quanto à sua vida e quanto aos meios de a preservar de maneira tal que não acabe por dela se cansar. Portanto, se por palavras ou outros sinais um homem parecer despojar-se do fim para que esses sinais foram

Da mesma forma, ROUSSEAU (2002) também justificava a existência do contrato social pela forma de associação que defendesse e protegesse a pessoa e os bens de cada associado, ou seja, desse-lhes segurança[190].

A lição de LOCKE, por fim, é de que as pessoas cedem a sua liberdade para a formação política do Estado, no intuito de ter as suas liberdades e bens preservados, ou seja, pelo direito à segurança individual, social e pública proporcionada pelo Estado[191].

Conforme apontou LOWELL (1930), a Suprema Corte dos Estados Unidos, ao exercer o controle jurisdicional do conteúdo de norma editada pelo

criados, não se deve entender que é isso que ele quer dizer, ou que é essa a sua vontade, mas que ele ignorava a maneira como essas palavras e ações iriam ser interpretadas. A transferência mútua de direitos é aquilo a que se chama CONTRATO." (grifo do autor)

190 Para ROUSSEAU (2002, p. 6): "Encontrar uma forma de associação que defenda e proteja de toda a força comum a pessoa e os bens de cada associado, e pela qual, cada um, unindo-se a todos, não obedeça portanto senão a si mesmo, e permaneça tão livre como anteriormente." Tal é o problema fundamental cuja solução é dada pelo contrato social."

191 Conforme LOCKE (1823, pp. 180 - 181): "*Secondly, political power is that power which every man having in the state of Nature has given up into the hands of the society, and therein to the governors whom the society hath set over itself, with this express or tacit trust, that it shall be employed for their good and the preservation of their property. Now this power, which every man has in the state of Nature, and which he parts with to the society in all such cases where the society can secure him, is to use such means for the preserving of his own property as he thinks good and Nature allows him; and to punish the breach of the law of Nature in others so as (according to the best of his reason) may most conduce to the preservation of himself and the rest of mankind; so that the end and measure of this power, when in every man's hands, in the state of Nature, being the preservation of all of his society—that is, all mankind in general—it can have no other end or measure, when in the hands of the magistrate, but to preserve the members of that society in their lives, liberties, and possessions, and so cannot be an absolute, arbitrary power over their lives and fortunes, which are as much as possible to be preserved; but a power to make laws, and annex such penalties to them as may tend to the preservation of the whole, by cutting off those parts, and those only, which are so corrupt that they threaten the sound and healthy, without which no severity is lawful. And this power has its original only from compact and agreement and the mutual consent of those who make up the community.*" Em tradução livre nossa: "Em segundo lugar, o poder político é o que cada homem possuía no estado de natureza, cedeu às mãos da sociedade e em consequência aos governantes que a sociedade instalou sobre si mesma, com o acordo expresso ou tácito de que seja empregado para o bem e para a preservação de sua propriedade. Agora, esse poder, que cada homem possui no estado de natureza e que ele entrega nas mãos da sociedade em todos os casos em que pode protegê-lo, é utilizado para preservar sua própria propriedade, como o bem e a natureza o permite; e punir a violação da lei da Natureza nos outros, de modo que (de acordo com o melhor de sua razão) possa conduzir à preservação de si mesmo e do resto da humanidade; de modo que o fim e a medida desse poder, quando nas mãos de

Poder Legislativo, em decisão proferida pelo famoso Justice Chase, expôs peremptoriamente que a sociedade norte-americana erigiu as Constituições e formas de governo para estabelecer a justiça, promover o bem geral, garantir a liberdade e para proteger da violência as suas pessoas e bens[192], decorrendo desta exposição que o direito à segurança é plataforma de garantia deles.

cada homem, no estado da Natureza, sendo a preservação de toda a sociedade - isto é, toda a humanidade em geral -, não pode ter outro fim ou medida, quando em mãos do magistrado, mas para preservar os membros dessa sociedade em suas vidas, liberdades e posses, e assim não pode ser um poder absoluto e arbitrário sobre suas vidas e fortunas, que devem o máximo possível serem preservadas; mas um poder de fazer leis e anexar-lhes as penas que possam tender à preservação do todo, cortando aquelas partes e apenas as que são tão corruptas que ameaçam a segurança e a saúde, sem as quais não há severidade legal. Esse poder tem origem somente no pacto, acordo e assentimento mútuo dos que compõem a comunidade."
E no caso de descumprimento das funções do Estado em prejuízo do povo, com longos abusos, prevaricações e artifícios, ele defende a possibilidade de uma rebelião interna para a retomada do poder pelo povo: "*Great mistakes in the ruling part, many wrong and inconvenient laws, and all the slips of human frailty will be borne by the people without mutiny or murmur. But if a long train of abuses, prevarications, and artifices, all tending the same way, make the design visible to the people, and they cannot but feel what they lie under, and see whither they are going, it is not to be wondered that they should then rouse themselves, and endeavour to put the rule into such hands which may secure to them the ends for which government was at first erected, and without which, ancient names and specious forms are so far from being better, that they are much worse than the state of Nature or pure anarchy; the inconveniencies being all as great and as near, but the remedy farther off and more difficult.*" (Ibidem, p. 204). Em tradução livre nossa: "Grandes erros dos dirigentes, muitas leis erradas e inconvenientes, e todos os deslizes da fragilidade humana serão suportados pelo povo sem motim ou murmúrio. Mas se um longo conjunto de abusos, prevaricação e artifícios, todos tendendo da mesma maneira, tornam o desígnio visível para as pessoas, e eles não podem deixar de sentir o que está acima e ver para onde estão indo, não é de se admirar que eles deveriam então despertar e esforçar-se para pôr as regras em mãos que lhes garantissem os fins para os quais o governo foi inicialmente criado e sem o qual nomes antigos e formas ilusórias estão tão longe de serem melhores, que são muito pior que o estado da natureza ou pura anarquia; as inconveniências sendo tão grandes e próximas, mas o remédio mais distante e mais difícil."

[192] Neste sentido LOWELL (1930) aponta que: "*A judicial point of view laying the foundation for the American interpretation of "due process of law" was stated by Justice Chase in Calder v. Bull, decided by the Supreme Court of the United States in 1798. On this occasion the question to be decided was the constitutionality of a statute of a state legislature setting aside the decree of a court which disapproved a will. Justice Chase said: 'I cannot subscribe to the omnipotence of a state legislature, or that it is absolute and without control; although its authority should not be expressly restrained by the constitution, or fundamental law of the state. The people of the United States erected their constitutions or forms of*

Há outros entendimentos de que o Estado seria formado para proteger o bem-estar geral, como sistema de realização das necessidades de cada um[193], o que somente se alcança por uma segurança pública que efetiva-

government to establish justice, to promote the general welfare, to secure the blessings of liberty, and to protect their persons and property from violence. The purposes for which men enter into society will determine the nature and terms of the social compact; and as they are the foundation of the legislative power, they will decide what are proper objects of it. The nature, and ends of legislative power will limit the exercise of it. This fundamental principle flows from the very nature of our free republican governments, that no man should be compelled to do what the laws do not require; nor to refrain from acts which the laws permit. There are acts which the federal, or state legislature cannot do, without exceeding their authority. There are certain vital principles in our free republican governments, which will determine and overrule an apparent and flagrant abuse of legislative power; as to authorize manifest injustice by positive law; or to take away that security for personal liberty, or private property, for the protection whereof the government was established. An act of the legislature (for I cannot call it a law), contrary to the great first principles of the social compact, cannot be considered a rightful exercise of legislative authority." Em tradução livre nossa: "Um ponto de vista judicial que estabelece as bases para a interpretação americana do "devido processo legal" foi declarado pelo juiz Chase em Calder v. Bull, decidido pela Suprema Corte dos Estados Unidos em 1798. Nessa ocasião, a questão a ser decidida foi a constitucionalidade de um estatuto de uma legislatura estadual que anulou o decreto de um tribunal que desaprovava um testamento. Justice Chase disse: 'Não posso subscrever a onipotência de uma legislatura estadual, ou que é absoluta e sem controle; embora sua autoridade não deva ser expressamente restringida pela constituição ou lei fundamental do estado. O povo dos Estados Unidos ergueu suas constituições ou formas de governo para estabelecer justiça, promover o bem-estar geral, garantir as bênçãos da liberdade e proteger suas pessoas e propriedades da violência. Os propósitos pelos quais os homens entram na sociedade determinarão a natureza e os termos do pacto social; e como eles são a base do poder legislativo, eles decidirão quais são os objetos adequados dele. A natureza e os fins do poder legislativo limitarão seu exercício. Esse princípio fundamental decorre da própria natureza de nossos governos republicanos livres, de que nenhum homem deve ser obrigado a fazer o que as leis não exigem; nem se abster de atos permitidos pelas leis. Existem atos que a legislatura federal ou estadual não pode realizar sem exceder sua autoridade. Existem certos princípios vitais em nossos governos republicanos livres, que determinarão e anularão um abuso aparente e flagrante do poder legislativo; como autorizar manifesta injustiça pelo direito positivo; ou tirar essa garantia da liberdade pessoal ou propriedade privada, para a proteção da qual o governo foi estabelecido. Um ato de legislatura (pois não posso chamá-lo de lei), contrariamente aos grandes primeiros princípios do pacto social, não pode ser considerado um exercício legítimo da autoridade legislativa".

193 Por exemplo HEGEL (2001, p. 91), em suas análises acerca da teorização do poder de punir o indivíduo que pratica crimes, aponta que: "*Beccaria, as is well known, has denied to the state the right of exacting the death penalty, on the ground that the social contract cannot be supposed to contain the consent of the individual to his own death; rather, as he thought, must the opposite be assumed. To this*

mente proteja as pessoas e permita que se possa atingir o bem-estar geral. Mais uma vez se lembra aqui que a segurança é inclusive uma necessidade humana que se afigura a mais premente até mesmo para a realização das necessidades fisiológicas.

Mesmo para quem defende que a razão para o contrato social é a busca da felicidade[194], já se frisou na introdução desse texto que a segurança e

it must be replied that the state is not a contract (§75), nor, moreover, are the protection and security of the life and property of individuals in their capacity as separate persons, the unconditioned object of the state's existence. On the contrary, the state is the higher existence, which lays claim to the life and property of the individual, and demands the sacrifice of them." Em tradução livre nossa: "Beccaria, como é conhecido, negou ao Estado o direito de exigir a pena de morte, alegando que o contrato social não pode conter o consentimento do indivíduo em sua própria morte; antes, como ele pensava, o oposto deve ser assumido. Para isso, deve-se responder que o Estado não é um contrato (§75), nem, além disso, são a proteção e a segurança da vida e da propriedade dos indivíduos em sua capacidade de pessoas separadas, o objeto incondicionado da existência do Estado. Pelo contrário, o Estado é a existência superior, que reivindica a vida e a propriedade do indivíduo e exige o sacrifício deles." Para o filósofo, o sistema da realização das necessidades como um primeiro momento que dá forma à sociedade civil, é vinculado do ponto de vista individual, ao direito geral e bem-estar geral, para formar o Estado que satisfará as necessidades de cada um: "*The self-seeking end is conditioned in its realization by the universal. Hence is formed a system of mutual dependence, a system which interweaves the subsistence, happiness, and rights of the individual with the subsistence, happiness, and right of all. The general right and wellbeing form the basis of the individual's right and wellbeing, which only by this connection receives actuality and security. This system we may in the first instance call the external state, the state which satisfies one's needs, and meets the requirements of the understanding.*" (Ibidem, p. 155). Em tradução livre nossa: "O fim egoísta é condicionado na sua realização pelo universal. Estabelece assim um sistema de dependência mútua, um sistema que entrelaça a subsistência, a felicidade e os direitos do indivíduo com a subsistência, a felicidade e o direito de todos. O direito geral e o bem-estar formam a base do direito e bem-estar do indivíduo, que somente por essa conexão recebe realidade e segurança. Em primeiro lugar, podemos chamar esse sistema de estado externo, o estado que satisfaz as necessidades de uma pessoa e atende aos requisitos do entendimento."

194 Para CHALITA (2005, pp. 244 - 245): "Todo processo de luta pela justiça, pelo direito, passa pela concepção de Estado e de cidadão que se pode ter. Na medida em que um dia o homem livre optou por deixar de lado sua liberdade individual em prol da construção de uma sociedade, seu grande objetivo, indubitavelmente, foi o de encontrar a felicidade. Essa é a grande justificativa para que se deixe de pensar em expectativas individuais e se pense em bem comum, em expectativa coletiva ou social. Essa noção norteia e justifica o próprio Estado. Não são poucos os filósofos e os autores da Teoria do Direito que se debruçaram sobre essa temática. Se a felicidade é uma aspiração individual e coletiva, o Estado, ao fazer justiça, permite que esses anseios possam ser minimizados. Com o tempo, os anseios mudam, e a

a felicidade são indissociáveis. Desatendida a necessidade humana de segurança, prejudicada estará a busca da felicidade. Anote-se que, se fosse negada a segurança pessoal a cada indivíduo que integra a sociedade civil organizada, acabar-se-ia por fundamentar, em última instância, o totalitarismo, que nega direitos e perverte a ordem jurídica, permitindo a destruição de pessoas e o genocídio de grupos ou povos. Na melhor das hipóteses se fomentaria o retorno à vingança privada desordenada, com o consequente anarquismo, que levaria à apropriação da força pelo mais forte ou astuto, à fragmentação do exercício da violência por todos contra todos.

KELSEN lecionava acerca da divergência quanto à origem do Estado. Segundo ele, para uma corrente o Estado deriva do contrato social, enquanto para outra, decorre da dominação pela força, em que um grupo subjuga outro e passa a exercer o poder. Para KELSEN, o mais provável é que tenha ocorrido uma conjugação de ambas, dominação e consentimento. Entretanto, ele também não diverge quanto ao fim, por ele apontado como efeito do Estado, consistente na paz nacional[195].

Abordando a história da humanidade, HARARI (2017, p. 378) reforça o papel e efeito do Estado, sobretudo quando não é débil, no que tange à diminuição da violência, pois:

felicidade fica ainda mais distante. Com o tempo, as condutas de comportamento vão sendo assimiladas, transformadas, enriquecidas, e isso interfere diretamente nesses anseios. O direito vai mudando, entre outros, por meio da produção legislativa. Isso leva tempo. A sociedade evolui muito mais rapidamente do que o direito, que deve ter cautela, necessária para absorver essas transformações. Enquanto não ocorrem essas transformações, não pode o juiz deixar de decidir, não pode a expectativa ser frustrada por uma vagueza normativa. A solução está em uma interpretação argumentativa que tenha base retórica. A base retórica se compõe de algumas funções, entre elas a heurística, que significa o caminho em direção à verdade, o ato de descortinar os fatos para que se chegue ao que é possível sob o aspecto da justiça. [...] A justiça é coisa julgada quando o julgamento foi resultado de um processo heurístico".

[195] Leciona KELSEN (1944, p. 6): "*For the national State with its effect of national peace is not the result of an agreement voluntarily negotiated by free and equal individuals. The supposition maintained by the natural law doctrine of the seventeenth and eighteenth centuries that the State originates in a social contract concluded by sovereign individuals in a state of nature long since has been abandoned and replaced by another hypothesis according to Which the State comes into existence through hostile conflicts between social groups of different economic structure. In the course of these armed conflicts, which have the character of bloody wars, the most aggressive and warlike group subjugates the others*

A diminuição da violência se deve, em grande parte, à ascensão do Estado. Em toda a história, a maior parte da violência resultava de rixas locais entre famílias e comunidades. (Mesmo hoje, como indicam os números expostos aqui, o crime local é uma ameaça muito mais letal do que as guerras internacionais.) Conforme vimos, os primeiros agricultores, que não conheciam nenhuma organização política maior do que a comunidade local, sofriam violência extrema. À medida que reinos e impérios ficaram mais fortes, eles controlaram as comunidades e o nível de violência diminuiu. Nos reinos descentralizados da Europa medieval, cerca de 20 a 40

and imposes upon them a peace order. [...] It is, however, more than probable that neither is the doctrine of the social contract entirely false nor is the theory of forcible subjugation entirely correct. If the former is a construction based on an optimistic evaluation of human nature rather than a historic explanation of the State's origin, the latter is evidently influenced by a pessimistic value judgment on the social evolution of the past." Em tradução livre nossa: "Pois o Estado nacional, com seu efeito de paz nacional, não é o resultado de um acordo voluntariamente negociado por indivíduos livres e iguais. A suposição mantida pela doutrina do direito natural dos séculos XVII e XVIII de que o Estado se origina em um contrato social celebrado por indivíduos soberanos em um estado de natureza há muito foi abandonada e substituída por outra hipótese, segundo a qual o Estado passa a existir através de conflitos hostis entre grupos sociais de diferentes estruturas econômicas. No curso desses conflitos armados, que têm o caráter de guerras sangrentas, o grupo mais agressivo e guerreiro subjuga os outros e impõe-lhes uma ordem de paz. [...] É, no entanto, mais do que provável que nem a doutrina do contrato social seja totalmente falsa, nem a teoria da subjugação forçada inteiramente correta. Se a primeira é uma construção baseada em uma avaliação otimista da natureza humana, e não em uma explicação histórica da origem do Estado, a segunda é evidentemente influenciada por um julgamento pessimista de valor sobre a evolução social do passado." Ele explica que, ainda que não seja possível uma pesquisa científica sobre a origem dos Estados, esta é baseada na psicologia geral e: "*From such a viewpoint, however, it seems very likely that no forcible subjugation of human beings can bring about a relatively lasting state of peace without a minimum of consent on the part of the subjugated people, be it only their feeling that the order established by their rulers is, after all, better than a state of permanent war. On the other hand, no social contract can constitute a more than temporarily pacified community without power to enforce the order constituting the community, force and law do not exclude each other. Law is an organization of force.*"(Ibidem). Em tradução livre nossa: "Sob esse ponto de vista, porém, parece muito provável que nenhuma subjugação forçada de seres humanos possa provocar um estado relativamente duradouro de paz sem um mínimo de consentimento por parte do povo subjugado, seja apenas o sentimento de que a ordem estabelecida por seus governantes é, afinal, melhor do que um estado de guerra permanente. Por outro lado, nenhum contrato social pode constituir uma comunidade mais do que temporariamente pacificada, sem poder para fazer cumprir a ordem que constitui a comunidade, força e lei não se excluem. O direito é uma organização da força."

pessoas eram assassinadas todos os anos para cada 100 mil habitantes. Nas últimas décadas, quando os Estados e os mercados se tornaram todo-poderosos e as comunidades desapareceram, os índices de violência caíram ainda mais. Hoje, a média global é de apenas 9 assassinatos por ano para cada 100 mil pessoas, e a maioria destes assassinatos acontece em Estados débeis como a Somália e a Colômbia. Nos Estados centralizados da Europa, a média é um assassinato por ano para cada 100 mil habitantes.

Mesmo quando se aponta a busca pelo bem comum como o objetivo do Estado[196], esta não se dissocia do objetivo de dar segurança, pois para se atingir o bem comum é necessário garantir a segurança individual de todos os componentes e segurança pública que torne possível a convivência harmônica, com tranquilidade e paz em sociedade. Ou seja, a segurança permanece sendo razão do contrato social que institui a sociedade

[196] Neste sentido, por exemplo, a visão de DOSSETTI (2001), de que o objetivo do Estado é o bem comum, de todos que o compõem, é propiciar a felicidade humana: "*Lo Stato ha uno scopo che non si esaurisce nello Stato stesso; l'ordinamento giuridico ha uno scopo, che non si esaurisce nell'ordinamento stesso; questo fine non è un fine che lo Stato o l'ordinamento giuridico possano determinare nella sua sostanza. E' già definito dall'essenza dell'uomo e dello Stato e consiste necessariamente nel provvedimento di tutte le condizioni necessarie e favorevoli al bonum humanum simpliciter.*" Em tradução livre nossa: "O Estado tem um propósito que não termina no próprio Estado; o ordenamento jurídico tem um objetivo que não termina no próprio ordenamento; esse fim não é um fim que o Estado ou o sistema jurídico possa determinar em sua substância. Já é definida pela essência do homem e do Estado e consiste necessariamente em prover todas as condições necessárias e favoráveis ao *bonum humanum simpliciter.*" Pois na lição dele (Ibidem): "*Eppure la saggezza del mondo antico in Aristotele e la saggezza della filosofia cristiana in S. Tommaso hanno dato una risposta: lo Stato può e deve portare l'uomo – con il suo concorso, s'intende – alla felicità; perché lo Stato ha per fine il bene comune, il quale non è un'astrazione o una cosa essenzialmente indeterminata, ma è il bonum humanum simpliciter, il bene umanamente pieno di tutti i singoli componenti, bene che lo Stato non solo deve difendere, ma che deve attivamente promuovere e sviluppare e ripartire fra i componenti stessi in proporzione dell'apporto e dell'operare (dell'essere e dell'agire) di ciascuno.*" Em tradução livre nossa: "E ainda a sabedoria do mundo antigo em Aristóteles e a sabedoria da filosofia cristã em St. Thomas deu uma resposta: o Estado pode e deve levar o homem - com seu concurso, é claro - à felicidade; porque o Estado tem como objetivo o bem comum, que não é uma abstração ou algo essencialmente indeterminado, mas é o *bonum humanum simpliciter*, o bem humanamente pleno de todos os componentes individuais, bem que o Estado não deve apenas defender, mas que deve ativamente promover, desenvolver e distribuir entre os próprios componentes, proporcionalmente à contribuição e ao trabalho (de ser e agir) de cada um."

politicamente organizada, de sorte que tal finalidade deverá se apresentar tácita ou expressa no ato constitutivo do Estado.

Neste exato sentido, a Constituição da República Federativa do Brasil prevê o bem-estar geral em seu artigo 3º, IV, e os demais incisos daquele dispositivo são todos vinculados a este objetivo fundamental e vice-versa. Do mesmo modo, o direito à segurança individual, o direito social à segurança e o direito à segurança pública estão presentes em diversos dispositivos constitucionais desde o próprio preâmbulo da Norma, conforme já se apontou aqui, justamente porque dar segurança aos integrantes da sociedade civil, de forma a promover o bem-estar geral e a dignidade da pessoa humana, é finalidade e justifica a existência do Estado. Trata-se de pressuposto para o próprio contrato social, instrumentalizado pela Carta Magna que o consagra e publica.

O Estado, para cumprir sua missão e justificar a sua própria existência deve, portanto, realizar idoneamente as suas finalidades, pois o ser humano não pode ser instrumentalizado, sendo fim em si mesmo, enquanto o Estado, esta organização com poder, deve servir às pessoas que o integram. Todas as pessoas submetidas ao Estado, entretanto, também devem agir - e se abster de agir quando devido - na medida necessária para que o ente político cumpra as suas finalidades[197].

Assim, mais do que direito fundamental e direito humano, a segurança é um princípio explícito de direito, positivado em norma expressa, cons-

[197] Conforme lecionava TELLES JUNIOR (1971, pp. 58 - 60): "O fato de haver o sêr humano tomado consciência do problema de suas origens e de seu destino, problema que implica o de sua realização e perfazimento, determinou que a sociedade dos homens tivesse um caráter que a distingue, nitidamente, das sociedades dos outros animais gregários. Nas sociedades dos irracionais (das abelhas, formigas, termitas, etc.) a defesa da espécie parece sempre ser o objetivo soberano. Desinteressada e indiferente, mantém-se a comunidade, ante a sorte individual de seus componentes. Em verdade, nesses agrupamentos, os indivíduos são apenas partes de um todo e, em consequência, integralmente submetidos aos interesses da sociedade global. Nas sociedades dos homens, porém, a inteligência submeteu a sociedade ao homem, isto é, fez da sociedade, um meio a serviço de cada sêr humano. Nesses agrupamentos, a sorte de seus componentes é o que sobretudo interessa. A sorte da sociedade também interessa, mas na medida em que a sociedade é instrumento de cada homem. Este é, sem dúvida, um fato novo, um fato extraordinário. É o fato em que culminam bilhões de anos de experiência. O patrimônio genético do homem se fez capaz de determinar a síntese das proteínas com especificidade cognitiva necessária para levar o organismo a se constituir fim, causa final, razão de ser do todo, de que é parte! O desabrochamento da consciência no sêr vivo, resultado de

tando do preâmbulo da Constituição da República Federativa do Brasil. Ainda que não estivesse explicitado, seria de qualquer forma um princípio do Direito, que se extrai implicitamente do Ordenamento Jurídico em todas as suas vertentes e qualificações de segurança jurídica, segurança social, segurança pública etc., com força normativa consoante dispõe o artigo 5º, §2º, da Constituição da República Federativa do Brasil, pois a paz é a razão de existir do contrato social, do Estado e de sua Constituição, que o instrumentaliza e regra as relações, bem como o legítimo exercício do poder. E a paz não se atinge sem se garantir idoeamente a segurança[198].

O estado de insegurança atenta contra a continuidade da existência de nosso Estado Democrático de Direito. Se a coação estatal, no exercício do "monopólio da violência estatal", que justifica a existência do próprio Estado e do Direito, não é capaz de garantir a paz e a segurança, esta violência se torna ilegítima quanto a seus meios e injusta quanto a seus fins, arrastando consigo a ordem jurídico-política em que se baseia. E, assim, a própria atividade estatal se deslegitima, justificando a resistência e a revolução instituidora de uma nova ordem[199].

uma fenomenal complexificação dos centros nervosos, produziu uma sociedade instrumental, submetida essencialmente aos fins superiores do homem. [...] A sociedade existe, como foi dito, para servir o homem. Em consequencia, por imposição da inteligência, ou seja, por imposição do princípio de que os meios se sujeitam aos fins, cada homem, para poder servir-se da sociedade, está autorizado a exigir do próximo certas ações e certas abstenções, em seu próprio benefício. Mas isto implica a obrigação, a que se acham sujeitos todos os homens, de praticar certas ações e de abster-se de outras, em benefício de seus semelhantes. Numa sociedade, certas exigências serão sempre autorizadas, e certas proibições, sempre impostas. Isto decorre da função instrumental das sociedades humanas. Essas autorizações e proibições implicam interações necessárias. Necessárias, em verdade, porque são vitais, uma vez que constituem a condição para que a sociedade atinja seus objetivos."

198 Conforme sustentado por PANCOTTI (2007, pp. 33 - 34): "A idéia de poder é inerente e indissociável à de Estado. Não se concebe a existência do Estado, sem que seja dotado de um poder de comando, ou de governo próprio. Nos primórdios o poder era concentrado em uma única pessoa, o monarca absoluto. No Estado Democrático de Direito o que legitima o poder é o pacto social que tem por pedra angular a Constituição."

199 Lembre-se, neste ponto, a própria Declaração Universal dos Direitos Humanos, que prevê a necessidade de proteção pelo império da lei, o que deve ser entendido não somente como a formal previsão de uma suposta proteção na e pela lei, mas em especial pela implementação dos direitos declarados, pois a mera previsão que não se efetiva, é incapaz de gerar a pacificação social e efetivar direitos: "Considerando essencial que os direitos humanos sejam protegi-

Para garantir a realização de ações estatais idôneas, suficientes e proporcionais para a concretização da segurança de todos, é necessário repensar a efetividade do direito à segurança pública e do princípio da segurança[200].

dos pelo Estado de Direito, para que o homem não seja compelido, como último recurso, à rebelião contra tirania e a opressão," (Senado Federal, 2013, pp. 20 - 23). Sem esta proteção, sem um Poder Judiciário acessível e independente, o que ocorre é a escravidão, que leva à injustiça e à corrupção, conforme adverte LIMA (1974, p. 34): "O terceiro tipo de escravidão, a que chamamos de escravidão **indireta,** já não é típico, como os demais, de países não civilizados ou em estado, total ou parcial, de subdesenvolvimento. Existe em qualquer país, desenvolvido ou em estado de desenvolvimento, sempre que a situação econômica ou política de determinados grupos de cidadãos não lhes permita, de fato, o pleno exercício dos seus direitos. Gozam de direitos teóricos, geralmente reconhecidos por lei, mas são incapazes de exercê-los em virtude das condições sociais de fato. Pensemos, por exemplo, no problema do alto custo da justiça ou na falta de independência do poder judiciário. O povo já consagrou esse fenômeno na velha sentença popular de que mais vale um mau acordo do que uma boa demanda. Esse fatalismo da injustiça condena os fracos e os pobres, em geral, a um estado de escravidão inconfessada que representa um abastardamento coletivo do caráter, isto é, a corrupção secreta de um povo." (grifo do autor). E prossegue o autor em sua análise da Declaração Universal dos Direitos Humanos, traçando o panorama daquilo que se denomina na Teoria do Direito de Efetividade, em exposição que se aplica à referida Declaração e, igualmente, à própria Constituição da República Federativa do Brasil e a uma ordem lógica de todas as Declarações e Constituições: "A Declaração começou falando em direitos. Passou depois a falar em leis. Agora começa a falar em tribunais. É uma sequência lógica, orgânica e prática. Não há direito efetivo sem ser formulado em dispositivo. Como não há leis positivas eficazes sem haver tribunais que as apliquem. Isto é, sem um sistema judiciário que, obedecendo à virtude da prudência, trata de aplicar os princípios gerais do direito aos casos particulares de sua violação." (Ibidem, p. 49).

200 Neste ponto ecoa o ensinamento de PANCOTTI (Ibidem, pp. 115 - 117), de que os princípios constitucionais possuem normatividade e, portanto, vinculam a atuação do Estado: "Os princípios jurídicos ganharam, com o pós-positivismo, o status de normatividade. A partir desta evolução, a doutrina conceitua o Direito como um conjunto de princípios e normas. A noção de norma engloba os princípios e regras. O modelo positivista não era suficiente para dar concretização a esses princípios, pois a sua técnica hermenêutica do silogismo só é possível ser aplicada às normas (regras) do tipo "tudo ou nada". E é justamente com o uso de métodos pós-positivista (tópica, método concretista, ponderação, entre outros) que os princípios passaram a ter um papel relevante, não mais secundário ou subsidiário, para se tornarem normas efetivas e de aplicabilidade imediata. [...] Não se está negar que o Estado de Direito se sujeita ao princípio da legalidade. O que se quer ressaltar é que não há mais razão para numa legalidade estrita e puramente formal, mas se submetido ao império da lei com instrumento capaz de realizar a justiça e a igualdade, pela busca da igualdade de condições entre os socialmente desiguais. A função do Direito num Estado de Direito ma-

8.1 Da violação do contrato social pelo Estado brasileiro

A imaginação humana e o plano das ideias, com a crença compartilhada na existência de um "contrato social" como gênese dos Estados, legitimaram a restrição a direitos, o monopólio da coação estatal e a sujeição de todos a ele, com o apoio filosófico de que, como contraprestação, este ente deveria garantir a segurança de todos.

Igualmente, a humanidade criou os direitos humanos como "antídoto" para os abusos e as violações históricas de humanos contra humanos. Estes direitos permitem o desenvolvimento da vida em sociedade pautada por parâmetros éticos e de justiça, para que possa ser atingido o bem-comum, limitando a atuação dos Estados frente às pessoas vinculadas a eles, as ações de pessoas e entes privados contra outras pessoas, bem como impondo a realização e promoção de ações positivas para a concretização dos direitos humanos declarados[201].

Em nossa República Federativa do Brasil, nos tempos atuais, o Estado Democrático de Direito tem se revelado incapaz de garantir o bem-estar geral e, até mesmo, a segurança das pessoas em território nacional, com eficácia e suficiência para que estas pelo menos se sintam protegidas[202].

terial é de assegurar o desenvolvimento da personalidade do indivíduo, intervindo na vida social, econômica e cultural."

[201] Segundo leciona HARARI (2017, p. 270), "em 1620, Francis Bacon publicou um manifesto científico intitulado Novum Organum (Novo Instrumento), no qual afirmou que 'conhecimento é poder'. A real prova de fogo do 'conhecimento' não é se é verdadeiro, mas se nos dá poder. Os cientistas geralmente presumem que nenhuma teoria é 100% correta. Em consequência, a verdade não é um bom parâmetro de teste para o conhecimento. O parâmetro real é sua utilidade. Uma teoria que nos permite fazer coisas constitui conhecimento." Para ele, os direitos humanos estão inseridos numa ordem imaginada que permite a criação de sociedades por meio da cooperação de um grande número de seres humanos: "Acreditamos em uma ordem em particular não porque seja objetivamente verdadeira, mas porque acreditar nela nos permite cooperar de maneira eficaz e construir uma sociedade melhor. Ordens imaginadas não são conspirações malignas ou miragens inúteis. Ao contrário, são a única forma pela qual grandes números de seres humanos podem cooperar efetivamente." (Ibidem, p. 118). Ainda na lição dele "Ao contrário da mentira, uma realidade imaginada é algo em que todo mundo acredita e, enquanto essa crença partilhada persiste, a realidade imaginada exerce influência no mundo. [...] Ninguém estava mentindo quando, em 2011, a ONU exigiu que o governo líbio respeitasse os direitos humanos de seus cidadãos, embora a ONU, a Líbia e os direitos humanos sejam todos produtos de nossa fértil imaginação" (Ibidem, p. 41).

[202] Como adverte FREITAS (2012, pp. 88 - 89), "a insegurança das pessoas é, contudo, genera-

A taxa de insegurança no Brasil nos últimos anos tem se mantido sempre como uma das piores do mundo, conforme evidenciou o Informe Regional de Desenvolvimento Humano (IDH) 2013-2014, do Programa das Nações Unidas para o Desenvolvimento (PNUD[203]), e o relatório *Global Law and Order 2015 a 2017.*

Neste cenário, verifica-se a descrença e o descrédito do Poder Legislativo, responsável por promover as mudanças na ordem jurídica objetiva, que está imerso em escândalos sistemáticos de corrupção, lobismos e em enormes dificuldades de cumprir o seu papel de editar normas de qualidade, voltadas à efetivação de direitos fundamentais, a atender ao interesse público primário e fazer cumprir os objetivos da República Federativa do Brasil, que transformem a realidade social de forma positiva. O mesmo ocorre com o Poder Executivo, responsável por realizar a administração e implementar políticas públicas efetivas e suficientes, com planejamento e execução de ações, bens e serviços públicos idôneos para o atendimento dos fins a que nosso Estado se presta.

A necessidade de empoderar a população e agentes nos meios jurídicos, econômicos, sociais e políticos, de informação e conhecimento acerca da segurança pública mostra-se, portanto, de extrema importância, pois as mudanças na sociedade brasileira virão seja pelas forças sociais, seja por transformação político-jurídica da realidade. E será tanto melhor se a transformação vier da política corretamente realizada e do Direito, pois será uma transição menos dolorosa, ou até mesmo sangrenta, do que uma

lizada. O Estado tem falhado na reversão desse quadro, criado, muitas das vezes, por políticas falaciosas adotadas pelos seus órgãos e pelas ações de seus agentes. O engodo do Direito Penal Simbólico, ou Direito Penal de Emergência, é um exemplo marcante dessa prática estatal. Ao falsear a realidade, ao iludir a população com medidas paliativas e sem eficácia alguma, ao segregar, ao estigmatizar, ao restringir direitos fundamentais, editando leis que proíbem o que é permitido ou que agravam a sanção do que já é proibido, o Direito deixa de prestar-se a sua função de instrumento de controle social, de proteção dos direitos fundamentais dos indivíduos, e de garantia da coexistência humana pacífica, tornando-se, ele próprio, instrumento de incitação ao crime, fomentando ao invés de prevenir. [...] O crescimento dos índices criminais de forma generalizada, a crise do Direito Penal e das políticas tradicionais diante deste grave problema social, além do caráter prioritário que a segurança pública apresenta entre as demandas da opinião pública têm imposto a necessidade de que as instituições assumam responsabilidade frente à segurança pública, historicamente insuficiente."

[203] Cf. em http://www.pg.undp.org/content/dam/rblac/docs/Research%20and%20Publications/IDH/UNDP-RBLAC-ResumoExecPt-2014.pdf. Acesso em 26/Mar./2018.

Revolução. A transição política "pacífica", por exemplo, sem a necessidade de Revolução armada com guerra civil, evita todas as mazelas decorrentes do conflito físico entre as pessoas[204].

A segurança pública configura dever estatal expresso no artigo 144 da Constituição da República Federativa do Brasil[205], reforçado pelo dever de garantir a segurança individual prevista como direito fundamental no artigo 5º, *caput*, e o direito social à segurança previsto no artigo 6º, daquela mesma Carta Magna. Para serem implementados estes direitos de segurança recla-

[204] Conforme explicava o General CLAUSEWITZ (1832, pp. 90 - 91): "Quando comunidades inteiras vão à guerra - nações inteiras e, principalmente, nações civilizadas - o motivo é sempre alguma situação política, e o acontecimento sempre deve-se a algum propósito político. A guerra é, portanto, um ato de política. [...] a guerra não é meramente um ato de política, mas um verdadeiro instrumento político, uma continuação das relações políticas realizada com outros meios. O que continua sendo peculiar na guerra é simplesmente a natureza peculiar dos seus meios." E o inadimplemento do dever de dar segurança é uma causa política, pois constitui quebra da relação básica entre governante e governados, conforme se apontou no Relatório sobre Segurança Cidadã e Direitos Humanos da Comissão Interamericana de Direitos Humanos de 2009: "*In recent years conceptual developments bring us closer to a concept of citizen security from the perspective of human rights. The concept of citizen security involves those rights to which all members of a society are entitled, so that they are able to live their daily lives with as little threat as possible to their personal security, their civic rights and their right to the use and enjoyment of their property; on the other hand, citizen security problems occur when a State's failure to discharge, either in whole or in part, its function of providing protection against crime and social violence becomes a generalized situation, which means that the basic relationship between those governing and the governed has broken down.*" (Disponível em: http://www.cidh.org/countryrep/Seguridad.eng/CitizenSecurity.II.htm. Acesso em 03/Mai./2018). Em tradução livre nossa: "Nos últimos anos, desenvolvimentos conceituais nos aproximam de um conceito de segurança cidadã a partir da perspectiva dos direitos humanos. O conceito de segurança cidadã envolve aqueles direitos atribuídos a todos os membros de uma sociedade, para que possam viver suas vidas diárias com o mínimo de ameaças possível à sua segurança pessoal, aos seus direitos cívicos e ao seu direito de uso e gozo de sua propriedade; por outro lado, problemas de segurança cidadã ocorrem quando a falha de um Estado em cumprir, total ou parcialmente, sua função de proteger contra o crime e a violência social torna-se uma situação generalizada, o que significa que a relação básica entre os governantes e os governados foi rompida."

[205] Inicia o dispositivo constitucional expressamente apontando o dever: "Art. 144. A segurança pública, dever do Estado, direito e responsabilidade de todos, é exercida para a preservação da ordem pública e da incolumidade das pessoas e do patrimônio, através dos seguintes órgãos: [...]".

mam ações positivas do Estado para promovê-los. A denominada discricionariedade administrativa não afasta, nem justifica o não adimplemento[206].

O descumprimento do dever estatal de dar segurança efetiva para a população, garantindo a ordem pública e a incolumidade das pessoas e de seus bens, gera enormes prejuízos ao desenvolvimento nacional, ao bem-estar geral e viola a dignidade da pessoa humana das milhões de vítimas e seus familiares, além de todos aqueles que vivem sem tranquilidade, sem paz de espírito, sem base segura para o desempenho da própria existência.[207]

Aquele que vive com medo, submetido a intensa sensação de insegurança, ao temor e ao terror, sem suas liberdades e direitos garantidos pelo

[206] Acerca dos direitos sociais, entre os quais se inclui a segurança pública, que não permitem margem de liberdade para o administrador e o legislador escolherem se agirão para efetivá-los, explica NUNES JÚNIOR (2009, p. 203) que "são direitos inquestionavelmente insertos no âmbito do chamado mínimo existencial, o que, ainda uma vez, predica-lhes de precedência no rol de prioridades administrativas do Estado. Estão hospedados em normas cuja compostura jurídica só deposita discricionariedade nos motivos, o que conduz à conclusão de que ao Administrador só remanesce margem discricionária na conformação dos meios materiais para que o objetivo – atendimento integral da demanda – seja adequadamente alcançado." Igualmente, o referido autor explica que mesmo a denominada Teoria da Reserva do Possível não serve de desculpa para a não implementação dos direitos, pois deve o administrador comprovar "que o mínimo vital esteja satisfeito (acesso à saúde, educação básica, etc.); segunda, a de que o Estado comprove gestões significativas para a realização do direito social reclamado; terceira, a avaliação de razoabilidade da demanda" (Ibidem, p. 175).

[207] Em 2004, segundo estudo do IPEA, o custo da violência no Brasil fora de R$ 92,2 bilhões, ou seja, 5,09% do PIB nacional, ou um valor *per capita* de R$ 519,40, sem contar "os custos com o sistema de justiça; as perdas com o desvio de turismo; as perdas de bem-estar provocadas pela retração nos mercados de bens e serviços; os custos intangíveis motivados por dor, sofrimento e medo, a perda de produtividade motivada por traumas e morbidade, etc." (CERQUEIRA, D.R.C., CARVALHO, A.X.Y., LOBÃO, W.J.A., RODRIGUES, R.I. *Análise dos custos e consequência da violência no Brasil.* 2007. IPEA-Instituto de Pesquisa Econômica Aplicada. Governo Federal. Disponível em: www.ipea.gov.br/portal/images/stories/PDFs/TDs/td_1284.pdf. Acesso em 09/Mar./2018.).
Anos mais tarde, aquele mesmo instituto de pesquisas apurou que: "Quando consideradas as heterogeneidades regionais, educacionais e de gênero, o custo de bem-estar da violência letal no Brasil, em 2007, somava R$ 2,45 trilhão, em valores de janeiro de 2010, o que representava 78% do PIB ou um custo anual de 2,3% do PIB. Sem considerar essas diferenças socioeconômicas entre os vários subgrupos populacionais, no cálculo agregado, o custo de bem-estar alcançou R$ 1,89 trilhão (60,2% do PIB), ou um viés de -22,9% em relação à primeira estimativa." (CERQUEIRA, D.R.C., SOARES, R.R. *Custo de bem-estar da violência letal no Brasil*

Estado mediante efetivas políticas e serviços públicos, sofre lesão à sua esfera jurídica que atenta contra a sua dignidade e frustra a existência de plenas condições para que possa buscar a sua felicidade.[208]

O mesmo raciocínio se aplica às sociedades e comunidades que, não estando livres do temor e da opressão, acabam por conviver com a sensação de medo e insegurança, o que fomenta não o desenvolvimento sadio, mas o medo coletivo[209].

Nas comunidades inseguras e, portanto, não libertas, a experiência e o aprendizado gerado e transmitido para as futuras gerações é o do medo[210].

e desigualdades regionais, educacionais e de gênero. 2011. IPEA-Instituto de Pesquisa Econômica Aplicada. Governo Federal. Disponível em: repositorio.ipea.gov.br/bitstream/11058/1380/1/td_1638.pdf. Acesso em 09/Mar./2018)

208 Para NUCCI (2016) em artigo publicado sobre o tema: "Sentir-se seguro significa estar confortável, livre de preocupações, envolto na sensação de bem-estar. Não por acaso, o termo segurança foi adicionado a outros, fazendo nascer a segurança jurídica (ter o cidadão a certeza de que o Estado não poderá prejudicá-lo sem lei, nem voltar-se contra o ato jurídico perfeito, o direito adquirido e a coisa julgada), a *segurança material* (ter o cidadão a garantia de não ser agredido de qualquer forma) e a segurança pública (contar a sociedade com a paz social)." Neste ponto, lembre-se que pela eficácia horizontal dos direitos fundamentais, a segurança jurídica não se aplica apenas para que o Estado não possa prejudicar a pessoa, mas também particulares não possam atacar a sua esfera jurídica sem amparo legal ou contra o ato jurídico perfeito, o direito adquirido e a coisa julgada.

209 Frise-se, acerca do medo coletivo, que conforme JUNG (2000, p. 54), existe um "inconsciente coletivo", cujo conteúdo é denominado *arquétipos* que é composto pelos mitos, religiões e a experiência humana, fazendo com que de algum modo, todas as pessoas de uma grande comunidade estejam conectadas: "Minha tese é a seguinte: à diferença da natureza pessoal da psique consciente, existe um segundo sistema psíquico, de caracter coletivo, não-pessoal. Ao lado do nosso consciente, que por sua vez é de natureza inteiramente pessoal e que - mesmo quando lhe acrescentamos como apêndice o inconsciente pessoal - consideramos a única psique passível de experiência. O inconsciente coletivo não se desenvolve individualmente, mas é herdado. Ele consiste de formas preexistentes, arquétipos, que só secundariamente podem tornar-se conscientes, conferindo uma forma definida aos conteúdos da consciência."

210 Conforme leciona TELLES JÚNIOR (1971, pp. 54 - 56): "O comportamento dos seres vivos, inclusive do homem, se acha sob controle genético. O primeiro fundamento das tábuas morais, dos sistemas axiológicos de referência, dos usos e costumes, das ordenações jurídicas se encontra nos elementos quânticos, de que se compõem as moléculas do ácido nucleico, no núcleo das células humanas. Ora, o patrimônio genético de cada sêr é produto da experiência. Não, é certo, da exclusiva experiência de cada indivíduo. Mas da longa experiência dos cromossomos, através das gerações. [...] Quanto mais "vivido" é o sêr, quanto mais evoluído e complexo, mais seu comportamento é plástico. Sem perder suas tendências básicas, o sêr se

E não é esse um legado que se possa aceitar para a nossa sociedade[211]. A enorme sensação de insegurança vivenciada pela população brasileira[212], justificada pela intensa criminalidade, grande impunidade e demais mazelas na seara da segurança pública, que evidenciam a violação sistemática

aperfeiçoa com a experiência. Aprende a responder, convenientemente, aos desafios de cada circunstância. [...] Às formas inatas e hereditárias de comportamento, se vão acrescentando formas adquiridas. E as formas adquiridas de comportamento, após mutações das estruturas geneticas de que dependem, acabam se tornando formas inatas e hereditárias. Para se conservarem, para garantir a sobrevivência das espécies, os seres se vão especializando em comportamentos eficientes, ou seja, em comportamentos adequados a suas respectivas contingências. A maneira pela qual uma espécie ou variedade de seres se comporta, determina sua sobrevivência ou seu extermínio. As espécies e variedades que se comportam bem, se conservam e evoluem. As que se comportam mal, acabam por desaparecer. Essa discriminação genética, entre bons e maus comportamentos, é o fundamento de todos os códigos morais."

211 Como apontou ROUSSEAU (2002, p. 6), "a força constituiu os primeiros escravos, a covardia os perpetuou.", não sendo desejável, eticamente defensável ou juridicamente possível a criação de uma sociedade - ou partes dela - acovardadas pelo medo e escravizadas pela opressão gerada pelo descumprimento do dever do Estado de promover efetiva e suficiente segurança pública.

212 Por exemplo, segundo RESK (2015) em reportagem do jornal O Estado de São Paulo (Estadão), intitulada "Sensação de segurança no Brasil é equivalente à do Afeganistão": "A população brasileira se sente tão insegura quanto a do Afeganistão. É o que aponta pesquisa feita pelo Instituto Gallup. Segundo o relatório Global Law and Order 2015, os dois países receberam a mesma avaliação, com 52 pontos em uma escala de sensação de segurança que vai de zero a 100, e figuram entre os 15 piores colocados no ranking mundial. O país com a avaliação mais baixa é a Libéria. [...] Na análise país por país, o Brasil ocupa a 13ª posição entre os mais inseguros. A avaliação, no entanto, está empatada com Peru (12º), Uganda (11º) e Afeganistão (10º), todos com 52 pontos. Já Cingapura, na Ásia, é considerado o mais seguro pela população local, com avaliação de 89 pontos. A nota brasileira caiu quatro pontos entre 2013 e 2014. Na última pesquisa, apenas 36% dos brasileiros disseram se sentir seguros, enquanto em Cingapura o mesmo índice é de 91%."
Anos mais tarde, o resultado possivelmente piorou (provando ser verdadeira a célebre frase, de que "nada é tão ruim que não possa ser piorado"), segundo noticiado por EMILIO (2019) em reportagem entitulada "Sensação de segurança no Brasil só é melhor que Gabão, Afeganistão e Venezuela": "Em apenas três países do mundo os cidadãos sentem-se mais inseguros do que no Brasil: Gabão, Afeganistão e Venezuela. O levantamento é resultado da pesquisa Global Law and Order, do Instituto Gallup. Foram entrevistados mil pessoas com mais de 15 anos em 142 países sobre sua sensação de segurança. Apenas 31% dos brasileiros disseram que têm sensação segurança. Resultado pior apenas que o de Gabão (25%), Afeganistão (20%) e Venezuela (17%). O país em que seus cidadãos mais se sentem seguros é Singapura, com 94%, seguido de Noruega (93%) e Hong Kong (89%)."

do direito à segurança individual e à segurança pública, só faz aumentar, entretanto, o medo coletivo, aliado ao cenário de desilusão com a realidade de promessas estatais descumpridas.

A este quadro, que já é severo para o bem-estar da população, soma-se no Brasil ainda uma carga tributária pesada para uma contraprestação em regra por meio de bens e serviços públicos insuficientes, não existentes, deficientes ou de qualidade comprometida, salvo raras exceções, fruto da má administração de recursos, combinada com a ausência de freios morais e certeza de impunidade de uma gama de pessoas corruptas, responsáveis por esse cenário.

Desta forma, sem o prometido e devido amparo estatal, em consonância inclusive com a Constituição da República Federativa do Brasil, resta a ausência de real garantia de direitos e de qualidade de vida para as pessoas, muitas vezes ainda submetidas ao desemprego ou à exploração no trabalho, sem falar, por exemplo, nos diários abusos de fornecedores no mercado de consumo que se verificam e também afetam a segurança da população.

É necessário destacar que a mera existência de serviços de polícia judiciária e de policiamento militar não esgota o cumprimento do dever estatal na seara da segurança pública. No caso brasileiro, não há nem mesmo indicação de que pelo menos estes órgãos estejam aparelhados o suficiente para diminuir a incidência criminal, controlar a criminalidade e aumentar a sensação de segurança vivenciada pela população[213], prevenir infrações em nível que torne segura a vida em sociedade, manter a ordem pública e investigar com eficácia os crimes e contravenções praticados[214].

213 Conforme Relatório Regional de Desenvolvimento Humano 2013-2014 do do Programa das Nações Unidas para o Desenvolvimento, o Brasil é o terceiro país da América Latina com a maior taxa de roubos por 100.000 habitantes no período de 2005 a 2011, tendo levado 24,7% de sua população a restringir até mesmo seus locais de lazer. De 1990 a 2009 o país registrou aumento na perda de meses de expectativa de vida devido a homicídios, que no Século XXI pela primeira vez ultrapassaram o patamar de 10 meses. Também é o país com maior taxa de guardas privados em relação às polícias, o que demonstra, segundo o relatório, também "as desigualdades no acceso à segurança como bem público" (Programa das Nações Unidas para o Desenvolvimento. Relatório Regional de Desenvolvimento Humano 2013-2014 *Segurança cidadã com rosto humano: Diagnóstico e Propostas para a América Latina*, p. 3. Disponível em http://www.pg.undp.org/content/dam/rblac/docs/Research%20and%20Publications/IDH/UNDP-RBLAC-ResumoExecPt-2014.pdf. Acesso em 07/Mar./2018).

214 Apontou o estudo publicado pelo Instituto Sou da Paz, que, "apenas em 2016, o Brasil re-

Na lição de SAYEG (2019), é direito das pessoas legitimamente se defender. Se o Estado não exerce idoneamente o monopólio do exercício da força, sendo ineficiente, as pessoas devem poder possuir e portar armas para se defender, pois viola a dignidade da pessoa humana e a isonomia os criminosos portarem armas, e as vítimas, não, ficando vulneráveis.

Exatamente neste sentido, de a população poder se defender e contribuir para a legítima defesa em benefício comum, por exemplo, a Constituição dos Estados Unidos da América, por força da segunda emenda, de 15 de dezembro de 1791, assegura ao povo o direito de possuir e de portar armas[215].

Embora se possa indagar se o maior acesso a armas aumentaria a violência, o efeito pode ser justamente o contrário, pois a pessoa mal-intencionada e o criminoso em geral, ao não saber se as vítimas ou demais pessoas do círculo social também estão armadas e conseguirão reagir, tenderão a não praticar tantas infrações penais, em especial com violência e grave ameaça contra as vítimas e terceiras pessoas, pois o risco de ser preso, ferido ou morrer em razão da legítima defesa dos ofendidos diminuiria o estímulo à prática do crime, que tende a ser sempre que maior quando o criminoso identifica uma "facilidade", o que ocorre, por exemplo, quando ataca quem está vulnerável, indefeso, desarmado, sem policiais e outras pessoas potencialmente armadas ao redor. Esta relação entre possível aumento

gistrou quase 54 mil vítimas; ou seja, um homicídio doloso a cada 10 minutos. O país também figura como o 7º país mais violento da América Latina. E não há indicações de melhora no horizonte: o número de vítimas de homicídio no Brasil cresceu 20% entre 2011 e 2016.", sendo a taxa de não elucidação de homicídios era de 78% nos inquéritos policiais monitorados pela Meta 2 da Estratégia Nacional de Segurança Pública do Conselho Nacional do Ministério Público. (Disponível em http://soudapaz.org/upload/pdf/index_isdp_web.pdf. Acesso em 07/Mar./2018).

Lembre-se que, conforme se apontou no Atlas da Violência do IPEA de 2017, amparado em estudos dos anos de 2012 e 2013, há ainda que se considerar o possível percentual de cerca de 73,9% de registros errôneos de mortes violentas por causas não esclarecidas que na verdade se tratavam ou poderiam se tratar de homicídios (Disponível em http://ipea.gov.br/portal/images/170602_atlas_da_violencia_2017.pdf. Acesso em 07/Mar./2018. P. 48).

[215] "Second Amendment: *A well regulated Militia, being necessary to the security of a free State, the right of the people to keep and bear Arms, shall not be infringed.*" (Disponível em: "https://constitution.congress.gov/conan/essay/2_1/. Acesso em 15/Set./2019). Em tradução livre nossa: "Uma milícia bem regulamentada, sendo necessária à segurança de um Estado livre, o direito do povo de possuir e portar armas, não será infringido."

ou diminuição da violência e criminalidade depende de diversos fatores, devendo ser observadas as peculiaridades locais, histórico-culturais, grau de eficiência da atuação estatal, nível de desenvolvimento etc.

No Brasil, país de tamanho continental, com dificuldades para se controlar o contrabando, o descaminho e o acesso de criminosos a armas de fogo, é fato que quem deseja ofender os direitos dos outros, se quiser, conseguirá a arma de fogo necessária para tanto. Assim, impedir o acesso também das demais pessoas, de fato, cria uma situação assimétrica, que impede a legítima defesa de quem o Estado não protege com eficácia.

Pode-se considerar o cenário brasileiro observando-se a Teoria do Direito Quântico. Esta teoria visa um Direito Integral, justo, coerente e efetivo, articulando o positivismo, os direitos humanos e o realismo jurídico em sua tríplice dimensão, sob a lógica e raciocínio da Física Quântica. Desta perspectiva específica, a conclusão acerca da possibilidade de porte de arma se mostra correta, dados a insegurança generalizada e o acesso dos criminosos a armas de fogo, e que os direitos humanos garantem a possibilidade de resistência e legítima defesa, vedando o abuso de direito e que aqueles imbuídos de más intenções violem os direitos alheios. Tais direitos não se prestam a gerar impunidade e desproteção justamente dos direitos que tutelam. Por fim é preciso considerar que há normas jurídicas positivadas que conferem o direito à segurança individual e à segurança pública[216].

Mas a posse e propriedade de armas de fogo somente devem ser permitidas se forem cumpridos requisitos estritamente necessários para garantir a idoneidade física, mental e moral de quem as adquirirá para a posse própria, o rastreamento delas e para vedar a aquisição e uso justamente

[216] Acerca do Direito Quântico, na busca de um Direito Integral, justo, eficiente e não limitado, SAYEG e BALERA ensinam que (2019, p. 293): "É que, quem investiga cada universo jurídico – Direito Positivo, Direitos Humanos e Direito Realidade – em perspectiva parcial, se aplica o princípio da complementariedade enxerga além deles. Ao decompor cada universo até a partícula elementar, o estudioso depreende a substância do Direito Positivo, dos Direitos Humanos e do Direito Realidade. É como se a mesma particula elementar dos outros dois, que é o Direito, mediante consubstancialidade constitutiva, revelasse a única singularidade jurídica. Conquanto tais perspectivas – Direito Positivo, dos Direitos Humanos e do Direito Realidade – desvelem universos jurídicos, não podem ser consideradas como universos paralelos que nunca se encontram. Em perspectiva quântica há um multiverso jurídico, como diria Hawkins em sua última formulação teórica, anunciada pela Universidade de Cambridge."

por criminosos ou para a prática de crimes, ao invés da legítima defesa própria ou de terceiros.

Deve-se frisar, ainda, que é lícita a utilização de serviços de segurança privada para a proteção de quem os contrate, do patrimônio privado e usuários respectivos, ainda mais diante da ineficiência estatal. Mas quem desempenha este papel não detém poder de polícia, não substitui o Estado, não pode constituir associação paramilitar por vedação do artigo 5°, XVII, da Constituição da República Federativa do Brasil, embora possa efetuar a prisão em flagrante de quem esteja praticando infração penal, com fundamento no inciso LXI do mesmo diploma legal e artigo 301, do Código de Processo Penal, e também possa acionar mecanismos de controle de acesso de armas de fogo e instrumentos que ponham em risco os demais usuários e o patrimônio privado existente, por exemplo, em estabelecimentos bancários e outros locais privados. Esta liberdade pode ser exercida dentro dos parâmetros constitucionais e desde que não haja discriminação entre pessoas, bem como se guarde estrito respeito às normas legais que garantem, por exemplo, o porte de arma de agentes públicos.

A ausência de políticas públicas multidisciplinares com avaliações de resultados periódicas, integrando diversos órgãos das três esferas da Federação e os organismos da sociedade civil, demonstra ainda mais o descumprimento do dever estatal de dar segurança, notadamente pelos órgãos legislativos e executivos. Não se verifica que a população esteja sendo conscientizada e incentivada a também cumprir a sua responsabilidade social em relação à segurança pública ("responsabilidade de todos", como prevista no artigo 144 da Constituição da República Federativa do Brasil), com mecanismos apropriados para este desiderato.

Deve-se ressaltar, por oportuno, que este quadro de insegurança pública vivenciado no Brasil[217], que serviu como fundamentação até mesmo para a intervenção militar federal no Estado do Rio de Janeiro no ano de 2018 e para o uso da Força Nacional de Segurança no Estado do Ceará em 2019,

[217] Pelo estudo do Instituto de análises Gallup de 2017, o Brasil seguia até aquele ano em posição empatada com o Afeganistão como o sexto país do mundo com a maior sensação de insegurança da população. Cf. Gallup 2017 *global Law and Order*. Este estudo, portanto, reforça os resultados já mencionados, da incrível sensação de insegurança no Brasil, apontados em estudos do instituto Global Law and Order. Disponível em http://bestsemester.com/sites/default/files/BestSemester/Gallup%202017%20Global%20Law%20and%20Order%20Report.pdf. Acesso em 07/Mar./2018.

tende a se agravar. No ano de 2020, mesmo com medidas restritivas diante da Pandemia do COVID-19, incluindo o isolamento social, já se verificam no Brasil aumentos desafiadores em crimes, inclusive no âmbito da violência doméstica[218], o aumento de crimes praticados por meios cibernéticos, perturbação do sossego alheio, dentre outros. No mundo, aliás, cresce o desafio frente ao aumento da pedofilia[219].

O agravamento da criminalidade e da sensação de insegurança no Brasil é uma tendência real. Ele é influenciado por uma série de fatores, entre os quais: (i) a conjugação dos efeitos da globalização (que facilita a ação de organizações criminosas, inclusive transnacionais), do aumento da população e das desigualdades sociais e econômicas (que não estão sendo diminuídas em escala anual que mude o panorama no Brasil), (ii) pelo incremento do desemprego ou subemprego (ainda mais com o desenvolvimento de novas tecnologias, que tornam prescindível a mão-de-obra humana em diversas tarefas)[220], (iii) o esgotamento dos recursos naturais, (iv) o próprio enfraquecimento do Estado Democrático de Direito brasileiro (impulsionado especialmente pela sua ineficiência e pelos exemplos de corrupção sistemática e estruturada em órgãos oficiais, que estampam

[218] Conferir, por exemplo, Nota Técnica do Núcleo de Gênero do Centro de Apoio Operacional Criminal do Ministério Público do Estado de São Paulo, denominada "RAIO X da violência doméstica durante isolamentoUm retrato de São Paulo", que verificou "um aumento geral dos pedidos de medidas protetivas e um grande aumento de prisões em flagrante, em 51%". Disponível em: http://www.mpsp.mp.br/portal/pls/portal/!PORTAL.wwpob_page.show?_docname=2659985.PDF. Acesso em 28/Mai./2020.

[219] Conferir, por exemplo, reportagem de ATTANASIO (2020), intitulada "Coronavírus: o dramático aumento da atividade dos pedófilos virtuais com o isolamento". Disponível em: https://www.bbc.com/portuguese/geral-52450312. Acessoi em 28/Mai./2020.

[220] Sobre a política de segurança neoliberal, temos que, para WACQUANT (2001. pp. 07 - 08): "ela reafirma a onipotência do Leviatã no domínio restrito da manutenção da ordem pública – simbolizada pela luta contra a delinquencia de rua – no momento em que este afirma-se e verifica-se incapaz de conter a decomposição do trabalho assalariado e de refrear a hipermobilidade do capital, as quais, capturando-a como tenazes, desestabilizam a sociedade inteira. E isso não é uma simples coincidência: é justamente porque as elites do Estado, tendo se convertido à ideologia do mercado-total vinda dos Estados Unidos, diminuem suas prerrogativas na frente econômica e social que é preciso aumentar e reforçar suas missões em matéria de "segurança", subitamente relegada à mera dimensão criminal."

as notícias dos veículos de informação em "escândalos" sucessivos), e (v) em decorrência da própria não implementação de direitos[221].

Os direitos humanos são formalmente universais e universalizáveis, mas na prática, infelizmente, enormes massas de pessoas estão deles privados[222].

[221] Como adverte SARLET (2004, pp. 68 - 69): "Colocada em risco a democracia e enfraquecido o papel do Estado na sua condição de promover e assegurar os direitos fundamentais e as instituições democráticas, a própria noção de cidadania como direito a ter direitos encontra-se sob grave ameaça, implantando-se, em maior ou menor grau, aquilo que Boaventura Santos denominou de "fascismo societal". Para além disso, o incremento assustador dos índices de exclusão social – em boa parte tributável aos efeitos negativos da globalização econômica – igualmente constitui fator de risco para a democracia. Como bem lembra Friedrich Müller, exclusão social e democracia (esta considerada na sua dimensão material) são categorias incompatíveis entre si: a primeira leva inexoravelmente à ausência da segunda." Igualmente, ele pontua que: "Para além disso, cumpre sinalar que a crise de efetividade que atinge os direitos sociais, diretamente vinculada à exclusão social e falta de capacidade por parte dos Estados em atender as demandas nesta esfera, acaba contribuindo como elemento impulsionador e como agravante da crise dos demais direitos, do que dão conta – e bastariam tais exemplos para comprovar a assertiva – os crescentes níveis de violência social, acarretando um incremento assustador dos atos de agressão a bens fundamentais (como tais assegurados pelo direito positivo) , como é o caso da vida, integridade física, liberdade sexual, patrimônio, apenas para citar as hipóteses onde se registram maior número de violações, isto sem falar nas violações de bens fundamentais de caráter transindividual como é o caso do meio ambiente, o patrimônio histórico, artístico, cultural, tudo a ensejar uma constante releitura do papel do Estado democrático de Direito e das suas instituições, também no tocante às respostas para a criminalidade num mundo em constante transformação." (Ibidem, p. 73).

[222] Sobre o tema, LINDGREN ALVES explica que: "Formalmente universalizados pela Conferência de Viena de 1993, quando o fim da competição estratégica bipolar parecia propiciar-lhes a oportunidade de enorme fortalecimento, os direitos humanos se vêem atualmente ameaçados por múltiplos fatores. Alguns sempre existiram e, provavelmente, sempre existirão. Decorrentes de políticas de poder, do arbítrio autoritário, de preconceitos arraigados e da exploração econômica, tais ameaças não são nem antigas, nem modernas; são praticamente eternas, podendo variar na intensidade e nas formas em que se manifestam. Outras, contudo, são – ou se apresentam como – novas, características do período em que vivemos, senão exclusivas da década presente, profundamente sentidas desde o fim da Guerra Fria. Mais difíceis de combater do que as ameaças tradicionais, os novos fatores contrários aos direitos humanos, insidiosos e efetivos, acham-se embutidos nos efeitos colaterais da globalização econômica e no antiuniversalismo pós-moderno do mundo contemporâneo.[...] Enquanto para a sociedade de classes, da "antiga" modernidade, o proletariado precisava ser mantido com um mínimo de condições de subsistência (daí o Welfare State), para a sociedade eficientista, da globalização pós-moderna, o pobre é responsabilizado e estigmatizado pela própria pobreza. Longe de produzir sentimentos de solidariedade, é associado ideologicamente ao

Para se ter uma ideia da tragédia nacional nos últimos anos, entre o gasto do dinheiro público de forma ineficiente e algumas consequências sociais, análises do custo em reais da violência e dos crimes no Brasil apresentam resultados que chamam a atenção para cifras bilionárias. Estas cifras importam mesmo sem se poder valorar adequadamente, por exem-

que há de mais visivelmente negativo nas esferas nacionais, em escala planetária: superpopulação, epidemias, destruição ambiental, vícios, tráfico de drogas, exploração do trabalho infantil, fanatismo, terrorismo, violência urbana e criminalidade. As classes abastadas se isolam em sistemas de segurança privada. A classe média (que hoje abarca os operários empregados), num contexto de insegurança generalizada, cobra dos legisladores penas aumentadas para o criminoso comum. Ou, sentindo os empregos e as fontes de remuneração ameaçadas, recorre a "bodes expiatórios" na intolerância contra o "diferente" nacional – religioso, racial ou étnico – ou contra o imigrante estrangeiro (às vezes simplesmente de outra região do país). Anulam-se, assim, os direitos civis. O Estado, antes portador de mensagens idealmente igualitárias e emancipatórias, no socialismo e no liberalismo, além de garantidor confiável da convivência social, torna-se, pós-modernamente, simples gestor da competitividade econômica, interna e internacional. Sem sentido de progresso humano, a política, desacreditada porque ineficaz, passa a ser vista com maus olhos, pois abriga "em sua natureza" distorções deliberadas ou involuntárias, assim como a possibilidade de corrupção. A indiferença popular resultante leva ao absenteísmo eleitoral, quando legalmente factível, ou à compreensível falta de entusiasmo, em sistemas de voto obrigatório. Perdem o valor, dessa forma, os direitos políticos, arduamente conquistado nas lutas da modernidade. Desprovido de capacidade unificadora, tanto em decorrência de abusos na instrumentalização de "metanarrativas", quanto pela consciência contemporânea da "capilaridade do poder", o Estado nacional, como locus moderno da realização social, perde gradativamente até mesmo a função identitária. O indivíduo, muitas vezes discriminado dentro do território nacional pela parcialidade da implementação dos direitos humanos e liberdades fundamentais, vai buscar outros tipos de "comunidade" preferenciais como âncoras de autoproteção – ou, como se diz atualmente, para sua própria autoconstrução. Sem deixar de considerar se nacional do país de nascença, o negro dos Estados Unidos é sobretudo african american, o índio é native american, os homossexuais são gays and lesbians (alguns se identificam como membros de uma queer nation, diferenciada da "nação" heterossexual), todos, justificadamente, assertivos e reivindicatórios. A identificação primária e "guetizada" também ocorre pela ascendência hereditária cultural, como indiano, paquistanês ou árabe nas sociedades europeias e norte-americana, como meridional na Itália do Norte, como muçulmano no mundo cristão, como tibetano na China." (LINDGREN ALVES, José Augusto. *A Declaração dos Direitos Humanos na Pós-Modernidade.* Disponível em http://www.dhnet.org.br/direitos/militantes/lindgrenalves/lindgren_100.html e http://www.pge.sp.gov.br/centrodeestudos/revistaspge/revista5/5rev3.htm. Acesso em 07/04/2018).

plo, as mais de sessenta mil vidas de brasileiros assassinados anualmente[223]. Acerca do tema, em artigo jornalístico, VERGARA (2002) aponta que:

> A sensação de insegurança no Brasil não é sem fundamento. Somos, de fato, um dos países mais violentos da América Latina, que por sua vez é a região mais violenta do globo. Em uma pesquisa da Organização das Nações Unidas, realizada com dados de 1997, o Brasil ficou com o preocupante terceiro lugar entre os países com as maiores taxas de assassinato por habitante. Na quantidade de roubos, somos o quinto colocado. A situação seria ainda pior se fossem comparados os números isolados de algumas cidades e regiões metropolitanas, onde há o dobro de crimes da média nacional. São Paulo, por exemplo, já ultrapassou alguns notórios campeões da desordem, como a capital da Colômbia, Bogotá.
>
> O país perde muito com isso. Só por causa dos assassinatos, o homem brasileiro vive um ano e poucos meses a menos, em média. Se esse homem vive no Rio de Janeiro, o prejuízo é ainda maior: quase três anos a menos. As mulheres também não passam incólumes. Na cidade de São Paulo, em 2001, o assassinato foi, pela primeira vez, a principal causa de mortes de mulheres, ultrapassando os números de mortes por doenças cerebrovasculares e Aids.
>
> O total das perdas causadas pela criminalidade é incalculável – como medir o valor de uma vida para os familiares de uma vítima de assassinato? –, mas, de um ponto de vista puramente monetário, um cálculo feito pelo Banco Interamericano de Desenvolvimento (BID) dá uma ideia do impacto financeiro do crime no Brasil. Segundo essa estimativa, que leva em conta prejuízos materiais, tratamentos médicos e horas de trabalho perdidas, **o crime rouba cerca de 10% do PIB nacional, o que dá mais de 100 bilhões de reais por ano**. Nos Estados Unidos, que está longe de ser um país pacífico e ordeiro, a porção da riqueza que escoa pelo ralo do crime é bem menor: 4%. (g.n.)

[223] Estes resultados, diga-se, não representam tudo o que o país perdeu e deixou de produzir em razão da violência e da criminalidade, nem todas as consequências sócio-econômicas. Isso porque se todos os critérios, fatores e custos efetivamente existentes no mundo dos fatos fossem utilizados em cada estudo, as somas seriam maiores do que aquelas atingidas pelos estudos que se mencionará, embasados em menor quantidade de fatores, o que afeta os resultados proporcionais respectivos.

Em estudos preliminares, com estimativa conservadora, o custo da violência em São Paulo em 1997 já atingia a cifra de 8 bilhões e 96 milhões de reais ou 3% do Produto Interno Bruto nominal do Estado de São Paulo, representando 2,7 vezes o gasto em saúde pública estadual e 21,7 vezes o gasto da Secretaria de Assistência e Desenvolvimento Social em 1998[224].

Em matéria publicada na Folha de São Paulo também voltada a analisar quanto a violência representa em relação ao Produto Interno Bruto brasileiro, ou seja, à somatória de todas as riquezas que o país produz, TUROLLO JR (2014) estima que:

> **O custo da violência no Brasil no ano passado foi de R$ 258 bilhões, o que equivale a 5,4% do PIB (Produto Interno Bruto).** Com isso, o investimento em segurança pública cresceu 8,65% em relação ao ano anterior. Os dados também fazem parte do levantamento do fórum de segurança pública. Esta é a primeira vez que o anuário inclui dados sobre os custos da violência. De acordo com os dados divulgados pelo jornal "O Globo", a maior parte do valor gasto em 2013 refere-se à perda de capital humano: R$ 114 bilhões. Também entram na conta dos custos da violência R$ 39 milhões de gastos com contratação de serviços de segurança privada, R$ 36 milhões com seguros contra roubos e furtos e R$ 3 bilhões com o sistema público de saúde. A soma destas despesas, que chegou a R$ 192 bilhões em 2013 é classificada como "custo social da violência". O valor ainda pode ser maior já que os gastos com pessoas que ficaram inválidas em razão da violência, por exemplo, não entraram no cálculo. Para completar os dados, ainda há o gasto de R$ 4,9 bilhões para manter as prisões e unidades de cumprimento de medidas socioeducativas e os investimentos governamentais de R$ 61,1 bilhões em segurança pública. (g.n.)

Analisando as informações trazidas acima, verifica-se que o custo da violência no Brasil é cerca de três vezes maior do que o valor total somado

[224] Cf. KAHN, Tulio. *Os custos da violência: quanto se gasta ou deixa de ganhar por causa do crime no Estado de São Paulo*. São Paulo Perspec., São Paulo, v. 13, n. 4, p. 42-48, Dec. 1999. Disponível em: http://www.scielo.br/scielo.php?script=sci_arttext&pid=S0102-88391999000400005&lng=en&nrm=iso. Acesso em 03/Mai./2018. http://dx.doi.org/10.1590/S0102-88391999000400005.

dos investimentos em segurança pública, incluindo a manutenção de prisões e unidades de cumprimento de medidas socioeducativas.

Ainda, mesmo sabendo o enorme índice de reincidência e reiteração na prática de crimes e atos infracionais, é visível pelos dados apresentados que os investimentos nos estabelecimentos prisionais e unidades de cumprimento de medidas socioeducativas é cerca de mais de 52 (cinquenta e duas) vezes menor que o custo do crime no Brasil.

Em estudo específico sobre o tema da reincidência, no ano de 2015, o Instituto de Pesquisa Econômica Aplicada (IPEA) verificou um índice de reincidência criminal de 24,4% no Brasil, mas também apontou os resultados dos demais estudos já realizados no país sobre o tema, em que o índice chegou a 70% (p.13):

QUADRO 1
Principais pesquisas nacionais sobre reincidência

Autor	Título	Conceito de reincidência utilizado na pesquisa	Taxa de reincidência
Sérgio Adorno; Eliana Bordini	*A Prisão sob a Ótica de seus Protagonistas*: itinerário de uma pesquisa.	Reincidência criminal – mais de um crime, condenação em dois deles, independentemente dos cinco anos.	São Paulo: 29,34%.
Sérgio Adorno; Eliana Bordini	*Reincidência e Reincidentes Penitenciários em São Paulo (1974-1985).*	Reincidência penitenciária – reingresso no sistema penitenciário para cumprir pena ou medida de segurança.	São Paulo: 46,3%.
Julita Lemgruber	*Reincidência e Reincidentes Penitenciários no Sistema Penal do Estado do Rio de Janeiro.*	Reincidência penitenciária – reingresso no sistema penitenciário para cumprir pena ou medida de segurança. Segundo a autora: "compreende reincidente penitenciário como quem tendo cumprido (tal) pena ou (tal) medida de segurança, veio a ser novamente recolhido a estabelecimento penal para cumprir nova pena ou medida de segurança" (Lemgruber, 1989, p. 45).	Rio de Janeiro: 30,7%.
Túlio Kahn	*Além das Grades*: radiografia e alternativas ao sistema prisional.	Reincidência penal – nova condenação, mas não necessariamente para cumprimento de pena de prisão. Segundo Kahn, pode-se assumir que nos casos de crimes mais graves os conceitos de reincidência penal e reincidência penitenciária medem basicamente as mesmas coisas, uma vez que crimes graves quase sempre são punidos com prisão.	São Paulo: 50%, em 1994; 45,2%, em 1995; 47%, em 1996; na década de 1970, a taxa não passou de 32%.
Depen	Dados de 2001 para Brasil e de 2006 para Minas Gerais, Alagoas, Pernambuco e Rio de Janeiro.	Reincidência penitenciária – considerando presos condenados e provisórios com passagem anterior no sistema prisional.	Brasil: 70%; e Minas Gerais, Alagoas, Pernambuco e Rio de Janeiro: 55,15%.

Figura 1 – Índice de reincidência criminal no Brasil.
Fonte: Instituto de Pesquisa Econômica Aplicada (IPEA)

Em se dividindo o custo não atualizado da violência no ano de 2013, isto é, 258 bilhões de reais pela população brasileira segundo dados do IBGE, ou seja, 210.229.226 pessoas em 25 de julho de 2019 às 22h07min, o custo do crime por habitante no Brasil já seria de R$ 1.227,23.

No mesmo sentido, o G1 divulgou em 2014 que no ano anterior a perda de capital humano fora de 114 bilhões de reais no Brasil em razão da violência, ficando claro o baixo investimento federal em matéria de segurança pública, inferior ao do Estado de São Paulo:

> Dados do Anuário Brasileiro de Segurança Pública divulgados pelo jornal O Globo mostram que a violência custa ao Brasil o equivalente a 5,4% do Produto Interno Bruto (PIB). Reportagem publicada nesta segunda-feira revela que, em 2013, o montante despendido em decorrência da escalada da criminalidade chegou a 258 bilhões de reais – a maior parte, 114 bilhões de reais, resultou da perda de capital humano. O economista Daniel Cerqueira, diretor do Instituto de Pesquisas Econômicas (Ipea) e responsável pelo cálculo, explica ao jornal: "As pessoas vítimas da violência, em geral, morrem de forma prematura e deixam de produzir e consumir. É uma tragédia humana e econômica". Trata-se da primeira vez que o anuário inclui dados sobre o custo da violência. Elaborado pelo Fórum Brasileiro de Segurança Pública, o documento traz na conta ainda os gastos com serviços de segurança particular (39 bilhões de reais), seguros contra furtos e roubos (36 bilhões de reais) e com o sistema público de saúde (3 bilhões de reais) – o chamado custo social da violência. Completam o quadro a verba destinada à manutenção de prisões e unidades de cumprimento de medidas socioeducativas (4,9 bilhões de reais), além dos investimentos governamentais em segurança pública 61,1 bilhões de reais. No ano passado, o investimento público em segurança cresceu 8,65% no país – os gastos da União, Estados e municípios nesse quesito somam 1,26% do PIB. São Paulo foi o Estado que mais investiu em segurança: 9,27 bilhões de reais, 12,11% superior ao montante investido pelo governo federal, 8,27 bilhões de reais. Para se ter uma ideia, os Estados Unidos investem o equivalente a 1% do PIB em segurança, e registram uma taxa de 4,7 homicídios a cada 100.000 habitantes. No Brasil, essa média é de 24,8. Na América Latina, o Chile investe quantia inferior, 0,8% do PIB, mas registra uma taxa de 1,1 assassinato a cada 100.000 habitantes. "Gastar mais não garante em nada que se vá resolver o problema. Nosso sistema de segurança pública de modo geral está falido. Acredito que é preciso gastar mais, mas não de qualquer forma. Não fazendo mais do mesmo", completa Cerqueira.

Segundo GRANZOTTO DA SILVA (2018), os custos da violência, pelos parâmetros traçados pelo Banco Interamericano de Desenvolvimento (BID) em estudo de 2014, alcançavam 3,78% do PIB do Brasil, mas, por outros parâmetros, o Instituto de Pesquisas Econômicas Aplicadas (IPEA) alcançou o valor de 5,9% do PIB brasileiro, em estudo do ano de 2017. Em 2017, os gastos com segurança pública foram de R$ 408,09 por pessoa no país, conforme noticiado por Alfaya (2018):

> O gasto do país em segurança pública cresceu 0,8% no ano passado, de acordo com os números divulgados do Fórum de Brasileiro de Segurança Pública divulgado nesta quinta-feira (9). Foram investidos no Brasil R$ 84,7 bilhões em ações de prevenção e combate à violência. Esse gasto representa 1,3% do PIB (Produto Interno Bruto) nacional, ou o investimento de R$ 408,13 por cidadão.

O investimento de somente 1,3% do PIB do Brasil em segurança pública é vergonhoso em um cenário em que o custo da violência cresce a cada ano e representa mais de 5% do PIB, pois uma das missões primordiais do Estado, que inclusive justifica a sua existência, é dar segurança efetiva, idônea e suficiente à sua população. Sendo o Brasil um dos países mais violentos e com maior nível de criminalidade do mundo, mesmo em se considerando os países em guerra declarada, nota-se que o dinheiro público é não somente mal investido, mas insuficiente, e não há plano adequado dos gestores que se elegem como representantes do povo para garantir a segurança pública.

As infrações penais, quando prevenidas, evitam gastos públicos e sociais, tais como: (i) o atendimento e tratamento médico, hospitalar, psicológico, de assistência social, insumos e medicamentos para vítimas e dependentes; (ii) acolhimento institucional ("abrigamento"), perda de dias de estudo, trabalho e de produtividade dos ofendidos, no emprego, atividade ou profissão, bem como de seus responsáveis legais ou quem os auxilie, perda de dias de estudo ou de rendimento escolar, educacional ou de aprendizado; (iii) gastos para a elucidação de infrações e o processamento dos infratores[225]; (iv) o quanto deixaram de produzir e consumir, tempo-

[225] Incluindo gastos com insumos e horas de trabalho de funcionários públicos dos órgãos repressivos, que terão que ser ouvidos em procedimentos, nos quais, além de tempo e horas de serviço, serão gastos papéis, grampos, impressoras, tintas, capas, registros em sistemas informatizados, energia elétrica, aquisição de equipamentos informáticos, softwares, infraestruturas etc. (quanto custa um inquérito policial ou termo circunstanciado físico e eletrônico?), dando ensejo a processos judiciais, nos quais haverá o custo de novos insumos e

rária ou definitivamente, os envolvidos na infração penal, o quanto custou a implementação e o acompanhamento de medidas protetivas em órbita criminal e o quanto se despendeu com cada pessoa custodiada no sistema penitenciário, além daqueles internados cumprindo medidas socioeducativas em meio fechado; (v) o quanto se gastou com o benefício previdenciário do auxílio-reclusão e outros benefícios previdenciários; (vi) prejuízos materiais diretos causados pelas infrações penais (valores e bens subtraídos, deteriorados, destruídos, sistemas danificados etc.); (vii) o quanto se perde em turismo, em lazer, no uso e gozo de espaços públicos e privados, em qualidade de vida e atividades econômicas que deixam de ser realizadas em virtude disso, pelas pessoas que, diante da sensação de medo e insegurança, deixam de frequentar estes lugares e se "aventurar" no país.

É importante ter tudo isto claro sem deixar de lembrar que não é possível calcular o valor da vida humana ou da saúde (aspecto físico e psicológico) de cada pessoa vítima de crimes com violência ou grave ameaça contra a pessoa. Também não é possível calcular com precisão absoluta o custo social da degradação da saúde pública com a drogadição e suas mazelas, incluindo legiões de pessoas que perdem os laços familiares, perdem a chance de buscar a felicidade, perdendo-se na dependência química, sobrevivendo para sustentar o vício custe o que custar, aumentando zonas de insegurança e degradação urbana com "cracolândias" e afins. Igualmente, não há cálculo que englobe todas as cifras negras de infrações penais e violência que a população descrente já deixa de comunicar às autoridades públicas, tornando inidôneos os índices e estatísticas oficiais divulgados.

Não se calcula adequadamente, ademais, todo o prejuízo social decorrente da terrível corrupção que, silenciosamente, degrada todos os serviços públicos, as relações sociais, a educação em todos os seus aspectos e a possibilidade de melhor desenvolvimento sustentável do Brasil.

Os serviços públicos de péssima ou má qualidade, afinal, quanto custam para a população, pelos prejuízos que a todos causam? O custo presente e futuro para a população, decorrente das agressões ambientais, diminuindo a qualidade de vida, a disponibilidade de recursos hídricos e

das horas trabalhadas por serventuários e membros do Poder Judiciário, Ministério Público, Defensoria Pública, advogados, deslocamentos, citações, intimações com locomoção de oficiais de justiça, audiências, remessa e retorno de autos para análise por Tribunal ou Turma Recursal e Tribunais Superiores (quanto custa um processo?).

outros recursos naturais, aumentando a poluição e a consequente diminuição do tempo de vida das pessoas, além de diversas doenças causadas, que ensejarão mais gastos, também não é computado adequadamente.

Não se contabiliza com exatidão o custo em qualidade de vida perdida para a população que, amedrontada com a violência, é punida com a restrição a atividades que poderia desenvolver e custos para tentar se proteger.

De fato, é necessária uma gestão profissional da seara da segurança pública maximizando a prevenção, com planos, projetos, integração de políticas para cada tipo de infração penal e violência em cada localidade, objetivos, metas e ações claros, destinando-se os recursos e pessoal adequados para tanto. Do contrário, o quadro de insegurança somente continuará se agravando.

9
Comparação Possível acerca da Segurança Pública

Para a finalidade de se comparar a questão da segurança no Brasil em relação a outros Estados, deve-se ter em vista pelo menos um critério objetivo, que permita verificar a igual capacidade econômica para realizar políticas públicas e investimentos, não somente diretos, mas também para o atendimento aos demais direitos, inclusive sociais e econômicos, que repercutem na seara da segurança.

Deste modo, elegeu-se o critério objetivo do Produto Interno Bruto *per capita* (PIB *per capita*), pois ele permite aferir o grau de riqueza proporcional à população, o que é mais idôneo do que somente o produto interno bruto nominal (PIB nominal). Ademais, cada Estado tem sua história, instituições políticas e sociais, além das peculiaridades que o tornam único, motivo pelo qual, a análise da quantidade de riqueza proporcional à população *versus* o resultado social atingido permite ampliar a visualização das possibilidades de transformação da realidade diante da mesma capacidade econômica.

Tendo em vista que as desigualdades entre os Estados da Federação brasileira são imensas, em vez de simplesmente comparar o Brasil com outros Estados, passamos a compará-lo com o Estado de São Paulo. Esta comparação se justifica por São Paulo ostentar o maior PIB em valor nominal dentre todos os Estados da Federação, a maior população e a menor taxa de homicídios no Brasil, ainda que as estatísticas criminais oficiais revelem a enorme quantidade de outros crimes comunicados ou de conhecimento do Estado[226]. Considerando que a comparação deve ser realizada dentro de lapso temporal definido que leve em conta um período de tempo relevante, adota-se por referência um intervalo superior a cinco anos, em que é possível a realização pelo menos parcial de uma política pública.

Assim, adotadas estas premissas, nota-se que, com uma população próxima à da Argentina[227] e um PIB Bruto equivalente ao da Polônia[228], o Estado de São Paulo apresentava, no ano de 2011, um PIB *per capita* ("*GDP per person*") equiparado ao da Eslováquia (de 23.600 U$D)[229]:

[226] Taxas, por cem mil habitantes, de 8,9 e 8,2, respectivamente, nos anos de 2015 e 2016, conforme divulgado pelo 11º Anuário de Segurança Pública do Fórum Brasileiro de Segurança do ano de 2017, disponível em http://www.forumseguranca.org.br/atividades/anuario/. Acesso em 03/Mai./2018.

[227] Cf. em http://masterclassbrazil.com/brazil-knowledge/comparing-brazilian-states-countries-brazilian-equivalents-economist/. Acesso em 26/Abr./2018.

[228] Cf. em http://www.folhapolitica.org/2014/01/revista-economist-derruba-mito-do.html. Acesso em 26/Abr./2018.

[229] Cf. em https://cidadeverde.com/noticias/165758/pib-per-capita-do-piaui-e-maior-que-o--da-india-revela-revista-inglesa. Acesso em 26/Abr./2018.

Figura 3 – Mapa do Jornal The Economist
Fonte: Jornal "O Estado de São Paulo".

Comparando inicialmente o temido crime de roubo, uma das maiores causas da alarmante sensação de insegurança no Brasil, tem-se que o índice de roubos na Eslováquia em 2011 era de 15,7 por cem mil habitantes e vem sendo reduzido, tendo atingido o valor de 9,9 por cem mil habitantes em 2015. O mesmo se dá com o número de homicídios, que era de 1,8 em 2011 e caiu pela metade, para 0,9 por cem mil habitantes em 2015[230]. Já o Estado de São Paulo, entretanto, partindo de um mesmo PIB *per capita*, em 2011 registrava na estatística oficial 10,8 homicídios e 566,44 roubos por cem mil habitantes. Em 2015, apesar da leve redução do número de homicídios, de 10,8 para 8,73 para cada cem mil habitan-

[230] Dados estatísticos disponíveis em http://pt.knoema.com/atlas Eslov%C3%A1quia/%C3%8Dndice-Nacional-de-Roubos-taxa-cada-100000-habitantes. Acesso em 26/Abr./2018.

tes[231], houve um aumento nos roubos, que passaram para 714,08 para cada cem mil habitantes[232].

O número de homicídios em São Paulo, naquele período de cinco anos seguiu, portanto, cerca de dez vezes maior do que o da Eslováquia, país com PIB *per capita* semelhante. O número de roubos em São Paulo, que era cerca de 36 (trinta e seis vezes) superior, dobrou, chegando a um número cerca de 72 (setenta e duas vezes) maior[233] do que o da Eslováquia[234]. Em 2018 o IDH da Eslováquia já era o 35º mais elevado do mundo.

Ainda pelo critério eleito para a comparação da segurança pública em São Paulo, pode-se analisar também os dados do ano de 2008, em que o PIB *per capita* do Estado de São Paulo era equivalente ao da Polônia, um dos países mais seguros da Europa[235]:

231 Ainda é necessário apurar a relação entre o crescimento do narcotráfico e a hegemonia da organização criminosa Primeiro Comando da Capital (ou PCC) no Estado de São Paulo e a variação experimentada nas taxas de homicídios.

232 Conforme dados estatísticos divulgados pela Secretaria de Segurança Pública de São Paulo, disponíveis em http://www.ssp.sp.gov.br/Estatistica/Pesquisa.aspx. Acesso em 26/Abr./2018.

233 Idem.

234 Isso, frise-se, sem contar as "cifras negras", em que se aumenta a subnotificação conforme cresce a descrença da população no Estado diante da sensação de impunidade.

235 Cf. em http://www.folhapolitica.org/2014/01/revista-economist-derruba-mito-do.html. Acesso em 26/Abr./2018.

Figura5 - PIB *per capita* do Estado de São Paulo *versus* Polônia
Fonte: Jornal "O Estado de São Paulo".

A despeito do ponto de partida inicial de PIB *per capita* equivalente no ano de 2008, passados sete anos, ou seja, em 2015, na Polônia, onde a população era de 37,99 milhões de pessoas, segundo o Banco Mundial, e portanto similar à do Estado de São Paulo, foram registrados 499 homicídios[236], contra 3.758 em São Paulo[237] (o Estado paulista teve cerca de 7,5 vezes o número de homicídios registrados na Polônia).

Já em relação a crimes patrimoniais, em 2015 se registraram na Polônia um total de 260.819 (duzentos e sessenta mil, oitocentos e dezenove) roubos e furtos, inclusive de veículos automotores, dos quais foram

[236] Conforme dados estatísticos divulgados pelo Departamento de Estado dos EUA, disponíveis em https://www.osac.gov/pages/ContentReportDetails.aspx?cid=21340. Acesso em 26/Abr./2018.

[237] Conforme dados estatísticos divulgados pela Secretaria de Segurança Pública de São Paulo, disponíveis em http://www.ssp.sp.gov.br/Estatistica/Pesquisa.aspx. Acesso em 26/Abr./2018.

5.522 roubos[238]. Já em São Paulo, os números foram muito maiores: houve 802.726 (oitocentos e dois mil, setecentos e vinte e seis) roubos e furtos (mais de três vezes maior), dos quais 307.392 foram roubos[239]. Assim, no Estado paulista ocorreram em 2015 cerca de 55 (cinquenta e cinco) vezes mais roubos do que em um país com população similar e mesmo ponto de partida de PIB *per capita* em 2008.

No ano de 2016, houve na Polônia 467 homicídios e 227.868 roubos e furtos, inclusive de veículos automotores, dos quais foram 5.597 roubos[240]. Em São Paulo, ocorreram naquele mesmo ano 3.521 homicídios, 838.166 roubos e furtos, dos quais 323.274 foram roubos[241]. O número de roubos registrados em São Paulo em 2016 aumentou ainda mais, portanto, em relação ao da Polônia.

É possível agregar mais alguns dados para se visualizar o cenário de política de segurança na Polônia. Assim, conforme divulgado pela INTERPOL, na Polônia foi integrada a base de dados do organismo policial internacional com a base de dados polonesa denominada PSTD, dando aos policiais poloneses "dados críticos sobre as pessoas procuradas, veículos e documentos de viagem roubados e perdidos (SLTD) em questão de segundos".

Além disso a Polônia tem papel de liderança em cibersegurança, conta com um Centro Nacional de Segurança Cibernética e um projeto de estratégia de segurança cibernética para os anos de 2017 a 2022[242]. No país, a polícia é centralizada na Capital e tem comandos regionais nas dezesseis províncias, aplicando-se a mesma estrutura centralizada para os demais serviços, que são uniformes, como a polícia de fronteiras, costumes e

238 Conforme dados estatísticos divulgados pelo Departamento de Estado dos EUA, disponíveis em https://www.osac.gov/pages/ContentReportDetails.aspx?cid=21340. Acesso em 26/Abr./2018.

239 Conforme dados estatísticos divulgados pela Secretaria de Segurança Pública de São Paulo, disponíveis em http://www.ssp.sp.gov.br/Estatistica/Pesquisa.aspx. Acesso em 26/Abr./2018.

240 Conforme dados estatísticos divulgados pelo Departamento de Estado dos EUA, disponíveis em https://www.osac.gov/pages/ContentReportDetails.aspx?cid=21340. Acesso em 26/Abr./2018.

241 Conforme dados estatísticos divulgados pela Secretaria de Segurança Pública de São Paulo, disponíveis em http://www.ssp.sp.gov.br/Estatistica/Pesquisa.aspx. Acesso em 26/Abr./2018.

242 Dados divulgados pela Interpol, disponíveis em https://2minionuinterpol.wordpress.com/2017/05/28/polonia/. Acesso em 26/Abr./2018.

bombeiros. Ademais, o Estado polonês colabora com os programas de segurança europeus, incluindo sistema de segurança integrada, interconectividade e interoperabilidade de segurança e sociedade, além de pesquisa de segurança estruturada e coordenada[243].

No Brasil, incluindo o Estado de São Paulo, não há integração entre os órgãos policiais, menos ainda com a população. Ainda não se efetivou a integração, interconectividade e interoperabilidade dos sistemas e bases de dados das três esferas da Federação, nem mesmo para pesquisas de antecedentes criminais em nível nacional. Há dificuldades para se conhecer os antecedentes infracionais no próprio Estado de São Paulo e os Promotores de Justiça das diversas comarcas do Estado no ano de 2020 ainda não possuem senhas fornecidas a cada um deles para acesso nem mesmo à base de dados do Detecta da Secretaria de Segurança Pública estadual, o que prejudica a eficácia da atuação no que tange à segurança pública (o novíssimo SUSP – Sistema Único de Segurança Pública prevê a solução de parte destes problemas).

Os investimentos em segurança em São Paulo em 2016 foram de R$ 24,8 bilhões, cabendo R$ 20,4 bilhões à Secretaria da Segurança e R$ 4,4 bilhões para a Secretaria da Administração Penitenciária[244], o que equivale a 0,56 % do PIB estadual e a 7,83% da receita corrente líquida[245].

Na Polônia, os investimentos naquele ano de 2016 foram equivalentes a 2,2% do PIB ou 5,3% dos gastos públicos, na rubrica que incluía "*Public*

[243] Estas informações são apresentadas pelo Departamento de Comércio dos EUA, em que se frisa que na Polônia, a despeito da diminuição criminal, a segurança pública e a redução de crimes continuam sendo prioridades governamentais: "*The Polish safety-security sector is well developed and the majority of international players are already present in the market. Public security and crime reduction are key government priorities and although crime is falling the public sector continues to be one of the largest buyers of security products.*" Em tradução livre nossa: "O setor polonês de proteção e segurança está bem desenvolvido e a maioria dos 'players' internacionais já está presente no mercado. A segurança pública e a redução do crime são as principais prioridades do governo e, embora o crime esteja caindo, o setor público continua sendo um dos maiores compradores de produtos de segurança." Cf. https://www.export.gov/article?id=Poland-Safety-and-Security. Acesso em 26/Abr./2018.

[244] Cf. em: http://www.saopaulo.sp.gov.br/spnoticias/ultimas-noticias/aprovado-orcamento-de-r-207-2-bilhoes-para-2016/. Acesso em 20/Dez./2018.

[245] Cf. em: https://bibliotecadigital.fgv.br/dspace/bitstream/handle/10438/19512/Jos_%20Roberto%20Afonso.pdf?sequence=1&isAllowed=y. Acesso em 20/Dez./2018.

order and safety also have a relatively high share in public spending in Poland. This category includes spending on justice, police and fire services"[246].

Note-se ainda que, conforme estudo do ano de 2016 divulgado pela empresa "GFK", a preocupação com a segurança na Polônia[247] era muito menor do que no Brasil, pois, naquele país, somente 23% (vinte e três por cento) das pessoas ouvidas se preocupavam sempre com a própria segurança e 13% (treze por cento) não tinham esta preocupação, enquanto no Brasil 64% (sessenta e quatro por cento) das pessoas disseram estar sempre preocupadas com a própria segurança e proteção[248] e somente 4% (quatro por cento) não disseram ter preocupação[249]:

Em 2018 a Organização para a Cooperação e Desenvolvimento Econômico (OCDE) divulgou resultado parecido, segundo o qual[250]:

> A segurança pessoal é um elemento central para o bem-estar dos indivíduos. Você se sente seguro, por exemplo, andando sozinho à noite? **Na Polônia, 66% das pessoas dizem que se sentem seguras andando sozinhas à noite**, abaixo da média da OCDE de 69%. A taxa de homicídios (o número de assassinatos por 100.000 habitantes) representa uma medida mais confiável de nível de segurança de um país porque, ao contrário dos outros crimes, os assassinatos geralmente são sempre informados à polícia. Segundo os últimos dados da OCDE, **a taxa de homicídios da Polônia é de 0,8**, abaixo da média da OCDE de 3,6. (g.n.)

[246] Cf. em: http://ibs.org.pl/app/uploads/2016/07/IBS_Policy_Paper_04_2016.pdf. Acesso em 20/Dez./2018. Em tradução livre nossa: "A ordem e a segurança públicas também têm uma participação relativamente alta nos gastos públicos na Polônia. Esta categoria inclui gastos com justiça, polícia e bombeiros."

[247] Que, frise-se, possuía PIB *per capita* e PIB nominal próximos aos do Estado de São Paulo no ponto de partida inicial em 2008, ambos com cerca de U$ 13.500,00 de PIB per capita e 500 bilhões de PIB nominal. Cf. http://economia.estadao.com.br/noticias/geral,revista-inglesa-descobre-paises-dentro-do-brasil-imp-,768945. Acesso em 26/Abr./2018.

[248] Patamar mais alto dentre os 21 países pesquisados.

[249] Estudo disponível em: http://www.gfk.com/fileadmin/user_upload/dyna_content/BR/infographics/original_size/RZ_GfK_16058_PR-Infografik_Angst_RGB_web2.jpg. Acesso em 26/Abr./2018.

[250] Dados disponíveis em http://www.oecdbetterlifeindex.org/pt/paises/poland-pt/. Acesso em 26/Abr./2018.

Ainda segundo a OCDE[251]:

> **No Brasil, cerca de 37% das pessoas dizem que se sentem seguras andando sozinhas à noite**, muito abaixo da média da OCDE de 69%. A taxa de homicídios (o número de assassinatos por 100.000 habitantes) representa uma medida mais confiável de nível de segurança de um país porque, ao contrário dos outros crimes, os assassinatos geralmente são sempre informados à polícia. Segundo os últimos dados da OCDE, **A taxa de homicídios do Brasil é de 27,6, mais de sete vezes a média da OCDE de 3,6**. (g.n)

Com esta análise, ressalvadas as peculiaridades encontradas em São Paulo e na Eslováquia e Polônia, verifica-se que um mesmo Produto Interno Bruto *per capita* permite chegar a resultados bastante distintos em termos de segurança pública com o passar dos anos.

[251] Dados disponíveis em http://www.oecdbetterlifeindex.org/pt/paises/brazil-pt/. Acesso em 26/Abr./2018.

10

Alguns Mecanismos Jurídicos para Compelir o Estado Brasileiro a dar Segurança à sua População

Nos tópicos antecedentes, apontou-se que se vive no Brasil um "estado de insegurança", que há muitos anos persiste, com violação sistemática de direitos humanos pela crise na segurança pública e que é possível atingir resultados diferentes nesta seara, com o mesmo montante de dinheiro considerando o PIB *per capita*.

Este triste cenário de insegurança assola a população e compromete o bem-estar geral, afeta o desenvolvimento nacional e ofende a dignidade da pessoa humana das milhões de vítimas de infrações penais que todos os anos sofrem violação a seus direitos fundamentais.

O Direito se revela instrumento adequado para compelir o Estado brasileiro (sobretudo os Poderes Legislativo e Executivo) a promover políticas de segurança pública idôneas e eficazes, programas de ação, planejamentos e ações, para de forma suficiente e proporcional atender ao interesse público primário de dar segurança a todos. Seu atendimento compreende inclusive implementar integralmente, por exemplo, os ditames da Lei nº 13.675, de 11 de junho de 2018, que criou o Sistema Único de Segurança Pública, tendo em vista a relação indissociável entre o Ordenamento Jurídico e a República Federativa do Brasil, que se erige em Estado Democrático de Direito[252].

[252] Na lição de COMPARATO (1989, p. 148): "Se o Estado contemporâneo tem por finalidade

E o Direito será aplicado pelo órgão estatal independente com atribuição de exercer a tutela jurisdicional (Estado-Juiz), para afastar a proteção deficiente do Poder Público, que, em vez de implementar e promover o direito ao máximo do possível, não o protege, nem o promove em grau que atenda a um mínimo considerado suficiente[253]. Ele também deve ser aplicado para que o Poder Judiciário revise as decisões de seus próprios magistrados, de forma a garantir que elas mesmas atendam aos ditames do dever estatal de fornecer segurança pública idônea. As decisões judiciais, para que este Poder cumpra sua função, não podem, enfim, incidir nem na proibição de excesso, nem em proteção insuficiente, deficiente.

As normas jurídicas constitucionais e do arcabouço jurídico internacional que trazem o direito à segurança pública e pessoal possuem força

última a transformação social, segue-se que a sociedade como um todo ou os diferentes grupos por ela beneficiados têm em conjunto o direito à aplicação dos programas de ação conducentes a esse resultado. E se têm esse direito, devem ter também uma ação judicial que o assegure." Em complemento, conforme leciona MANCUSO (2008, pp. 33 - 34): "Naturalmente, de pouco valeriam os textos (mesmo constitucionais) sobre políticas públicas, liberdades, direitos humanos, se o Estado não pudesse ser coercitivamente instado a implementar as medidas idôneas a assegurar, na prática, aquelas garantias, como procuramos demonstrar em outra sede."

253 Sobre o tema, expõe CORVALÁN (2018, pp. 259 - 260) que "o Tribunal Constitucional alemão denomina a essa proibição da proteção deficiente (UntermaBverbot). Segundo essa teoria as disposições constitucionais sobre direitos sociais se concretizam em posições que impõe um determinado dever de legislar ou deveres de atuação em caso da Administração (e inclusive sobre o Poder Judicial), e respondem à seguinte estrutura: a) sujeito ativo: o indivíduo; b) sujeito passivo: o legislador, o juiz ou a administração e, c) uma prestação, ou seja, uma conduta positiva consistente em fornecer os meios necessários para remediar a situação da afetação do direito fundamental social. [...] Efetivamente o que se exige é uma subespécie de princípio da proporcionalidade. Isto é, se requer ao Estado que realize ações "adequadas" para cumprir com o comando constitucional. Isso, também, é um resultado do princípio formal da competência para definir finalidades a seguir e os meios para a promoção dos fins escolhidos. Porém, se o legislador ou a Administração não instrumentam os meios normativos ou fáticos para fazer efetivo o direito, o Poder Judicial deve intervir em virtude de sua posição de garante dos direitos fundamentais. [...] Coincidimos com Clárigo em que poderá ser afirmado que existe uma violação ao cumprimento de uma obrigação de proteção ou de prestação ius fundamental (proibição por omissão ou insuficiência) em três supostos: a) quando as regulamentações atacadas e as medidas estatais sejam inidôneas ou irregulares para alcançar o fim de proteção; b) quando estão muito por atrás do obrigado, e c) quando o poder estatal permaneça totalmente inativo (omissão em sentido estrito)".

normativa[254] e seu cumprimento pode ser exigido diretamente perante o Poder Judiciário, que deve julgar os conflitos sociais para manter a paz social, sendo ele o último refúgio oficial para que se possa buscar a efetivação dos direitos fundamentais, quando não o são pelos demais Poderes[255].

O direito individual e o direito social à segurança só se atendem quando existe segurança pública efetiva[256], tornando fato a fórmula consagrada de

[254] Para CAMARGO (2005, p. 378): "Como normas de alto conteúdo e densidade valorativa, a consubstanciarem os direitos fundamentais, base da ordem jurídica positiva, é que os princípios jurídicos ganham em importância para o Estado constitucional. A partir do momento em que passam a ser considerados normas jurídicas, porque postos pela autoridade competente, todo esforço é pouco em emprestar-lhes eficácia." Aliás, como ensinava RUY BARBOSA apud. CHALITA (2005, p. 229) "Não há numa Constituição, cláusulas, a que se deva atribuir meramente o valor moral de conselhos, avisos ou lições. Todas têm força imperativa de regras, ditadas pela soberania nacional ou popular aos seus órgãos."

[255] Acerca do papel do Juiz e do Poder Judiciário, de prestar a tutela jurisdicional que atenda aos objetivos práticos, é importante a lição de RODRIGUEZ (2005, pp. 280 - 281), de que: "O juiz não pode ser livre porque o Direito não é uma esfera separada das outras: a sentença judicial serve a objetivos práticos, está ligada a uma práxis, que é a necessidade de decidir conflitos sociais dos mais diferentes tipos com o fim de manter a paz social. Para que possa realizar esse objetivo, é preciso que o juiz disponha de uma linguagem que possibilite sua comunicação com as outras esferas sociais, caso contrário seria impossível decidir conflitos com o fim de disciplinar condutas no campo da economia, da política e da cultura. Este entrave à liberdade do juiz está inscrito nas estruturas do Estado de Direito. O estabelecimento do monopólio da violência pelo Estado retirou das pessoas o poder de recorrer à autotutela, à justiça de mão própria. [...] Diante de uma pretensão resistida, as pessoas são obrigadas a levar sua demanda aos tribunais por meio de ações judiciais. O monopólio da jurisdição por parte do Estado estabeleceu a previsibilidade da produção, execução e aplicação das normas jurídicas, aumentando a segurança jurídica. O juiz é peça-chave no funcionamento do Estado, pois é o responsável por dar uma resposta àquelas pessoas que se sentem injustiçadas por terem tido seus direitos violados. O monopólio da jurisdição deixa apenas um caminho para a busca de uma solução para os conflitos. Por esta razão, o juiz está obrigado a julgar, não pode deixar de entregar uma resposta para as questões que lhe sejam apresentadas sob pena de colocar em risco a paz social. Despojados do direito de resolver seus conflitos por si mesmos, os cidadãos dispõem apenas do recurso aos tribunais para buscar uma solução para suas desavenças. Privá-los dessa possibilidade significa colocar em risco o monopólio estatal da jurisdição, abrindo espaço para um retrocesso em direção à autotutela".

[256] Ou seja, quando a prestação estatal atinge um patamar mínimo de otimização, em que o Estado consegue prevenir as infrações penais evitáveis, a média das pessoas se sentem seguras e se demonstra um padrão razoável dos programas e políticas públicas, idôneo para atingir o fim público, o que se verifica pelas constantes diminuições de índices de infrações penais,

forma expressa na Constituição da República Federativa do Brasil como direito de todos.

Segurança é direito fundamental, individual, social e transindividual, de caráter indisponível. Os direitos de segurança estão previstos no Preâmbulo e nos artigos 5º, *caput* e inciso XXXVI, art. 6º e art.144, todos da Constituição da República Federativa do Brasil, sendo possível o manejo de diversos meios processuais para a sua tutela. Com efeito, há casos em que, ofendido o direito à segurança de determinada pessoa, caberá ao lesado eventual propositura de ação para a reparação dos danos sofridos, observadas as hipóteses de responsabilização estatal ou do ofensor.

Mas, para compelir o Estado a agir e promover a efetiva tutela do direito à segurança pública, provada a omissão ou a ação insuficiente, que incide em proteção deficiente, há outras hipóteses que devem ser destacadas: possibilidade de se utilizar a Ação Popular, de impetrar Mandado de Segurança Coletivo[257] em razão da violação do direito líquido e certo da comunidade, a impetração de Mandado de Injunção para compelir o Poder Legislativo a regulamentar a prestação dos serviços de segurança pública em sua integralidade[258], a propositura de Ação Direta de Inconstitucionalidade e Arguição de Descumprimento de Preceito Fundamental[259], ou ainda a Ação Civil Pública[260] para a promoção judicial deste direito previsto na Constituição Federal.[261]

O arcabouço jurídico para se promover a ação estatal e, assim, transformar a realidade, vencendo a insegurança por meio do Direito, deve ser

de cifras negras e da sensação de impunidade, a que corresponda um aumento da sensação de segurança, tudo parametrizado por critérios científicos.

257 Com fundamento inclusive nos incisos LXIX e LXX do artigo 5º, da Constituição Federal.

258 Com fundamento inclusive no inciso LXXI do artigo 5º, da Constituição Federal.

259 Prevista no artigo 103, § 2º, da Constituição Federal.

260 Com supedâneo inclusive no art. 129, III, da Constituição Federal.

261 Acerca das finalidades, cabimento e distinção entre estas ações, dedicou-se MAZZILLI (2008, p. 131), esmiuçando cada uma delas e esclarecendo que: “A ação civil pública ainda se presta para que o Ministério Público possa questionar políticas públicas, quando do exercício de suas funções no zelo para que os Poderes Públicos e os serviços de relevância pública observem os direitos assegurados na Constituição.”

analisado sob o aspecto de garantias jurídicas aplicáveis e dos mecanismos processuais cabíveis[262].

Assim, nas seções que seguem serão verificadas algumas ações e garantias em espécie, aptas a instrumentalizar o exercício da tutela jurisdicional, frisando-se desde já que, respeitados os requisitos de cada uma das ações, no que tange à tutela de interesses difusos, coletivos, individuais homogêneos, ou mesmo de direitos individuais indisponíveis, é possível o concurso de mais de um meio para instrumentalizar o pedido de provimento jurisdicional[263].

É prudente que a escolha do meio processual seja feita não sob critérios de conveniência, mas de busca da efetividade.

10.1 Garantia do acesso à jurisdição

A garantia do acesso à jurisdição, que integra o devido processo legal, é a garantia de poder deduzir em Juízo uma pretensão ou se defender de pre-

[262] Conforme explica MANCUSO (2008, pp. 24 - 25): "A vida em sociedade apresenta necessidades as mais diversas, e ao direito processual cabe fornecer respostas adequadas e eficazes, ou seja, oferecer os instrumentos idôneos a uma efetiva tutela para as situações apresentadas. É o que modernamente se vem chamando a instrumentalidade do processo, tema sobre o qual pontificou Cândido Rangel Dinamarco, lembrando ser "perceptível à primeira vista a instrumentação jurídico-processual destinada à consecução do objetivo político consistente na preservação das liberdades públicas. A estreita instrumentalidade que liga o processo à Constituição e à ordem política nela delineada conduz à estruturação da chamada jurisdição constitucional das liberdades, um complexo de meios preordenados ao exercício da jurisdição, em casos concretos, com vistas a efetivar as garantias de liberdade ofertadas a nível constitucional". [...] Para que se atinja esse ideal, o direito processual busca sempre uma adequação entre a necessidade apresentada pela parte e o tipo de tutela jurisdicional que lhe corresponda." E prossegue afirmando que "Esses direitos subjetivos públicos e essas liberdades públicas, quando desrespeitados ou obstados, ensejam o acesso à Justiça, através dos instrumentos processuais de índole coletiva a que já aludimos: ação popular, ação civil pública, mandado de segurança coletivo, arguição de inconstitucionalidade, ações coletivas do Código de Defesa do Consumidor, mandado de injunção em modo coletivo. Sem embargo, outros desses direitos e liberdades, por sua natureza personalíssima, somente ensejam ações de natureza individual: a liberdade de locomoção, garantida pelo habeas corpus; o direito à informação, garantido pelo habeas data, a ofensa a direito individual, líquido e certo, pelo mandado de segurança." (Ibidem, p. 35).

[263] Neste sentido, por exemplo, menciona-se o seguinte trecho de ementa de aresto do Superior Tribunal de Justiça: "[...] 1. O Ministério Público está legitimado a defender os interesses transindividuais, quais sejam os difusos, os coletivos e os individuais homogêneos. 2. A Carta

tensão alheia deduzida contra si, participando efetivamente do processo em ambas as hipóteses, para a obtenção de uma tutela jurisdicional efetiva, adequada, em prazo razoável.

Trata-se, assim, de uma garantia de acesso ao devido processo legal, em seus aspectos formal e substancial, que não se resume a acessar o Poder Judiciário, mas somente se aperfeiçoa quando se acessa uma ordem jurídica justa. Esta garantia apenas é alcançada quando a inafastabilidade do controle jurisdicional não é um mero formalismo permissivo, mas é capaz de solucionar conflitos garantindo direitos de forma adequada, justa e efetiva, diante de qualquer lesão ou ameaça de lesão a direitos[264].

Esta garantia constitucional permite o socorro ao Poder Judiciário diante da lesão ou ameaça de lesão ao direito à segurança, em sua esfera individual ou pública[265].

O Poder Judiciário, neste caso, exercerá a tutela jurisdicional frente ao próprio Estado e seus agentes, ou frente a particulares, diante da eficácia

de 1988, ao evidenciar a importância da cidadania no controle dos atos da Administração, com a eleição dos valores imateriais do art. 37, da CF/1988 como tuteláveis judicialmente, coadjuvados por uma série de instrumentos processuais de defesa dos interesses transindividuais, criou um microssistema de tutela de interesses difusos referentes à probidade da administração pública, nele encartando-se a Ação Cautelar Inominada, Ação Popular, a Ação Civil Pública e o Mandado de Segurança Coletivo, como instrumentos concorrentes na defesa desses direitos eclipsados por cláusulas pétreas. 3. Deveras, é mister concluir que a nova ordem constitucional erigiu um autêntico 'concurso de ações' entre os instrumentos de tutela dos interesses transindividuais e, a fortiori, legitimou o Ministério Público para o manejo dos mesmos. [...]" (BRASIL. STJ – Acórdão nº 2009.02.24885-0 Aga - Agravo Regimental no Agravo de Instrumento – 1249132. Relator: Ministro Luiz Fux. Primeira Turma. Data 24 ago. 2010. DJE:09/09/2010).

[264] Na lição de CHALITA (2005, p. 229): "O século XXI apresenta uma enorme gama de desafios para o estudioso e o cientista do Direito. A sociedade em transformação exige uma resposta constante na solução de seus conflitos. A pessoa humana não é simples, não é estática e não se satisfaz, e isso gera um conflito continuado de expectativas individuais e coletivas. Novas tecnologias, novas fontes de informação, novos domínios da ciência, e o direito não pode ficar à margem pois que se trata do mister de fazer justiça de restabelecer o sentido de opção de vida em grupo que gerou a própria sociedade. Evidentemente, a sociedade contemporânea não tem um sentido de opção, o Estado se configura como uma necessidade. Não há alternativa de se fazer parte ou não do Estado, a questão é de solução dos conflitos que se repetem e dos novos desafios gerados por novas posturas da sociedade."

[265] Explica LIMA (1974, p. 51) que: "A existência de um Poder Judiciário digno, independente e rápido é, portanto, uma condição essencial para a existência das bases de qualquer

horizontal dos direitos fundamentais. Mesmo quando o polo passivo da relação jurídica processual for ocupado pelo próprio Estado e seus agentes, não resultará violação ao princípio constitucional da Separação de Poderes, hoje concebido como convivência harmônica entre as três grandes funções do Estado, pois o fundamento do acesso ao Estado-Juiz é a própria ordem jurídica, com supedâneo constitucional e nas normas de direito internacional de direitos humanos, sem prejuízo de outros fundamentos. A razão de ser da Separação de Poderes é evitar a concentração, por meio da divisão de funções e de detenção do poder em cada função, para que cada parcela do Poder possa servir de freio e contrapeso às demais, protegendo-se os direitos fundamentais contra o poder absoluto e o arbítrio. Entende-se que, desta forma, o Estado atinge o seu escopo de garantir a paz social e o bem-estar geral[266].

Mas o poder estatal é único e não possui várias fontes distintas e incomunicáveis, sendo utopia pensar em uma separação absoluta de poderes (na verdade funções). E, observando-se objetivamente, o Poder Judiciário não somente julga, mas administra a política judiciária e a Justiça, coordenando

tipo de civilização e de ordem social. A violação de direitos é um fato indiscutível. Nenhuma organização jurídica, nenhum código ético, nenhuma formação educativa serão capazes, por si sós, de substituir a estrutura judiciária e policial, exigidas para contrariar essa inevitável violação de direitos. Se modernamente certos regimes, totalitários ou não, erigiram o Estado Policial em regra de estruturação social, foi precisamente na medida em que decaiu ou se corrompeu neles a organização de justiça rápida e barata, aberta para todos indistintamente, a ponto de ser tradicionalmente representada, simbolicamente, como cega, para mostrar que deve ser aplicada a todos igualmente, para corrigir, e não para aumentar, as desigualdades sociais inevitáveis."

[266] Explica PANCOTTI (Obra citada, pp. 33 - 34), que: "A idéia de poder é inerente e indissociável à de Estado. Não se concebe a existência do Estado, sem que seja dotado de um poder de comando, ou de governo próprio. Nos primórdios o poder era concentrado em uma única pessoa, o monarca absoluto. No Estado Democrático de Direito o que legitima o poder é o pacto social que tem por pedra angular a Constituição. A experiência humana demonstrou, porém, que a concentração do poder é inconveniente para a segurança dos indivíduos, pois, tendo por razão à vontade potestativa do soberano, sujeitam os indivíduos a toda espécie de vicissitudes das contradições, fraquezas e incertezas humanas do soberano. Além disso, pela necessidade de evitar o arbítrio tornou-se imperioso estabelecer limitação ao exercício do poder, sendo o meio ou a técnica mais eficaz a da "separação dos poderes" do Estado. No Estado de Direito, esta separação dá-se pela sua repartição entre órgãos instituídos na estrutura mais elevada da organização estatal para que, independentemente de quem venha exercitá-los, fique garantida a segurança jurídica."

seus diversos órgãos e legislando as normatizações internas. Igualmente, o Poder Legislativo não somente edita normas, mas, em tese, também fiscaliza os demais Poderes, possui comissões parlamentares de inquérito, administra internamente seus órgãos e julga seus parlamentares em comissões, inclusive de ética. O Poder Executivo, além da administração pública, edita normas regulamentares e normatizações internas, bem como julga seus procedimentos administrativos.

Daí se conclui ser incorreto pensar que a atividade de julgar seja exclusiva do Poder Judiciário, que a atividade de legislar seja exclusiva do Poder Legislativo ou que a tarefa de administrar seja exclusiva do Poder Executivo. A divisão de funções principais de cada Poder serve para que o poder estatal esteja difundido em diversos exercentes, evitando o absolutismo e a arbitrariedade decorrente de concentração de poder que o Estado de Direito se presta a combater. Daí porque se pode falar em divisão funcional do Poder e colaboração entre funções estatais.

A este respeito, deve-se frisar que, embora os controles de validade (constitucionalidade das normas, legalidade e convencionalidade[267]) sejam feitos pelo Poder Executivo (por exemplo, quando edita normas secundárias, propõe leis, analisa a sanção e veto de leis, instaura, conduz e julga procedimentos administrativos, analisa pedidos de licenças, realiza fiscalizações etc.) e pelo Poder Legislativo (por exemplo, em suas comissões ao analisar projetos de leis, medidas provisórias etc.), é o Poder Judiciário quem decide ao final e de forma definitiva acerca da validade e diz a interpretação jurídica com caráter vinculante e coercitivo no desempenho de sua atividade-fim.

Conclui-se, portanto, ser lícita, legítima e devida a atuação do Estado-Juiz, sendo inidônea a alegação de que a determinação do Poder Judiciário, no exercício da jurisdição, para que a Administração Pública ou o Legislativo efetivem e garantam direitos fundamentais, agindo ou se abstendo de agirem conforme determinam os ditames constitucionais, legais e regulamentares e das normas internacionais de direitos humanos de que o Brasil é signatário, por exemplo, viola a separação de poderes. Assim, a jurisdição na República Federativa do Brasil estruturada pela Constituição de 1988 é idônea para a garantia do direito à segurança pública, assim como dos

[267] Sobre o controle de convencionalidade, conferir MAZZUOLI (2015).

demais direitos, frente a qualquer um, quem quer que seja, mesmo integrante do próprio Estado.

De qualquer forma, a interpretação das normas jurídicas por meio de correta aplicação da hermenêutica será fundamental para que o resultado da tutela jurisdicional possa efetivamente garantir os direitos fundamentais[268].

O dever-ser trazido pelas normas que preveem a segurança pública somente atuará com eficácia e de forma correta no plano da realidade se forem observados os valores e os princípios que formam a nossa consciência ética, e legitimam a atuação do Estado e a própria decisão proferida quando da tutela jurisdicional[269].

Mas, para que haja real acesso à jurisdição, urge o desenvolvimento de teorias sobre a decisão judicial, que possibilitem o controle da discricio-

[268] Na lição CUNHA (2005, p. 309), a interpretação dá o sentido prático às normas: "[...] a normatividade jurídica é sempre dependente de "algo" que lhe determine o sentido prático e aplicável nas situações reais do mundo da vida em determinadas circunstâncias e momento histórico. A normatividade jurídica é sempre dependente de uma medição. Não poderia ser diferente na medida em que o caráter prescritivo do direito sempre se volta para a conduta social dos indivíduos, dando ao direito um caráter, ao mesmo tempo, normativo e social." Isto porque: "o direito possui características epistemológicas próprias que decorrem de seu caráter concomitantemente social e normativo. É no âmbito da experiência vivida e no mundo cultural que se realiza o direito. Contudo, o direito não apenas recebe os influxos da vida, mas também gera influxos que vão determinar de certa maneira as relações vividas, num sentido normativo e com base num poder." (Ibidem, pp. 313 - 314).

[269] Ainda com base em CUNHA (Ibidem, p. 319), verifica-se que o processo de interpretação perpassa pela consciência ética, histórica e hermenêutica: "Assim, da consciência histórica se desdobra nossa consciência ética que nos interpela sobre nosso passado e sobre que tipo de futuro queremos. É a consciência ética que clama por parâmetros, sempre axiológicos, para a intervenção presente, levando em consideração o passado, voltada para o futuro. De efeito, apresentam-se totalmente indissociáveis *consciência hermenêutica, consciência histórica* e *consciência ética*." (grifo do autor). Isto porque, conforme ele explica (Ibidem, p. 331), "Esse caráter normativo da interpretação, no entanto, se funda sobre valores e princípios que justificam e tornam aceitável determinada avaliação jurídica, sem a qual o direito nunca poderia se concretizar com a dose de legitimidade aceitável. [...] O direito, como bem cultural, carrega o sinal humanizante do juízo de valor." Assim, conclui que a correta interpretação das normas jurídicas, necessariamente deve se atentar aos fundamentos axiológicos, preenchendo de humanidade e ética o processo do exegeta na dicção do sentido da norma: "O direito é, pois, realidade valiosa objetivada na cultura que deve conferir sentido ético às relações sociais através de sua normatividade coercível. Uma hermenêutica que reduzisse o direito a mero

nariedade do julgador, de forma a afastar o subjetivismo, a arbitrariedade, a decisão sem fundamentação adequada do ponto de vista legal e constitucional, sem respeito à integridade do Direito e com o compromisso de se produzir um Ordenamento Jurídico coerente do ponto de vista de validade e lógica, capaz de garantir a segurança jurídica de se cumprir os ditames constitucionais.

A criação judicial do Direito é normal e necessária, pois as leis, além de imperfeitas, carecem de interpretação e não são capazes de prever todas as hipóteses de sua aplicação, também não sendo possível que haja normas jurídicas prevendo e regulamentando à exaustão todo o plano da realidade em potência.

Assim, o Estado-Juiz deve criar a norma jurídica incidente no caso concreto, cotejando os ditames do texto normativo, o sistema jurídico e o fato, com suas peculiaridades, em atividade de interpretação, integração e aplicação do Direito. Isto, entretanto, não se confunde com o julgamento com base apenas na vontade do julgador, de suas preferências pessoais, que não configure verdadeira prestação da tutela jurisdicional.

10.2 Garantia do devido processo legal

Para se verificar se o dever de prestar segurança pública está sendo atendido de forma idônea, suficiente, efetiva e proporcional pelo Estado brasileiro, inclusive se os meios escolhidos para atender a este fim de dar segurança efetiva, adequada e suficiente para a população no território nacional são razoáveis, o princípio do Devido Processo Legal afigura-se garantia de enorme importância. Sobretudo em seu aspecto material, também denominado de "substancial" ou *substantive due process of law*, esta garantia possibilita a análise do conteúdo das normas editadas pelo Poder Legislativo e do mérito dos atos do Poder Executivo, pelo controle administrativo perante a Administração Pública e o exercício do controle jurisdicional exercido pelo Poder Judiciário, devidamente provocado, no âmbito da convivência

procedimento técnico de regulação e não reconhecesse nele aspectos valorativos mas apenas força institucional seria manifestação brutal de um "não direito", do torto. Pode-se falar, então, de fundamentos axiológicos da hermenêutica jurídica, devendo estes fornecer os conteúdos éticos necessários à inteligibilidade da ordem jurídica e a sua concreção através da atividade interpretativa voltada para a aplicação do direito. [...] Seria grotesca vulgaridade cogitar uma aplicação do direito esvaziada de seu compromisso com os valores sociais e com os valores constitutivos da própria ordem jurídica." (Ibidem, p. 332).

harmônica entre os Poderes, que se equilibram, limitam e controlam no denominado sistema de freios e contrapesos (*checks and balances*)[270].

A garantia fundamental do devido processo legal ainda possibilita o controle não só da adequação entre os meios escolhidos e os fins previstos pelo Ordenamento Jurídico, mas o excesso no meio utilizado, ou a sua insuficiência, a omissão na atividade legislativa e administrativa, tudo por meio da Inafastabilidade do Controle Jurisdicional, para que se possa buscar a efetiva tutela da segurança pública.

O Direito deve ter aplicação prática para transformar positivamente a realidade social. Por este motivo deve ser apreciada a garantia do devido processo legal em toda a sua potencialidade. Com sua envergadura constitucional, ela é um instrumento que pode ser utilizado com enorme eficácia para a salvaguarda dos direitos fundamentais submetidos a omissões e inércia que os impedem de ser materializados e promovidos, ou a ações inidôneas, desnecessárias, ou não proporcionais que também ofendem a sua implementação.

Independentemente da espécie de ação escolhida, de qual legitimado ativo opte por movê-la, do nome que lhe seja dado ou da roupagem exigida pela burocracia estatal, o objeto é a efetivação do direito à segurança pública, que é humano e fundamental, voltado a tutelar a liberdade, a vida, a propriedade, a igualdade etc., motivo pelo qual o controle jurisdicional deverá ser exercido sob o enfoque do devido processo legal em seu aspecto substancial.

O devido processo legal, também denominado de *due process of law*, previsto no artigo 5º, LIV, da Constituição da República Federativa do Brasil,

[270] Sobre o tema, SOUZA (2007, p. 70) aponta que: "Ora, se o sistema vigente é exatamente o de freios e contrapesos – a serem exercidos pelas e entre as funções inerentes ao Poder -, à evidência não se podem negar ao Judiciário quer a legitimidade, quer o dever de interferir na administração, se esta não corresponde aos anseios da sociedade e ao ideal de justiça por esta almejado, fundamentos basilares do Estado Brasileiro e justificativos da instituição de um ordenamento jurídico interno, como desborda já do preâmbulo de nossa Carta de Princípios." Isto porque a intervenção do Judiciário – longe de configurar uma violação à tripartição das funções inerentes ao Poder do Estado – é a efetiva garantia de que o Estado Democrático de Direito impera no Brasil, uma vez indispensável impor limites ao Executivo, de sorte a fazer prevalecer o sistema de freios e contrapesos, sem o qual quaisquer desmandos advindos da Administração Pública haveriam de ser aceitos, fazendo com que a sociedade retornasse aos tempos do feudalismo, todos caudatários do suserano."

segundo o qual "ninguém será privado da liberdade ou de seus bens sem o devido processo legal", remonta em suas origens à Magna Carta de 1215, que o previa como garantia negativa, formal, para a proteção das liberdades públicas. A garantia do devido processo legal foi sendo especificada nas diversas outras garantias constitucionais, que dele retiram seu fundamento de validade, por se tratarem de destaques que retratam partes do todo que forma a garantia de um processo justo do ponto de vista processual. Do campo processual penal, o princípio espraiou-se para os demais ramos do Direito[271].

O princípio do Devido Processo Legal evoluiu nos séculos XVIII e seguintes, sobretudo por meio das decisões da Suprema Corte dos Estados Unidos da América e de seus Tribunais Estaduais, que passaram a trazer a repulsa a atos administrativos contrários a direitos fundamentais, o *judicial review*, permitindo a análise da constitucionalidade das leis frente aos direitos fundamentais e a validade dos atos de governo[272].

Para a realização do controle jurisdicional sobre o mérito dos atos administrativos e sobre o conteúdo das leis editadas, este princípio evoluiu para

[271] Aponta MESQUITA (2006) que: "O devido processo legal nasceu com feições apenas processuais, como garantia que viria a assegurar que as privações de liberdade e propriedade somente seriam possíveis por um processo regular. Com essa característica, manteve-se vivo na Inglaterra, nas Constituições das Colônias Inglesas na América e, posteriormente, nas Emendas 5 e 14 da Constituição dos Estados Unidos. Inicialmente dirigida à jurisdição penal, foi estendida, em seguida, à jurisdição civil e, recentemente, ao processo administrativo. Porém, o devido processo legal é caracterizado pelo trinômio vida-liberdade-propriedade, isto é, tutela os bens da vida em seu sentido mais amplo e genérico. Tudo o que diga respeito à tutela da vida, da liberdade ou da propriedade está sob a proteção da due process clause (NERY JÚNIOR, 1999, p. 33)."

[272] Explica LOWELL (Obra citada), a cláusula do devido processo legal, introduzida na Constituição Americana por meio da emenda n. 5, possui significado que foi sendo extraído dos casos julgados: "*Its meaning has been evolved out of the numerous judicial decisions given on questions in which the validity of governmental action has been questione.*" Em tradução livre nossa: "Seu significado evoluiu das numerosas decisões judiciais dadas sobre questões nas quais a validade da ação governamental foi questionada." O referido autor explica, ainda, que o raciocínio por meio do qual o Magistrado da Suprema Corte Americana Chase, desenvolveu o princípio em seu sentido material, para proteger a vida, liberdade e propriedade, foi em razão de esta proteção ser a justificativa para o contrato social que fundamenta a organização política da sociedade e, portanto, limita a ação governamental e legislativa: "*The idea of social compact, as introduced into American decisions, was substantially that of John Locke and Rousseau. It holds as its major premise that the scope of the power of any governmental body is determined by the purposes for which it was brought*

trazer como parâmetro para o exercício da tutela jurisdicional o enfoque acerca da Razoabilidade das leis e atos do Poder Público[273].

into being. The minor premise is that American government was created to secure to the individuals the enjoyment of life, liberty and property. The resulting conclusion is that the American government cannot take from any person life, liberty or property except when such a taking is necessary to secure life, liberty and property to the individuals generally who compose society. Carrying this reasoning to its actual application, it follows that when property has vested in a person under an existing law, it can only be taken from him, or his right to use it abridged by some law having as its purpose the security of life, liberty and property to the public generally." Em tradução livre nossa: "A ideia de pacto social, introduzida nas decisões americanas, era substancialmente a de John Locke e Rousseau. Ele tem como premissa principal que o escopo do poder de qualquer órgão governamental é determinado pelos propósitos para os quais foi criado. A premissa menor é que o governo americano foi criado para garantir aos indivíduos o desfrute da vida, liberdade e propriedade. A conclusão resultante é que o governo americano não pode tirar de ninguém a vida, liberdade ou propriedade, exceto quando tal tomada é necessária para garantir vida, liberdade e propriedade aos indivíduos em geral que compõem a sociedade. Levando esse raciocínio à sua aplicação real, conclui-se que, quando a propriedade é investida em uma pessoa sob uma lei existente, ela só pode ser retirada, ou o seu direito de usá-la abreviado por alguma lei que tem como objetivo a segurança da vida, liberdade e propriedade ao público em geral."

[273] Conforme leciona GARRET (2017, p. 70): "*Reasonableness standards are pervasive in administrative law, civil procedure, contract law, corporate law, criminal law, criminal procedure, employment discrimination law, tort law, and innumerable other fields. In each, reasonableness can be used with conceptions that are, broadly speaking, objective, subjective, utility-based, or custom-based. As Professor Frédéric G. Sourgens has aptly put it in an in-depth examination, there are "competing utilitarian, pragmatic, or formalist reasonableness paradigms.*" Em tradução livre nossa: "Os padrões de razoabilidade são difundidos em direito administrativo, processo civil, direito contratual, direito societário, direito penal, procedimentos criminais, lei de discriminação no emprego, lei de delito e inúmeros outros campos. Em cada um, a razoabilidade pode ser usada com concepções que são, de um modo geral, objetivas, subjetivas, baseadas em utilidade ou personalizadas. Como o professor Frédéric G. Sourgens colocou adequadamente em um exame aprofundado, existem "paradigmas utilitários, pragmáticos ou formalistas concorrentes."
E conclui, após analisar as críticas, perspectivas e aplicações da razoabilidade, que "*Yet constitutional reasonableness is here to stay. It is the glue that holds together vastly disparate constitutional provisions and standards. As Professors Sam Kamin and Justin Marceau put it, "it is unlikely that any area of law lacks a reasonableness test at the center of a core doctrine." Pervasive constitutional borrowing has led the Court to pull reasonableness standards from civil to criminal settings, from discrimination law to free speech law, from standards of care to standards for relief on appeal or in habeas corpus petitions. In many of those areas, the indeterminate and even circular nature of the constitutional reasonableness standard can be a source of its strength.*[...]" (Ibidem, pp. 123 - 124). Em tradução livre nossa: "No entanto, a razoabilidade constitucional chegou para ficar. É a cola que une disposições e padrões constitucionais bastante díspares. Como dizem os professores Sam Kamin e Justin

A Razoabilidade, regra de hermenêutica desenvolvida no direito anglo-saxão, visa afastar a solução irrazoável, ainda que haja fundamento jurídico para embasá-la. Ela consiste na análise da adequação entre os fins visados pelo Ordenamento Jurídico e, em particular, entre a norma jurídica questionada ou ato de governo e os meios utilizados pelo Poder Público para atingir aquelas finalidades, vedando o absurdo, pois as decisões administrativas e legislativas irrazoáveis deverão ser afastadas[274]. Igualmente, na Alemanha foi desenvolvido o princípio da Proporcionalidade [275] para

Marceau, "é improvável que qualquer área do direito careça de um teste de razoabilidade na estrutura central de sua doutrina." O permeamento constitucional levou o Tribunal a puxar os padrões de razoabilidade dos contextos civil para o criminal, da lei da discriminação à lei da liberdade de expressão, dos padrões de cuidado aos padrões de recurso de apelação ou pedidos de habeas corpus. Em muitas dessas áreas, a natureza indeterminada e até circular do padrão de razoabilidade constitucional pode ser uma fonte de sua força".

[274] Para CASTRO (2005, pp. 146 - 147): "Nessa visão limitadora do arbítrio legislativo, a cláusula do devido processo legal erige-se em escudo contra as normas jurídicas e as decisões administrativas irrazoáveis ou irracionais. Afasta-se, assim, o totalitarismo na tomada de decisões capazes de interferir com a esfera de liberdade ou com os bens individuais dotados de utilidade social. Por exigência insuprimível de limitação de mérito ou de conteúdo das decisões de caráter normativo, a nenhuma autoridade constituída, nem mesmo ao legislador legitimamente investido da representação política, é dado deliberar de forma arbitrária e incondicionada. [...] Com isso, os atos do Poder Público curvam-se aos reclamos da razão, sujeitando-se, em seu mérito, ao questionamento quanto à congruência entre meios e fins, que deve obrigatoriamente fundamentar a intromissão estatal na esfera de autonomia privada. [...] Impede, em suma, que as discriminações legislativas e os atos decisórios dos agentes estatais sejam fonte de injustiças e de perplexidades atentatórias ao paradigma de coerência exigido nas deliberações do Estado e de seus delegados, aprumando-os ao padrão aceitável de moralidade, de eficiência e racionalidade."

[275] Para ÁVILA (1999) a Proporcionalidade se trata de um dever que não se extrai do texto constitucional e também não se trataria de um Princípio: "É exatamente do modo de solução da colisão de princípios que se induz o dever de proporcionalidade. Quando ocorre uma colisão de princípios é preciso verificar qual deles possui maior peso diante das circunstâncias concretas. [...] Os princípios, como resultado dessa longa evolução doutrinária, foram então definidos como "deveres de otimização" aplicáveis em vários graus segundo as possibilidades fáticas e normativas. O dever de proporcionalidade, de outro lado, foi definido como um dever resultante de uma implicação lógica do caráter principial das normas." Esta visão, contudo, na lição de GUERRA FILHO e CANTARINI (2017), deve ser afastada, pois Proporcionalidade é Princípio, não se trata de postulado: "Pode-se concluir dos diversos acórdãos analisados, que não é estabelecida a necessária diferença entre os princípios da proporcionalidade e da razoabilidade, inconfundíveis em sentido, em conteúdo e também quanto à origem. Também

a atuação do Estado[276]. Ele visa coibir o excesso (denominado "Proibição de Excesso"), bem como a omissão, a insuficiência que gere deficiência na implementação e tutela de direitos (denominada "Proibição da Proteção

se observa o entendimento do Min. Eros Grau, como em seu voto na Adin 1040 do conceito de proporcionalidade como sinônimo de equidade, não sendo, no seu entender, a proporcionalidade um princípio, mas uma pauta – assimilável à posição, tão difundida quanto equivocada, de Humberto Ávila, que atribui à proporcionalidade a natureza de um mero postulado, confundindo os planos do que é deôntico, da ordem do dever ser, como um princípio jurídico, com aquele gnosiológico, ou ontognosiológio, para dizer com Miguel Reale, isto é, da ordem do ser tal como se dá a conhecer -, um (mero) critério de interpretação, a ser empregado com base exclusivamente no subjetivo (e incerto) alvedrio do intérprete; também considera que a proporcionalidade e a razoabilidade só podem ser atuadas no momento da norma da decisão quando do controle concreto, jamais quando do controle difuso."

276 Para MENDES (2000, p. 372), "o conceito de discricionariedade no âmbito da legislação traduz, a um só tempo, ideia de liberdade e de limitação. Reconhece-se ao legislador o poder de conformação dentro dos limites estabelecidos pela Constituição. E dentro desses limites, diferentes condutas podem ser consideradas legítimas. Veda-se, porém, o excesso, em qualquer de suas formas (Verbot der Ermessensmissbrauchs; Verbot der Ermessensüberschreitung). A doutrina identifica como típica manifestação de excesso de poder legislativo a violacão ao princípio da proporcionalidade ou da proibição de excesso (Verhältnismässigkeitsprinzip; Übermassverbot) qualidade de norma constitucional não-escrita, derivada do Estado de direito". Explicitando o trinômio necessidade-adequação e proporcionalidade em sentido estrito, que compõem o Princípio da Proporcionalidade, CANOTILHO (1993, p. 384) aponta que: "quando se chegar à conclusão da necessidade e adequação do meio para alcançar determinado fim, mesmo neste caso deve perguntar-se se o resultado obtido com a intervenção é proporcional à carga coativa da mesma. Meios e fins são colocados em equação mediante um juízo de ponderação, a fim de se avaliar se o meio utilizado é ou não desproporcionado em relação ao fim. Trata-se, pois, de uma questão de 'medida' ou 'desmedida' para se alcançar um fim". O princípio foi sintetizado por CASTRO (2005): "Com semelhante inspiração, Karl Larenz sustenta que 'a ideia de justa medida tem uma relação estreita com a ideia de justiça, tanto no exercício dos direitos como na importância de deveres e ônus, de equilíbrio de interesses reciprocamente contrapostos na linha do menor prejuízo possível'. Proporcionalidade encerra, assim, a orientação deontológica de se buscar o meio mais idôneo, mais equitativo e menos excessivo nas variadas formulações do Direito, seja na via da legislação ou positivação das normas jurídicas, da administração pública dos interesses sociais, da aplicação judicial dos comandos normativos e, ainda, no campo das relações privadas, a fim de que o reconhecimento ou o sacrifício de um bem da vida não vá alem do necessário ou, ao menos, do justo e aceitável em face de outro bem da vida ou de interesses contrapostos. A ideia (ou ideário) da proporcionalidade persegue, assim, a justa e equânime distribuição de ônus e encargos, e também de bônus e vantagens, nos incontáveis contextos de disputas, litígios e concorrências intersubjetivas" (Obra citada, pp. 199 - 200).

Insuficiente"). Trata-se de ideia que já era concebida por ARISTÓTELES (1996, p. 96) de que "o justo, então, é uma das espécies do gênero 'proporcional' [...] o proporcional é um meio termo entre dois extremos desproporcionais, já que o proporcional é um meio termo, e o justo é o proporcional." E adverte que: [...] "por esta razão a injustiça é excesso e falta, no sentido de que ela leva ao excesso e à falta [...]" (Ibidem, p. 101).

A Proporcionalidade e a Razoabilidade informam, portanto, o processo de aplicação substancial do direito pelas cortes brasileiras para o verdadeiro acesso à jurisdição, com a real inafastabilidade do controle jurisdicional[277].

O Supremo Tribunal Federal, acerca do tema, há muitos anos vem reconhecendo a sujeição do conteúdo e mérito de todas as leis e atos do Poder

[277] Sobre o tema, DIDIER JÚNIOR (2008, pp. 33 - 34) explicita a ligação da Razoabilidade e Proporcionalidade com o devido processo legal substancial: "As decisões jurídicas hão de ser, ainda, substancialmente devidas. Não basta a sua regularidade formal; é necessário que uma decisão seja substancialmente razoável e correta. Daí, fala-se em um princípio do devido processo legal substantivo, aplicável a todos os tipos de processo, também. É desta garantia que surgem os princípios da proporcionalidade e da razoabilidade." Entretanto, Razoabilidade e Proporcionalidade não se confundem, embora devam ser aplicadas de forma complementar ou suplementar, para o sopesamento dos princípios e direitos fundamentais, dos interesses e bens jurídicos em que se expressam, pois como leciona GUERRA FILHO (2005. pp. 408 - 409) acerca de tais Princípios: "e aqui vale lembrar a sinonímia e origem comum, na matemática, dos termos 'razão' (latim: *ratio*) e 'proporção' (latim: *proportio*), sem que daí se possa concluir que haja identidade entre o princípio da proporcionalidade e aquele outro, de origem anglo-saxônica, denominado entre nós 'princípio da razoabilidade' (a doutrina anglo-americana costuma referi-lo como 'princípio da irrazoabilidade'), pois este veda a prática do absurdo, ainda que amparada juridicamente, enquanto o princípio da proporcionalidade estabelece critérios para que se opte entre diversas soluções possíveis para um caso jurídico, nenhuma absurda, favorecendo aquela que melhor promova a realização de direitos fundamentais, considerados em seu conjunto. [...] Não se confunda, porém, o princípio constitucional da proporcionalidade, que é norma jurídica consagradora de um direito (rectius: garantia) fundamental – portanto, é uma prescrição – com um cânone da nova hermenêutica constitucional, que não atua sobre a vontade, mas sim sobre o intelecto do intérprete do Direito, nos quadros de um Estado democrático." Para GUERRA FILHO (2017), aliás, o Princípio da Proporcionalidade é decorrente do devido processo legal formal: "Quanto a saber donde se deriva o princípio da proporcionalidade, se do princípio estruturante do Estado de Direito, ou daquele fundamental, da dignidade da pessoa humana, que se vincula ao outro princípio estruturante de nossa ordem constitucional – e, logo, de toda a ordem jurídica - , que é o Princípio Democrático, adotamos o posicionamento que vincula o princípio da proporcionalidade à Cláusula do Devido Processo Legal (Constituição da República Federativa do Brasil, art. 5º., inc. LIV), com o que se evita este falso dilema, pois

Público à regra de interpretação que veda o absurdo e o irrazoável, por isso denominada Razoabilidade e ao princípio da Proporcionalidade[278].

10.2.1 O devido processo legal como garantia cabível para a promoção da segurança pública

Pelo que se expôs nas seções anteriores, existe um direito humano à segurança pública, direito fundamental, além de um direito social à segurança, que integra o interesse público primário e traz reflexos em interesses e direitos de natureza transindividual, de toda a população brasileira. Este direito deve ser promovido por meio do Estado, que para tanto é obrigado a agir de forma efetiva, proporcional, necessária e idônea para promovê-lo, mediante a edição de normas jurídicas e implementação de políticas públicas e programas de ação que atinjam a finalidade de proteger e dar segurança suficiente para todos[279].

Este dever, conforme se demonstrou, não vem sendo cumprido pelo Estado brasileiro de forma proporcional e efetiva à implementação do

para se ter um Estado de Direito com respeito à dignidade humana, isto é, que seja também *democrático*, pressupõe-se uma compatibilização de legalidade (Estado de Direito) com legitimidade (Democracia), obtida, em última instância, pela aplicação, no âmbito de processos judiciais, administrativos e outros, precisamente, do princípio da proporcionalidade. É certo que a ideia subjacente à "proporcionalidade", *Verhältnissmäßigkeit*, noção dotada atualmente de um sentido técnico no direito público e teoria do direito germânicos, ou seja, a de uma limitação do poder estatal em benefício da garantia de integridade física e moral dos que lhe estão sub-rogados, confunde-se em sua origem, como é fácil perceber com o nascimento do moderno Estado de direito, respaldado em uma constituição, em um documento formalizador do propósito de se manter o equilíbrio entre os diversos poderes que formam o Estado e o respeito mútuo entre este e aqueles indivíduos a ele submetidos, a quem são reconhecidos certos direitos fundamentais inalienáveis."

[278] Por exemplo: "Todos os atos emanados do poder público estão necessariamente sujeitos, para efeito de sua validade material, à indeclinável observância de padrões mínimos de razoabilidade" (BRASIL. STF, Pleno, ADI-MC 2.667/DF, rel. Min. Celso de Mello, DJ. 12/Mar./2004).

[279] Acerca dos direitos humanos de segunda geração, dentre os quais a segurança pública, explica MARMELSTEIN (2008. p. 50) que eles impõem a ação positiva dos Estados: "os direitos de primeira geração tinham como finalidade, sobretudo, possibilitar a limitação do poder estatal e permitir a participação do povo nos negócios públicos. Já os direitos de segunda geração possuem um objetivo diferente. Eles impõem diretrizes, deveres e tarefas a serem realizadas pelo Estado, no intuito de possibilitar aos seres humanos melhores qualidade de vida e um nível de dignidade como pressuposto do próprio exercício da liberdade. Nessa

direito, permanecendo a enorme criminalidade e violência no país, uma das piores sensações de insegurança do mundo, a perda de centenas de bilhões de reais todos os anos em razão das consequências da violência não controlada e o descrédito nas instituições. Este fator gera uma enorme cifra negra, que, se não existisse, elevaria ainda mais os números apresentados pelo Brasil[280].

acepção, os direitos fundamentais de segunda geração funcionam como uma alavanca ou uma catapulta capaz de proporcionar o desenvolvimento do ser humano, fornecendo-lhe as condições básicas para gozar, de forma efetiva, a tão necessária liberdade."

Esses deveres estatais devem ser cumpridos por meio de políticas públicas, que são conceituadas por SANTIN (2004, pp. 34 - 35) da seguinte forma: "[...] as políticas públicas são execuções das normas legais ou constitucionais, verdadeiros mecanismos de sua efetivação ou um "law enforcement" (reforço para execução da lei). Não são apenas atos meramente políticos ou de governo, os chamados atos de gestão. As políticas públicas são os meios de planejamento para a execução dos serviços públicos. Em todas as áreas o Estado deve possuir políticas públicas de forma clara e precisa, na busca de melhor desempenho de suas atividades estatais. As principais políticas públicas são: política econômica, política educacional, política habitacional, política ambiental, política previdenciária, política de saúde e política de segurança pública. A fixação das políticas públicas ocorre por meio dos mecanismos estatais de planejamento das ações, estratégias e metas para atingir a finalidade pública de forma eficiente, na prestação de ações e serviços públicos. As políticas públicas correspondem ao planejamento e as obras e serviços públicos caracterizam a execução material da função. Na sua atuação, o Estado desempenha inúmeras atividades, prestando serviços públicos essenciais e não essenciais, de relevância pública ou não. Para as várias áreas de atuação do Poder Público há necessidade de fixação de uma rota de atuação estatal, seja expressa ou implícita, as chamadas políticas públicas. A Constituição Federal é a base da fixação das políticas públicas, porque ao estabelecer princípios e programas normativos já fornece o caminho da atuação estatal no desenvolvimento das atividades públicas, as estradas a percorrer, obrigando o legislador infraconstitucional e o agente público ao seguimento do caminho previamente traçado ou direcionado."

280 Explica VIAPIANA (2006, p. 12.) que as cifras negras são os "eventos não captados nos registros policiais".

Conforme ZAFFARONI (2015, p. 58): "[...] não se pode sustentar seriamente que a estatística sirva para indicar o número de delitos cometidos (criminalidade real), um dado que é inalcançável, circunstância que não se oculta com a invenção do termo "cifra negra", porque esta é tão "negra" que ninguém jamais pode calculá-la."

Em reforço, por exemplo, a estatística oficial de criminalidade do Estado de São Paulo reconhece a existência de cifras negras, explicando que "nos locais onde é grande a 'cifra negra', o aumento nos crimes notificados é considerado um indicador positivo de credibilidade e produtividade policial." (Disponível em http://www.ssp.sp.gov.br/estatistica/default.aspx. Acesso em 07/Mar./2018).

Deste modo, cabe ao Poder Judiciário, mediante a devida provocação, exercer o controle jurisdicional[281] para afastar a lesão e a ameaça de lesão ao direito à segurança pública, conforme prevê o artigo 5º, XXXV, da Constituição da República Federativa do Brasil. Os Tribunais competentes devem dar remédio efetivo para tanto, nos exatos termos do Artigo VIII, da Declaração Universal dos Direitos Humanos[282].

Não se desconhece que a insegurança é consequência de diversas causas, notadamente o desatendimento, pelo Estado, da implementação dos outros direitos sociais e a ausência de efetiva solidariedade, que impede a igualdade substancial e que se possa de fato usufruir dos direitos fundamentais de primeira dimensão. O não acesso a cada um dos direitos sociais

[281] Conforme advertira GUERRA FILHO (1997, p. 31): "A 'moralidade' do Direito moderno, bem como a sua 'racionalidade' e 'autonomia', não resultariam apenas do fato de ter-se verificado a positivação de exigências morais de racionalização nas constituições, mas também - e principalmente - da circunstância de haverem sido instituídos procedimentos para a (auto) regulação e (auto)controle da fundamentação do Direito de acordo com esses padrões morais de racionalidade. A fundamentação moral e política dos princípios jurídicos, isto é, a legitimidade do Direito, e a sua 'procedimentalização', acham-se intimamente relacionados, já que os valores legitimadores do mesmo não se encontrariam propriamente no conteúdo de suas normas, mas sim nos procedimentos, que fundamentam algum de seus possíveis conteúdos."

[282] Dispõe a referida norma no Artigo VIII que "todo ser humano tem direito a receber dos tribunais nacionais competentes remédio efetivo para os atos que violem os direitos fundamentais que lhe sejam reconhecidos pela constituição ou pela lei."

O remédio efetivo deve ser dado a cada ser humano individualmente considerado e que busque amparo nos Tribunais e, também, pelos legitimados a proporem ações coletivas, ou seja, para cada pessoa na condição de membro da sociedade, por meio da tutela jurisdicional transindividual, coletiva, pois não parece ser razoável a interpretação do dispositivo que imponha a restrição de que só seja aplicado a ações individuais ou em litisconsórcio facultativo, quando o propósito da norma é dar proteção efetiva a todos os que tenham seus direitos fundamentais violados, dentre os quais a segurança.

Ao exegeta se impõe interpretar a norma jurídica com base não apenas no critério da literalidade, pois: "[...] Muitas vezes a interpretação literal contraria profundamente o espírito da lei. [...]" (BRASIL. STJ - RESP 199900845978 RESP - RECURSO ESPECIAL – 231313. Relator: HUMBERTO GOMES DE BARROS. PRIMEIRA TURMA. DJ DATA:25/09/2000 PG:00073 RSTJ VOL.:00140 PG:00143) e "[...] A interpretação da norma jurídica não pode conduzir a uma situação absurda; nem pode advir dela consequencia que se coloque em contradição com o seu objetivo, ou a uma garantia constitucional.[...]" (SÃO PAULO (Estado) TJ-SP - Apelação APL 396665120088260576 SP 0039666-51.2008.8.26.0576 (TJ-SP). Data de publicação: 23/05/2011).

impacta negativamente os demais, em uma retroalimentação negativa que gera um ciclo vicioso[283].

Justamente em razão da insegurança, violência e criminalidade constituírem fenômeno complexo, com maior razão se faz necessária a participação popular real, a fiscalização social e institucional e o controle jurisdicional das políticas públicas e programas de ação adotados pelos Poderes Executivo e Legislativo para cumprir a obrigação de darem segurança. A complexidade não pode ser desculpa para o não enfrentamento do problema.

Somente com o efetivo controle da atuação destes Poderes se tornará possível garantir que a atividade por eles desempenhada na seara da segurança não se restrinja a atuações de caráter estritamente policial (quando existentes) para lidar ao menos formalmente com o momento posterior à violência e infrações penais consumadas ou sendo tentadas, quando com-

[283] Aliás, é por meio do acesso aos serviços públicos que cumprem a finalidade de implementar os direitos sociais, que se torna possível o exercício da cidadania O não acesso a tais direitos fomenta a violência, a criminalidade e a insegurança. Sobre o tema, GONÇALVES (2010) aponta que "o reconhecimento da cidadania sempre foi considerado uma das principais conquistas que se verificaram ao longo da história da humanidade, especialmente em razão da influência do iluminismo francês, de caráter eminentemente racionalista, segundo o qual a cidadania baseia-se nos princípios da igualdade e da fraternidade. Em nossos dias, a ideia de cidadania pode ser compreendida, entre outras acepções, como o poder jurídico do indivíduo voltado para a fruição de serviços públicos ligados aos direitos fundamentais sociais (saúde, educação, moradia, segurança, etc.). (APPIO, 2005, p. 69) Assim, não há como se deixar de reconhecer que a falta de concretização dos direitos sociais acarreta o que podemos denominar de "déficit de cidadania", lançando o indivíduo nas esferas da pobreza e da miséria, sendo que, "século após outro, décadas e mais décadas e o problema da exclusão social no Brasil continua presente, a despeito de sua gravidade e das consequencias para grande parcela da população". (POCHMANN et al, 2004, p. 09) Por certo, a pobreza e a miséria não são as únicas causas dos alarmantes índices de violência e criminalidade constatados não só no Brasil como também ao redor do Planeta; porém, enquanto geradoras de desigualdade social, contribuem de forma decisiva para o crescimento de tais índices. (PAULA, 2007, p. 3.164) Os cientistas sociais indicam, entre outras causas, que a atividade criminosa está relacionada a fatores como urbanização, migração, pobreza, industrialização e analfabetismo, sendo que a profunda desigualdade que permeia a sociedade brasileira certamente serve de pano de fundo à violência cotidiana e ao crime. "A associação de pobreza e crime é sempre a primeira que vem à mente das pessoas quando se fala de violência. Além disso, todos os dados indicam que o crime violento está distribuído desigualmente e afeta especialmente os pobres". (CALDEIRA, 2000, p. 126 e 134)".

pleto o ciclo de suas consequências perversas para as vítimas diretas e indiretas, para a sociedade e para o próprio Estado[284].

Mesmo no tocante aos órgãos policiais, é necessário controlar a atividade dos Poderes Legislativo e Executivo, de tal forma a que as Polícias sejam completamente aparelhadas com o material humano, recursos e infraestrutura suficiente para que possam cumprir suas missões[285], além de a legislação ser aprimorada e atualizada para tanto.

A omissão dos legisladores e administradores, a irrazoabilidade e os absurdos em suas opções para o atendimento da segurança pública devem ser analisados conforme o Princípio da Razoabilidade, que informa o devido processo legal em seu aspecto material. Da mesma forma, a insuficiência, inadequação e deficiência dessas opções dos legisladores e administradores podem e devem ser controladas pelo Poder Judiciário, mediante o devido processo legal, com a perspectiva da proporcionalidade[286].

Frise-se que, para a concretização dos direitos fundamentais individuais e sociais, no que se insere a segurança pública, é necessário que o Poder

[284] Pelo controle jurisdicional será possível compelir os demais Poderes a legislar (Legislativo) e implementar (Executivo) políticas públicas e programas de ações multidisciplinares e multi-órgãos nas três esferas da Federação com a efetiva participação da sociedade civil no desempenho da sua responsabilidade social, para tratar notadamente das causas da insegurança.

[285] VIAPIANA (Obra citada, p. 32) aponta que no Brasil somente 5% (cinco por cento) dos homicídios são elucidados e a maior parte são justamente os que ocorreram entre conhecidos e com testemunhas.
Frise-se ainda que já se apontou, por exemplo em MOSER e RECH (Org., 2003. p. 358): "quanto à impunidade, observa-se que decorre, em certa medida, de fatores gerais ou comuns à realidade do País como um todo, como, por exemplo, o desaparelhamento da polícia e a ausência de uma investigação científica, levando a falhas nos inquéritos e repercussões negativas na atuação do Judiciário."

[286] Acerca da Proporcionalidade em sua vertente "Proibição de Insuficiência", também denominada de "Proibição da Proteção Insuficiente", "Proibição de Deficiência", "*Untermassverbot*", ou "Proibição de Proteção Deficiente", no HC 102.087/MG, quando do julgamento realizado pelo Supremo Tribunal Federal, o Ministro Gilmar Ferreira Mendes discorreu no seguinte sentido: "A jurisprudência da Corte Constitucional alemã acabou por consolidar entendimento no sentido de que do significado objetivo dos direitos fundamentais resulta o dever do Estado não apenas de se abster de intervir no âmbito de proteção desses direitos, mas também de proteger tais direitos contra a agressão ensejada por atos de terceiros. Essa interpretação da Corte Constitucional empresta, sem dúvida, nova dimensão aos direitos fundamentais, fazendo com que o Estado evolua da posição de "adversário" para uma função de guardião desses direitos. É fácil ver que a ideia de um dever geral de proteção fundado nos

direitos fundamentais relativiza sobremaneira a separação entre a ordem constitucional e a ordem legal, permitindo que se reconheça uma irradiação dos efeitos desses direitos sobre toda a ordem jurídica. Assim, ainda que não se reconheça, em todos os casos, uma pretensão subjetiva contra o Estado, tem-se, inequivocamente, a identificação de um dever deste de tomar todas as providências necessárias para a realização ou concretização dos direitos fundamentais. Os direitos fundamentais não podem ser considerados apenas como proibições de intervenção *(Eingriffsverbote)*, expressando também um postulado de proteção *(Schutzgebote)*. Utilizando-se da expressão de Canaris, pode-se dizer que os direitos fundamentais expressam não apenas uma proibição do excesso *(Übermassverbote)*, como também podem ser traduzidos como proibições de proteção insuficiente ou imperativos de tutela *(Untermassverbote)*. Nos termos da doutrina e com base na jurisprudência da Corte Constitucional alemã, pode-se estabelecer a seguinte classificação do dever de proteção: a) dever de proibição *(Verbotspflicht)*, consistente no dever de se proibir uma determinada conduta; b) dever de segurança *(Sicherheitspflicht)*, que impõe ao Estado o dever de proteger o indivíduo contra ataques de terceiros mediante a adoção de medidas diversas; c) dever de evitar riscos *(Risikopflicht)*, que autoriza o Estado a atuar com o objetivo de evitar riscos para o cidadão em geral mediante a adoção de medidas de proteção ou de prevenção especialmente em relação ao desenvolvimento técnico ou tecnológico. [...] Assim, levando-se em conta o dever de proteção e a proibição de uma proteção deficiente ou insuficiente *(Untermassverbot)*, cumpriria ao legislador estatuir o sistema de proteção constitucional penal adequado. [...] Assim, na dogmática alemã, é conhecida a diferenciação entre o princípio da proporcionalidade como proibição de excesso *(Übermassverbot)* e como proibição de proteção deficiente *(Untermassverbot)*. No primeiro caso, o princípio da proporcionalidade funciona como parâmetro de aferição da constitucionalidade das intervenções nos direitos fundamentais como proibições de intervenção. No segundo, a consideração dos direitos fundamentais como imperativos de tutela (Canaris) imprime ao princípio da proporcionalidade uma estrutura diferenciada. O ato não será adequado caso não proteja o direito fundamental de maneira ótima; não será necessário na hipótese de existirem medidas alternativas que favoreçam ainda mais a realização do direito fundamental; e violará o subprincípio da proporcionalidade em sentido estrito se o grau de satisfação do fim legislativo for inferior ao grau em que não se realiza o direito fundamental de proteção" (BRASIL. STF – HC 102.087. Disponível em http://redir.stf.jus.br/paginadorpub/paginador.jsp?docTP=AC&docID=629960. Acesso em 07/Mar./2018).

Cabe ressaltar, entretanto, que as decisões do Supremo Tribunal Federal, mesmo nos diversos casos em que se fundamentou o controle jurisdicional por meio da Proibição de Insuficiência, foram objeto de análise por meio de monografia específica de RODRIGUES (2009, p. 75), na qual se concluiu que aquela Corte e seus Ministros, inclusive aquele acima mencionado, eram incoerentes ao usar a Proibição de Insuficiência, bem como não realizavam o controle de proporcionalidade de omissões, pois "a sua finalidade aludida, que legitimaria o controle judicial da suficiência de ações estatais como condição para sua constitucionalidade, não houve até aqui efetivo controle de proporcionalidade de omissões do Estado. O que se viu foram julgados raros que alternaram tal controle na vertente de proibição de excesso, com outros mais que, sob argumento de avaliação da suficiência, tudo o que faziam era canalizar temperamentos prudenciais dos ministros, encurtando a motivação decisional pelo atalho oferecido por instrumento emprestado do repertório alemão."

Judiciário cumpra efetivamente o seu papel e exerça o controle jurisdicional de mérito e conteúdo dos atos, decisões e normas dos demais Poderes. Para tanto ele deve se valer do devido processo legal em seu cunho material, com o Princípio da Razoabilidade e a análise de Proporcionalidade, pois, não o fazendo, acaba por deixar a sociedade à própria sorte (ou infortúnio).

A discricionariedade administrativa, a reserva do possível, o mérito dos atos e decisões administrativas, o conteúdo das normas editadas e as decisões políticas não servem como óbice ao controle jurisdicional para a concretização dos direitos humanos de caráter vinculante à República Federativa do Brasil, dentre os quais a segurança pública. As decisões judiciais que deixam de prestar a efetiva jurisdição sob tais argumentos atentam contra a cidadania, a democracia e devem ser objeto de repúdio[287].

PAULSEN (1950) explica os entendimentos do Poder Judiciário Federal e Estadual norte-americano com base nos quais, àquela época, eles já passaram a não mais controlar o conteúdo das leis do Poder Legislativo e Atos do Poder Executivo, como nos casos acerca das taxas de utilidade pública, da validade da tributação estadual e de zoneamento. No artigo, o autor traz questionamentos interessantes acerca do vácuo causado pela omissão do Poder Executivo:

[287] CASTRO (Obra citada, p. 163) já criticava a postura acanhada doutrinária e jurisprudencial brasileira, que não emprestava ao devido processo legal toda a sua potencialidade: "É de reconhecer-se, contudo, que no Brasil vigora uma exagerada resistência ao controle judicial do mérito dos atos do Poder Público, isto é, daquela zona de discricionariedade em que o agente do Estado desfruta de autonomia para decidir no tocante à oportunidade e conveniência de sua própria atuação. Poucos, pouquíssimos são aqueles, entre nós, que chegaram a admitir a possibilidade de controle meritório das leis e classificações normativas no que tange à sua razoabilidade e racionalidade. Nesse particular, o pensamento jurídico brasileiro não acompanhou o avanço teórico do constitucionalismo cultivado nas nações mais desenvolvidas, notadamente aquele aperfeiçoado nos Estados Unidos da América, onde assentamos as raízes de nossa formação republicana. De fato, tanto no campo doutrinário quanto na esfera jurisprudencial mantivemos sempre uma atitude tímida e retrograda com relação ao princípio da 'legalidade igualitária' embutido na cláusula *due process of law*, a rigor uma postura de ignorância ou nenhuma criatividade em face das imensas potencialidades exegéticas dessa riquíssima garantia constitucional. Em verdade, são muito raros aqueles, entre nós, que se aperceberam do manancial hermenêutico do devido processo legal para operar eficazmente como técnica de controle do mérito da atividade normativa do Poder Público."

> Granted that the state-enforced economic power of small groups is undesirable, what is the remedy? Is it not to make legislatures more responsive to the public welfare? Is not judicial interference merely an encouragement to legislative irresponsibility?[288]

Afinal, a inadequação e insuficiência de políticas públicas na área da segurança pública no Brasil, que ocasionam proteção deficiente (descumprimento do dever estatal de agir), aliada aos entendimentos judiciais no sentido de não interferir e controlar as ações e omissões relevantes do Legislativo e Executivo, gera um vácuo social indesejável, que põe em risco inclusive a própria estabilidade da ordem jurídica[289]. Nossa República Federativa há anos aparece como um dos territórios mais violentos do planeta e com enorme sensação de insegurança da população, que, em vez de poder se desenvolver plenamente, não está livre do medo, do temor e da opressão.

A este quadro, soma-se ainda a falta de legitimidade de fato das classes políticas[290], cujos exemplos insuflam a população a também se corromper,

[288] Em tradução livre nossa: "Sendo certo que o reforço estatal ao poder econômico de pequenos grupos não é desejável, qual é o remédio? Não devem as leis serem mais consentâneas ao bem-estar público? A não interferência judicial não representa mero incentivo à irresponsabilidade legislativa?"

[289] Como adverte AZEVEDO (1983, p. 79): "A estabilidade da ordem jurídica repousa no íntimo e espontâneo respeito que tributam os indivíduos a ela sujeitos. Esse sentimento só pode advir da crença, sedimentada pela vivência, de que suas instituições dão satisfação aos anseios populares, permitindo a realização e o desenvolvimento das potencialidades do maior número possível de pessoas."

[290] Com ensina TELLES JUNIOR (2002) acerca do poder político numa democracia: "O poder dos Governos, quando não emanado do povo, não é poder: é força, força armada; e, neste caso, o regime não tem o caráter de uma Democracia verdadeira. De acordo com o célebre princípio, o Governo, em regime democrático, só é *legítimo*, quando seu poder *emana do povo*. Georges Burdeau disse: *"Não há poder legítimo além daquele que é instituído pela coletividade que ele rege"* (*Droit Constitutionnel et Institutions Politiques*, 7ª ed., Librairie Générale, Paris, 1957, p. 93). Consequentemente, a legitimidade da Democracia *depende da introdução da vontade dos governados nas decisões e nos atos dos governantes.*" (grifos do autor)
Não por outra razão, ensina CASTRO (Obra citada, pp. 187 - 188) que: "a legitimidade exsurge, assim, como o indispensável beneplácito popular ao exercício da autoridade, que dispensa em larga medida a utilização da coerção potencialmente embutida nos atos estatais. O acatamento social supre, de longe, a obediência imposta. Verdadeiramente, no dizer de José Eduardo Faria, "a ideia que se tem de legitimidade é a de que tal conceito pressupõe um conjunto de valores por meio do qual os sistemas jurídicos e políticos se revestem de um componente de

em um ciclo vicioso que estimula ainda mais a crescente violação de direitos, com a crise no sistema de segurança, inclusive no âmbito da administração penitenciária. Estes fatores fazem florescer, em adição à enorme criminalidade comum, diversas organizações criminosas que vão se infiltrando nos poderes públicos[291].

Para que, no quadro apontado, o Estado seja compelido a agir de forma idônea, faz-se imprescindível a elevação das decisões proferidas no desempenho da judicatura, ao grau de efetivo controle das decisões políticas, mérito dos atos administrativos e do conteúdo das normas jurídicas, na exploração justa das possibilidades dadas pelo Devido Processo Legal em seu aspecto substancial[292].

Sem isso, a crise de ilegitimidade da atuação dos Poderes Legislativo e Executivo e de seus componentes, aliada à catástrofe das insuficientes políticas públicas e programas de ação na área da segurança pública, tendem ao rompimento do tecido social e das instituições de poder, com a

autoridade, que os tornam aceitos independentemente do uso da força". Importa, portanto, prestigiar o direito justo e combater o positivismo ilegítimo [...]".

291 Acerca da legitimidade, que não se confunde com a mera legalidade e informa o ideal democrático, FARIA (1984, pp. 53 - 54) explica que "a ideia que se tem de legitimidade é a de que tal conceito pressupõe um conjunto de valores... por meio do qual os sistemas jurídicos e políticos se revestem de um componente de autoridade, que os tornam aceitos independentemente do uso da força. [...] quanto mais integrada for uma sociedade, mais validez demandará de seus governantes e de suas leis, e mais tenderá a depurar suas concepções de Direito e equidade. Ao contrário, as sociedades não tipicamente tradicionais, pobremente integradas e sujeitas a regimes de participação fortemente discriminativos, como é o caso do Brasil, estão muito menos voltadas para questões de validez e muito mais para a eficácia do poder (uma vez que os grupos em posições de privilégio sempre estarão prontos a resistir a estratégias mais igualitárias e a apoiar as regras que preservem suas vantagens."

292 A Separação dos Poderes, entendida hoje como harmonia entre as três Funções do Poder, realizada por meio do sistema de freios e contrapesos, permite que o Poder Judiciário independente e autônomo possa julgar e controlar o desempenho das funções dos demais poderes, com base no devido processo legal em seu aspecto material. Aliás, se assim não fosse, inexistiria real Independência entre os poderes, mas apenas a subserviência do Judiciário, com deficiente prestação jurisdicional, o que não se poderia aceitar, pois revelaria a inexistência de real Constituição no Brasil, pois as garantias de direitos não se efetivariam de fato. Aliás, o art. 16 da Declaração dos Direitos do Homem e do Cidadão de 1789 dizia que "*Toute Société dans laquelle la garantie des Droits n'est pas assurée, ni la séparation des Pouvoirs déterminée, n'a point de Constitution.*" Em tradução livre nossa: "Toda sociedade na qual a garantia de direitos não está assegurada, nem a separação de poderes determinada, não tem Constituição."

formação de poderes e estruturas paralelas às do Estado, e a consequente aplicação da vingança privada como forma de se buscar a justiça.[293]. Aliás, se o Estado não cumpre o seu papel e não dá os meios para que as pessoas possam suprir a sua falta, torna-se legítima a resistência civil e a eventual revolução, que pode ser feita de várias formas[294].

Dá-se ensejo, outrossim, a punições na ordem jurídica internacional, pois vem decidindo a Comissão Interamericana de Direitos Humanos que,

[293] Na lição de GUERRA FILHO (1997, p. 81), "[...] penso que se pode deixar um alerta ao Judiciário brasileiro, no sentido de que caso não assuma o papel central que lhe está reservado, na solução dos conflitos sociais, nosso quadro atual, objeto de pesquisas inclusive no estrangeiro (por exemplo, nos trabalhos de doutoramento de Boaventura de Souza Santos, 1977, e Hans-Joachim Henckel, 1991), em que se indica a absorção desses conflitos de formas alternativas, as quais deixam sempre um resíduo significativo de conflituosidade e de insatisfação, tenderá a assumir cores cada vez mais sombrias, distanciando-nos cada vez mais da realização do ideal e sociedade delineado em nosso texto constitucional, ao que, acima de tudo, os juízes devem respeito."

[294] Seja pela retomada direta da liberdade que fora limitada pelo Contrato Social e a Constituição do Estado, conforme propunha ROUSSEAU (Obra citada, p. 10), ao informar que "As cláusulas deste contrato são de tal modo determinadas pela natureza do ato, que a menor modificação as tornaria vãs e de nenhum efeito; de sorte que, conquanto jamais tenham sido formalmente enunciadas, são as mesmas em todas as partes, em todas as partes tacitamente admitidas e reconhecidas, até que, violado o pacto social, reentra cada qual em seus primeiros direitos e retoma a liberdade natural, perdendo a liberdade convencional pela qual ele aqui renunciou."

Em análise comparativa, por exemplo, verifica-se que o Art. I, item X, da Constituição de New Hampshire nos Estados Unidos da América, autoriza a resistência civil para a reforma ou destruição de governos opressores: "*Government being institute for the common benefit, protection, and security of the whole community, and not for the private interest or emolument of any one man, family or class of men; therefore, whenever the ends of government are perverted, and public liberty manifestly endangered, and all other means of redress are ineffectual, the people may, and of right ought, to reform the old, or establish a new government. The doctrine of non-resistance against arbitrary power, and oppression, is absurd, slavish, and destructive of the good and happiness of mankind.*" Em tradução livre nossa: "Governo sendo instituído para o benefício comum, proteção e segurança de toda a comunidade, e não para o interesse privado ou emolumento de qualquer homem, família ou classe de homem; portanto, sempre que os fins do governo são pervertidos e a liberdade pública manifestamente ameaçada, e todos os outros meios de reparação são ineficazes, o povo pode, e com razão, reformar o antigo ou estabelecer um novo governo. A doutrina da não-resistência contra o poder arbitrário e a opressão é absurda, servil e destrutiva do bem e da felicidade da humanidade".

Na exposição de GUERRA FILHO (1997. p. 28): "Hoje em dia vale mais apostar no que

para a responsabilização do Estado por violação aos direitos humanos, basta a existência da obrigação e a falha em cumpri-la. Há a previsão de responsabilização do Estado: (i) por atos de seus agentes ou de terceiros, sendo suficiente a ação ou omissão de agente estatal na posição de garantidor de direitos, para que a obrigação *erga omnes* estatal tenha sido descumprida, ainda que por atos de indivíduos e pessoas privadas; (ii) pelo inadimplemento da obrigação de adotar medidas para prevenir a violação a direitos ligados à segurança cidadã, incluindo-se no âmbito da prevenção todas as medidas legais, políticas, administrativas e culturais para a promoção e proteção dos direitos humanos, que garantam que os perpretadores da violação sejam considerados e tratados como puníveis, além da reparação das vítimas[295]; (iii) pela violação do dever de investigar sem demora as violações de direitos humanos[296].

10.3 Mandado de Segurança

O mandado de segurança, ação constitucional que constitui garantia residual de todos os direitos não amparados por remédios heroicos específi-

Felix Guattari chama de 'revoluções moleculares', aquelas que ocorrem na interação entre as pessoas, quotidianamente influenciando-se umas às outras para, por seus próprios meios, encontrarem orientação no mundo, reagindo a ele, o que termina formando um encadeamento que ocasiona, de repente, grandes transformações, revoluções, sem que mesmo se perceba direito, como a queda da ditadura aqui no Brasil, ou do 'muro de Berlim', na Alemanha."

295 Não se tratando de responsabilização automática, mas vinculada à constatação de hipótese de dano atual ou iminente, ou de situações de séria e sistemática violação aos direitos humanos, que gera a obrigação positiva do Estado de adotar medidas de prevenção e proteção.

296 O Relatório da Comissão Interamericana de Direitos Humanos de 2009, em que as hipóteses de responsabilização estatal na ordem internacional acima mencionadas foram enumeradas, afirmou, ainda, que há um mínimo grau de proteção que o Estado deve garantir e que "*The Commission has repeatedly reminded the member states of their obligation to ensure the security of the population and to guarantee the rule of law with full respect for human rights. The member states must work from this premise when defining and conducting the measures necessary to ensure the rights that are most vulnerable were crime and violence are high. The Commission has already observed that "[...] violence and crime seriously undermine the rule of law [...]*" (Relatório disponível em http://www.oas.org/en/iachr/docs/pdf/citizensec.pdf. Acesso em 03/Mai./2018. pp. 23 - 29). Em tradução livre nossa: "A Comissão lembrou repetidamente aos Estados membros sua obrigação de garantir a segurança da população e garantir o Estado de Direito com total respeito aos direitos humanos. Os Estados membros devem trabalhar a partir dessa premissa ao definir e conduzir as medidas necessárias para garantir os direitos mais vulneráveis onde o crime

cos, divide-se em duas espécies, individual e coletivo, respectivamente previstos nos incisos LXIX e LXX, ambos do artigo 5º, da Constituição da República Federativa do Brasil. Ele se presta a afastar lesão ou perigo de lesão a direito individual ou coletivo, por ato de autoridade de qualquer categoria, mediante rito célere, motivo pelo qual há o requisito específico de existência de direito líquido e certo[297].

Assim, o titular do direito violado ou ameaçado pode se valer do mandado de segurança para a proteção jurisdicional almejada, desde que possua prova pré-constituída, documentalmente acertada dos fatos que constituem o direito veiculado em sua pretensão[298].

No caso do direito à segurança, a lesão ou ameaça de lesão pode configurar dano individual, como ocorre no caso de uma vítima que sofre, ou está na iminência de sofrer delito específico. O titular do direito individual à segurança ofendido pode manejar o mandado de segurança individual, provado o ato comissivo ou omissivo que constitua ilegalidade ou

e a violência são altos. A Comissão já observou que "[...] a violência e o crime comprometem seriamente o Estado de Direito."

297 Na lição de MEIRELLES (2000, p. 36): "Direito líquido e certo é o que se apresenta manifesto na sua existência, delimitado na sua extensão e apto a ser exercitado no momento da impetração. Por outras palavras, o direito invocado, para ser amparável por mandado de segurança, há de vir expresso em norma legal e trazer em si todos os requisitos e condições de sua aplicação ao impetrante: se a sua existência for duvidosa; se sua extensão ainda não estiver delimitada; se seu exercício depender de situações e fatos ainda indeterminados, não rende ensejo à segurança, embora possa ser defendido por outros meios judiciais. [...] Em última análise, direito líquido e certo é direito comprovado de plano. [...] é um conceito impróprio - e mal-expresso - alusivo a precisão e comprovação do direito quando deveria aludir a precisão e comprovação dos fatos e situações que ensejam o exercício desse direito."

298 Conforme expõe FERRARESI (2010, pp. 6 - 7): "A bem dizer, o mandado de segurança significa uma técnica processual que exige prova pré-constituída. Por isso, se, por acaso, não existir direito líquido e certo - direito documentalmente acertado -, isso não quer dizer que não tenha ocorrido ilegalidade ou abuso de poder. Apenas não será possível a utilização do mandado de segurança para afastar o ato de autoridade. [...] Há que se fazer uma ressalva: a certeza e a liquidez referem-se aos fatos e não ao direito. Essa distinção é importante. O direito é sempre líquido e certo; a dúvida está nos fatos, que, por vezes, se mostram vagos ou incertos". Na lição de MEIRELLES (2000, pp. 22 - 23): "Mandado de Segurança é o meio constitucional posto à disposição de toda pessoa física ou jurídica, órgão com capacidade processual, ou universalidade reconhecida por lei, para a proteção de direito individual ou coletivo, líquido e certo, não amparado por habeas corpus ou habeas data, lesado ou ameaçado de lesão, por ato de autoridade, seja de que categoria for e sejam quais forem as funções que exerça [...]".

abuso de poder violando direito líquido e certo de segurança individual, ainda que, de forma reflexa, esteja defendendo o direito de todos à segurança pública também.

Assim, por exemplo a vítima de um crime de roubo ou estupro pode manejar o mandado de segurança para que seus dados fiquem sigilosos em procedimento investigatório (para não ter violada sua segurança individual), ou para não ser obrigada a permanecer na mesma sala de espera ou recinto que o criminoso que a assaltou (para que não seja violada sua segurança individual também), ou ainda, para que a Polícia Militar atenda ocorrência comunicada pela vítima, em caso de crime permanente em que não há o deslocamento de qualquer viatura e nenhum policial comparece ao local (tutela da segurança individual com reflexos na seara da segurança pública)[299].

Igualmente, a lesão ou ameaça à segurança pode configurar violação a direitos individuais homogêneos (caracterizados no artigo 81, III, do Código de Defesa do Consumidor como aqueles de origem comum), por exemplo, no caso de moradores de um mesmo prédio residencial que sofrem um "arrastão", em que as portas de seus apartamentos são arrom-

[299] Mas não é qualquer ação ou omissão de agente público que enseja a possibilidade de impetração do mandado de segurança, mas apenas a decisão de autoridade pública, ou quem a ela é equiparada. Assim, por exemplo o policial militar relapso ou o policial civil desleixado, ambos concretamente sem poder de decisão em determinado caso, embora possam sofrer responsabilizações nas esferas civil, administrativa e criminal, dependendo de suas condutas, não são considerados autoridades para fins de que se possa impetrar o *writ* contra atos deles emanados. É esta a lição de MEIRELLES (2000, p. 32): "Ato de autoridade é toda manifestação ou omissão do Poder Público ou de seus delegados, no desempenho de suas funções ou a pretexto de exercê-las. Por autoridade entende-se a pessoa física investida de poder de decisão dentro da esfera de competência que lhe é atribuída pela norma legal. Deve-se distinguir autoridade pública do simples agente público. Aquela detém, na ordem hierárquica, poder de decisão e é competente para praticar atos administrativos decisórios, os quais, se ilegais ou abusivos, são suscetíveis de impugnação por mandado de segurança quando ferem direito líquido e certo; este não pratica atos decisórios, mas simples atos executórios, e, por isso, não responde a mandado de segurança, pois é apenas executor de ordem superior."
Consoante dispõe expressamente a Lei nº 12.016/2009 (Lei do Mandado de Segurança), em seu artigo 1º, §1º: "Equiparam-se às autoridades, para os efeitos desta Lei, os representantes ou órgãos de partidos políticos e os administradores de entidades autárquicas, bem como os dirigentes de pessoas jurídicas ou as pessoas naturais no exercício de atribuições do poder público, somente no que disser respeito a essas atribuições."

badas, numa mesma data, por uma mesma organização criminosa, que subtrai os bens de todas as vítimas.

Neste caso, é possível que cada vítima maneje o seu próprio mandado de segurança individual, por exemplo, para que o Poder Público omisso proceda à investigação cabível[300]. Mas também é possível que as vítimas impetrem o mandado de segurança em litisconsórcio ativo facultativo, nos termos dos artigos 113 e 114, do Código de Processo Civil (Lei nº 13.105/2015), e art. 10º, §2º, da Lei nº 12.016/2009 (Lei do Mandado de Segurança).

Ao mesmo tempo, estará sendo promovido o direito de todos à segurança pública, pela investigação para identificação dos membros daquela organização criminosa, de forma a prevenir que realizem novos "arrastões" em outros prédios residenciais.

Caso a lesão ou ameaça à segurança seja em desfavor de direito indivisível de um "grupo, categoria ou classe de pessoas ligadas entre si ou com a parte contrária por uma relação jurídica base", nos termos do artigo 81, II, do Código de Defesa do Consumidor, estará presente o interesse ou direito coletivo[301]. Não sendo possível aquinhoar a parcela do direito à segurança atinente a cada integrante do grupo, categoria ou classe de pessoas, além da possibilidade de manejo do mandado de segurança coletivo[302], qual-

[300] Isto porque esta ação mandamental possui dupla vertente, preventiva ou repressiva e pode ser manejada mesmo na hipótese de ter sido praticado o ato abusivo ou ilegal, por exemplo, no caso de a autoridade policial optar, por decisão, ainda que fundamentada, a não instaurar Inquérito Policial para regular apuração dos fatos noticiados nos Boletins de Ocorrência lavrados diante da iniciativa das vítimas. Acerca desta característica do *writ*, leciona MEIRELLES (2000, p. 24) que: "O mandado de segurança normalmente é repressivo de uma ilegalidade já cometida, mas pode ser preventivo de uma ameaça de direito líquido e certo do impetrante. Não basta a suposição de um direito ameaçado; exige-se um ato concreto que possa pôr em risco o direito do postulante. [...] A jurisprudência do STJ, porém, é no sentido de considerar que o mandado de segurança preventivo não fica prejudicado pela prática do ato, devendo este ser anulado ou desconstituído na hipótese de concessão da segurança [...]."

[301] Conforme leciona MAZZILLI (2008, p. 55): "Por sua vez, os interesses coletivos e os interesses individuais homogêneos têm também um ponto de contato: ambos reúnem grupo, categoria ou classe de pessoas determináveis; contudo, distinguem-se quanto à divisibilidade do interesse: só os interesses individuais homogêneos são divisíveis, supondo uma origem comum."

[302] Acerca do mandado de segurança coletivo, dispõe o artigo 21 da Lei nº 12.016/2009 (Lei do Mandado de Segurança) que: "Art. 21. O mandado de segurança coletivo pode ser im-

quer dos lesados individuais poderá impetrar o mandado de segurança individual, conforme prevê o §3º do artigo 1º, da Lei nº 12.016/2009 (Lei do Mandado de Segurança)[303].

Por exemplo, no caso de o Governador do Estado editar um decreto inconstitucional proibindo o porte de armas de fogo para policiais militares, todos os policiais teriam afetado o direito à segurança pessoal e, reflexamente, o mandado de segurança coletivo para assegurar o porte tutelaria o direito de todos à segurança pública.

É possível, ainda, pensar na impetração do *mandamus,* inclusive de forma preventiva, para impedir lesão reflexa iminente ao direito difuso à segurança pública, decorrente da lesão ao direito de uma determinada coletividade. Por exemplo, os candidatos inscritos em concurso para determinado cargo voltado à defesa da segurança pública podem questionar individualmente, ou por mandado de segurança coletivo, impetrado por associação que os represente, a presença ou ausência de requisito no edital do certame, que afete a idoneidade do concurso, impedindo a formação dos melhores quadros para aquela determinada função. Por via reflexa, a correção do certame, ao propiciar a aprovação de agentes públicos mais idoneamente habilitados, atenderá ao direito de todos à segurança pública.

Já no caso de lesão a interesse difuso, caracterizado pelo artigo 81, I, do Código de Defesa do Consumidor, como sendo "os transindividuais,

petrado por partido político com representação no Congresso Nacional, na defesa de seus interesses legítimos relativos a seus integrantes ou à finalidade partidária, ou por organização sindical, entidade de classe ou associação legalmente constituída e em funcionamento há, pelo menos, 1 (um) ano, em defesa de direitos líquidos e certos da totalidade, ou de parte, dos seus membros ou associados, na forma dos seus estatutos e desde que pertinentes às suas finalidades, dispensada, para tanto, autorização especial. Parágrafo único. Os direitos protegidos pelo mandado de segurança coletivo podem ser: I - coletivos, assim entendidos, para efeito desta Lei, os transindividuais, de natureza indivisível, de que seja titular grupo ou categoria de pessoas ligadas entre si ou com a parte contrária por uma relação jurídica básica; II - individuais homogêneos, assim entendidos, para efeito desta Lei, os decorrentes de origem comum e da atividade ou situação específica da totalidade ou de parte dos associados ou membros do impetrante."

303 Na explicação de FERRARESI (2010, p. 4): "Ao contrário das Constituições anteriores, que restringiam o mandado de segurança para a tutela de direitos individuais, a Carta Constitucional de 1988 alargou sua abrangência, pois passa agora a garantir, ao lado dos direitos individuais, também os direitos da coletividade, contra atos ilegais ou abusivos do Poder Público ou de entidades a este equiparadas."

de natureza indivisível, de que sejam titulares pessoas indeterminadas e ligadas por circunstâncias de fato", não está prevista expressamente a possibilidade de manejo do mandado de segurança coletivo[304]. Igualmente, o direito não tem como titular uma pessoa individual, não se verificando a princípio a possibilidade de acesso em Juízo, por esta via estrita do mandado de segurança, para a defesa direta do interesse difuso. Frise-se, reflexamente ou de forma indireta, o mandado de segurança individual pode acabar tutelando o direito difuso à segurança pública em algum grau, mas não há legitimação extraordinária para uma pessoa, de forma isolada, buscar tão somente a tutela do direito de todos por esta via célere, sem que alegue e prove de plano a lesão ao interesse próprio.

Por exemplo, é cabível impetrar o mandado de segurança para que seja investigado o crime que o impetrante sofreu e noticiou à autoridade policial, que se nega ou omite a apurar. Com esta apuração, é possível que se elucide a identidade de todos os integrantes de perigosa organização criminosa, sobre os quais recairá a responsabilização criminal cabível e, com a prisão respectiva e a neutralização do poder ofensivo deles, indiretamente, de forma reflexa, prestigiou-se a proteção da segurança pública.

[304] Na lição de MEIRELLES (2000, pp. 25 - 26), desde a legislação anterior, não seria cabível o *writ* para a tutela de interesses difusos: "[...] o mandado de segurança coletivo não se presta à defesa de direito individual de um ou de alguns filiados de partido político, de sindicato ou de associação, mas sim da categoria, ou seja, da totalidade de seus filiados, que tenham um direito ou uma prerrogativa a defender em juízo. [...] Na realidade, embora haja referência no artigo à "defesa dos interesses dos seus membros", entendemos que somente cabe o mandado de segurança coletivo quando existe direito líquido e certo dos associados, e no interesse dos mesmos é que a entidade, como substituto processual, poderá impetrar a segurança, não se admitindo, pois, a utilização do mandado de segurança coletivo para a defesa de interesses difusos, que deverão ser protegidos pela ação civil pública". Para ele: "Outra observação que se impõe é a de que pelo mandado de segurança não se defende direito da coletividade, mas tão-somente - repetimos - direito subjetivo, ou coletivo, individual. Para a proteção dos interesses da comunidade o remédio adequado é a ação popular constitucional, insubstituível pelo mandado de segurança (STF, Súmula 101), ou ação civil pública, ou mandado de injunção." (Ibidem, p. 54).
Em sentido contrário, FERRARESI (2010, p. 112), sustenta que: "Com o claro propósito restritivo, a NLMS excluiu do âmbito de incidência do mandado de segurança coletivo os direitos difusos. Fez referência apenas aos direitos coletivos e aos direitos individuais homogêneos. Também nesse aspecto, a inovação foi infeliz. A tentativa de engessar o mandado de segurança coletivo não surtirá o efeito desejado, uma vez que a possibilidade de que ele venha a proteger direitos difusos decorre da sistemática processual civil brasileira".

O contrário, entretanto, não se dá, sendo descabido impetrar mandado de segurança individual para a garantia do patrulhamento de um bairro específico, para que, com a presença policial ininterrupta, o impetrante não venha a ser vítima de crimes em abstrato.

10.4 Ação Civil Pública

Trata-se de ação de natureza coletiva, pois visa tutelar direitos e interesses transindividuais, sejam eles individuais homogêneos, coletivos ou difusos. Entre tais direitos se pode incluir a defesa do direito de todos à segurança pública, o direito à segurança social e ainda o direito à segurança individual quando houver lesão ou ameaça de lesão que caracterize interesse ou direito individual homogêneo nos termos da definição do Código de Defesa do Consumidor.

A ação civil pública é aquela prevista na Lei n. 7.347/1985, para a tutela de interesses e direitos transindividuais, como a segurança pública, que pode ser manejada pelos legitimados constantes do rol do artigo 5º daquele diploma legal, por um conjunto diferenciado de regras e princípios processuais tendentes a dar eficácia à tutela coletiva por ela promovida[305].

Esta ação, que visa à tutela coletiva de direitos e interesses, integra o microssistema de processo coletivo, sendo regida pelas normas processuais específicas desta forma de tutela, em que as regras do Código de Processo Civil, moldadas para lides individuais, possuem aplicação subsidiária.

Apesar da denominação de "ação civil pública", ela é em verdade uma ação coletiva, pois não há titularidade ativa exclusiva do Ministério Público, não se tratando da vertente civil da ação penal pública[306].

Por fim, vale frisar que a ação civil pública, destinada a promover a tutela de interesses transindividuais, atua em sistema de complementariedade

[305] Neste sentido, explica SOUZA (2017, p. 41) que: "[...] a Lei Federal n. 7.347/85 não criou um novo tipo de processo, uma ação distinta e autossuficiente: em verdade, a ação civil pública significa um conjunto de princípios processuais que faz asadaptações necessárias no processo civil comum para que os interesses metaindividuais possam ser eficazmente tutelados. Assim, temos que a ação civil pública não é um processo absolutamente autônomo e distante da sistemática procedimental comum; ela se aproveita dos ritos previstos no Código de Processo Civil ou em leis extravagantes e os adapta com os princípios específicos da Lei n. 7.347/85 (e do CDC, como abaixo veremos), para que os interesses difusos e coletivos possam ser defendidos em juízo."

[306] Na lição de MAZZILLI (2008, pp. 73 – 74): "A rigor, sob o aspecto doutrinário, *ação civil*

não só com o mandado de segurança coletivo, tratado no tópico anterior, mas também com o mandado de injunção e com a ação popular, que será objeto de análise a seguir[307].

Em relação ao direito individual homogêneo, por exemplo, é possível o manejo da ação civil pública por uma associação privada de defesa de peni-

pública é a ação de objeto não penal proposta pelo Ministério Público. Sem melhor técnica, portanto, a Lei n. 7.347/85 usou a expressão ação civil pública para referir-se à ação para defesa de interesses transindividuais propostas por diversos co-legitimados ativos, entre os quais até mesmo associações privadas, além do Ministério Público e outros órgãos públicos. Mais acertadamente, quando dispôs sobre a defesa em juízo desses mesmos interesses transindividuais, o CDC preferiu a denominação *ação coletiva,* da qual *as associações civis, o Ministério Público e outros órgãos públicos são co-legitimados. A ação civil pública da Lei n. 7.347/1985 nada mais é que uma espécie de ação coletiva, como o mandado de segurança coletivo e a ação popular.*" (grifos do autor)

307 Para MANCUSO (2008, p. 45): "Em verdade, cabe salientar que hoje podemos contar com um regime integrado de mútua complementaridade entre as diversas ações exercitáveis na jurisdição coletiva: a ação civil pública recepcionou a ação popular, ao invocá-la expressamente no *caput* do art. 1o da Lei 7.347/85; a parte processual do CDC (Título III da Lei 8.078/90, arts. 81 a 104) é de se aplicar, no que for cabível, à ação civil pública (Lei 7.347/85, art.21). Outras ações podem ser exercitadas no trato de matéria integrante do universo coletivo (CDC, arts. 83 e 90: v.g., ação por improbidade administrativa - Lei 8.429/92); finalmente, "fechando o circuito", o CPC aparece como fonte subsidiária (CDC, art. 90; Lei 7.347/85, art. 19; LACP, art. 22)." E o autor explica que a ação popular e a ação civil pública não se confundem, pois: "Por outro lado, o art. 1o da Lei 7.347/85 prevê uma ação civil pública de responsabilidade (= condenatória/cominatória) por danos causados ao meio ambiente, ao patrimônio público e aos consumidores, *sem prejuízo da ação popular.* Ou seja, para que tais valores metaindividuais sejam tuteláveis via ação popular, será preciso atender às exigências específicas desta última, especialmente quanto às peculiaridades da legitimação ativa (cidadão eleitor) e natureza da ação (não apenas condenatória, mas precipuamente desconstitutiva). Naturalmente, o legislador não teria colocado a referida ressalva no art. 1o da Lei 7.347/85 se entendesse que *também* a ação civil pública é de tipo *popular.* Aliás, isso seria mesmo inconcebível, porque a legitimação ativa das ações civis públicas em nosso direito só é deferida, concorrente e disjuntivamente, ao Ministério Público, entes políticos, órgãos públicos e associações, e não ao cidadão, ut cives." (Ibidem, p. 79) (grifos do autor). Em sua análise, aponta ainda para a ação popular como espécie do gênero ação civil pública em seu aspecto teleológico, de perseguição ao fim público: "Na verdade, a se tomar como parâmetro o critério teleológico - o objetivo colimado na ação - não há como negar que através da ação popular se persegue uma finalidade de interesse público (a defesa do erário, do meio ambiente, da moralidade administrativa), e então por aí não seria desarrazoado inferir que a ação popular acaba por se revelar como uma vertente ou uma espécie de ação civil pública, tomada em seu sentido largo. [...] Ao fim e ao cabo, consentida uma certa *redução de complexidade,* talvez se possa dizer que, presente o critério teleológico, a ação popular filia-se ao gênero *ação civil pública,* embora o contrário não seja necessariamente verdadeiro." (Ibidem, pp. 42 - 43). (grifos do autor)

tenciários, que processe o Estado para assegurar a segurança individual e a integridade física de detentos de uma ala que esteja em risco iminente de desabamento, mediante a transferência e proibição judicial de que ali permaneçam enquanto houver o risco de desabamento.

No que tange ao direito de todos à segurança pública, por exemplo, é possível que o Ministério Público maneje ação civil pública para que os candidatos aprovados ao cargo de policial militar, com a nomeação e posse, recebam treinamento e curso idôneo antes de entrarem em exercício.

Já no que se refere ao direito difuso à segurança pública, é possível que os co-legitimados à propositura de ação civil pública ingressem com ação contra o Estado para elaborar e implementar um Plano de Segurança Pública, ou para que estruture serviço de polícia judiciária e ostensiva em determinada cidade ou bairro que não possua, ou ainda para que sejam realizados cursos de atualização, aperfeiçoamento e reciclagem periódica com agentes públicos na área de segurança.

Outros exemplos são a ação civil pública manejada para nomeação de Delegado de Polícia de carreira e servidores suficientes em Delegacia para atender à população local[308]. Ainda, a ação civil pública pode ser proposta

[308] Sobre a possibilidade de intervenção jurisdicional em políticas públicas e responsabilização do Estado, já decidiu o Supremo Tribunal Federal que: "Ademais, ao contrário do que alega o agravante, o Plenário do Supremo Tribunal Federal já se pronunciou no sentido de não violar o princípio da separação dos Poderes decisão proferida pelo Poder Judiciário que obriga o Estado ao cumprimento de normas constitucionais de caráter cogente e vinculante, inclusive aquelas de conteúdo programático, colmatando as omissões do Poder Público: "Vítima de assalto ocorrido em região do Estado de Pernambuco ao qual se atribui omissão no desempenho da obrigação de oferecer à população local níveis eficientes e adequados de segurança pública – Prática criminosa que causou tetraplegia à vítima e que lhe impôs, para sobreviver, dependência absoluta em relação a sistema de ventilação pulmonar artificial – Necessidade de implantação de marcapasso diafragmático intramuscular (marcapasso frênico) – recusa do Estado de Pernambuco em viabilizar a cirurgia de implante de referido marcapasso, a despeito de haver supostamente falhado em seu dever constitucional de promover ações eficazes e adequadas de segurança pública em favor da população local (CF, art. 144, *caput*) - Discussão em torno da responsabilidade civil objetiva do Estado (CF, art. 37, § 6º) – Teoria do risco administrativo – doutrina – precedentes - Antecipação de tutela concedida em favor da vítima, na causa principal, pelo Senhor Desembargador relator do processo – Suspensão de eficácia dessa decisão por ato da Presidência do Supremo Tribunal Federal – Medida de contracautela que não se justificava em razão da ausência de seus pressupostos – Direito à vida e à saúde – Dever estatal de assistência à saúde resultante de norma constitucional (CF, arts. 196 e 197) – Obrigação jurídico-constitucional que se impõe ao Poder Público, inclusive

para que sejam realizadas políticas públicas integradas na área de segurança pública, com a integração não só de órgãos policiais, mas também de outras áreas de atuação estatal, em cooperação com a iniciativa privada e as comunidades locais interessadas, para planejamento estratégico idôneo, ações multiáreas e verificação de resultados[309].

10.5 Ação Popular

A ação popular é outro mecanismo jurídico de atuação para se proteger direitos e interesses transindividuais, com eficácia potenciada. Pela ação

aos Estados-membros da Federação – Configuração, no caso, de típica hipótese de omissão inconstitucional imputável ao Estado de Pernambuco – Desrespeito à constituição provocado por inércia estatal (RTJ 183/818-819) – Comportamento que transgride a autoridade da lei fundamental da República (RTJ 185/794-796) – A questão da reserva do possível: reconhecimento de sua inaplicabilidade, sempre que a invocação dessa cláusula puder comprometer o núcleo básico que qualifica o mínimo existencial (RTJ 200/191-197) – O papel do Poder Judiciário na implementação de políticas públicas instituídas pela Constituição e não efetivadas pelo Poder Público – A fórmula da reserva do possível na perspectiva da teoria dos custos dos direitos: impossibilidade de sua invocação para legitimar o injusto inadimplemento de deveres estatais de prestação constitucionalmente impostos ao Poder Público – A teoria da restrição das restrições (ou da limitação das limitações) – caráter cogente e vinculante das normas constitucionais, inclusive daquelas de conteúdo programático, que veiculam diretrizes de políticas públicas, especialmente na área da saúde (CF, arts. 6º, 196 e 197) – A questão das escolhas trágicas – A colmatação de omissões inconstitucionais como necessidade institucional fundada em comportamento afirmativo dos juízes e tribunais e de que resulta uma positiva criação jurisprudencial do direito – Controle jurisdicional de legitimidade da omissão do poder público: atividade de fiscalização judicial que se justifica pela necessidade de observância de certos parâmetros constitucionais (proibição de retrocesso social, proteção ao mínimo existencial, vedação da proteção insuficiente e proibição de excesso) – doutrina –precedentes do supremo tribunal federal em tema de implementação de políticas públicas delineadas na constituição da república (RTJ 174/687 – RTJ 175/1212-1213 – RTJ199/1219-1220) – recurso de agravo provido." (STA 223-agr, Relator para obacórdão Min. Celso de Mello. DJE 14/04/2008)" (BRASIL. STF - Agravo Regimental no Recurso Extraordinário n. 349581 AGR/PR. Relator Min. Roberto Barroso. Primeira Turma. 07/04/2015).

309 Acerca da efetividade deste tipo de atuação, um projeto de segurança pública idealizado pelo autor deste trabalho, quando do desempenho das funções de Promotor de Justiça Criminal na comarca da Mogi das Cruzes, e implementado em conjunto com outros Promotores de Justiça daquela comarca, em pouco mais de um ano levou à diminuição inclusive do valor dos prêmios de seguros de veículos automotores, diante da redução perceptível dos índices criminais e da insegurança. Neste sentido, conferir em http://www.mpsp.mp.br/portal/page/portal/noticias/noticia?id_noticia=15137084&id_grupo=118. Acesso em 15/Set./2019; bem

popular, qualquer cidadão[310] poderá buscar a anulação de atos estatais, conforme dispõe o artigo 5º, LXXIII, da Constituição da República Federativa do Brasil[311].

Esta garantia constitucional, que não foi inovadoramente trazida pela Constituição de 1988, está regulamentada pela Lei nº 4.717/1965 e não se cinge à proteção apenas do erário, mas sobretudo da ordem de valores que compõem o patrimônio público em seu sentido amplo[312]. A ação possui remarcado aspecto corretivo, desconstituindo o ato lesivo. Não se trata unicamente de condenar a Fazenda Pública, dado que ela poderá, ao final, executar o título executivo que vier a ser formado, o que comprova ainda mais que a ação não é proposta contra o Estado, mas a seu favor, ainda que, a princípio, este ocupe o polo passivo da relação jurídica processual.

Para que se possa atacar o ato lesivo ao direito de todos à segurança pública por meio da ação popular, o cidadão deverá demonstrar que a ação ou omissão estatal concreta, além de ilegal, está lesionando o erário, o meio

como em http://www.portalnews.com.br/_conteudo/2016/09/cidades/40298-projeto-de--seguranca-de-mogi-vira-modelo-para-estado.html. Acesso em 15/Set./2019.

310 Embora o conceito de cidadania seja muito mais amplo e fundamentado no próprio Estado Democrático, a Constituição usou o termo *cidadão*, que veio a ser entendido pela jurisprudência, em regra, como sendo somente o eleitor brasileiro, ou seja, o brasileiro, no gozo de seus direitos políticos. Embora se possa discutir se esta opção de interpretação restritiva deva continuar prevalecendo, nos limites deste trabalho não é possível o ingresso nesta seara.

311 "LXXIII - qualquer cidadão é parte legítima para propor ação popular que vise a anular ato lesivo ao patrimônio público ou de entidade de que o Estado participe, à moralidade administrativa, ao meio ambiente e ao patrimônio histórico e cultural, ficando o autor, salvo comprovada má-fé, isento de custas judiciais e do ônus da sucumbência".

312 Acerca da amplitude da ação popular, segundo o magistério de MANCUSO (2008, p. 78): "No direito positivo brasileiro contemporâneo deve-se considerar popular a ação que, intentada por qualquer do povo (mais a condição de ser cidadão eleitor, no caso da ação popular constitucional), objetive a tutela judicial de um dos interesses metaindividuais previstos especificamente nas normas de regência, a saber: a) a moralidade administrativa, o meio ambiente, o patrimônio público lato sensu (erário e valores artísticos, estéticos, históricos e turísticos), no caso da ação popular constitucional, como resulta da interpretação sistemática: CF, art. 5.o, LXXIII; LACP, art. 1o, § 1o, e art. 4o; pensável, também, sua utilização na área de consumo, como instrumento de defesa dos interesses difusos dos consumidores; b) a anulação de ato de naturalização, objeto de ação popular prevista no art. 35, § 1o, da Lei 818, de 18.09.1949, embora, como a seguir se referirá, José Afonso da Silva entenda que essa lei já se encontra revogada".

ambiente, ou o patrimônio histórico e cultural, ou ainda acarreta violação à moralidade administrativa.

Aliás, o destaque à moralidade administrativa, com autonomia para justificar a ação popular, independente da ocorrência de ilegalidade, ou lesão material ao erário, foi medida acertada, para que se pudesse iluminar outras previsões legislativas, como a interpretação da própria Lei da Ação Popular e a Lei de Improbidade Administrativa, com ênfase no combate à imoralidade administrativa, causadora de tantos prejuízos à sociedade brasileira[313].

Como se expôs, o artigo 5°, §2°, da Constituição da República Federativa do Brasil, impõe considerar que o direito à segurança individual e o direito de todos à segurança pública são direitos humanos, além disso constantes de Tratados Internacionais de que o Brasil é signatário, como a Convenção Americana de Direitos Humanos. Por esta razão eles integram a pauta ética estatal, sendo normas jurídicas incorporadas ao Ordenamento Jurídico brasileiro, e constituem fundamento para se promover a ação popular, com fulcro na moralidade administrativa, pois Estado que desrespeita os direitos humanos não os garante, nem promove, atuando de forma lesiva à sua consecução, pratica ato imoral, ainda que dele não resulte, ou não se possa quantificar uma lesão ao erário.

Por esta ação, não se poderá discutir a constitucionalidade em tese de normas jurídicas, por não se tratar de sede apropriada e inexistir previsão legal, não sendo possível burlar o rol de legitimados ativos para a propositura de ação de inconstitucionalidade por meio desta outra garantia. Ainda assim, é possível que o cidadão discuta o desperdício de dinheiro público em razão de políticas e programas de ação que atuam um contra o outro, por exemplo, quando, sob a justificativa de garantir a segurança viária, o ente público mantém os sinais semafóricos com sistemas eletrônicos para aferição de infrações administrativas, funcionando nas vias públicas durante todo o período noturno, com tempos de abertura e fechamento

313 Sobre o tema, debruçada em dissertação específica, NIMER (2016, pp. 187 - 188) aponta que: "Saliente-se, ainda, que a violação à moralidade administrativa, em si, pode ser utilizada como único fundamento para o ajuizamento da ação popular, independentemente da ocorrência de lesão pecuniária ao erário, na esteira do que recentemente decidiu o STF, em repercussão geral sobre o tema."

que permitem a prática de roubos, furtos e sequestros de condutores de automóveis, não mantendo serviços e sistemas de vigilância e ação que inibam eficazmente tais ocorrências.

Outra hipótese se dá quando políticas públicas de péssima formulação geram má aplicação de recursos (por exemplo, a compra de equipamentos e serviços que não se interligam, não se comunicam, representando violação ao dever de eficiência), ou a consequência da omissão estatal traz um gasto maior ao erário do que se atuasse corretamente (por exemplo, custos no sistema de saúde para atendimento de vítimas, custos sociais, educacionais ou ainda no sistema judicial para processamento de infratores por crimes evitáveis, mas que não foram evitados etc.).

As cifras bilionárias de custos decorrentes da violência e insegurança parecem justificar uma discussão de tal espécie por meio de ação popular, lembrando-se dos requisitos legais de que o autor comprove a inércia, ou atuação concreta insuficiente e o dano daí decorrente, que não podem, entretanto, ser utilizados de forma desproporcional para impedir o acesso à jurisdição. Para exemplificar a matéria, é cabível a ação popular para tutelar o direito de todos à segurança pública quando o Estado não promove a segurança das pessoas em praças e parques, os quais, em razão disso, tornam-se áreas inseguras, deixam de ser frequentados pelas pessoas, tornam-se palco para a prática de delitos e degradação urbanístico-ambiental. O mesmo exemplo se aplica em relação a escolas, hospitais e outros locais públicos que não sejam protegidos pelo Estado.

Também parece cabível a ação popular quando, em razão de crescente liberalização do consumo de drogas ilícitas, sem ação estatal efetiva nem mesmo para fins de prevenção ou tratamento de usuários e dependentes químicos, aumenta a criminalidade violenta diante da necessidade dos adictos de drogas de custearem seu consumo, para o qual contribui a omissão estatal, ou suas políticas deficientes frente ao tema.

Igualmente, revela-se cabível a ação popular quando, de forma imoral, são colocados apaniguados políticos em cargos de destaque e comando de órgãos de segurança pública, para os quais não mostram aptidão técnica, ou quando se dirigem contratações de empresas de amigos para fornecimento de insumos e equipamentos para órgãos de segurança, ou ainda em casos de superfaturamentos, fraudes em procedimentos licitatórios e compras, além de diversas outras hipóteses.

Para sanar a omissão estatal ou corrigir a insuficiência ou inidoneidade de dada política pública de segurança, seria a ação popular um instrumento adequado? A resposta é afirmativa, porém com algumas ponderações.

A segurança pública é dever estatal e responsabilidade de todos, inclusive do próprio Estado, motivo pelo qual não resta dúvida de que, não se desincumbindo de seu dever ou violando sua responsabilidade, estará praticando ato ilegal. Para que esta ilegalidade justifique a propositura da ação popular, respeitado o binômio ilegalidade-lesividade, deverá o cidadão comprovar a lesão ao patrimônio público.

Entretanto, é possível se considerar como sendo imoralidade administrativa a conduta do administrador público que não cumpre de forma eficiente o seu dever de dar segurança, insistindo em manter política pública que se revela malsucedida há tempo juridicamente relevante, contribuindo para a lesão ao interesse difuso.

Por meio deste raciocínio, ao se considerar a ação inadequada e insuficiente, bem como a omissão, como sendo configuradoras de conduta que viola a moralidade administrativa e ofende direito fundamental individual e social, a ação popular, independentemente da comprovação da lesão ao patrimônio público, será idônea para veicular a pretensão do cidadão[314].

Ocorre que a ação popular é desconstitutiva, pois nela se corrige o ato administrativo mediante a sua anulação e responsabilização de quem o praticou. Surge, então, a questão se por meio dela seria possível se combater condutas negativas, abstenções, proteção deficiente e omissões, de que não se tem por efeito a lesão ao patrimônio público.

[314] E acerca do conteúdo da moralidade, NIMER (2016, pp. 190 - 191) explica que: "Dada a abstração dos valores morais que vigoram na sociedade, não podem estes servir de parâmetro para a aferição do conteúdo jurídico do princípio da moralidade administrativa, sob pena de ocorrer grave insegurança jurídica e indesejáveis variações de conduta e de tratamento no que tange ao agir dos administradores públicos. Por isso, é necessário que o conteúdo do princípio da moralidade administrativa seja extraído de valores morais juridicizados – ou seja, incorporados ao ordenamento jurídico -, tais como a boa-fé, a lealdade, a vedação ao nepotismo, a proibição de aceitação de presentes por autoridades públicas submetidas a códigos de ética específicos, dentre outros. Daí dizer-se que o princípio da moralidade administrativa é intrinsecamente relacionado com o princípio da juridicidade (ou legalidade em sentido amplo), visto que é das normas (princípios e regras) insertos neste último que aquele extrai a referibilidade de seu conteúdo."

Ao se considerar que o patrimônio público não corresponde apenas ao erário, mas a toda a gama de valores consolidados e reconhecidos pela ordem jurídica, que formam a sociedade brasileira, bastaria a violação à moralidade administrativa para possibilitar o ajuizamento da ação popular, sendo, inclusive, a lesão extrapatrimonial dela decorrente passível de responsabilização por danos morais à coletividade[315]. Neste ponto, a ação popular serviria para desconstituir a inação estatal[316], anulando os atos administrativos que deixaram de promover a segurança pública com eficiência.

10.6 Ação de Inconstitucionalidade por Ação, por Omissão e Arguição de Descumprimento de Preceito Fundamental

O Ordenamento Jurídico deve ser considerado um sistema coerente de normas escalonadas em lógica hierarquizada, em que as de patamar inferior retiram seu fundamento de validade das de categoria superior, até chegar-se à Constituição da República Federativa do Brasil e às Normas de Direito Internacional de Direito Humanos, ou à norma hipotética fundamental na visão kelseniana, ou à norma de reconhecimento na visão hartiana, ou à decisão na visão schimittiana. Partindo deste pressuposto, as normas inválidas, do ponto de vista formal e, sobretudo, material, devem ser expulsas

[315] Ainda na lição de NIMER (2016, pp. 187 - 188): "E, quando a LAP prevê a condenação do agente que praticou o ato nulo ou anulável à responsabilização por perdas e danos, deve-se entender, na esteira do que prevê a lei civil, que tal condenação é apta a abarcar não apenas o ressarcimento dos prejuízos materiais, mas também a indenização pelos danos morais da conduta do agente, decorrentes da violação ao princípio da moralidade administrativa."

[316] Conforme apontam GAGNO e COUTO (2018, p. 633): "Em verdade, o cabimento da ação popular em casos omissivos mostra-se em total consonância com uma compreensão sistemática e finalística das normas constitucionais, e com a teoria dos direitos fundamentais, especialmente se considerarmos, como dito acima, o acesso à justiça e os direitos difusos como direitos fundamentais, cuja garantia ou prestação deve se dar no maior nível possível. Justamente nessa senda caminha a jurisprudência do STJ, quando consagra, desde a década de noventa, a possibilidade do manejo da ação popular em casos de omissão lesiva aos bens ou valores tuteláveis por meio da ação popular, corroborando um pensamento ampliativo a respeito do cabimento de tal ferramenta." A lesão à segurança pública por ação ou omissão, muitas vezes viola a moralidade administrativa e, sendo este o caso, vale ressaltar a lição de referidos autores, ao concluírem que: "a ação popular, quando ajuizada para a tutela da moralidade administrativa, dispensa a demonstração de violação à lei infraconstitucional, sendo necessário, todavia, que se demonstre a incompatibilidade do ato (omissivo ou comissivo) com as normas constitucionais, numa visão sistemática e teleológica". (Ibidem, p. 645).

do sistema, para se preservar, no caso do Brasil, o Estado Democrático de Direito, com todos os princípios e direitos que encarna[317].

O controle de constitucionalidade de leis e outras normas inferiores à Constituição é realizado pelo Poder Judiciário, por via de exceção (de forma difusa por todos os Juízos e em caráter concreto, incidental à lide em que a questão é ventilada, com efeitos para as partes da relação jurídica processual), ou pelo Supremo Tribunal Federal (de forma concentrada e em caráter abstrato em relação à Constituição Federal, com efeitos em regra *erga omnes* e *ex tunc*, mas que podem ser modulados de forma *ex nunc* ou pró-futuro) e pelos Tribunais de Justiça Estaduais (de forma concentrada e em caráter abstrato em relação às Constituições Estaduais, também com efeitos em regra *erga omnes* e *ex tunc*, mas que podem ser modulados de forma *ex nunc* ou pró-futuro, tendo em vista inclusive o princípio da simetria).

Frise-se que a análise de constitucionalidade pode e deve ser feita também pelos demais Poderes: o Poder Legislativo, por exemplo em suas Comissões, como a de Constituição e Justiça, e o Poder Executivo, por exemplo, para editar um Decreto ou Medida-Provisória que não colidam com a Constituição. Mas o controle efetivo da constitucionalidade das normas é feito, com caráter definitivo e vinculante, como a "última palavra", pelo Poder Judiciário.

A ação legislativa estatal é relevante quando viola o dever de agir ou é encetada em sentido contrário do que preceituam as normas constitucionais que preveem o direito, dever e responsabilidade em relação à segurança pública. Assim, dá-se o controle tanto do ponto de vista formal (analisando-se a validade da norma no que tange à competência e procedimento de sua elaboração) quanto do ponto de vista material (analisando-se a validade da norma no que tange ao seu conteúdo, se aquilo podia ou devia ser objeto de lei, se a restrição ao direito ou garantia fundamental

[317] Para BONAVIDES (2004, p. 322): "Garantir direitos individuais foi sempre a nota suprema ou a razão maior do controle de constitucionalidade, pelo menos como ele se estabeleceu de acordo com a tradição americana, desde o julgamento da Suprema Corte na demanda "Marbury *vs.* Madison", a mais perfeita soma de argumentos lógicos, que compõem a essência de uma teoria constitucional da liberdade nos moldes do liberalismo. A alçada judicial, ao conhecer dos atos legislativos que importam ofensa à Constituição em matéria de direitos individuais, traça limites eficazes à onipotência do Estado, desarmando-o, nos sistemas constitucionais, daquele poder soberano de impor aos governados uma vontade sem freios. O direito que nos tribunais limita a ação política do legislador em verdade tolhe os poderes absolutos do Estado."

afetou o seu núcleo essencial)[318]. Por exemplo, a lei que fixa quadro visivelmente insuficiente de cargos de policiais pode ser declarada inconstitucional materialmente, por violar o direito e dever concernente à segurança pública. É um exemplo de inconstitucionalidade por ação.

A Constituição da República Federativa do Brasil possui força normativa e não podem os direitos e garantias nela expressos aguardarem infinitamente pela sua regulamentação mediante leis, decretos e outras normas. Assim, a omissão em legislar também é passível de controle pelo Poder Judiciário. A omissão estatal é relevante quando viola comandos constitucionais, lesionando direitos e interesses sociais legítimos[319]. Por

[318] Fala-se não apenas em núcleo essencial do direito fundamental, mas em mínimo existencial também, que conforme apontam GAGNO e COUTO (2018, p. 645): "Mínimo existencial é o grau mínimo de satisfação admissível para um direito fundamental, abaixo do qual haverá um esvaziamento deste, sendo indispensável uma análise das circunstâncias do caso em concreto para que se verifique a razoabilidade e proporcionalidade do ato, já que é reconhecidamente impossível uma fixação em abstrato, de maneira objetiva, de todos os casos em que haveria violação ao mínimo existencial".

[319] Acerca da relevância da omissão estatal, a ensejar a atuação jurisdicional, em ação direta de inconstitucionalidade por omissão, expôs o Supremo Tribunal Federal a necessidade de censura do Poder Judiciário, invocando fundamentos que se aplicam perfeitamente à omissão na seara da segurança pública, senão vejamos: "A omissão do Estado - que deixa de cumprir, em maior ou em menor extensão, a imposição ditada pelo texto constitucional - qualifica-se como comportamento revestido da maior gravidade político-jurídica, eis que, mediante inércia, o Poder Público também desrespeita a Constituição, também compromete a eficácia da declaração constitucional de direitos e também impede, por ausência de medidas concretizadoras, a própria aplicabilidade dos postulados e princípios da Lei Fundamental. - As situações configuradoras de omissão inconstitucional, ainda que se cuide de omissão parcial, refletem comportamento estatal que deve ser repelido, pois a inércia do Estado - além de gerar a erosão da própria consciência constitucional - qualifica-se, perigosamente, como um dos processos informais de mudança ilegítima da Constituição, expondo-se, por isso mesmo, à censura do Poder Judiciário. Precedentes: RTJ 162/877-879, Rel. Min. CELSO DE MELLO - RTJ 185/794-796, Rel. Min. CELSO DE MELLO. O DESPREZO ESTATAL POR UMA CONSTITUIÇÃO DEMOCRÁTICA REVELA-SE INCOMPATÍVEL COM O SENTIMENTO CONSTITUCIONAL RESULTANTE DA VOLUNTÁRIA ADESÃO POPULAR À AUTORIDADE NORMATIVA DA LEI FUNDAMENTAL. - A violação negativa do texto constitucional, resultante da situação de inatividade do Poder Público - que deixa de cumprir ou se abstém de prestar o que lhe ordena a Lei Fundamental - representa, notadamente em tema de direitos e liberdades de segunda geração (direitos econômicos, sociais e culturais), um inaceitável processo de desrespeito à Constituição, o que deforma a vontade soberana do poder constituinte e que traduz conduta estatal incompatível com o valor ético-jurídico do

exemplo, a omissão em dispor sobre a Política Estadual ou Municipal de Segurança, em elaborar planos de segurança e revisá-los, em dispor sobre a atualização do efetivo policial.

Uma das discussões mais atuais a respeito do tema é a dos limites da tutela jurisdicional para efetivar o direito fundamental violado pela omissão dos demais Poderes, pois a mera declaração e posterior comunicação ao Poder Legislativo de que ele está inerte é insuficiente para que o direito seja efetivado. Isto porque, a interpretação restritiva do art. 103 §2º da Constituição da República Federativa do Brasil permitiria ao Supremo Tribunal Federal, após reconhecer a omissão inconstitucional do Legislador, apenas notificá-lo de que está omisso, ou notificar o Administrador Público de que está omisso, dando-lhe o prazo de 30 dias para sanar a situação, sem a incidência de sanção caso não o faça.

Já as interpretações sistemáticas e extensivas do dispositivo privilegiam a força normativa da Constituição e permitem que se fixe prazo para o Legislador sanar a omissão inconstitucional, quando possível, bem como permitem que o Supremo Tribunal Federal concretize diretamente o ditame constitucional violado, integrando o Ordenamento Jurídico[320]. A ação de inconstitucionalidade, por seu objeto e legitimados, pode ser vista inclusive como espécie de ação civil pública[321], razão pela qual se aplica o que foi dito acerca da ação civil pública neste ponto.

Além disso, observado o Princípio da Subsidiariedade trazido pelo art. 4º, §1º, da Lei Federal nº 9.882/1999, é cabível a Arguição de Descum-

sentimento constitucional, cuja prevalência, no âmbito da coletividade, revela-se fator capaz de atribuir, ao Estatuto Político, o necessário e indispensável coeficiente de legitimidade social. [...]" (BRASIL. STF - ADI 1442 ADI - AÇÃO DIRETA DE INCONSTITUCIONALIDADE. Relator: Min. Celso de Mello. Órgão Julgador: Plenário, 24/Mar./1997).

320 Sobre o tema, debatem em artigo específico CUNHA JÚNIOR e COSTA E SILVA (2018, p. 416) e apontam que, "ainda que não seja órgão diretamente eleito pelo povo, por óbvio que o Supremo Tribunal Federal exercerá função democrática toda vez que estiver diante do dialético processo constitucional de controle de constitucionalidade. Assim, poderá evitar, por exemplo, que inconsistências parlamentares, e influências de grupos econômicos possam prejudicar direitos de natureza essencial previstos na Carta Magna, mas que para sua plena observância dependem da vontade de Constituição dos representantes do povo para operar na realidade concreta."

321 Explica SOUZA (2017, p. 40): "O objeto da ação direta de inconstitucionalidade, por seu turno, é o resguardo da ordem jurídica, o respeito ao primado das normas insertas na Constituição Federal. Obviamente o resguardo das normas jurídicas é de interesse de toda a

primento de Preceito Fundamental (ADPF) perante o Supremo Tribunal Federal, quando não houver outro meio eficaz para sanar a lesividade resultante do ato comissivo ou omissivo do Poder Público.

Há diversos exemplos de ADPF versando sobre segurança pública, por exemplo a ADPF 594 (Número único: 0024619-41.2019.1.00.0000) proposta neste ano de 2019 pelo PSOL contra política pública de segurança no Rio de Janeiro, para diminuir as mortes decorrentes de intervenção policial e não estimular a neutralização e o abatimento de criminosos portando fuzis em vias públicas; a ADPF 581 (Número único: 0022256-81.2019.1.00.0000) proposta também neste ano de 2019, tendo por objeto o Decreto Federal n. 9.785/2019, para discutir a flexibilização da aquisição, cadastro, registro, posse, porte e a comercialização de armas de fogo e de munição.

10.7 Mandado de Injunção

O mandado de injunção é uma garantia constitucional para corrigir a denominada síndrome de inefetividade das normas constitucionais, em razão da morosidade irrazoável e desproporcional do legislador em dispor acerca delas[322]. Repisa-se aqui que a discussão mais atual é a dos

sociedade – e não de alguns de seus membros -, de sorte que a ação direta tutela um direito por excelência difuso. Pois bem: tendo como legitimados ativos os mesmos entes e pessoas arrolados no art. 5º da Lei n. 7.347/85 e objetivando a tutela de um interesse difuso, a ação direta de inconstitucionalidade é uma ação civil pública, segundo o conceito que acima traçamos."

[322] Na lição de BONAVIDES (2004, p. 551): "Muito afim ao instituto da ação de inconstitucionalidade por omissão, que serve basicamente à proteção do direito objetivo, o constituinte brasileiro introduziu também no art. 5°, inciso LXXI do capítulo acerca dos direitos e deveres individuais e coletivos, um instrumento inteiramente desconhecido à tradição constitucional brasileira: o mandado de injunção, que tem nome e origem estrangeira sobretudo anglo-americana mas tão nacionalizado já em feitura, conteúdo e forma que dificilmente um jurista dos países de origem o reconheceria. Reza o inciso constitucional que ele se concederá sempre que a falta de norma regulamentadora torne inviável o exercício dos direitos e liberdades e das prerrogativas inerente à nacionalidade, à soberania e à cidadania. Havendo, por conseguinte, um direito subjetivo constitucional, cujo exercício se ache tolhido pela privação de norma regulamentadora, o titular desse direito postulará, perante o Judiciário, por via do mandado de injunção, a edição de uma norma aplicável à espécie concreta. Nesse caso a edição da norma saneadora da omissão provisoriamente do Judiciário e não do Legislador, concretizando-se graças àquela garantia, a satisfação do direito subjetivo constitucional cujo exercício ficara paralisado, à míngua de regra regulamentadora por parte do órgão competente para elaborá-la."

efeitos da decisão judicial que reconhece a omissão inconstitucional[323].

No que tange ao uso desta garantia para o fim de efetivar o direito à segurança individual, não há dúvidas quanto ao seu cabimento, se provado que por falta de norma regulamentadora o direito está sendo violado. Por exemplo, pode socorrer-se dela quem ao ser chamado para ser ouvido como vítima ou testemunha em atos formais em prédios públicos, como audiência em Fórum ou na Delegacia de Polícia, não tem sua segurança garantida, sendo mantido em mesma sala que os investigados ou réus, por ausência de norma que disponha no sentido de que sejam destinados locais distintos e reservados para que as vítimas e testemunhas não sofram esta agravação de risco à sua segurança individual.

Já em relação ao direito à segurança pública, ao se considerar existente o direito subjetivo, o uso da garantia depende de ser possível uma regulamentação da norma para aquele caso específico, pois a garantia não pode ser utilizada para o fim de compelir à regulamentação com efeitos *erga omnes*. Como exemplo concreto, há o Mandado de Injunção n. 4733/DF (Número Único: 9942814-37.2012.1.00.0000) visando criminalizar a homofobia e a transfobia nos termos da Lei nº 7.716/89, que define os crimes resultantes de preconceito de raça ou de cor[324].

323 Acerca da eficácia concretista da decisão judicial para a implementação do direito violado, CUNHA JÚNIOR e COSTA E SILVA (2018, p. 413) explicam com base em Direito de outros Estados, que: "Como relatado anteriormente, em países nos quais nem ao menos existem mecanismos formais de controle das omissões normativas do Poder Público, reconhece-se a prerrogativa dos Tribunais Constitucionais em suprimir essas lacunas lançando mão de técnicas decisórias de efeito concretista. É o que acontece, por exemplo, no caso do Bundesverfassungsgerichthof alemão, que, por diversas vezes, já corrigiu omissões inconstitucionais através da adoção do mecanismo de "concretização" ou Konkretisierung no âmbito das Reclamações Constitucionais (Verfassungsbeschwerde)." Ao final, concluem acerca da Ação de Inconstitucionalidade por Omissão, de forma também aplicável ao Mandado de Injunção em nosso entender, que: "Dessa maneira, a atuação do Supremo Tribunal Federal deverá se dar de maneira a resguardar os valores da Constituição, havendo que investir-se em atuação concretizante nos casos em que se demonstrar conjuntamente: a importância elementar do valor constitucional tutelado; o maior grau de restrição da imposição normatizante; o decurso de tempo mais que razoável para a atuação normativa; a urgência do provimento; e, por fim, a possibilidade material e concreta de a decisão ser cumprida, sob pena de manutenção da inocuidade do instituto da ADO."

324 Para se visualizar o teor do entendimento fixado pelo Supremo Tribunal Federal no julgamento desta ação, copia-se a seguir a ementa da decisão daquela Eg. Corte: "Decisão: O

10.8 *Habeas Corpus*

Trata-se de ação constitucional de natureza mandamental e que, como o mandado de segurança, requer a existência de prova pré-constituída, pois não cabe dilação probatória. Assim, deverá o impetrante comprovar a lesão ou ameaça de violação à sua liberdade de locomocação (ir e vir, permanecer e sair), em razão de ilegalidade ou abuso de poder de autoridade coatora, ou seja, de quem exerce o poder de decisão acerca do ato de que pode advir a lesão à liberdade de locomoção, não sendo autoridade o mero executor do ato[325].

Esta ação pode ser impetrada em face de decisões e ações de autoridades públicas, bem como contra atos de particulares em casos especiais, em que há o exercício de função ou atribuição do Poder Público, seja por delegação, autorização, cooperação, convênio ou outra forma de legitimação do particular a exercer a competência pública[326].

Não há dúvidas quanto ao cabimento do *habeas corpus* para garantir o direito de liberdade de ir e vir individual, indiretamente protegendo a

Tribunal, por maioria, conheceu do mandado de injunção, vencido o Ministro Marco Aurélio, que não admitia a via mandamental. Por maioria, julgou procedente o mandado de injunção para (i) reconhecer a mora inconstitucional do Congresso Nacional e; (ii) aplicar, com efeitos prospectivos, até que o Congresso Nacional venha a legislar a respeito, a Lei nº 7.716/89 a fim de estender a tipificação prevista para os crimes resultantes de discriminação ou preconceito de raça, cor, etnia, religião ou procedência nacional à discriminação por orientação sexual ou identidade de gênero, nos termos do voto do Relator, vencidos, em menor extensão, os Ministros Ricardo Lewandowski e Dias Toffoli (Presidente) e o Ministro Marco Aurélio, que julgava inadequada a via mandamental. Plenário, 13.06.2019." (BRASIL. STF - Mandado de Injunção n. 4733/DF (Número Único: 9942814-37.2012.1.00.0000), Relator Min. Edson Fachin. Disponível em: https://portal.stf.jus.br/processos/detalhe.asp?incidente=4239576. Acesso em 24/Jun./2019).

325 Em relação a esta garantia constitucional com origem na Magna Carta inglesa de 1215, lecionam DEMERCIAN e MALULY (2014, p. 667), acerca de suas espécies, que: "Será liberatório ou repressivo quando a coação ilegal, ou abuso de poder, já se consumou. A impetração, nesse caso, visa a corrigir uma ilegalidade já cristalizada. Será preventivo quando há ameaça de violência ou coação à liberdade de locomoção, por abuso de poder ou ilegalidade. Nesse caso, a ameaça deve ser séria e efetiva. O mero temor ou suspeita vaga não autorizam a concessão do "salvo-conduto" (direito de se locomover sem constrangimento). Deve existir, para a concessão da ordem, o mínimo de viabilidade fática."

326 Sobre o tema, DEMERCIAN e MALULY (2014, pp. 672 - 673), explicam que: "O habeas corpus, em princípio, deve ser utilizado contra ato daqueles que exercem função pública, máxime porque contra ato de particular, em regra, cabe ação da autoridade policial ou admi-

segurança individual de quem está sofrendo lesão que pode ser agravada pela ofensa atual ou iminente à sua liberdade de locomoção, no que tange a este aspecto. Mas também há precedentes da utilização do *habeas corpus* coletivo[327], que pode ser um instrumento para garantir a segurança pública, como segurança de direitos, no intuito de que, por exemplo, grupos sociais e minorias possam transitar livremente em determinados espaços, ou não serem arbitrariamente privados de suas liberdades.

Por meio do *habeas corpus* coletivo, moradores de locais em que algumas pessoas se apropriam do espaço público para a realização de eventos, como "bailes funk" e outros, impedindo a liberdade de locomoção de quem quer transitar na via pública, entrar e sair de sua residência, podem buscar a tutela jurisdicional.

nistrativa [...]. Hodiernamente, o entendimento pretoriano tem se inclinado permissivamente (TJSP, RHC n. 137.873/3, JTJ 142/375) pela utilização do remédio contra ato de paticular em alguns casos peculiares, como, por exemplo, retenção de paciente em hospital, internação compulsória de pessoa não interditada (RT 577/331), retenção de colono na fazenda, quando não cumpre sua obrigação no contrato civil (RT 138/517)."

[327] Por exemplo, independente de se discutir se no mérito se entende correta ou não a decisão proferida, o cabimento do *Habeas Corpus coletivo* foi decidido pelo Supremo Tribunal Federal no julgado a seguir apontado, mesmo existindo decisões judiciais que analisaram os requisitos das custódias cautelares respectivas para cada caso concreto, passíveis de recursos próprios e de *habeas corpus* por cada pessoa privada da liberdade: "Habeas Corpus Coletivo. Admissibilidade. Doutrina brasileira do habeas corpus. Máxima efetividade do *writ*. Mães e gestantes presas. Relações sociais massificadas e burocratizadas. Grupos sociais vulneráveis. Acesso à justiça. Facilitação. Emprego de remédios processuais adequados. Legitimidade ativa. Aplicação analógica da lei 13.300/2016. Mulheres grávidas ou com crianças sob sua guarda. Prisões preventivas cumpridas em condições degradantes. Inadmissibilidade. Privação de cuidados médicos pré-natal e pós-parto. Falta de berçários e creches. ADPF 347 MC/DF. Sistema prisional brasileiro. Estado de coisas inconstitucional. Cultura do encarceramento. Necessidade de superação. Detenções cautelares decretadas de forma abusiva e irrazoável. Incapacidade do Estado de assegurar direitos fundamentais às encarceradas. Objetivos de desenvolvimento do milênio e de desenvolvimento sustentável da Organização das Nações Unidas. Regras de Bangkok. Estatuto da primeira infância. Aplicação à espécie. Ordem concedida. Extensão de ofício. [...]" (BRASIL. Supremo Tribunal Federal. HC 143.641/SP. Relator: Ministro Ricardo Lewandowski, Segunda Turma, j. 20/Fev./2018. Dje: 08/Out./2018. STF: 2018. Disponível em http://stf.jus.br/portal/jurisprudencia/listarJurisprudencia.asp?s1=%28143641%2ENUME%2E+OU+143641%2EACMS%2E%29&base=baseAcordaos&url=http://tinyurl.com/y5zcp44y. Acesso em 15/Set./2018.).

Este remédio coletivo ainda pode ser invocado para evitar que ordens ilegais, abusivas ou absurdas emanadas de detentores eventuais do poder possam causar lesões ao direito de ir e vir, em seu aspecto transindividual. Por exemplo, se há ordem do Governador para que a Polícia que ele comanda impeça que professores possam se locomover na via pública e se manifestarem contra opções administrativas que aviltam a educação pública e a categoria profissional a que pertencem. Ao impedir que os professores sejam retirados à força da via pública, o remédio também está prestigiando a segurança pública, pois a obediência à ordem ilegal resultaria violação da segurança pública pelo próprio Estado de forma comissiva.

11

Propostas para dar Segurança Pública Efetiva para o Povo

Existem em normas de direito internacional de direitos humanos internalizadas no Brasil e também diversas normas internas, com força cogente, que contemplam a necessidade humana de segurança e o valor que ela representa, com *status* de direitos fundamentais de índole individual e social, além de um direito à segurança pública de todos, dever estatal e responsabilidade de todos, conforme se apontou aqui. Isso posto, é necessário que exista, então, uma postura estatal positiva e inovadora, para implementá-las corretamente. Para que o direito à segurança pública seja atendido, é necessária, mais especificamente, a prestação dos serviços públicos que garantam e promovam a segurança dos direitos de todos, nacionais e estrangeiros em território nacional, mediante a proteção efetiva aos bens juridicamente tutelados[328]. Para isso, sugere-se, a título exemplificativo, o que segue nas próximas seções.

[328] A diminuição da violência e da criminalidade no Brasil é uma preocupação inclusive internacional. Neste sentido, por exemplo, o Relatório Regional de Desenvolvimento Humano 2013-2014 do Programa das Nações Unidas para o Desenvolvimento, denominado "*Segurança Cidadã com rosto humano: Diagnóstico e Propostas para a América Latina*" aponta 10 recomendações para melhorar a segurança nos países analisados da América Latina, dentre os quais o Brasil: 1) unir esforços nacionais para reduzir a criminalidade e a violência, incluindo um acordo nacional de segurança, como política de Estado; 2) gerar políticas públicas orientadas

11.1 Criação de métricas adequadas para avaliação da efetividade de políticas públicas, análise do custo da criminalidade, planejamento e direcionamento de ações e recursos

Os serviços públicos devem ser direcionados para atingirem objetivos e cumprirem metas de prevenção de infrações penais e da desordem, além da repressão aos atos atentatórios à segurança alheia, na perspectiva de integração comunitária e com mecanismos democráticos de controle de eficiência. Estes mecanismos devem permitir a análise de eficiência por meio de parametrização com critérios transparentes, determinados com verdadeira participação popular, em que se garanta a constante evolução na sua determinação[329].

É necessário que o projeto ou os projetos de segurança sejam voltados também ao escopo de garantia de direitos, com a redução das violações e da exclusão social, que é mola propulsora de mais violações a direitos, num projeto de cidade[330], de comunicação política e social que permitam a convivência entre todos em sociedade[331].

a proteger as pessoas mais afetadas pela violência e os crimes; 3) prevenir a criminalidade e a violência impulsionando um crescimento inclusivo, equitativo e de qualidade; 4) diminuir a impunidade fortalecendo as instituições de segurança e justiça ligadas aos direitos humanos; 5) potencializar a participação ativa da sociedade, especialmente as comunidades locais, na construção da segurança cidadã; 6) aumentar as oportunidades reais de desenvolvimento humano para os jovens; 7) prevenir de modo integral a violência de gênero no espaço doméstico-privado; 8) salvaguardar ativamente os direitos das vítimas de violência; 9) regular e reduzir os desencadeadores de delitos, tais como álcool, drogas e armas, em uma perspectiva integral e de saúde pública; e 10) fortalecer os mecanismos de coordenação e avaliação da cooperação internacional. (Disponível em http://www.pg.undp.org/content/dam/rblac/docs/Research%20and%20Publications/IDH/UNDP-RBLAC-ResumoExecPt-2014.pdf. Acesso em 10/Jul./2019)

329 Ao invés da medição estatística por critérios escolhidos ao talante do modelo político - que em regra pretende divulgar dados que lhe sejam favoráveis perante a opinião pública. Os critérios devem ser adequados para o correto planejamento das ações a serem adotadas pelo Estado, de forma a potencializar o uso dos recursos públicos para a máxima eficiência, permitindo visão de cenários, nacional, regional, local, dentre outros.

330 Aponta NUCCI (2016, p. 58) que "observa-se quase sempre a mesma preocupação. Cidades limpas, bem estruturadas e iluminadas constituem um conforto a mais para uma aliança com a segurança pública, desde que isso esteja inserido no cenário de respeito aos direitos humanos."

331 Conforme leciona BARATTA (2001, pp. 22 - 24), é necessário que o modelo de segurança seja de assegurar direitos de todos, reduzindo a exclusão social e a violação e permitindo o

Para que se possa cogitar uma transformação real do cenário de insegurança atual, é imprescindível utilizar o conhecimento já existente e manter consistente programa de ampliação do conhecimento acerca dos custos de cada tipo de delito e do fenômeno criminal por localidade, os fluxos e interligações criminosas nacionais e internacionais, bem como das possíveis formas de atuação em relação a eles, verificando o grau de efetividade de políticas de combate e os custos respectivos, para redefinir a partir daí o modelo de atuação estatal planejada.

Esse conhecimento capaz de influenciar as instâncias de decisão, é pressuposto mínimo para que se possa estabelecer uma pauta de prioridades idônea, fazer o planejamento adequado das estratégias, dos objetivos, metas e ações estatais, bem como do compartilhamento de responsabilidades com a sociedade civil em cada local. A finalidade não é gerar estatísticas e números como um fim em si mesmo, ou apenas para exibição pública, mas gerar dados e informações com viés finalístico de gerar a transformação positiva das políticas públicas, de forma continuada, permitindo ações estatais compatíveis com a realidade em constante mutação.

desenvolvimento humano. Ele propõe a substituição do modelo político tecnocrata de manutenção do *status quo*, devendo-se reintegrar o cidadão na política em seu bairro, município e comunidade local, em um modelo verdadeiramente democrático em que os cidadãos não são meros expectadores, mas verdadeiros atores, capaz de formar localmente atores políticos coletivos e multiagencias com a participação de organismos públicos e privados, assegurando a participação da comunidade local na política pública de prevenção e segurança. Propõe, ainda, a real inserção da Polícia na comunidade, pois "*La distancia entre los policías y los ciudadanos disminuye en la medida en que la policía se inserta en la comunidad, viene instruída y se representa a sí misma como una instancia específica del sistema general de la protección de todos los derechos.*" (em tradução livre nossa: "A distância entre os policiais e os cidadãos diminui na medida em que a polícia se insere na comunidade, vem instruída e se representa a si mesma como uma instancia específica do sistema geral de proteção de todos os direitos."), evitando-se a seletividade na prevenção e repressão e o aumento da atividade privada de segurança, mas sobretudo promovendo-se a igualdade, revisando-se "*el modelo basado en la restricción de los derechos fundamentales*" (em tradução livre nossa: "modelo baseado na restrição dos direitos fundamentais") para um modelo "*de la protección y de la realización de los derechos de todos, comenzando con los grupos más débiles (que, en cambio, en el primer modelo son sólo el objeto que padece y no el sujeto que disfruta de la política de seguridade)*" (em tradução livre nossa: "da proteção e da realização dos direitos de todos, começando com os grupos mais vulneráveis (que, em troca, no primeiro modelo são só o objeto que sofre e não o sujeito que desfruta da política de segurança)".

Essa busca de conhecimento é pressuposto para a definição adequada dos montantes de recursos a serem investidos a busca de novas fontes de custeio e verificação da efetividade das medidas adotadas para prevenir e reprimir com eficácia cada espécie de delito em cada localidade. Por exemplo, em relação aos homicídios, em se verificando que a sua diminuição é uma pauta prioritária, pelo enorme custo social da perda de vidas humanas com todas as suas consequências, deve-se estabelecer uma política pública de segurança específica para cada local de maior incidência, que poderá envolver o planejamento de diversas áreas e a atuação integrada de serviços públicos de pastas distintas.

Para a definição da estratégia a ser adotada, no exemplo acima, dentre as diversas formas de prevenção, é possível que se verifique na experiência nacional que, se os bares forem fechados às 22 horas, diminui-se a taxa de homicídios, sendo o custo desta medida pago pelas multas lavradas em relação aos donos de bares renitentes. Por outro lado, verifica-se que a mesma diminuição é possível se for deslocado o efetivo policial do período noturno, após as 22 horas, para atuar somente nas regiões de bares, desprotegendo, entretanto, o restante da cidade e acarretando um custo maior. Neste caso, a opção deve ser feita pela primeira medida, de fechamento dos bares às 22 horas, ou por uma medida mista que inclua este fechamento e, também, o deslocamento de algumas viaturas policiais para reforçar a prevenção, diante da presença estatal, e realizar o apoio às equipes de fiscalização quanto ao cumprimento da regra de fechamento.

Ainda, no mesmo exemplo, é possível que se verifique que o fornecimento de atividades de lazer, com esportes e recreações aos finais de semana em praças e espaços públicos dos bairros, amplia a formação de vínculos entre vizinhos e comunidades locais, o sentimento de pertencimento, e diminui o abuso no consumo de álcool e drogas, diminuindo a taxa de homicídios. Igualmente, verifica-se que o fornecimento de educação em período integral para crianças e adolescentes diminui a incidência do uso de álcool e drogas e da integração em organizações criminosas, acesso a armas e prática de crimes, inclusive homicídios. Neste caso, estas ações, analisada a relação de custo-benefício e o objetivo de diminuição dos assassinatos, devem ser integradas na política de segurança.

Mas não sendo a taxa de homicídios a mesma em todos os locais, nem as causas sendo as mesmas, as medidas e ações devem ser talhadas para cada localidade, pois um bairro, por exemplo, sofre com homicídios notoriamente após as 22 horas aos finais de semana, em regiões de bares, mas outro bairro, com características distintas, apresenta números apenas de assassinatos de mulheres vítimas de estupros, especialmente por suas características de má iluminação, extensão territorial, baixo adensamento populacional ou outras causas, enquanto num terceiro bairro há poucos assassinatos, por motivos aleatórios, sem uma condição pré-estabelecida identificável que possa ser alvo de ação específica. Por óbvio, as mesmas ações não serão efetivas nos três bairros, devendo ser a atuação estatal individualizada e a interlocução com a comunidade interessada em cada local estreitada.

No exemplo do terceiro bairro, em que há poucos assassinatos, por motivos aleatórios, sem uma condição pré-estabelecida, é possível que apenas uma política de informação quanto às penas do homicídio e o fornecimento de informações acerca de serviços públicos disponibilizados em diversas áreas, como creche, tratamento psicológico, psiquiátrico, grupos de ajuda existentes no bairro etc., sirva para amenizar o problema, com o melhor custo-benefício.

Outro exemplo, em relação aos crimes de estupro, roubo e furtos em bairros residenciais ou mistos, verifica-se que também é uma pauta prioritária de ação estatal, pelo enorme custo social e perda de capital humano, ausência de geração de rendas e tributos. Em sequência, identifica-se na experiência internacional e nacional que a integração dos moradores de bairros residenciais, mediante atividades lícitas recreativas em vias públicas, o estabelecimento da cultura de "conhecer seus vizinhos" e a conscientização da necessidade de zelar pela segurança no bairro e de seus vizinhos, para que todos possam aumentar o grau de segurança, diminuem a quantidade de crimes de estupro em via pública, roubos e furtos.

Verifica-se ademais, que a conjugação desta medida, de baixo custo ao erário, com a interligação de videomonitoramento público-privado nas ruas, capaz de ler placas de automóveis (leitor OCR), é capaz de diminuir ainda mais a incidência destes tipos de crimes, ampliando a prevenção e diminuindo os gastos posteriores inclusive com atendimento a vítimas. Por fim, identifica-se que a boa iluminação pública diminui ainda mais a incidência destes tipos de crimes no período noturno, trazendo paz à comunidade.

Então, estas medidas elencadas acima devem ser adotadas sem prejuízo de outras. Mas, como a criminalidade e suas causas mudam, é necessário que haja constância na aquisição do conhecimento, para que permaneçam efetivas e atuais as políticas públicas de segurança.

O conhecimento que se propõe, também servirá para eventual definição da pauta de prioridades na apuração de delitos cujos autores violam mais severamente a segurança pública, ou infrações de maior gravidade. Não sendo possível, com limitados recursos humanos e instrumentais, apurar com eficácia todos os delitos que chegam ao conhecimento do Estado, é necessário definir-se prioridades para que haja maior eficácia onde ela é mais necessária. Além disso, se o custo para eventual processamento de infrator por um crime menos grave é mais alto do que o custo do próprio crime, não é razoável, nem proporcional que o Estado destine seus limitados recursos para apurar este delito e não outros cujos autores violam mais severamente a segurança pública, ou sejam de maior gravidade.

Ainda, estas métricas permitem concentrar esforços com eficácia em relação às causas da insegurança, mediante políticas públicas e programas de ação multidisciplinares, multi-órgãos e envolvendo integração de ações dos Municípios, Estados e a União. Estas medidas são importantes tendo em vista que o fenômeno da criminalidade e da insegurança não se restringe a fronteiras oficiais, ou a rígidos padrões de distribuição de competências constitucionais – prevenir costuma ser muito maior, mais produtivo e mais barato do que o de reagir[332].

Empiricamente se verifica que, por diversas vezes, alguns criminosos são responsáveis pela prática de grande quantidade de crimes, o que se

[332] Neste sentido, no Relatório sobre Segurança Cidadã e Direitos Humanos da Comissão Interamericana de Direitos Humanos de 2009, adotou o seguinte trecho da apresentação do Secretário Executivo da Comissão Interamericana, perante o grupo especial de trabalho para a preparação do primeiro encontro de Ministros na área de segurança pública das Américas, em Washington, em 20 de junho de 2008, de que a segurança sempre foi uma das principais funções dos Estados e que o conceito de segurança evoluiu, da manutenção da ordem como expressão do poder e supremacia do Estado, para o de prevenção e controle dos fatores que geram violência e insegurança, ao invés de somente reprimir e reagir a atos consumados: "*Security has always been one of the States' main functions. Undoubtedly, as authoritarian States transitioned into democratic States, the concept of security evolved. In the past, the concept of security meant maintaining order, as an expression of the power and supremacy of the State. Today, democratic States are espousing law enforcement models that encourage citizen participation and that are premised on the principle that the protection of citizens by law enforcement must be respectful of the institution, the laws and basic rights. Thus, from the standpoint of human rights, when we speak of security today, we are not just talking about fighting crime; instead we are talking about how to create an environment conducive to*

coaduna com chamada regra de Pareto, de que 80% das consequências advêm de 20% das causas, a reforçar a importância do conhecimento em análise, para definir prioridades de atuação.

Para tanto é necessário que o Direito dialogue com as demais ciências e com a realidade da vida que deve reger[333], investindo inclusive em Jurimetria para o empoderamento informativo na tomada das decisões sobre segurança pública e respectivo controle social e jurisdicional[334].

Várias são as mudanças possíveis na forma de atuação estatal, incluindo organizar agências multi-órgãos de atuação integrada em cada Município,

peaceful coexistence. And so, the concept of security must place greater emphasis on activities to prevent and control the factors that generate violence and insecurity, rather than purely repressive or reactive behaviors to consummated acts." (Disponível em: http://www.cidh.org/countryrep/Seguridad.eng/CitizenSecurity.II.htm. Acesso em 03/Mai./2018). Em tradução livre nossa: "Segurança sempre foi uma das principais funções dos Estados. Sem dúvida, quando os Estados autoritários fizeram a transição para Estados democráticos, o conceito de segurança evoluiu. No passado, o conceito de segurança significava manter a ordem, como uma expressão do poder e da supremacia do Estado. Hoje, os Estados democráticos adotam modelos de aplicação da lei que incentivam a participação do cidadão e têm como premissa o princípio de que a proteção dos cidadãos pela aplicação da lei deve respeitar a instituição, as leis e os direitos básicos. Assim, do ponto de vista dos direitos humanos, quando falamos de segurança hoje, não estamos apenas falando sobre o combate ao crime; em vez disso, estamos falando sobre como criar um ambiente propício à coexistência pacífica. E assim, o conceito de segurança deve enfatizar mais as atividades para prevenir e controlar os fatores que geram violência e insegurança, em vez de comportamentos puramente repressivos ou reativos a atos consumados."

[333] Acerca da necessidade de abordagem do fenômeno insegurança-pública por meio da multidisciplinariedade de políticas públicas e programas de ações, por órgãos das três esferas da Federação com planejamento conjunto e potencialização no melhor uso dos recursos públicos para a maximização da efetividade social com enfoque nas causas e não somente nas consequências, é de se ressaltar, que, conforme leciona GUERRA FILHO (1997, p.91), a teoria dos sistemas autopoiéticos permite a abertura de um diálogo multidisciplinar do Direito: "Se, de acordo com C. Geertz (1983, p. 173), 'assim como os negócios, a ciência, a religião, ou a arte, o Direito, o qual é um pouco de tudo isso, propõem um mundo no qual suas descrições façam sentido', tanto que isso seria 'uma maneira distintiva de imaginar o real', logo a teoria do sistema jurídico autopoiético é uma forma para se imaginar essa 'maneira de imaginar o real'. [...] Esse tipo de teoria sociológica do Direito representa uma tentativa de escapar da presente 'exaustão de paradigma' (Abel, 1980, p. 826) nessa área - e por último, mas não menos importante, ela proporciona uma abertura para um diálogo multidisciplinar sem precedentes."

[334] Sobre o tema, conferir DEMERCIAN e MORAES (2017), para os quais a jurimetria e a atuação do Ministério Público em agências seriam caminhos para potencializar a efetividade no desempenho das atribuições constitucionais em matéria penal.

ou em cada bairro de cidades maiores, compostas por órgãos estatais responsáveis pela segurança pública e, eventualmente, por órgãos responsáveis por outras áreas que possam atuar na prevenção[335].

Não se pode olvidar, ademais, a importância do trabalho integrado multidisciplinar e da atuação do sistema de proteção à segurança pública em rede, pois a não utilização do conhecimento já disponível, o desinteresse pela realização de métricas idôneas e ausência de previsão de trabalho integrado multidisciplinar, gera o péssimo emprego das verbas públicas, em programas e ações desconexas, sem resultados práticos que atendam o princípio da eficiência da Administração Pública[336]. Por exemplo, o tráfico ilícito de drogas é uma das molas propulsoras da criminalidade violenta praticada pelas organizações criminosas que controlam esta atividade dentro e fora de estabelecimentos prisionais ou pela legião de usuários e dependentes, que, sob o efeito das drogas, ou da sua abstinência, praticam condutas cada vez mais violentas.

[335] BEZERRA (2008, p. 200), após explicar acerca da teoria das janelas quebradas, com a desordem e o medo sendo agentes criminógenos, fatores que desencadeiam mais desordem, medo e criminalidade, expõe para a política de segurança "um modelo de policiamento apoiado na comunidade e afinado com outros segmentos oficiais e não governamentais (ONGs, OSCIPs, redes sociais, conselhos de direitos humanos etc.) e, atuando não só na prevenção criminal secundária (*post factum delicti*), como e prioritariamente, na prevenção primária (educação, esporte, cultura, lazer, saúde etc.)."

[336] Em prol da segurança pública, para reverter o quadro atual de descumprimento do dever estatal nesta seara no Brasil, propõe FREITAS (2012, pp. 89 - 90) que a segurança pública se torne ação desenvolvida para a proteção dos direitos essenciais às pessoas, como *segurança cidadã*, pois para ela: "Para poder responder à violência e à criminalidade com racionalidade científica, inteligência estratégica, produção qualificada de provas e garantia de direitos, o Estado deve libertar-se do senso comum, das falácias das medidas imediatista que agravam e postergam o problema da insegurança pública. Faz-se necessário a adoção políticas pública sérias, voltadas à redução do fosso da desigualdade social existente no País e à valorização do ser humano. [...] A proposta de mais valia que tem se apresentado é a adoção de políticas públicas de segurança com o objetivo da busca da ordem, da tranquilidade e da salubridade, através do planejamento urbano, do mapeamento criminal, da prevenção estratégica, da cooperação comunitária, do uso racional da força, da inteligência e da tecnologia policial, do cumprimento das leis e de seus procedimentos, da consciência dos direitos sociais, organização e mobilização sociais para a cidadania; políticas que devem ser fortalecidas por movimentos da sociedade em prol de uma cultura de paz e do alastramento da consciência dos direitos humanos."

Ausentes políticas públicas multidisciplinares para prevenir efetivamente o uso e abuso de drogas ilícitas[337], os órgãos policiais elencados no artigo 144 da Constituição da República Federativa do Brasil, ainda que estivessem estruturados para combater com eficácia a atividade criminosa, de ponta-a-ponta, incluindo toda a cadeia, e não apenas os agentes responsáveis pela difusão dos tóxicos proscritos, não teriam eficácia prática potencializada, diante da lei de mercado da "oferta e da procura". Isto porque o retorno financeiro da venda de drogas ilícitas coopta pessoas a se aventurarem nesta atividade, plenamente estimuladas pela possibilidade de obterem altos ganhos financeiros, numa sociedade assolada por desigualdades socioeconômicas e por níveis alarmantes de corrupção.

Ao se combater o uso de drogas proscritas, prioritariamente no aspecto preventivo e educacional, inclusive por posturas administrativas e com políticas públicas efetivas para a prevenção, o efetivo tratamento, acompanhamento e reinserção social de drogaditos[338], bem como para coibir o uso de drogas em espaços públicos, a formação de "cracolândias", dentre outras condutas, ter-se-ia a diminuição do retorno financeiro obtido pelo narcotráfico, em função da diminuição dos mercados consumidores e do preço das drogas, observada ainda a denominada "lei da oferta e da procura", desestimulando o comércio dos tóxicos proscritos.

Esta alternativa se revela mais racional do que o uso de recursos públicos apenas em atividades desconexas e voltadas, em sua esmagadora maioria, somente para minorar ou combater as consequências das drogas, em atividades puramente repressivas, que muitas vezes enfocam a venda "no varejo" e não encontram sequer respaldo na política judiciária sobre o tema. Esta política afrouxa cada vez mais a resposta estatal com penas alternativas e outras medidas, como consectário do número de traficantes que são flagrados disseminando drogas, os quais são substituídos por outros agentes, porquanto as cadeias hierárquicas do tráfico não são quebradas.

337 Ou pelo menos diminuir a sua incidência e aumentar a conscientização, combatendo as causas da multiplicação de usuários e dependentes químicos, que injetam bilhões de reais para as organizações criminosas responsáveis pela narcotraficância.

338 Sem enfocar só no repressivo penal, com a esvaziada responsabilização criminal de usuários sem que o juiz possa sequer aplicar pena privativa de liberdade, conforme modelo legislativo atual.

A repressão, aliás, pode ser mais efetiva, se estruturada para enfocar as cadeias de comando do narcotráfico, a lavagem de dinheiro do tráfico de drogas, a corrupção de agentes públicos e a perda do patrimônio fruto desta atividade, com aplicação nos próprios órgãos responsáveis pela atividade de prevenção, investigação e repressão.

Neste ponto, planos de ação multidisciplinares, com cronogramas de execução que garantam a implementação em condutas de curto, médio e longo prazo, poderiam transformar o gasto do dinheiro público em programas com planejamento mais completo, com garantia de eficácia, voltados a transformar a realidade.

11.2 Necessidade de se aperfeiçoar a legislação, redimensionar as normas penais e combater as causas da impunidade

A legislação em grande parte é sofrível no Brasil, fruto de diversos fatores, como o desrespeito à Constituição da República Federativa do Brasil, o despreparo dos legisladores e administradores que formulam as normas, além de lobismos, favorecimentos, corrupção, desinteresse, falta de fidelidade ao programa oferecido à população no período eleitoral, burocracias na participação popular, falta de transparência, modelos de gestão legislativa que não se adequam mais à dinâmica social, alienação das massas de pessoas em relação aos temas que interferem em suas vidas, descrédito de instituições legislativas e executivas que desestimulam colaborações, cooperações e parcerias com o setor privado, científico e as pessoas que integram a sociedade brasileira, dentre outros.

Há, ainda, intensa produção e modificação legislativa sem o compromisso com a integridade do Direito, a coerência e a lógica do sistema jurídico. A isso se soma a falta de atuação adequada em outros setores, em especial na implementação de direitos sociais e econômicos. Ao invés de garantir direitos, os legisladores e administradores brasileiros inflam a quantidade de normas penais, transferindo para a seara da segurança pública diversas responsabilidades que não necessitariam estar incluídas em sua missão.

Neste cenário, visando aperfeiçoar a segurança pública, há a necessidade de redimensionar as normas penais incriminadoras, para que de fato haja intervenção mínima, o que diminuiria a quantidade de crimes praticados e a necessidade de os órgãos policiais, o Ministério Público e o Poder Judiciário terem de atuar no âmbito penal em relação a condutas que poderiam e deveriam ser submetidas a um regime de acompanhamento administrativo estatal em outras searas[339]. A intervenção estatal para fins punitivos criminais nem sempre é o caminho mais efetivo para garantir o controle de condutas que interferem na seara da segurança pública[340].

Aliás, a quantidade de condutas previstas como ilícitos penais (tipos ou modelos de comportamentos, condutas vedadas no âmbito penal) existentes no Brasil é imensa[341]. Na prática, o excesso de normatização não só compromete a construção de um modelo de intervenção estatal voltado à segurança de direitos e fundamentado no convencimento, mas também

[339] Aponta-se neste sentido a exposição de FRANCO (2015, pp. 11 - 12), segundo o qual "[...] num Estado Democrático de Direito, a intervenção penal não poderia ter uma dimensão expansionista, deveria ser necessariamente mínima, expressando, apenas e exclusivamente, a ideia de proteção de bens jurídicos vitais para a livre e plena realização da personalidade de cada ser humano e para a organização, conservação e desenvolvimento da comunidade social em que ele está inserido. Os anos 80 renovaram a discussão – que, nas décadas anteriores, ficara num segundo plano – sobre o Direito Penal que, devendo ser mínimo e garantístico, teria por missão a defesa dos direitos humanos."

[340] Para exemplificar, mesmo em estabelecimentos prisionais, medidas como acesso à religião, cultos e ensinos respectivos, apresentam resultados às vezes mais efetivos no controle de infrações praticadas na execução da pena e posterior reincidência, do que a ameaça de punição estatal ou a responsabilização penal por tais condutas. Neste sentido, DUARTE (2002, p. 28) aponta resultados de estudo na Penitenciária Estadual de Londrina, no Paraná, em que os presos que faziam parte de grupo religioso evangélico tiveram registro muito menor de passagem pelo Conselho Disciplinar do estabelecimento penal: "Há o mito de que a religião é um instrumento relevante de reintegração do preso à sociedade, não podemos desconsiderar esse fato, pois da população carcerária de 530 presos (em 28/05/02) e que deste contingente, 81 presos fazem parte de grupos evangélicos e apenas 20 presos evangélicos tiveram passagem pelo Conselho Disciplinar, ou seja, 3,77%. Índices que estão registrados para reflexão da sua significância ou não, levando-se em consideração o fato de que 40,38% é o percentual geral de presos que tiveram passagem pelo Conselho Disciplinar nesse período abordado."

[341] Como justificativa para o Projeto de Lei sobre a responsabilidade político-criminal (PL 4373/2016 da Câmara dos Deputados), foi citado que por meio de estudo elaborado pela Associação Latino – Americana de Direito Penal e Criminologia (ALPEC), sobre as tendências legislativas do Direito Penal e Processo Penal Brasileiro do ano de 1985 a 2015, existiam 1.688 tipos penais no Código Penal e leis especiais, tendo sido editadas 77 leis ordinárias e complementares criando novos modelos de condutas que ensejam responsabilização criminal neste período. Aliás, segundo estudo publicado em 2018 pelo Instituto Brasileiro de Planejamento Tributário (IBPT), desde a Constituição da República Federativa do Brasil de 1988, foram editados quase 5 milhões e novecentos mil textos normativos nas três esferas, uma média de 774 normas por dia útil.

leva à síndrome de inefetividade de milhares de normas e, consequentemente, à sensação de que nem todas as leis devem ser cumpridas[342]. Isto alavanca o descrédito das normas jurídicas de natureza penal e, portanto, do próprio Direito Penal, que se torna meramente simbólico[343].

Quanto mais condutas são tipificadas em normas penais como crimes, menor será a liberdade de agir das pessoas e tanto mais infrações penais

[342] Em estudo específico acerca da Efetividade do Direito, CALSING (Obra citada, p. 295) explica o conceito de efetividade: "A efetividade de uma norma é a sua aceitação pela comunidade e seu uso contínuo e real. A efetividade, ou como chamam alguns autores, a eficácia social das normas, é o cumprimento efetivo do Direito por parte da sociedade, que reconhece as normas e as cumprem, concretizando, assim, seus comandos, fazendo com que seus preceitos incidam efetivamente na vida social. A efetividade refere-se à aplicação ou execução da norma jurídica, sendo a regra normativa enquanto conduta humana. A norma efetiva é incorporada à maneira de ser da sociedade, transfigurando-se em um agir." E conclui que: "[...] a efetividade das normas deveria ser a regra, já que o Direito é válido enquanto determinador da conduta social segundo os valores sociais presentes. Assim, uma norma válida e eficaz será, em regra, efetiva. Mas, a realidade nos prova que existem diversas normas que não possuem efetividade, seja pela contrariedade com os valores e sentimentos sociais, seja pela contrariedade com os princípios econômicos dominantes, ou pela disputa de valores com a classe dominante." (Ibidem, pp. 299 - 300).

[343] Novamente a exposição de FRANCO (2015, p. 14) constata que: "Faz-se, no Brasil dos tempos presentes, o discurso do Direito Penal de intervenção mínima, mas não há nenhuma correspondência entre esse discurso e a realidade legislativa. Ao invés da renúncia formal ao controle penal para a solução de alguns conflitos sociais [...] parte-se para um destemperado processo de criminalização no qual a primeira e única resposta estatal, em face do surgimento de um conflito social, é o emprego da via penal. Descriminalização, despenalização e diversificação são conceitos fora de moda, em desuso. A palavra de ordem, agora, é criminalizar, ainda que a feição punitiva tenha uma finalidade puramente simbólica."
COPETTI SANTOS (2012, p. 57) leciona que: "Num sentido crítico, o caráter simbólico do direito penal pode indicar, por um lado, a sua ineficácia, ao pretender exercer uma função de apaziguamento e regulamentação pacífica de conflitos. Neste sentido, por exemplo quando falamos dos fenômenos de neocriminalização, a respeito dos quais se afirma, que tão-somente cumprem efeitos meramente "simbólicos" e nos causam uma impressão tranquilizadora de um legislador atento e decidido (SILVA SÁNCHEZ, 1992, p. 304 e seguintes). Mas sob outro aspecto, o caráter simbólico do direito penal pode indicar a predominância de uma função latente sobre uma função manifesta. Assim, ao mesmo tempo em que se fala de um direito penal simbólico, desvela-se sua função real e oculta. Assim, é possível delimitar a expressão "direito penal simbólico" sob este duplo viés: primeiro, com o sentido denotador de uma função apenas tranquilizadora sem qualquer potencialidade para o atingimento dos objetivos aos quais simbolicamente se propõe; segundo, expressando uma função aparente para

existirão, não o contrário. Em consequência, maior será a taxa de impunidade, o descrédito da legislação penal e do próprio Estado Democrático de Direito, ou tanto maior será a necessidade de repressão e construção de estabelecimentos prisionais ou a ampliação de centrais de penas e medidas em meio aberto ou alternativas, para dar conta do número de pessoas que infringem tantas normas penais. A mera tipificação de uma conduta como infração penal não obsta a sua prática, o que já foi demonstrado por diversas vertentes de estudos de criminologia e teorias abolicionistas do Direito Penal, de sua intervenção mínima e de outras modalidades de imposição de sanções penais[344].

Por consequência, ante a incapacidade do Estado de controlar e combater com eficiência uma gama de mais de mil e quinhentas condutas previstas como crimes, a sensação que cresce é a de deslegitimação das normas penais, de sua ineficácia, de que a impunidade é regra, de que há "direito" de infringir as normas penais. O costume de praticar a conduta vedada pela norma penal acaba levando ao desrespeito a outras normas e à maior ineficácia social.

A falta de punição deslegitima a própria legislação, pois a norma penal legítima é a que se revela essencial de fato para a proteção do bem jurídico (por exemplo, é essencial a vedação ao homicídio, sob pena de responsabi-

encobrir uma função real de gestão da desigualdade e da exclusão. [...] Quanto mais direito penal é editado, mais as pessoas ficam embriagadas com este efeito estupefaciante do direito penal. *Uma função simbólica, não efetiva.*" (grifo do autor)

344 Neste sentido, RUBIO (2012, p 152): "*Si en algo coinciden las teorias abolicionistas, los defensores del derecho penal mínimo y los partidarios de la teoría agnóstica de la pena, es en la afirmación del fracasso del sistema penal vigente en disminuir la violencia ocasionando todo lo contrario, por su efecto perverso sobre la dignidad humana y por la manera discriminadora y excluyente de reconocer los derechos humanos por razones de clase, racial, cultura y de género. Frans Hinkelammert y Henry Mora afirman que el poder en sus distintos rostros y las instituciones que utiliza, son como un rosal: poseen rosas y espinas al mismo tiempo. No podemos vivir sin ellas pero tampoco podemos someternos siempre a ellas.*" Em tradução livre nossa: "Se em algo coincidem as teorias abolicionistas, os defensores do direito penal mínimo e os partidários da teoria agnóstica da pena, é a afirmação do fracasso do sistema penal vigente em diminuir a violência ocasionando o contrário, por seu efeito perverso sobre a dignidade humana e pela maneira discriminadora e excludente de reconhecer os direitos humanos por razões de classe, raça, cultura e gênero. Frans Hinkelammert e Henry Mora afirmam que o poder em seus diferentes rostos e as instituições que utiliza são como uma roseira: possuem rosas e espinhos ao mesmo tempo. Não podemos viver sem elas, mas também não podemos nos submeter sempre a elas."

lização penal). Ademais, frise-se, quanto maior o rol de comportamentos passíveis de responsabilização penal, tanto maior também será a possibilidade de corrupção de agentes públicos, especialmente em relação às condutas mais rentáveis e àquelas com maior tolerância social, ou que, embora moralmente reprováveis[345], não se precisaria reprimir por normas penais.

Além disso, quanto mais condutas são proibidas sob pena de responsabilização criminal, maior a interferência e o controle estatal da vida privada e a restrição da liberdade das pessoas, hipertrofiando o poder estatal e, consequentemente, o risco de desvio e abuso no seu exercício. A posterior inflação de notícias e estatísticas criminais ainda contribui para justificar regimes de exceção que restringem ainda mais direitos, em vez de promovê-los.

Dos muitos exemplos de condutas que, ao menos em princípio, poderiam ser objeto de outras formas de controle social e estatal, especialmente pela via do Direito Administrativo, a contravenção penal de exploração de jogos de azar, que inclusive já foi recentemente conduta atípica e, atualmente, com a pífia resposta penal e a enorme rentabilidade da conduta, é uma das grandes fontes de corrupção de agentes públicos.

Outro exemplo que se pode discutir é o do crime de porte de drogas para consumo pessoal. A justificativa para a tipificação penal é a de que ofende a saúde pública. Ocorre que, ainda que exista ofensa à saúde pública, não há no tipo penal a previsão de pena privativa de liberdade, nem mesmo para quem apresente múltipla reincidência e autodeterminação de nunca mais cessar o porte para consumo e o uso de tóxicos proscritos. Ainda que seja possível fundamentar que a Constituição da República Federativa do Brasil prevê a possibilidade de imposição de penas alternativas, e não somente da restrição da liberdade como sanção para a violação de normas de cunho penal, deve-se questionar a necessidade desta

[345] Acerca das condutas insignificantes e daquelas que se situam apenas na ordem moral, FRAGOSO (2003, p. 05), ensinava que: "Desde logo se deve excluir do sistema penal a chamada criminalidade de bagatela e os fatos puníveis que se situam puramente na ordem moral. A intervenção punitiva só se legitima para assegurar a ordem externa. A incriminação só se justifica quando está em causa um bem ou valor social importante. Não é mais possível admitir incriminações que resultem de certa concepção moral da vida, de validade geral duvidosa, sustentada pelos que têm o poder de fazer a lei. Orienta-se o Direito Penal de nosso tempo no sentido de uma nova humanização, fruto de larga experiência negativa".

criminalização e, se é devido manter-se o crime sem a possibilidade de pena privativa de liberdade.

Ora, se é possível o combate à conduta indesejada por outros meios, que podem ser aplicados por responsabilização administrativa (advertência e multa), por qual razão deve a conduta ser tipificada como infração penal? Ademais, a criminalização, da forma como está, somente leva ao descrédito do Direito Penal, pois a quase totalidade das condutas que violam esta norma acabam não sendo de fato punidas pelo desestímulo à atuação dos agentes públicos. Os poucos selecionados para a punição (por azar ou outras razões) somente farão crescer o sentimento de injustiça, deslegitimação da norma e da atuação dos órgãos policiais, gerando, por consequência, maior hostilidade contra os agentes da lei, descrédito e desconfiança da ação deles.

Ainda, as inúmeras distorções do sistema penal são também deslegitimadoras dos órgãos e da ação estatal, gerando maior insegurança pela sensação de impunidade que causam. Por exemplo, aquele que dolosamente (com consciência e vontade) desfigurar a face de uma outra pessoa responderá pela prática de um crime de lesão corporal dolosa de natureza grave, cuja pena mínima, em abstrato, é de um ano de privação de liberdade (se a deformidade não for permanente) ou dois anos se a deformidade for permanente (art. 129, §1º, do Código Penal).

Aliás, se causar debilidade permanente de membro, sentido ou função (a vítima ficar surda de um ouvido ou perder o movimento de uma mão, por exemplo), a pena mínima será de um ano, mas pode chegar à pena mínima de dois anos, se da lesão corporal resultar a perda ou inutilização de membro (por exemplo, arranca um braço), sentido (por exemplo, deixa a vítima cega dos dois olhos ao jogar ácido no rosto) ou função (por exemplo, destrói o pênis do homem ou a vagina da mulher, deixando a vítima com as funções reprodutora e fisiológica inutilizadas), conforme §2º do mesmo artigo do Código Penal[346].

Estas penas mínimas prevista para o crime de lesão grave ou gravíssima, de um ou dois anos de privação de liberdade para o criminoso, tratando-se

[346] Dispõe o artigo 129 do Código Penal, acerca das lesões corporais de natureza leve, grave e gravíssima que: "**Lesão corporal** Art. 129. Ofender a integridade corporal ou a saúde de outrem: **Pena - detenção, de três meses a um ano. Lesão corporal de natureza grave** §1º Se resulta: I - Incapacidade para as ocupações habituais, por mais de trinta dias; II - perigo

condutas tão perniciosas, ou mesmo as penas máximas, respectivamente de cinco anos para a lesão grave, ou oito anos de privação de liberdade para a lesão denominada doutrinariamente de gravíssima, revelam proteção jurídica deficiente. Por exemplo, se estas sanções cominadas em abstrato forem comparadas às penas do crime de violação de direitos autorais previstas nos parágrafos do artigo 184 do mesmo Código Penal, de dois a quatro anos de privação de liberdade[347], revelarão evidente violação ao princípio da proporcionalidade.

Ora, expor à venda algumas mídias "piratas" apresenta, para a legislação penal, gravidade mínima[348] equivalente à da conduta de causar lesão gravíssima em outra pessoa, como no caso da vítima que tem um olho arrancado, ou daquela que fica com o rosto para sempre desfigurado como um

de vida; III - debilidade permanente de membro, sentido ou função; IV - aceleração de parto: **Pena - reclusão, de um a cinco anos.** §2° Se resulta: I - Incapacidade permanente para o trabalho; II - enfermidade incurável; III perda ou inutilização do membro, sentido ou função; IV - deformidade permanente; V - aborto: **Pena - reclusão, de dois a oito anos.**" g.n.

[347] Dispõe o artigo 184 do Código Penal, que: "**Violação de direito autoral** Art. 184. Violar direitos de autor e os que lhe são conexos: **Pena – detenção, de 3 (três) meses a 1 (um) ano, ou multa**. §1º Se a violação consistir em reprodução total ou parcial, com intuito de lucro direto ou indireto, por qualquer meio ou processo, de obra intelectual, interpretação, execução ou fonograma, sem autorização expressa do autor, do artista intérprete ou executante, do produtor, conforme o caso, ou de quem os represente: **Pena – reclusão, de 2 (dois) a 4 (quatro) anos, e multa.** §2º Na mesma pena do § 1º incorre quem, com o intuito de lucro direto ou indireto, distribui, vende, expõe à venda, aluga, introduz no País, adquire, oculta, tem em depósito, original ou cópia de obra intelectual ou fonograma reproduzido com violação do direito de autor, do direito de artista intérprete ou executante ou do direito do produtor de fonograma, ou, ainda, aluga original ou cópia de obra intelectual ou fonograma, sem a expressa autorização dos titulares dos direitos ou de quem os represente.§3º Se a violação consistir no oferecimento ao público, mediante cabo, fibra ótica, satélite, ondas ou qualquer outro sistema que permita ao usuário realizar a seleção da obra ou produção para recebê-la em um tempo e lugar previamente determinados por quem formula a demanda, com intuito de lucro, direto ou indireto, sem autorização expressa, conforme o caso, do autor, do artista intérprete ou executante, do produtor de fonograma, ou de quem os represente: **Pena – reclusão, de 2 (dois) a 4 (quatro) anos, e multa.** §4º O disposto nos §§ 1º, 2º e 3º não se aplica quando se tratar de exceção ou limitação ao direito de autor ou os que lhe são conexos, em conformidade com o previsto na Lei nº 9.610, de 19 de fevereiro de 1998, nem a cópia de obra intelectual ou fonograma, em um só exemplar, para uso privado do copista, sem intuito de lucro direto ou indireto." g.n.

[348] Que se verifica pela margem penal mínima, prevista no preceito secundário do tipo penal incriminador.

"monstro", ou ainda de quem perde um braço ou uma perna, em razão de ataque de outrem. Parte-se da mesma pena mínima por obra do legislador.

Aliás, a conduta de expor à venda algumas mídias piratas, em que a pena mínima é de dois e a máxima é de quatro anos de privação de liberdade, apresenta, para o Código Penal brasileiro, gravidade mínima de pelo menos o dobro do que a daquele que suporta a debilidade permanente de sua perna, braço, ou quase é morto pela pessoa que o atacou (perigo de vida). É evidente a desproporção nas margens penais mínimas previstas para a lesão corporal dolosa, em que se fere de forma grave ou gravíssima a integridade corporal de outrem.

Já a pena máxima prevista pelo legislador significa que a conduta de violar direito autoral é, para ele, quase equivalente à conduta de praticar dolosamente lesão grave em outra pessoa (exatamente 4/5 da gravidade desta)[349]. Vender mídias piratas, para o legislador brasileiro, equivale à metade da gravidade da conduta de quem praticar a lesão gravíssima em outrem[350].

Note-se que, conforme dispõe o artigo 133 do Código Penal[351], se o responsável legal (pai, mãe etc.) optar por abandonar uma criancinha com um ano de idade, por exemplo, e esta criança, em razão do abandono, por intenso sofrimento físico, sofrer pelo resto da vida problemas de locomoção e tiver a função cerebral comprometida, as penas a que o infrator penal (pai, mãe etc.) estará submetido variarão de 1 ano (metade da pena mínima de quem expõe à venda mídias piratas) até o máximo de 5 anos (um

349 Pois a pena máxima em tese cominada ao delito de contrafação nesta modalidade é de quatro anos de privação de liberdade e a pena máxima do crime de lesão corporal dolosa de natureza grave é prevista no patamar de cinco anos de privação de liberdade.

350 Exemplos de quem arruína a vida alheia, causando incapacidade permanente para o trabalho, enfermidade incurável, perda ou inutilização do membro, sentido ou função, deformidade permanente ou aborto.

351 Dispõe o artigo 133 do Código Penal que: "**Abandono de incapaz** Art. 133 - Abandonar pessoa que está sob seu cuidado, guarda, vigilância ou autoridade, e, por qualquer motivo, incapaz de defender-se dos riscos resultantes do abandono: **Pena - detenção, de seis meses a três anos.** §1º - Se do abandono resulta lesão corporal de natureza grave: **Pena - reclusão, de um a cinco anos.** §2º - Se resulta a morte: **Pena - reclusão, de quatro a doze anos.** Aumento de pena §3º - As penas cominadas neste artigo aumentam-se de um terço: I - se o abandono ocorre em lugar ermo; II - se o agente é ascendente ou descendente, cônjuge, irmão, tutor ou curador da vítima. III – se a vítima é maior de 60 (sessenta) anos." g.n.

pouco a mais do que o máximo da pena para quem expõe à venda mídias piratas). É nítida, portanto, a violação ao princípio da proporcionalidade na formulação das normas penais brasileiras, na valoração e proteção de bens jurídicos pelo legislador.

Para o Código Penal brasileiro, o sequestro ou cárcere privado de alguém, em sua modalidade fundamental[352], é também menos grave do que a venda de mídias piratas, pois as sanções para estas formas de violação da liberdade alheia, pena privativa de liberdade mínima de 1 ano e máxima de 03 anos, são inferiores às margens penais dos parágrafos do artigo 184 do mesmo diploma legal. É menos grave, também, do que o furto de um aparelho de televisão ou outro bem de valor agregado ou quantia em dinheiro por dois ou mais furtadores agindo em concurso, para os quais a pena é prevista no mínimo de dois anos e no máximo de 8 anos de privação de liberdade.

O sequestro ou cárcere privado, em sua forma simples, é considerado, assim, de mesma gravidade que a injúria preconceituosa prevista no §3º do artigo 140 do Código Penal. Ou seja, se alguém ficar vários dias preso por outra pessoa num porão, logo, submetido a cárcere privado, o algoz em tese praticou crime de mesma gravidade daquele que numa discussão de trânsito ofende a outra pessoa se valendo de um termo preconceituoso, dizendo, por exemplo, que "tinha que ser velho babão para fazer uma barbeiragem dessas". Não se está aqui afirmando que a injúria qualificada não seja um fato grave, mas apenas ponderando se um xingamento rápido numa discussão é tão grave quanto sequestrar ou praticar cárcere privado contra alguém. A honra de alguém vale tanto quanto a liberdade da pessoa no que tange à cominação das penas para estes crimes conforme dispõem as normas penais em análise.

Há, em suma, distorções na valoração dada pelos legisladores brasileiros federais à vida humana, integridade corporal das pessoas e à liberdade no Brasil, por exemplo, em relação aos interesses dos titulares de direitos autorais, ou à proteção do patrimônio.

Se alguém for reduzido à condição análoga à de escravo durante vários anos de sua vida, que inclusive será reduzida drasticamente em sua expec-

[352] Dispõe o artigo 148, *caput*, do Código Penal que: "**Sequestro e cárcere privado** Art. 148 - Privar alguém de sua liberdade, mediante sequestro ou cárcere privado: **Pena - reclusão, de um a três anos.**" g.n.

tativa de longevidade[353], as penas previstas são iguais às do furto qualificado (de dois a oito anos de privação de liberdade). A baliza da sanção penal para esta conduta gravíssima, diga-se, é inclusive menor do que a do furto de veículo automotor que seja transportado para outro país, pois nosso legislador considera que a escravidão moderna é menos grave do que um furto desta natureza, cuja pena é de três a oito anos de privação de liberdade.

A pena do crime de lesão corporal dolosa simples, aliada à forma como seria possível o seu cumprimento, representa verdadeiro estímulo para que se ofenda a integridade física alheia, pois a sua prática acarretaria no máximo um ano de detenção. Assim, mesmo para aquele que costumeiramente ataca outras pessoas (por exemplo, pratica "espancamento" de pessoas em saídas de casas noturnas, ou por discussão no trânsito), se em uma das ocasiões for detido e, ao final do processo, chegar a ser condenado, em tese não cumprirá nem um dia de pena em regime de fato fechado, ou seja, no máximo retornará à noite para dormir em estabelecimento prisional, podendo durante o dia atacar outras pessoas, pois não existem controles de fato acerca de tudo o que fizer no tempo fora do estabelecimento[354].

No exemplo acima, se o criminoso agressor acabar sendo detido em razão desses novos crimes de lesão corporal dolosa leve que praticar, pelo

[353] Por exemplo, a vítima sendo submetida a dezoito horas de trabalho ininterrupto por dia em troca de comida e moradia de má qualidade, para suposto pagamento de dívida que nunca cessa.

[354] Neste exemplo, pelas penas cominadas ao delito de lesão corporal de natureza leve, ou mesmo grave, o regime inicial será o aberto, ou no máximo o semiaberto, conforme dispõe a alínea "c" do § 2º do artigo 33, do Código Penal: "A pena de reclusão deve ser cumprida em regime fechado, semi-aberto ou aberto. A de detenção, em regime semi-aberto, ou aberto, salvo necessidade de transferência a regime fechado. §1º - Considera-se: a) regime fechado a execução da pena em estabelecimento de segurança máxima ou média; b) regime semi-aberto a execução da pena em colônia agrícola, industrial ou estabelecimento similar; c) regime aberto a execução da pena em casa de albergado ou estabelecimento adequado. §2º - As penas privativas de liberdade deverão ser executadas em forma progressiva, segundo o mérito do condenado, observados os seguintes critérios e ressalvadas as hipóteses de transferência a regime mais rigoroso: a) o condenado a pena superior a 8 (oito) anos deverá começar a cumpri-la em regime fechado; **b) o condenado não reincidente, cuja pena seja superior a 4 (quatro) anos e não exceda a 8 (oito), poderá, desde o princípio, cumpri-la em regime semi-aberto; c) o condenado não reincidente, cuja pena seja igual ou inferior a 4 (quatro) anos, poderá, desde o início, cumpri-la em regime aberto.** §3º - A determinação do regime inicial de cumprimento da pena far-se-á com observância dos critérios previstos no art. 59 deste Código. §4º O condenado por crime contra a administração pública terá a progressão

que dispõe o artigo 33, §2º "c", do Código Penal, em tese poderá não ser sentenciado a cumprir a pena em regime fechado ou semiaberto pelos novos crimes que praticou desprezando a sanção penal anterior já recebida, haja vista que ele só será reincidente quando houver o trânsito em julgado da condenação anterior em todas as instâncias, sendo necessário que haja efetiva ponderação das circunstâncias judiciais do artigo 59 do Código Penal pelo magistrado, para que este tipo de absurdo não ocorra.

A pena a ser cumprida, que já se revela insuficiente para determinadas condutas, como as de "espancamento em praça pública", mesmo para os reincidentes e com maus antecedentes, poderá ser diminuída por indultos, comutações, ou será transformada em um "nada" com a progressão, para um atípico regime de cumprimento aberto em "prisão albergue domiciliar", que não é prisão, não é cumprida em albergue e não é fiscalizada idoneamente. A progressão se dará após o cumprimento de 1/6 (um sexto da pena), ou o equivalente a dois meses se a pena for a máxima de um ano de detenção[355] e, a partir da entrada em vigor da Lei n. 13.964, de 24 de dezembro de 2019, com o cumprimento de 1/4 (um quarto da pena) para o primário, ou seja, três meses de privação de liberdade.

Assim, os contumazes encrenqueiros que brigam no trânsito, em bares, casas noturnas, restaurantes, os agentes de segurança privada valentões e outros tantos personagens que, apresentando muitas vezes múltipla reincidência e péssimos antecedentes, com muitas condenações (e vítimas), encontram na lei estímulo a continuarem atacando outras pessoas. E note-se que o criminoso que consegue ostentar inúmeras condenações criminais, a despeito da enorme taxa de cifras negras e insucesso na apuração dos crimes praticados, em regra ou é um grande azarado, ou já praticou muitos outros crimes em relação aos quais se "safou".

A pena do crime de lesão corporal dolosa simples (art. 129, *caput*, do Código Penal), que é de 03 meses a 01 ano de detenção, é praticamente

de regime do cumprimento da pena condicionada à reparação do dano que causou, ou à devolução do produto do ilícito praticado, com os acréscimos legais." g.n.

[355] Este lapso temporal é previsto no artigo 112, da Lei de Execuções Penais (Lei n. 7.210, de 11 de julho de 1984) para os crimes comuns praticados inclusive por criminosos reincidentes: "A pena privativa de liberdade será executada em forma progressiva com a transferência para regime menos rigoroso, a ser determinada pelo juiz, **quando o preso tiver cumprido ao menos um sexto da pena no regime anterior** e ostentar bom comportamento carcerário, comprovado pelo diretor do estabelecimento, respeitadas as normas que vedam a progressão." g.n.

igual à pena do crime de lesão corporal culposa (art. 129, § 6º, do Código Penal), de 02 meses a 1 ano de detenção. A pena máxima é a mesma e a mínima é quase igual. Assim, quem ofende a integridade física alheia com consciência e vontade, para a lei penal, praticou ação com praticamente a mesma gravidade daquele que somente lesionou outra pessoa por descuido, sem consciência e vontade, o que também ofende a proporcionalidade.

São muitas as inconsistências da legislação penal, no que tange às margens penais dos preceitos secundários dos tipos penais incriminadores, que leva ao sentimento de injustiça (pela violação da proporcionalidade), ao descrédito do sistema punitivo, à sensação de impunidade, tanto para vítimas quanto para infratores penais, aumentando, por consequência, a insegurança generalizada e a busca da justiça pelas próprias mãos, o que contribui para que as atividades econômicas sejam prejudicadas e o Brasil continue a ser o eterno "país do futuro" que nunca chega.

Apenas para reforçar esta análise, aponta-se outro exemplo de desproporcionalidade: a pena do furto simples em relação à da lesão corporal dolosa simples. Para aquele que subtrair, por exemplo, um botijão de gás alheio ou uma galinha ordinária, caso sua conduta não seja considerada insignificante, a pena mínima de um ano de privação de liberdade, será equivalente ao máximo da pena a que estará submetido aquele que desferir vários socos no rosto de outra pessoa, causando-lhe lesão leve (mas muitas vezes enorme trauma para a vida inteira). A pena máxima do furto simples significa, igualmente, que, para o legislador nacional, a subtração de patrimônio alheio pode ser considerada, em sua modalidade simples, quatro vezes mais grave do que a pior ofensa dolosa à integridade física alheia[356], de que resulte lesão corporal de natureza leve.

Deste exemplo, é possível discutir se haveria a necessidade de retirar o tempo de juízes e promotores de justiça para atuarem em lides penais relativas a furtos de pequeno valor praticados por pessoa primária, sem maus antecedentes e sem maiores consequências, ou se não seria melhor

[356] Não se está aqui falando em vias de fato, como o caso de puxão, empurrão, ou tapa de que não resulte lesão, condutas que são punidas como contravenção penal, cujas penas são ainda menores, conforme dispõe o artigo 21, da Lei de Contravenções Penais (Decreto-Lei n. 3.688, de 03 de outubro de 1941): "Praticar vias de fato contra alguem: Pena – prisão simples, de quinze dias a três meses, ou multa, de cem mil réis a um conto de réis, se o fato não constitue crime. Parágrafo único. Aumenta-se a pena de 1/3 (um terço) até a metade se a vítima é maior de 60 (sessenta) anos."

a opção de se modificar a natureza da ação penal para privada ou pública condicionada, ou ainda submeter o fato à esfera meramente da responsabilização civil. A reflexão tem tanto mais sentido porque este fato já seria objeto, atualmente, de possível composição por meio de acordo de não-persecução penal (consoante art. 28-A do Código de Processo Penal, tendo sido previsto primeiramente na Resolução n. 181/2017 do CNMP).

Assim, o excesso legislativo é imenso quando se trata de prever de forma simbólica várias condutas como infrações penais, ao passo em que incorrendo em evidente Proteção Jurídica Deficiente, punem de forma ínfima uma gama de condutas graves e incorrendo em Proibição de Excesso, punem de forma desproporcionalmente excessiva outras, o que é incompatível com o Estado Democrático de Direito.

Como consequência do excesso legislativo, muito mais crimes são praticados. A impunidade, mesmo em relação aos crimes mais graves, alcança índices altos, estimulando a prática de mais crimes, pela sensação de não haver risco concreto de responsabilização penal. Para os poucos criminosos que têm o azar de serem submetidos à sanção penal, as penas de vários dos crimes são desproporcionais (por excesso ou insuficiência), e os regimes de cumprimento de pena menos rigorosos representarão, na prática, impunidade[357].

Dentre os fatores que contribuem para a impunidade no Brasil, destaca-se aqui, sem prejuízo de muitos outros:

1 - a possibilidade de indulto e comutação de pena, que esvaziam de eficácia prática a decisão judicial que já dimensionou a proporcionalidade da sanção a ser aplicada diante da infração penal;

2 - progressão de regime de cumprimento de pena com somente 1/6 (um sexto) do cumprimento no regime anterior, mesmo para reincidentes com péssimos antecedentes criminais e má conduta social, quando a infração penal não for considerada hedionda ou equiparada a hedionda (até a entrada em vigor da Lei n. 13.964, de 24 de dezembro de 2019, hipótese em que a progressão para o reincidente em crime sem violência ou grave

[357] Estes regimes aberto e semiaberto, no mais das vezes, não existem de fato pela falta de vagas e estabelecimentos adequados. A progressão de regime com o mero cumprimento de 1/6 da pena no regime anterior, ou os indultos e comutações de penas atenuarão ainda mais e desvirtuarão a sanção penal aplicada com ponderação pelo Juiz de Direito. Assim, na prática, a segurança pública continuará comprometida e as pessoas cada vez se sentindo mais inseguras.

ameaça à pessoa foi prevista com o cumprimento de somente 1/5 da pena no regime anterior). Para os que praticarem crimes hediondos ou equiparados, a progressão de regime para o não reincidente, ainda assim se dá com o cumprimento de 40% (quarenta por cento) da pena no regime anterior, o que em muitos casos é desproporcional, a exemplo de quem pratica extorsão mediante sequestro deixando a vítima em cárcere por longo período e a torturando. No mesmo caso, se houver o resultado morte da vítima, ou ainda no caso do estuprador e homicida que, quando finalmente se descobre que é o autor de um crime (embora possa ter cometido vários outros ainda não descobertos), mesmo condenado, por exemplo, a vinte anos de pena privativa de liberdade (embora tenha destruído uma ou várias vidas), já gozará a progressão para regime mais brando após cumprir somente metade da pena, e isso se não for apto a receber outras benesses, por ler livros, fazer algum curso, exercer algum trabalho;

3 - saídas temporárias sem adequado acompanhamento, aliado a prévia preparação dos sentenciados e da sociedade, motivo pelo qual muitas vezes são palco para mais delitos graves;

4 - irresponsabilidade do Poder Executivo em relação à execução até mesmo das penas cominadas em sentença, diante:

4.1 - de estabelecimentos prisionais em quantidade insuficiente, sem vagas suficientes e sem política real para a ressocialização, com um regime fechado que não propicia trabalho ou estudo idôneo, mas em regra o ócio e a criação de uma escola de profissionalização e reciclagem de infratores penais, que ali inclusive muitas vezes se associam com outros ou passam a integrar organizações criminosas;

4.2 - de manter um regime semiaberto sem vagas suficientes e em que no mais das vezes não há o cumprimento da pena em colônias agrícolas ou industriais com trabalho e estudo, mas, quando muito, a autorização para o sentenciado trabalhar no exterior, como se estivesse já cumprindo pena no verdadeiro regime aberto. Como consequência, há inúmeros criminosos que por força de decisões judiciais, progridem diretamente do regime fechado para o aberto enquanto não surge a vaga em regime semiaberto;

4.3 - de manter o lamentável regime aberto brasileiro, que na prática, sem vagas disponibilizadas em quantidade adequada, é um quase "nada jurídico" convertido no que se denomina de prisão albergue domiciliar, em que *contra legem* o criminoso condenado deveria cumprir a pena em sua própria casa, mas que, na prática, como em verdade também não há fiscalização efetiva disto, resume-se a periodicamente comparecer em Juízo para assinar a ficha de comparecimentos para justificar suas atividades[358];

5 - baixa eficácia no esclarecimento de infrações penais, que inclusive aumenta sobremaneira as cifras negras;

6 - entendimentos judiciais que compensam a reincidência com a confissão, ou seja, equivalem a mera confissão do agente à gravíssima circunstância da reincidência, que indica uma persistência na prática de crimes e uma periculosidade muito maior, com o desprezo à condenação anterior e à atuação estatal. Isto configura situação desproporcional que estimula a prática de mais crimes, pois a palavra dita perante a autoridade policial ou judiciária que muitas vezes se revela desnecessária para a sentença penal condenatória, para a elucidação do crime e suas

[358] Acerca dos regimes de cumprimento de pena no Brasil, NUCCI (2016, pp. 144 - 149), leciona que: "O regime fechado deveria ser cumprido em cela individual, durante a noite, além de proporcionar um dia inteiro de trabalho ou estudo, com horas de lazer. Vê-se, na prática, algo totalmente divorciado do texto legal, atingindo lesões evidentes ao princípio da humanidade. O recluso vive em celas repletas de presos – superlotadas – experimentando durante o dia a completa inatividade e o ócio. Como pode se aprimorar a personalidade de um criminoso nesses moldes? É humanamente impossível. [...] É fundamental mostrar à sociedade a vantagem de se aperfeiçoar o sistema carcerário, visto que os sentenciados retornam ao convívio social após algum tempo; [...] O regime semiaberto deveria ser cumprido em colônias agrícolas ou industriais, proporcionando trabalho e estudo ao sentenciado. Vê-se, hoje, um sistema igualmente quebrado, que não presta aos reclamos legais. Para suprir as deficiências do Poder Executivo, muitos juízes, responsáveis pela execução da pena, terminam por autorizar o condenado a trabalhar fora da colônia, como regra. Ora, se assim for feito, a colônia se transforma em verdadeira casa de albergado, típica do regime aberto. Não bastasse, há outros defeitos a considerar: a) infringe-se o direito do preso em regime fechado, quando este obtém do juiz o direito à progressão do fechado ao semiaberto e o Poder Executivo não o transfere, alegando falta de vagas. Cria-se uma lista de espera, o que é absurdo. Deferido o regime semiaberto, torna-se inviável segurar o sentenciado em regime mais grave; b) consagra-se a impunidade quando o juiz, à falta do amparo ideal para a colônia agrícola ou industrial, transforma esse regime em aberto, como mencionamos; a colônia se transforma em Casa do Albergado, pois o preso pode sair pela manhã e voltar somente à noite. [...] O regime aberto, a ser cumprido em Casa de Albergado, inexiste, na prática, no Brasil. Optou o Judiciário por calar-se ante a omissão do Executivo, que não criou as Casas de Albergado determinadas em lei, autorizando que todos os sentenciados fossem encaminhados para a chamada *prisão albergue domiciliar* (PAD), prevista no art. 117 da Lei de Execução Penal somente em casos excepcionais. Esta é uma nítida tergiversação do texto legal, fomentando a impunidade. Eis um dos problemas de segurança pública, para o qual não se volta o governante."

circunstâncias, ou é apenas um arremedo de confissão, parcial e com o objetivo único de receber o prêmio de pena mais baixa, não havendo qualquer arrependimento ou vocação para contribuir para o esclarecimento da verdade real, tem o mesmo valor para o Estado do que mais uma conduta grave que ofende os bens jurídicos mais caros da vida em sociedade, mesmo após condenação anterior;

7 - entendimentos judiciais que optam por fixar as penas no mínimo legal, para evitar a necessidade de fundamentação de uma pena-base maior na primeira etapa de determinação do montante da pena a ser cominada ao criminoso condenado e um regime de cumprimento de pena proporcional, mais rigoroso do que o aberto[359];

8 – penas desproporcionalmente baixas e que não atingem o máximo legal, por mais grave que seja o crime e as circunstâncias em que se deu, em razão de entendimentos judiciais que fixam frações de aumento de pena por circunstâncias mais graves do delito, em montantes que impedem que se possa ter uma pena fixada em valor equivalente ao da pena máxima possível, cominada em abstrato para aquela conduta criminosa, o que na prática significa negar a possibilidade de fixação da pena máxima, por mais grave que o crime seja e pior seja o agente.

Em síntese, é necessário aprimorar a legislação penal, processual penal e a execução penal, repensar a anacrônica figura do indulto e comutação de penas, redimensionar a quantidade de infrações penais previstas para atender ao princípio da intervenção mínima e combater as causas da impunidade no Brasil, inclusive pela revisão de entendimentos judiciais que a fomentam.

[359] Acerca desta cultura da pena mínima, leciona NUCCI (2017) que: "Os julgadores tendem a fixar quase sempre o mínimo legal, por variadas razões, uma das quais é o comodismo de não ser obrigado a fundamentar pena acima do mínimo." E isso acarreta consequências diversas, não só pela atuação estatal deficiente em coibir a conduta criminosa com pena concretamente proporcional, mas porque gera para o infrator penal a possibilidade de receber diversas benesses a que poderia não fazer jus, se a pena fosse idoneamente administrada, pois a fixação do regime de cumprimento da pena, o cabimento de penas alternativas à de privação de liberdade, o benefício do livramento condicional, da suspensão da pena, a progressão de regime, dentre outros, se pautam no montante de pena fixada. Tratando do caso da corrupção, em que a pena mínima é de dois anos de privação de liberdade, o autor aponta que, diante da cultura de fixação da pena no mínimo legal: "Logo, para dois anos são cabíveis as penas alternativas, o regime aberto, a suspensão condicional da pena, enfim, benefícios que livram o agente do cárcere." (Ibidem).

11.3 Criar mecanismos para a real participação popular e colaboração público-privada em matéria de segurança pública.

É evidente que o Estado, mesmo quando possui uma gestão adequada, conhecimento idôneo e uma legislação apropriada, não consegue atuar como um segurador universal, prevenindo infrações penais, reprimindo e protegendo a todos os componentes da população, em todos os momentos e locais de seu território.

Igualmente, a participação popular na formação do conhecimento em matéria de segurança pública, na elaboração de projetos, planejamento, criação de normas, ou mesmo na melhoria de espaços públicos, ampliam a legitimidade destas e a eficácia social respectiva, pois a integração na execução de políticas públicas fomenta a colaboração público-privada. Por colaboração público-privada, entenda-se entre o Estado, por seus diversos entes e órgãos, de um lado, e organismos, entidades e pessoas jurídicas privadas, pessoas físicas, entes despersonalizados, conselhos de segurança e comunidades locais, de outro, numa visão ampla.

Aliás, os alicerces do desenvolvimento de cada pessoa não se baseiam – e nem poderiam se basear – unicamente na ação estatal, pois o Estado deve executar finalidades pré-definidas, mas é movido por pessoas com interesses próprios. A expansão do âmbito da vida íntima e privada, para a vida pública, passa por diversas instituições, que concentram - ou deveriam ser fortalecidas ao ponto de concentrar - a maior fonte de controle de comportamentos nocivos à esfera jurídica alheia, violadores dos direitos de outrem, desviados daquilo que se coaduna com a vida harmoniosa em sociedade. Todas estas instituições, portanto, devem ser fortalecidas para que os indivíduos não fiquem desamparados e, ao mesmo tempo, os fatores criminógenos internos das pessoas e externos do meio sejam minimizados ao ponto de se evitar a prática de todas as condutas que poderiam ser evitadas e que atentam contra a segurança individual, a segurança social e a segurança pública[360].

A interlocução entre o Estado e a população deve ser ampliada por meio de Fóruns, Conselhos Sociais, Organizações Não-Governamentais

[360] Consoante lição de LIMA (1974, pp. 74 - 75): "Vemos, portanto, nesses grupos: a Família, a Escola, a Empresa (ou o Trabalho), o Estado e a Igreja, que são os cinco pilares de toda sociedade civilizada — a passagem da vida privada à vida pública, a que vimos aludindo neste comentário. É no âmbito da família que a vida humana desabrocha e começa a formar-se. É

(ONGs)[361], possibilidade de manifestação e até mesmo votação direta nas normatizações e decisões em matéria de segurança pública, inclusive com o uso de aplicativos de comunicação e outras ferramentas conectadas à internet.

É necessário resgatar a importância da participação da população e das instituições, por meio da difusão de outros meios de acesso facilitado e atuação cooperada, incluindo a população local em trabalho multidisci-

aí que a ***intimidade*** de cada pessoa humana deve merecer o máximo de cuidado e o máximo de garantia contra qualquer excesso de intervenção exterior. A Escola representa o primeiro passo fora da vida doméstica, como preparação moral intelectual e social, para a vida pública. A Empresa, isto é, o trabalho organizado, é o âmbito em que a vida econômica completa a vida pedagógica e familiar, dando e permitindo o sustento material do indivíduo e da família. O Estado é a instituição ***política*** em que a vida doméstica, escolar e econômica desaguam na comunidade e na coexistência, tanto nacional como internacional, e onde a ***vida pública*** encontra o seu habitat natural. E finalmente a igreja, espiritualmente considerada, e no sentido supraconfessional [...]" (grifo do autor). E, ainda na lição dele: "Para uma filosofia racional e de acordo com a natureza das coisas, a vida pública do cidadão (e até mesmo certos aspectos de sua vida familiar, quando tangem o bem comum) não escapa à intervenção direta da autoridade pública. Exige-se de cada cidadão uma participação intensa na vida pública. Mas, nos domínios da vida privada, prevalece o princípio da inviolabilidade da família, do domicílio, da correspondência, da honra, da reputação, tal como o artigo em questão especifica. É uma solução que transcende o unilateralismo das outras duas — privatista e a publicista — , colocando as duas faces da nossa existência pessoal em uma relação proporcional, que garante a cada uma sua autonomia, sem prejudicar a ordem da coordenação entre ambas." (Ibidem, p. 77).

[361] Sobre o relevante papel das ONG's no âmbito das políticas públicas, para GOMES (2008, pp. 52 - 53): "Portanto, é de fundamental importância continuar discutindo a construção de uma cidadania e, ao mesmo tempo, de uma identidade brasileira, para que todos os cidadãos tenham a consciência de seus direitos e possam realmente exercê-los. Assim, a discussão sobre ONG's deve passar pela discussão sobre cidadania, pois essas organizações desenvolvem, muitas vezes, atividades que a priori deveriam ser exercidas pelo Estado. As ONG's, muitas vezes, diagnosticam o problema que não foi resolvido pelo Estado e tentam, com ajuda da sociedade civil, resolvê-lo. Portanto, são atores da sociedade que exercem os seus direitos e, simultaneamente, tentam levar a consciência desses direitos às pessoas que deles não usufruem. É notável o desenvolvimento e a difusão das ONG's nesse início de século XXI, muitas vezes encaradas sob uma perspectiva pessimista, como organizações sem legitimidade ou poder para desenvolver políticas públicas eficazes. Outras vezes elas são vistas de forma extremamente idealista ou, até mesmo, ingênua, como se fossem capazes de resolver os problemas que os Estados não conseguiram solucionar. [...] essas organizações vêm para questionar as ações do Estado, mas precisam também se associar a ele para ganhar legitimidade ou poder, a fim de implementar os projetos".

plinar focando também nas causas da insegurança. Somente com a perspectiva voltada para o resgate da efetiva confiança e participação popular, e pela conscientização e re-legitimação do Direito, o Estado poderá ser efetivo na seara da segurança pública[362].

Assim, o Sistema Único de Segurança Pública brasileiro instituído pela Lei nº 13.675, de 11 de junho de 2018, deve se assentar em efetiva inte-

[362] Após expor sobre a fraqueza do elemento coação do Direito, que não consegue se impor pela força a todos e por longo tempo, CRUET (1908, pp. 231 - 235), esclarece que a verdadeira sanção das leis está no assentimento, ou seja, na legitimidade perante os particulares, que traz a cooperação deles: "3.- Do fraco resultado da coacção deve-se concluir, em primeiro logar, que nas relações entre o Estado e os particulares, o elemento essencial é a cooperação, não a subordinação. [...] A verdadeira sancção das leis é o assentimento do maior numero, que, não só previne as infracções, mas ainda impelle o Estado a castigar os dissidentes. Sem dúvida a lei é um preceito unilateral e sem replica: excellente definição para os cidadãos, cuja obediencia ella tende a assegurar. Mas outra, exactamente opposta, seria precisa para uso dos legisladores: a lei é uma especie de concordata, desenlace pacifico de negociações conduzidas entre os interesses rivaes ou adversos. Se o Estado nada pode sem a collaboração das forças espontaneas, cada um de nós, na esphera modesta da sua acção, torna-se um pequeno governo, participando da execução das leis. Onde está o individuo que não possua na sociedade um poder, de que seja senhor de usar pro ou contra o Estado? O Estado deve pois contar com o individuo, mas o individuo deve comprehender que a melhor lei é esteril, se elle não presta o seu auxilio ao Estado. Ha, entre os dois, antes uma associação que uma hierarchia. O Estado não é no fundo uma fórma de operar da sociedade? 4.—As sociedades modernas já não téem religião d'Estado, mas téem ainda uma moral d'Estado: é o Codigo penal. Esta moral d'Estado, porém, não basta por si mesma, pois que as sancções legaes, signal exterior da reprovação publica, não podem nem impedir o regresso, nem prevenir o desenvolvimento dos actos prohibidos por ellas. A abundancia das leis penaes é o symptoma mais grave do abastardamento dos costumes: quantos textos,—por exemplo, as leis sobre a vadiagem especial ou a pornographia, são muito menos remedios efficazes que terríveis revelações 1 Não ha necessidade de reprimir a anthropophagia... Para o sr. Durkheim, «é normal que em toda a sociedade haja crimes». Ainda mais «a existencia d'uma criminalidade... é indispensável á saude collectiva». Numa sociedade sem criminosos reinaria «um nivellamento das consciencias. .. que não é possível, nem para desejar. . .» A verdade é que a criminalidade, pela insufficiencia irreparavel da repressão, é uma doença chronica e incuravel da sociedade. Se ella não se extende ao ponto de sequestrar o doente, é porque o individuo teme as sancções da moral d'Estado? E' porque, geralmente, o individuo, como já se disse, pela moral privada, é agente de policia sobre si mesmo, e, pelas boas intenções que fazem o homem honesto, encontrasse naturalmente impellido ás boas acções, que fazem o bom cidadão. A obrigação moral é a armadura invisível da obrigação jurídica, e a intelligencia, que concebe a lei, não tem valor prático senão pela vontade que a executa. A moral tem um caracter social e sempre conforme ao egoísmo collectivo, se está ás vezes em contradicção com o interesse individual. Podese passar sem moralidade comsigo

gração com a sociedade, em uma participação popular potencializada ao máximo, não somente por meio de reuniões de Conselhos de Segurança Pública, mas de fato rompendo com a inércia e omissão nas comunidades locais, que sem empoderamento e real incentivo para cooperar, não se responsabiliza pela segurança pública, como se toda a ação fosse devida pelo Estado de forma isolada num contexto de entrega de um bem ou serviço, quando na prática a segurança pública se constrói junto com a população que quer estar, viver e se sentir segura. Mas se a comunidade interessada ficar alheia, este fim estatal de garantir a segurança não será atingido[363].

Para que seja efetiva esta cooperação estatal-privada, é necessário como medida de médio e longo prazo, empoderar a população com educação

mesmo, mas todos temos necessidade da moralidade dos outros. Ora, da vida em sociedade, se aceitamos os benefícios, devemos tambem supportar os riscos... é uma operação geral e simultanea. Toda a moral reside nisso: convem respeitar as regras do jogo. Na justíssima expressão de Max Nordau, a consciencia é em nos o representante da opinião publica. Uma forte moralidade é por isso mesmo o esteio indispensavel das ordens ou das prohibiçòes da lei. Permite ao Estado, em larga escala, fazer a *economia da coacção.*"

[363] Em sua tese de doutorado na Università Degli Studi di Napoli Federico II, SERPICO (2016, pp.7 - 8) explica a participação popular na segurança pública, que não tem por escopo somente a repressão, mas sobretudo a prevenção: "*E' in atto, pertanto, un'inversione del modo di "fare sicurezza", ove lo scopo non è più solo la "repressione" (azione nella quale lo Stato detiene tuttora il monopolio normativo ed esecutivo), ma soprattutto la "prevenzione", azione nella quale i cittadini non divengono i "beneficiari" passivi, ma gli attori principali, giacchè le loro istanze vengono raccolte in sedi istituzionali (in primis i Comitati Nazionali e Provinciali per l'ordine e la sicurezza pubblica) e poste alla base di atti di natura normativa e/o provvedimentale. E' stata, inoltre, prevista una figura, quale il c.d. "poliziotto di quartiere" che rappresenta, forse più di ogni altro strumento, la "prossimità" dello Stato alla collettività in materia di sicurezza, come si analizzerà dettagliatamente più avanti*". Em tradução livre nossa: "Portanto, há uma inversão no modo de "fazer a segurança", onde o objetivo não é mais apenas a "repressão" (ação na qual o Estado ainda detém o monopólio regulatório e executivo), mas, acima de tudo, a "prevenção", uma ação na qual os cidadãos não se tornam os "beneficiários" passivos, mas os principais atores, pois seus pedidos são reunidos em escritórios institucionais (principalmente os Comitês Nacionais e Provinciais de ordem e segurança pública) e colocados na base de atos de natureza legislativa e / ou regulamentar. Também foi fornecido um número, como o c.d. "Policial de bairro", que representa, talvez mais do que qualquer outro instrumento, a "proximidade" do Estado com a comunidade em questões de segurança, como será analisado em detalhes posteriormente".
O autor aponta ainda para o sentido de mudança de paradigma na administração pública italiana, para não considerar o membro da coletividade como mero administrado e sujeito passivo do poder, mas como receptor e participante do poder, motivo pelo qual o exercício da segurança pública muda sua conotação, pois é necessário que as pessoas se sintam seguras, no

integral, capaz de formar verdadeiros cidadãos[364]. No curto prazo, é necessário municiar a população de cada local, com informação de qualidade e

conceito de segurança percebida, que é um estado dos cidadãos, emocional, de se sentirem seguros. A segurança objetiva nem sempre coincide com a segurança percebida.

[364] Conforme leciona SANDEL (2015, Cap. 10. l. 98) acerca da solidariedade e do sentimento de responsabilidade mútua que uma sociedade justa requer: "Se uma sociedade justa requer um forte sentimento de comunidade, ela precisa encontrar uma forma de incutir nos cidadãos uma preocupação com o todo, uma dedicação ao bem comum. Ela não pode ser indiferente às atitudes e disposições, aos "hábitos do coração" que os cidadãos levam para a vida pública, mas precisa encontrar meios de se afastar das noções da boa vida puramente egoístas e cultivar a virtude cívica." Para ele, é necessário também combater as desigualdades sociais, da seguinte forma: "um fosso muito grande entre ricos e pobres enfraquece a solidariedade que a cidadania democrática requer. Eis como: quando a desigualdade cresce, ricos e pobres levam vidas cada vez mais distintas. O abastado manda seus filhos para escolas particulares (ou para escolas públicas em subúrbios ricos), deixando as escolas públicas urbanas para os filhos das famílias que não têm alternativa. Uma tendência similar leva ao afastamento dos privilegiados de outras instituições e de outros serviços públicos. Academias privadas substituem os centros recreativos e as piscinas comunitárias. Os empreendimentos residenciais de alto padrão têm segurança própria e não dependem tanto da proteção da polícia. Um segundo ou terceiro carro acaba com a dependência do transporte público. E assim por diante. Os mais ricos afastam-se dos logradouros e dos serviços públicos, deixando-os para aqueles que não podem usufruir de outro tipo de serviço. Surgem então dois efeitos negativos, um fiscal e outro cívico. Primeiramente, deterioram-se os serviços públicos, porque aqueles que não mais precisam deles não têm tanto interesse em apoiá-los com seus impostos. Em segundo lugar, instituições públicas como escolas, parques, pátios recreativos e centros comunitários deixam de ser locais onde cidadãos de diferentes classes econômicas se encontram. Instituições que antes reuniam as pessoas e desempenhavam o papel de escolas informais da virtude cívica estão cada vez mais raras e afastadas. O esvaziamento do domínio público dificulta o cultivo do hábito da solidariedade e do senso de comunidade dos quais depende a cidadania democrática. [...] Se o desgaste do que constitui domínio público é o problema, qual é a solução? Uma política do bem comum teria como um de seus principais objetivos a reconstrução da infraestrutura da vida cívica. Em vez de se voltar para a redistribuição de renda no intuito de ampliar o acesso ao consumo privado, ela cobraria impostos aos mais ricos para reconstruir as instituições e os serviços públicos, para que ricos e pobres pudessem usufruir deles igualmente. [...] poderia ter se comprometido com um investimento que contribuísse da mesma forma para uma infraestrutura de renovação cívica: escolas públicas para as quais ricos e pobres, igualmente, gostariam de mandar seus filhos; sistemas públicos de transporte confiáveis a ponto de atrair os cidadãos mais abastados; e hospitais, áreas de recreação, parques, centros sociais, bibliotecas e museus públicos capazes de fazer, pelo menos idealmente, com que as pessoas deixassem seus condomínios cercados por grades para compartilhar os espaços comuns de uma sociedade democrática." (Ibidem, Cap. 10, l. 99).

conhecimentos acerca da região em que mora, transita ou trabalha, inclusive acerca de sua responsabilidade social, criando uma educação global para a segurança.

A educação é a base para a formação e o desenvolvimento da pessoa, dando moldura ao caráter, capaz de lapidar talentos, dirigir anseios, construir laços pessoais e institucionais, auxiliar na superação de dificuldades e deficiências, proporcionar consciência acerca de valores, direitos, deveres, responsabilidades e consequências de condutas, possibilitando, assim, a efetiva liberdade. É por meio dela, que se forma uma efetiva sociedade organizada, voltada para o bem comum, o respeito e promoção dos direitos de todos, pressuposto para um Estado apto a cumprir de forma escorreita os fins a que se destina.

Não se trata aqui de mero tecnicismo, de educação reduzida à instrução técnica, mas sobretudo filosófica, cívica, moral, cultural, multi-áreas, voltada ao conhecimento e, também, ao desenvolvimento da pessoa em todos os seus aspectos, globalmente considerada e com o viés de fornecer ferramentas para lidar com a vida concreta. É a educação promovida não só em ambiente escolar propriamente dito, mas em outros espaços, inclusive nos lares. Para isso, deve haver a atuação positiva estatal, fomentadora de condições adequadas para o êxito de uma educação integral das pessoas.

Neste sentido, é impossível pensar-se em uma política de segurança pública que, pretendendo ter êxito, não se atente para o caráter imprescindível de sua integração com uma educação integral de qualidade da pessoa desde a tenra idade[365].

A cooperação entre a atuação do Estado e a esfera privada, todos agindo com objetivos comuns, é talvez o único caminho para que o grau de efetividade ao direito à segurança seja otimizado. O conceito de cooperação entre agentes de naturezas distintas, da esfera pública e privada, para a consecução de metas comuns, já é trabalhado desde pelo menos a década de 80, pela Unicef, no que tange ao cumprimento da Convenção sobre

[365] Segundo ADORNO (1995, pp. 121 - 122): "A educação tem sentido unicamente como educação dirigida a uma auto-reflexão crítica. Contudo, na medida em que, conforme os ensinamentos da psicologia profunda, todo caráter, inclusive daqueles que mais tarde praticam crimes, forma-se na primeira infância, a educação que tem por objetivo evitar a repetição precisa se concentrar na primeira infância."

os direitos da Criança[366]. Aliás, a participação das pessoas e comunidades também é a base das estratégias de implementação da saúde da OMS desde 1978[367], tamanha é a importância desta cooperação.

11.4 Implementar o Sistema Único de Segurança Pública e aprimorar a Lei n. 13.675, de 11 de junho de 2018

O Sistema Único de Segurança Público previsto na Lei nº 13.675, de 11 de junho de 2018, trará avanços na prestação do serviço de segurança pública,

[366] Conforme leciona LINDGREN ALVES (2001, p. 57): "Refletindo as características da realidade contemporânea, com grande multiplicidade de atores influentes nas esferas nacionais e internacional, o conceito de parcerias entre Governo e sociedade civil para a consecução de objetivos esperados, juntamente com a ênfase dada à noção de direitos como elementos indispensáveis ao êxito de qualquer política pública, iriam constituir a tônica da abordagem dos temas sociais pelas conferências seguintes." Isto porque, como ele explica: "Hoje o próprio realismo reconhece a importância crucial de atores não-estatais, vários dos quais se afirmaram substancialmente nestas conferências. As "políticas de poder" continuam, evidentemente, importantes, mas se encontram modificadas. A ideia de "poder" não mais se limita a suas expressões tradicionais, militar, econômico, político e, como se dizia no passado recente brasileiro por influência da Escola Superior de Guerra, psicossocial. O "poder" atual de países em desenvolvimento e de potências econômico-militares, para ter credibilidade internacional, inclui necessariamente, como observa Celso Lafer, o *soft power* da democracia e dos direitos humanos no plano interno." (Ibidem. pp. 39 - 40), isto sob pena de falta de legitimidade do poder no plano internacional, como já ocorria, conforme afirma o autor, também no plano interno em regimes despóticos.

[367] Acerca do tema, leciona SCLIAR (2007) que a Conferência da OMS de 1978 no atual Cazaquistão: "enfatizou as enormes desigualdades na situação de saúde entre países desenvolvidos e subdesenvolvidos; destacou a responsabilidade governamental na provisão da saúde e a importância da participação de pessoas e comunidades no planejamento e implementação dos cuidados à saúde. Trata-se de uma estratégia que se baseia nos seguintes pontos: 1) as ações de saúde devem ser práticas, exequíveis e socialmente aceitáveis; 2) devem estar ao alcance de todos, pessoas e famílias - portanto, disponíveis em locais acessíveis à comunidade; 3) **a comunidade deve participar ativamente na implantação e na atuação do sistema de saúde**; 4) o custo dos serviços deve ser compatível com a situação econômica da região e do país." (g.n.). Esta estratégia, com cerca de quarenta anos de idealização, se fosse adotada no Brasil atualmente no tema segurança pública, como parte integrante do que se propõe neste trabalho, já traria enormes resultados sociais, com a legitimação das ações estatais, o engajamento da sociedade e a efetiva presença do Estado em todas as comunidades e grupos que formam a sociedade brasileira. Para visualizar esta leitura, bastaria substituir a palavra saúde por segurança, no texto acima transcrito.

motivo pelo qual é necessária a sua integral implementação, para aperfeiçoar o cumprimento do dever estatal.

Contudo, é necessário aprimorar a composição efetiva do sistema, que em seu artigo 9º não prevê o Ministério Público entre os órgãos operacionais do sistema, a despeito do seu poder investigatório em todas as áreas de interesses sociais e em infrações penais, bem como a sua titularidade das ações judiciais em matéria penal, do controle externo da atividade policial e de órgão reconhecido pela sociedade pelo seu alto nível de resolutividade e de capilarização de demandas sociais e promoção de justiça.

Não prever a atuação do sistema em rede também com este órgão somente diminui a eficácia do SUSP. O Sistema, como está previsto, deixará de contar em sua composição com o enorme conhecimento produzido no âmbito do Ministério Público, cujos membros também não fazem parte do sistema e só por convênio poderão ter acesso ao sistema informatizado interoperacional e integrado de segurança publica, de que poderiam extrair dados para a potencialização das investigações próprias e para as lides penais cuja titularidade exerce. A matéria ficou remetida a convênio no art. 37, §3º daquela Lei. Ou seja, o titular da ação penal pública, destinatário de quase todas as investigações criminais, pasme-se, ficou alijado do sistema de segurança pública e o acesso se dará somente por convênio!

Os órgãos do sistema de cumprimento de medidas sócioeducativas em meio fechado e aberto também foram alijados do texto legal como órgãos operacionais do sistema, em grave prejuízo à segurança pública.

Ora, crianças e adolescentes em situação vulnerável, diante de sua condição de pessoa em desenvolvimento e formação, da própria família biológica e do meio que os cerca, acabam sendo diuturnamente cooptados por organizações criminosas, para integrarem as suas fileiras, bem como por criminosos que se valem da inimputabilidade deles para garantir a própria impunidade. Uma política de segurança pública voltada para a efetividade não pode negligenciar a integração com os órgãos que atuam em relação a estas pessoas vulneráveis (que vivem a violação de seus direitos e também violam os direitos alheios), contribuindo enormemente para a insegurança pública[368].

Para otimizar o funcionamento do SUSP, é necessária a eleição de prioridades e a formação de forças-tarefas e agências multi-órgãos para exe-

[368] Sobre o tema, NUCCI (2016, pp. 151 - 157), expõe acerca do círculo vicioso de um Estado

cutá-las, experimentando, ainda, os benefícios da atuação do sistema de proteção à segurança pública em rede. Com o crescimento de organizações criminosas que expandem rapidamente seus tentáculos não respeitando limites de territórios municipais, estaduais, federais e nacionais, com o uso das ferramentas tecnológicas e da internet, será cada vez mais importante a cooperação entre órgãos públicos com atuação na seara da segurança pública no Brasil e com órgãos de outros Estados e da comunidade internacional, além da cooperação público-privada

11.5 Priorizar o combate à corrupção e à lavagem de dinheiro

Para que se possa alcançar um nível adequado de garantia real do direito à segurança pública, outro fator de relevância é a priorização do combate à corrupção, que no mais das vezes se inclui entre os denominados "crimes de colarinho branco", cujos autores, costumeiramente na história brasileira, comemoram a impunidade em orgias de ostentação de padrões de vida muito superiores à média da população, cada vez mais sacrificada[369].

que é ineficiente na proteção às crianças e adolescentes, adotou uma política de forçar a manutenção da criança ou adolescente na família biológica por presunção de que isto seria melhor para eles, mesmo diante das condições de vulnerabilidade, falta de zêlo e cuidados para com eles, sendo criadas e mantidas as condições para que pratiquem atos infracionais e, então, após serem internados, quando cumprem a medida sócioeducativa, se não foram expulsos de casa, nela são reintegrados sem idôneo acompanhamento estatal do convívio na família biológica. Nas palavras dele, "crescer num lar sem amor e afeto, mesmo no contexto da família natural, é desastroso. Muitos dos infratores advêm de lares desagregados; porém, antes, quando crianças, passaram por abrigos e poderiam ter sido adotados por quem realmente cuidaria deles. Os efeitos nefastos do *empurrão* do Estado, obrigando a família biológica a criar o filho, não são sentidos naquele momento, mas no futuro. Quando se torna infrator, geralmente, grande parte da sua vida encontra-se desagregada. A internação somente serve para terminar o *serviço estatal* de destruir uma vida. [...] O Estado veda à criança um lar adotivo, obrigando a família natural a dele cuidar, sob a presunção de que essa é a situação ideal. Depois, quando ele se torna infrator, constata-se ter sido vítima de toda sorte de maus-tratos, no lar biológico, mas já é tarde. A partir daí, o Estado cuida de encarcerá-lo, pois essa é a expectativa da maioria da sociedade. Quando não o interna, devolve-o para a mesma família desestruturada, que nem mesmo o quer". Em adição ao pensamento do autor, concluímos que estas crianças e adolescentes serão os adultos que, neste cenário e mantidas as mesmas condições, salvo em casos de sorte ou força de vontade, anos depois possivelmente estarão praticando crimes e contribuindo para a insegurança pública.

369 Já as milhões de vítimas da corrupção sofrem com a falta de segurança, educação insuficiente e de má qualidade, péssima mobilidade urbana, falta de medicamentos, tratamentos

O combate à corrupção, para ser efetivo, deve envolver a sociedade civil, pois é necessária uma transformação cultural, com educação contra a corrupção desde a tenra idade. Só assim é possível transformar padrões de conduta e ignorância quanto à gravidade da corrupção e de suas consequências. A fórmula política do "rouba mas faz", do populismo em que se faz "caridade com o chapéu alheio", dos favoritismos, "coronelismos", do "clientelismo" e discriminações que não atendem à racionalidade e proporcionalidade é um dos fatores que impede que os recursos públicos

e atendimentos médicos em serviços de saúde precários, além de serviços públicos de qualidade muitas vezes sofrível, normas primárias e secundárias nem sempre condizentes com o interesse público primário e com o interesse nacional, burocracia desarrazoada e ausência de condições de infraestrutura que permitam o desenvolvimento sustentável do Brasil, o crescimento econômico e a redução das desigualdades sociais e regionais. Sobre o tema corrupção, SÉRGIO DOS SANTOS (2012, pp. 241 - 244) ensina que: "A evidência da relação de causa e efeito nos crimes comuns, nos casos dos crimes contra o patrimônio e pequenos narcotraficantes, cujos autores superlotam as cadeias, está a demonstrar que tal contexto pode ser facilmente alterado com políticas públicas de educação de qualidade, saúde, e geração de empregos. Em outra área da criminalidade, aquela do "Colarinho branco" não se pode dizer o mesmo, haja vista que os agentes criminosos atuam em total ausência de consideração de valores morais, com alta capacidade de delinquir e elevado potencial de dano à sociedade, e ainda, perversidade nas ações criminosas, tudo isso sob o manto, as vezes de uma legalidade conquistada as custas da corrupção no poder legislativo, nas decisões judiciais, que formam a jurisprudência, ou de disfarces em empreendimentos "lícitos" de lavagem de dinheiro, e tudo sob um olhar cheio de glamour dentro da sociedade. [...] De outro lado, a analise da periculosidade, quando da aplicação de alguma reprimenda, sempre recai com grande rigor nos "crimes efeito", e passa ao largo dos agentes do "crime causa". Desta forma, é possível enxergar uma elevada periculosidade em um analfabeto que com uma arma realiza dois ou três roubos, ou uma sequência de furtos de objetos de menor valor, inclusive para justificar a decretação de uma prisão preventiva, e não observar qualquer periculosidade para se justificar a prisão cautelar ou para se manter um regime de segregação mais rígido, um corrupto, seja ele político ou empresário, aquele que matou com sua caneta e sua ganância algumas centenas de pessoas com a ausência do hospital ou da escola que não foram construídos em razão da verba subtraída do erário. [...] No contexto destes exemplos, percebe-se total subversão do conceito de periculosidade de ações prejudiciais à sociedade, fazendo com que haja um verdadeiro distanciamento da noção de ***"res privada"*** e "***res publica***", num processo de deseducação social, patrocinado pela mídia policialesca. O rótulo da conduta criminosa já indicado pelo ***Labeling Approach*** somente recai, dentro do Brasil, no criminoso comum, e bem distante do criminoso do colarinho branco. [...] não há dúvidas de que numa sociedade onde não há limites para o poder, não há limites para a crime ou para a morte, e portanto não se poderia falar em libertação." (grifo do autor).

sejam administrados de forma profissional, atendendo aos interesses do bem-estar geral para assegurar direitos.

Nesta corrupção, que deve ser combatida, incluem-se outras condutas que transbordam o sentido técnico penal descrito na norma que dispõe sobre os crimes de corrupção ativa e passiva. Mais especificamente, incluem-se condutas que envolvem não somente o recebimento ou solicitação, para si ou para outrem, de vantagem indevida de natureza patrimonial, econômica, mas também ganhos indiretos, exploração de prestígio, direcionamento de contratações públicas para fins diversos, dentre outras.

Da mesma forma, inclui-se a corrupção privada em qualquer de suas formas, não só no oferecimento ou entrega de vantagens indevidas de cunho econômico-patrimonial a funcionários públicos, pois a corrupção na vida privada, a cultura de querer "levar vantagem sempre", custe o que custar, de desrespeitar os outros, de não manter comportamento minimamente íntegro, fomenta e fortalece a corrupção de agentes do Estado, sobretudo políticos, e vice-versa, num ciclo vicioso de sedimentação de condutas que não se coadunam com a possibilidade de que os recursos do Brasil possam de fato servir para efetivar direitos de todos[370].

370 Sobre a gravidade da corrupção, na lição de NUCCI (2017): "Autores do crime de corrupção, no seio da Administração Pública, são mais abonados, usam o tradicional "colarinho branco", sem sujar as mãos. Esse quadro é lamentável, pois feita uma singela comparação, em valores, do que roubos e furtos acarretam, em matéria de perda patrimonial, em face da corrupção, haverá uma diferença abissal. A corrupção consome milhões, bilhões. Os delitos patrimoniais não passam de quantias pífias. Por isso, o sistema jurídico-penal deveria voltar a sua pesada carga à corrupção, com o mesmo rigor que cuida do roubo, do furto ou da receptação. [...] Quem é corrupto, nos quadros da administração, constitui uma peça podre, que todos os dias está disposta a contaminar outras peças. É nesse prisma que se forma o crime organizado, outra epidemia causadora das mais visíveis desgraças para a moralidade administrativa. A organização criminosa possui um visível oxigênio: a corrupção. Sem esta, o crime organizado morre asfixiado. Qualquer organização do crime precisa de servidores corruptos para estabilizar-se e atingir seus objetivos. Do tráfico ilícito de drogas ao desvio de bilhões dos cofres públicos, passa-se pela corrupção. [...] O combate à corrupção, que pode ser intitulado de anticorrupção, é fraco, pois moralmente já se deixa de educar a criança e, depois, o jovem a respeito de regras mínimas de honestidade. O pai suborna o guarda na frente da família; os filhos enaltecem a esperteza do pai e tendem a agir da mesma forma. O servidor público compra DVDs falsos no camelô e ainda defende a sua atitude dizendo ser muito mais barato, além do que – afirma – aquele indivíduo "pelo menos não está roubando". O professor, na academia, é complacente com o plágio (cópia da ideia e de obras de outros autores sem lhes dar o crédito) de seus alunos. Ele próprio comete essa prática, na sua faculdade, para auferir

11.6 Investir em mecanismos de acompanhamento, fiscalização e reinserção social de egressos do sistema penitenciário e de adolescentes infratores liberados de medidas sócioeducativas em meio fechado

A restrição da liberdade de quem pratica determinadas infrações penais e atos infracionais é modalidade de intervenção estatal que, nesta etapa do que se denomina de processo de "humanização" das penas e medidas, substitui outras mais severas. Há diversos exemplos de penas desproporcionais e inclusive cruéis aplicadas pelo monopólio da violência estatal, como a morte cruel, a morte atroz e a morte para sempre, que vigoravam na época colonial brasileira regida pelas Ordenações Filipinas, além da decepação de membros do corpo do criminoso, tortura, banimento do território por exílio, degredo, desterro, a expatriação generalizada, prisões perpétuas em masmorras sem luz solar ou entrada de ar livre, morte civil e outras que foram aplicadas ao longo da história da humanidade[371].

Como no Brasil não há pena de prisão perpétua, a modalidade de intervenção estatal com a restrição temporária da liberdade do sentenciado tem por escopo a reintegração social por etapas, que correspondem aos regimes mais brandos da privação da liberdade (semiaberto e aberto). Ocorre que, para esta função da pena para ser mais efetiva, ela deve ser acompa-

titulação e não sofre nenhuma punição, mesmo quando detectado o ato corrupto e apontado à direção acadêmica. Encontra-se de tudo na internet, violando direitos autorais, mas se apela à necessidade de obter músicas, livros, fotos etc. Dá-se um dinheirinho ao servidor público somente para apressar a emissão de um documento. Compra-se carteira de habilitação às centenas todos os dias. Tudo isso, no conjunto, não passa de corrupção, embora configure, conforme o caso, crime de outra espécie. Inúmeros exemplos do cotidiano podem ser citados e, com certeza, alguém já vivenciou algum deles."

371 O Livro V das Ordenações Filipinas, que trazia penas cruéis e desproporcionais diversas, além do crime aberto de "lesa majestade", vigorou no Brasil por cerca de três séculos, até a promulgação do Código Criminal do Império em 1830 e do Código de Processo Criminal de 1832. Para se visualizar a possibilidade de aplicação de penas mais graves que o julgador escolhesse, não havendo segurança jurídica, exemplifico com o Título X (p. 1159) daquela norma, que punia a mentira, da seguinte forma: "Mandamos, que toda a pessoa, que nos vier dizer mentira em prejuízo de alguma parte, e sobre o que nos assi disser, não impetrar Alvará nosso, seja degradado dous anos, para Africa, e pague vinte cruzados para a parte, em cujo prejuizo nos assi disse a mentira, e mais ficará ao arbítrio do Julgador dar-lhe mór pena, segundo a qualidade da pessoa, em cujo prejuizo fôr, e da cousa, que nos assi disse, e assi de julgar a parte sua injuria, se fôr caso de injuria."

nhada por outros mecanismos estatais e sociais para o acompanhamento, fiscalização, potencialização da reinserção social e prevenir a reincidência e a reiteração criminosas.

Após a colocação em liberdade de egressos do sistema penitenciário ou de medidas socioeducativas, caso não haja qualquer fiscalização e acompanhamento da reintegração social, isso será mais um dos fatores que aumentam a insegurança pública. Isto se dá, em parte, porque a pena em regra é cumprida pouco tempo em regime realmente fechado, com o falso regime aberto que se tem no Brasil, mas também porque não há qualquer ação estatal e social em sequência, o que induz a uma sensação de impunidade e mantém as condições para que a pessoa que rompeu todas as demais barreiras sociais, demonstrando sua capacidade de delinquir, volte a fazê-lo[372].

Com os estudos que devem ser feitos para a individualização do cumprimento da pena ou medida socioeducativa, já é possível verificar causas que potencializam a reincidência e fatores internos do infrator que possam ser trabalhados para evitar que ele continue delinquindo ou praticando atos infracionais. Se este conhecimento for bem produzido e utilizado para a realização de posterior acompanhamento, direcionamento e fiscalização, ou mesmo para remover condições do meio social que fomentam a reite-

[372] Sobre o tema, apontam SOUZA e SILVEIRA (2015, p. 177) que: "Com relação à produção acadêmica concernente à temática, existem poucos estudos, assim como é rara a existência de avaliações de programas destinados a este segmento no Brasil. Na literatura internacional, destacam-se os estudos que apontam a importância da reintegração comunitária dos egressos (SHINKFIELD; GRAFFAM, 2009) bem como o impacto de alguns programas que atuam sob uma lógica religiosa na prisão (JOHNSON et al., 1997), ou dos programas que trabalham com intervenções de cunho cognitivo comportamental como o *Challenge to Change* (ELLIS; SHALEV, 2008), na Inglaterra ou destinados àqueles que já saíram do cárcere como os CS Programs (SVENSSON, 2007; ROBINSON,1995). Há outros programas que funcionam como transição do cárcere para a vida em sociedade como os *Reentry Programs* (PETERSILIA, 2003) ou *Halfway Houses* (ROMAN, 2004; CLEAR; DAMMER, 2003). Há outros estudos que evidenciam os entraves impostos aos egressos em virtude do cumprimento da pena que servem como aparatos de exclusão social, os *Invisibles Punishments* (TRAVIS, 2002)." Criticam estes autores que: "No Brasil e nos países da América Latina, os programas baseiam-se, sobretudo, no apoio psicossocial e jurídico, em ações de qualificação profissional e inserção laboral, que, em tese, deveriam ser oferecidos ainda durante a permanência no cárcere. Nesse sentido, esses programas assumem a responsabilidade de "reintegrar socialmente" aqueles que passaram pela experiência prisional, com ações por vezes pontuais, limitadas e fragmentadas." (Ibidem, p. 185).

ração criminosa por aquele indivíduo e outros, estará sendo adotada uma política mais racional do gasto de recursos públicos, no que tange à privação da liberdade do agente.

11.7 Aparelhamento, investimento maciço em tecnologias, na formação do policial e dos demais quadros estatais direta ou indiretamente ligados à tutela da segurança pública, na sua valorização, em condições dignas de trabalho e remuneração compatível, bem como aperfeiçoamento dos instrumentos estatais de atuação com a possibilidade de sanções premiais

As medidas até aqui expostas, necessitam de real e efetivo aparelhamento estatal para desempenhar com eficácia a tutela da segurança pública. Este aparelhamento nas esferas de pessoal e infraestrutura se destina ao exercício específico de cada uma das atividades que compõem o desempenho do dever estatal.

Na infraestrura, o investimento maciço em tecnologias se revela essencial, não somente para reduzir os custos estatais, inclusive com pessoal, para a execução de sua atividade, mas também para torná-la mais efetiva. O mundo está, atualmente, na época da denominada revolução 4.0, mudando a forma humana de se comunicar, o modo de administrar recursos humanos, infraestruturas, insumos, rotinas, trabalhos, a forma das relações interpessoais, o consumo e diversas outras estruturas sociais, econômicas e políticas, por meio das novas tecnologias, inteligência artificial, múltiplas formas de automação, robótica, drones, impressoras 3D, computação quântica, nanotecnologia, biotecnologia, neurotecnologias, ferramentas de reconhecimento facial e de objetos, reconhecimento óptico de caracteres, cidades inteligentes, monitoramento à distância, potencialização do uso dos meios cibernéticos, criptoativos, mineração e análise de volumes cada vez maiores de dados, dentre outras, que a criminalidade, sobretudo organizada, não tarda a utilizar.

Não se trata somente de adquirir tecnologias prontas produzidas por outros, mas sobretudo de investir no desenvolvimento de tecnologias brasileiras, inclusive voltadas à seara da segurança pública, customizadas para as necessidades das diversas localidades do território nacional, com autonomia para modificá-las, aprimorá-las, sem a necessidade do aprisionamento contratual com empresas e Estados estrangeiros, aquisição e renovação de licenças cada vez mais caras, atualizações de valores de contratos e a submissão a produtos e serviços padronizados para interesses empresariais ou internacionais nem sempre consentâneos com os imperativos do interesse público brasileiro.

Neste cenário de influxo de informações e novas tecnologias, a formação e aperfeiçoamento contínuo de autoridades policiais, agentes e demais servidores da Polícia, do Promotor de Justiça, Juízes de Direito e dos demais agentes públicos que atuam direta ou indiretamente na seara da segurança pública é primordial. Também é necessária a valorização destas profissões e de seus atores, por meio de remuneração digna e compatível com a responsabilidade que carregam, além da conscientização social acerca da importância do papel que exercem, fornecimento de condições adequadas de trabalho etc., pois nenhuma norma jurídica, por melhor que seja, será observada sem que existam agentes com formação e instrumentos adequados para fiscalizar a sua escorreita efetivação[373].

Acerca da Polícia especificamente, diga-se ainda que a sua história está ligada à dos Estados e do próprio Direito, ao monopólio da "violência estatal", o que reforça a impossibilidade de uma política de segurança ser efetiva sem que se tenha a estrutura policial adequada[374]. Por outro lado, não

[373] Acerca da Polícia, LIMA (1974, p. 62-63) já destacava que: "Uma polícia bem organizada é mesmo a melhor preparação para um Estado de tipo jurídico. A polícia deve representar, para a sociedade, antes um papel preventivo que um papel repressivo. Deve ser uma higiene social de preferência a uma terapêutica cirúrgica. [...] Pode-se dizer que o estado de civilização de um povo se mede pela sua organização policial. Não há organização judiciária sadia quando não há uma organização policial justa. A polícia precede e prepara a administração da justiça, em todo país civilizado. Onde falha a polícia, falha naturalmente a magistratura. E falha, por conseguinte, a possibilidade de aplicação do princípio da presunção da inocência. Esse princípio só pode ser aplicado, em sua plenitude, no plano judiciário. Mas precisa ter um início de execução no plano social. O contra-arbítrio, princípio que regula toda essa declaração de direitos, não pode ser iniciado no plano da justiça quando não o é no plano da coação, isto ê, na isenção de justiça destruído no ato concreto de sua aplicação inicial. Polícia arbitrária ê início de justiça autoritária. Polícia justa e eficiente — e a eficiência no plano concreto é sempre primordial à justiça — ê condição e até causa de justiça efetiva. E, portanto, de aplicação do principio da inocência presumida."

[374] Acerca da evolução da polícia voltada inicialmente à proteção do senhor e da terra, na necessidade de afirmação das instituições políticas sobre o território, de caráter militar, para a moderna polícia como serviço civil e voltada ao controle social, com a reforma promovida por Sir Robert Peel na Grã-Bretanha, com diminuição da intervenção estatal na segurança a partir do liberalismo econômico e o crescimento do serviço privado de segurança nos

é possível ter grande efetividade se não houver uma estrutura de Ministério Público e Poder Judiciário adequada, pois é nesta esfera que se dita a política judiciária criminal.

Por fim, é cabível o aperfeiçoamento do espectro de possibilidade de atuação estatal, com a previsão de sanções premiais, mediante a alteração da estratégia de atuação do Direito em favor da segurança pública, com a mudança de paradigma, para se estimular a colaboração social pela legitimidade, e não pela força. A concretização das normas jurídicas que se destinam a dar segurança deve ocorrer sobretudo pelo convencimento e o estímulo ao cumprimento, à convergência de vontades e à participação dos diversos grupos sociais que compõem a sociedade brasileira[375].

termos da delegação normativa e direcionamento estatais, dedicou-se FAUCHER (2015, p. 09), explicando acerca da origem da polícia moderna, que "En 1829, Sir Robert Peel, en Grande- Bretagne, jette les bases de la <<police moderne». Il réforme l'institution policière britannique pour en faire un service civil plutôt que militaire. Il propose plusieurs principes axés sur la relation entre le citoyen et le policier qui guideront l'exercice du policier. Cette nouvelle façon de concevoir l'exercice policier motive la refonte de la sécurité sur le territoire britannique, mais aussi dans les colonies." Em tradução livre nossa: "Em 1829, Sir Robert Peel, na Grã-Bretanha, lançou as bases para a <<polícia moderna». Ele reformou a força policial britânica para torná-la um serviço civil e não militar. Ele propôs diversos princípios sobre o relacionamento entre o cidadão e o policial que orientaram o exercício do policial. Esse novo modo de pensar a prática policial motiva a renovação da segurança no território britânico, mas também nas colônias."
O mesmo autor aponta como papel principal da polícia moderna exercer o controle social: "En effet, bien que le monopole de la violence légitime soit un de ses fondements, la sécurité publique vise plus largement le contrôle social, qu'il se déroule de façon pacifique ou non." (Ibidem). Em tradução livre nossa: "De fato, embora o monopólio da violência legítima seja um de seus fundamentos, a segurança pública visa um controle social mais amplo, seja pacífico ou não."

[375] Na lição de FERRAZ JUNIOR (1999, pp. 12 - 13): "[...] Não resta dúvida de que, hoje, o Estado cresceu para além de sua função protetora-repressora, aparecendo até muito mais como produtor de serviços de consumo social, regulamentador da economia e produtor de mercadorias. Com isso, foi sendo montado um complexo sistema normativo que lhe permite, de um lado, organizar sua própria máquina de serviços, de assistência e de produção de mercadorias e, de outro, montar um imenso sistema de estímulos e subsídios. [...] Ora, nesse contexto, uma teoria jurídica da sanção limitada ao papel das sanções negativas e, pois, ignorando o papel assistencial, regulador e empresarial do Estado, estaria destinada a fechar-se num limbo, entendendo mal, porque entendendo limitadamente, a relação entre o Direito, o Estado e a sociedade. [...] Quando o ordenamento de função repressiva e protetora procura "provocar" certas condutas, atua sempre de uma forma negativa: prevalece

11.8 Por novas formas de atuação jurisdicional, ampliando-se o acesso e efetividade da jurisdição, potencializando a pacificação das relações sociais, por meio da Justiça Restaurativa e de outros modelos

As garantias do devido processo legal, sobretudo em sua dimensão material, e do acesso à jurisdição permitem o controle jurisdicional das políticas públicas, do mérito dos atos administrativos, do conteúdo das normas editadas pelos Poderes Executivo e Legislativo, bem como das omissões e atuações insuficientes, que incidem na vedação à tutela deficiente do direito de todos à segurança pública.

Assim, a potencialização destas garantias constitucionais é uma proposta cabível para a efetividade do direito à segurança pública, sempre que necessária a tutela jurisdicional, lembrando-se que o poder estatal é uno e a divisão funcional para impedir a sua concentração não acarreta

a técnica do desencorajamento. Já o ordenamento promocional vai muito adiante, uma vez que, neste caso, a técnica típica é "positiva", isto é, o encorajamento de certas condutas que, para se produzirem, necessitam das sanções positivas também ditas premiais. No primeiro caso, na visão típica do século XIX, o ordenamento sempre procura tornar certas ações mais "penosas", tornando outras vantajosas a *contrario sensu*. No segundo caso, nos ordenamentos contemporâneos, observa-se, porem, o expediente da "facilitação" (por exemplo, uma subvenção) e até do prêmio (por exemplo, uma isenção fiscal) para promover as ações desejadas". Igualmente, sustenta CALSING (2012, P. 295) que: "As leis constituem o mundo do dever-ser, não havendo a necessidade de sua total aplicação no mundo real. Entretanto, se a lei não é realizável de pronto, seus preceitos perdem a categoria de condutores da sociedade para se transformarem em "letra morta". [...] Assim, para que as normas sejam efetivas, elas devem ter limites razoáveis de alcance e execução; estarem de acordo com as regras e valores de ao menos parte da sociedade; terem preposições claras e com meios e objetivos bem definidos; terem consequencias jurídicas para os que não cumprirem com suas regras, não sendo necessário, contudo, a sanção em sua acepção tradicional. O fato de a norma prever uma sanção ou consequencia para o seu descumprimento não dá àquela norma um caráter de alternativa, ou seja, de opção entre a adimplência ou inadimplência. Muito pelo contrario, "a hipoteticidade da norma expressa a objetividade de um valor a ser atingido, e, ao mesmo tempo, se salvaguarda o valor da liberdade do destinatário, ainda que para a prática de um ato de violação". Quando uma norma institucionalizada é desrespeitada, a sua inobservância gera uma sanção, que deve ser entendida como um modo de se buscar salvaguardar o Direito, preservando a sua efetividade. Assim, a sanção é uma resposta externa e institucionalizada à contrariedade das normas, podendo ser positiva ou negativa. Desse modo, a existência ou não de sanção corresponde apenas à sua efetividade, não influindo na sua validade. Consequentemente, a força não é o fim do Direito, mas é uma garantia de sua eficácia social. Ressalta-se, que não basta ter uma sanção possível para que o Direito seja efetivo, mas será o conjunto de meios favoráveis para a instauração e aplicabilidade da lei que determinará sua efetividade."

separação absoluta das funções. Os Poderes republicanos devem colaborar entre si, para que os direitos humanos e os direitos fundamentais sejam efetivados e os objetivos da República Federativa do Brasil sejam cumpridos.

Outros modelos de atuação jurisdicional, como a Justiça Restaurativa[376], também se mostram relevantes, sobretudo em casos de violência e infração penal de gravidade mais baixa, em que vítima e ofensor fazem parte de mesma comunidade local, mantêm relações ou vínculos. Ela desburocratiza o acesso à Justiça, funcionando o Estado não apenas no papel de aplicador de normas jurídicas, mas também de mediador da reparação efetiva do mal causado pela infração penal.

Na Justiça Restaurativa, promovem-se encontros entre o infrator penal e a vítima direta ou as vítimas indiretas, para tratar das consequências da infração penal[377], o que contribui diretamente para a tutela do direito de

[376] Acerca da Justiça Restaurativa, na lição de MACHADO (2013, p. 100): "No século XXI, deseja-se a implementação de uma Justiça Restaurativa que é um modelo alternativo de resolução de conflitos, fundada em uma lógica distinta da justiça punitiva e da retributiva. Pretende-se usar o potencial transformador da comunidade para resgatar valores como participação, autonomia, empoderamento comunitário, respeito, busca de sentido de pertencimento na responsabilização pelos danos causados e satisfação das necessidades dos envolvidos no conflito.A Justiça Restaurativa foi preconizada pela Declaração de Viena, de 20 de abril de 2000, e os princípios básicos para aplicação de programa de Justiça Restaurativa em matéria penal foram dispostos pela Comissão de Prevenção do Delito e Justiça Penal, pelo Conselho Econômico e Social da ONU, no período de 16 a 25 de abril de 2002.A denominação Restaurativa vem justamente do restabelecimento de relações e do sentimento de justiça entre os envolvidos."

[377] Acerca da Justiça Restaurativa na prática no Brasil, aponta a ESCOLA NACIONAL DA MAGISTRATURA (2015, p. 11) que: "A "mola mestra" da Justiça Restaurativa é a promoção de encontros, organizados por pessoas especialmente treinadas, para que os interessados tenham voz. Assim poderão dizer pessoalmente (e não por intermédio de profissionais da área jurídica) como uma infração lhes afetou, o que é preciso para reparar o mal causado e o que fazer para não se repetir. As principais práticas restaurativas são aquelas nas quais a vítima e o ofensor – sempre que possível acompanhados de seus familiares, amigos e comunidade – concordam em encontrar-se, frente a frente, para falar sobre os seus sentimentos, com o objetivo de resgatar as relações perdidas e evitar a reincidência. Na prática, a tônica desses encontros está nas consequências – materiais e emocionais – de uma infração. A vítima entra em destaque por ser a principal prejudicada. Porém, a Justiça Restaurativa considera não apenas as vítimas diretas, tais como as pessoas assaltadas, que sofrem diretamente as consequências de uma infração. Considera como atingidos, igualmente, os familiares das

todos à segurança pública, para a diminuição da violência e a pacificação das relações sociais, ao empoderar os processos de solução de conflitos decorrentes de infrações penais pautados pelo diálogo, pela cultura da paz, pela participação da vítima, ofensor e comunidade, ampliando os espaços de conscientização. Isso não exclui os demais mecanismos de atuação estatal na prestação jurisdicional, apenas amplia a proteção conferida.

Pode-se aliar a Justiça Restaurativa à atuação do Ministério Público na seara criminal, como *dominus litis*, responsável pela celebração de transações penais, suspensões condicionais do processo e acordos de não-persecução penal, além da colaboração premiada, instrumentos que exigem a reparação dos danos. Há um amplo espectro de possibilidades para esta forma de atuação estatal, que prescinde do processo penal propriamente dito ter sido instaurado.

11.9 Por meio de priorização das denominadas ações neutras, definição dos papéis dos entes das três esferas da Federação e enfoque no papel proativo do Ministério Público no âmbito da efetividade do direito à segurança pública

O Ministério Público é a instituição brasileira incumbida pela Constituição da República Federativa do Brasil, em seu artigo 127, da defesa da ordem jurídica, do regime democrático e dos interesses sociais e individuais indisponíveis, indicando sua plena vocação para protagonizar a promoção e efetividade do direito à segurança pública.

Neste papel, é necessário redirecionar o enfoque da atuação para a efetividade da proteção aos bens jurídicos penalmente tutelados mediante a proatividade, utilizando as informações detidas no âmbito da tutela dos interesses difusos, coletivos e individuais homogêneos, bem como e especialmente as informações colhidas no âmbito da atribuição de promover investigações penais por meios próprios e de *dominus litis* na ação penal pública condicionada e incondicionada e de *custus legis* na ação penal privada. Estas informações são úteis para a realização de diagnósticos da realidade de violação ao direito à segurança pública, permitindo potencializar o foco de políticas públicas e atuações, seja do Ministério Público, seja das Polícias, seja de outros órgãos públicos, de forma a prevenir, com maior

vítimas, familiares dos ofensores e comunidades, pois todos acabam suportando, ainda que indiretamente, esses efeitos."

ênfase, a prática de infrações penais e da violência, e canalizar os esforços e o desembolso de recursos públicos.

Igualmente, cabe ao Ministério Público, nesta condição, articular a integração entre os órgãos públicos nas três esferas da Federação, com enfoque na efetividade da tutela da segurança pública, tendo em vista que a atuação policial isolada é insuficiente para prevenir e reprimir as infrações penais e a violência intersubjetiva, garantindo os direitos fundamentais das pessoas no Brasil.

Neste ponto, reforça-se a crítica ao artigo 144 da Constituição da República Federativa do Brasil, que previu somente os órgãos policiais com atribuição direta em matéria de segurança pública, omitindo o dever do Poder Judiciário. É ele, no entanto, que detém o monopólio da aplicação do Direito às demandas que versam sobre a responsabilização penal de criminosos e contraventores, bem como para a aplicação de medidas de tutela de urgência, medidas protetivas judiciais, além do controle jurisdicional das políticas públicas, omissões e ações da Administração Pública e do Poder Legislativo e decisão em lides entre particulares, afetas muitas vezes a violações de direitos.

A norma constitucional também é omissa em relação ao Poder Legislativo, que, além de fiscalizar o Poder Executivo, deve legislar para garantir a segurança pública mediante instrumentos normativos idôneos para esta finalidade e votar diretrizes orçamentárias e normas adequadas acerca de destinação de recursos públicos.

Inclusive no que tange ao próprio Poder Executivo, o desempenho das funções policiais não cumpre por si só, ainda que venha a ser de excelência, o dever de prestar serviços idôneos de segurança pública, pois as causas da violência e da criminalidade, bem como da sensação de insegurança, vão além e envolvem a atuação de outras áreas, como de assistência social, saúde, educação, transportes, lazer, cultura, habitação e urbanismo, consumidor, ambiental, trabalho e emprego, por exemplo. Ademais, a atribuição de funções policiais à União e aos Estados pelo artigo 144 da Constituição da República Federativa do Brasil não retira o dever dos Municípios.

As políticas públicas nas diversas áreas federais, estaduais e municipais interferem no direito à segurança pública da população. Por este motivo é necessário revisar os papéis, estabelecer coordenação das competências de cada ente da Federação e os instrumentos para a atuação integrada. Por exemplo, os Municípios possuem, no mais das vezes, estrutura para a proteção dos bens e serviços municipais, mediante guardas civis e metropolitanas, além de serviços de fiscalização do cumprimento de normas e posturas municipais, da ocupação e ordenação do solo urbano, sua iluminação, segurança viária urbana, video-monitoramento por câmeras e centrais de controle, sem contar o enorme fluxo de informações das diversas áreas dos serviços municipais (transporte, saúde, educação, dentre outros) que, se fossem coordenadas e integradas com outros órgãos do sistema de segurança pública para o fim de promovê-la, potencializariam a eficiência da ação estatal.

Além disso, a articulação dos serviços municipais com a política de segurança é fator decisivo para a efetividade da atuação estatal nesta seara, pois eles atuam ou podem atuar em diversas causas da criminalidade e da violência. Planos de segurança e programas de ações municipais em segurança pública devem existir, alinhados com as políticas nacional e estadual, de forma a lhes dar eficácia. Os Municípios exercem, afinal, a "zeladoria" dos direitos das pessoas nos respectivos limites territoriais, estando diretamente relacionados aos problemas e questões locais. A ação municipal em limpeza urbana, uso e ocupação do solo, transporte, saúde, educação, dentre outros, impacta diretamente a segurança da população.

Neste ponto, frise-se a importância de se enfocar as denominadas ações neutras[378], que impulsionam a prática e efetividade de infrações penais, motivo pelo qual devem ser priorizadas, por meio de aprimoramento dos mecanismos normativos e fiscalizatórios, para se alcançar um maior controle estatal de ações que contribuem direta ou indiretamente para a insegurança pública.

[378] Em sua tese de doutorado sobre o tema, RASSI (2012, p. 27) expôs que: "Para nós, conduta neutra pode ser entendida como uma ação rotineira própria do exercício profissional ou funcional, dentro do risco permitido, e que seja utilizada para a prática de infração penal alheia. Outro traço característico das ações neutras é a sua ubiquidade: são ações que acontecem a qualquer hora, em qualquer lugar, praticadas por qualquer pessoa. O que diferencia uma ação neutra é o conhecimento, pelo agente, de que a sua ação cotidiana poderá levar a um resultado tido como crime. O que lhes confere aparência de antijuridicidade é o elemento subjetivo [...] A doutrina tem focado o estudo das ações neutras no "campo de causação indireta de um resultado lesivo", observando as condutas neutras de cumplicidade ou de participação, de pessoas que facilitam as condutas delitivas. Entretanto, seu estudo não pode dispensar a lembrança de que a ação neutra só contribuirá para um resultado lesivo quando o autor efetivamente der início ao delito, ou seja, será sempre dependente da destinação que o autor conferir à contribuição (por meio do fornecimento de mercadorias ou prestação de serviços)."

Assim, por exemplo, para diminuir a quantidade de roubos e furtos de veículos automotores, analisadas as informações e dados destes fenômenos criminais, com o respectivo impacto territorial e o comércio que alimentam, é possível criar e fiscalizar a implantação de normas que garantam efetiva cadeia de custódia em relação às peças dos veículos automotores. Uma medida como esta propicia que ações de fiscalização e policiais em desmanches e centros de venda ou revenda de autopeças, em *blitz* e abordagens de rotina, sejam efetivas inclusive para permitir a maior responsabilização penal dos receptadores, coibindo e prevenindo que sejam focos de demanda que impulsionem os roubos e furtos para abastecê-los em ofertas.

A princípio, a atividade de venda ou revenda de autopeças é lícita, desde que realizada atendendo aos ditames das normas regulamentares. Muitas vezes, porém, há o desvio e o abuso do direito pelo vendedor ou revendedor, que adquire e recebe peças provenientes de crimes (ainda que deliberadamente se omitindo de verificar esta procedência, no que se convencionou denominar de "cegueira deliberada"), para poder vendê-las a um preço menor que o de mercado, utilizando-as em sua atividade econômica, que aparenta licitude. Com o aprimoramento de mecanismos para o rastreamento e comprovação da ilicitude destas peças, será propiciada a responsabilização criminal dos agentes que concorrem para a criminalidade em sua atuação econômica, o que diminui a demanda e desincentiva roubos, furtos e fraudes[379].

Há profissionais do ramo imobiliário, advocatício, contadores e outros que concorrem para a lavagem de dinheiro, por exemplo, construindo estruturas societárias e intermediando negócios imobiliários, contabilidades e outros, para a alocação de bens e fundos nestas estruturas e prestação de contas, em que não há comprovação de lastro lícito do dinheiro. A conduta destes profissionais, a princípio, seria lícita, ao prestarem o serviço contratado atendendo às normas que regulamentam as respectivas profissões, mas, pelo dever de solidariedade social e pela responsabilidade de todos pela segurança pública (que integra a dimensão de fraternidade dos

[379] Conforme aponta RASSI (2012, p. 28), inclusive, "o Código Penal brasileiro prevê, em seu artigo 29, assim como os Códigos penais espanhol e alemão, possibilidades de participação muito amplas, que permitem responsabilizar de forma abrangente todos os que cooperam, direta ou indiretamente para a execução do delito, o que, em tese, inclui também as ações neutras."

direitos humanos numa sociedade coesa), estas condutas que, no mais das vezes são consideradas neutras, poderiam ser mais bem controladas pelo Estado, inclusive para fins de responsabilização civil ou penal[380], de forma a impedir que potencializem a prática das infrações penais antecedentes.

Outro exemplo é o controle sobre a venda de equipamentos que se sabe que são utilizados para a prática de crimes rotineiramente (como furto de sinal, pirataria digital e outros), embora também possam ser utilizados eventualmente para atividades líticas, com a criação de cadeias de custódia e revenda que permitam a responsabilização para quem faz o uso criminoso, também colaboram para a segurança pública.

11.10 Por meio de priorização da atuação estatal para a tutela dos direitos da vítima, com a criação de Estatuto de Defesa da vítima no Brasil

Em seu papel de direito de todos que ao mesmo tempo é plataforma de garantia dos demais direitos humanos, a segurança pública tem por base o direito à paz e, igualmente, é imprescindível para a concretização da paz. Sua condição mostra que a defesa adequada da vítima direta - leia-se, pessoa que teve seus direitos humanos ameaçados ou violados - ou indireta, que são os dependentes diretos da vítima, seu cônjuge, companheiro, familiares que sofreram danos em razão da violação ou ameaça aos direitos da vítima direta, é uma das esferas primordiais de uma política de segurança pública idônea, que se preste a efetivar o direito das pessoas de existirem, sentirem-se e viverem em segurança.

As vítimas e seus representantes legais podem funcionar como assistente de acusação, para intervir em todos os termos da ação pública, propor meios de provas, requerer diligências, formular quesitos e indicar assistente técnico em perícias e exames de corpo de delito, requerer a substituição de medida cautelar ou cumulação com outra, requerer a decretação de prisão preventiva, interdições provisórias de direitos, receber intimações, apresentar alegações finais em procedimentos comuns,

[380] Por exemplo, ao dispor expressamente a legislação brasileira que em relação ao recebimento de honorários, inclusive advocatícios, deve o profissional se acautelar no dever de zelo e cuidado, para que o dinheiro que lhe é pago não seja fruto ou proveito de crimes e ilícitos, sob pena de ser responsabilizado criminalmente. Sobre o tema, Cf. RASSI, 2012, pp. 205 – 216.

de violação de propriedade intelectual e do júri, requerer desaforamento, tomar declarações do ofendido, inquirir testemunhas, formular perguntas ao acusado, manifestar-se nos debates orais no Tribunal do Júri, dirigir-se à sala especial de votação do julgamento no Tribunal do Júri, interpor recurso de apelação e apresentar razões, consoante art. 158, § 3º, art. 268, art. 269, art. 271, art. 282, § 4º, art. 311 *caput*, art. 373, art. 380, § 1º, art. 391, art. 399, art. 402, art. 403, § 2º, art. 411, § 6º, art. 420, II, art. 427, art. 430, art. 473, art. 474, art. 476, art. 485, art. 530-H, art. 534, art. 598, art. 600, todos do Código de Processo Penal.

Contudo, não há um efetivo Estatuto de Defesa da Vítima no Brasil, como já existe, por exemplo, na Espanha (com o denominado *Estatuto de la Victima del Delito* - Ley 4/2015 ou La Ley 6907/2015)[381] e em Portugal (Estatuto da Vítima - Lei nº 130/2015), em atenção à Diretiva 2012/29/UE do Parlamento Europeu e do Conselho de 25 de outubro de 2012, que estabelece normas mínimas relativas aos direitos, ao apoio e à proteção das vítimas da criminalidade e que substitui a Decisão-Quadro 2001/220/JAI do Conselho, publicada no Jornal Oficial da União Europeia de 14 de novembro de 2012, ou seja, há vários anos. A Decisão-Quadro 2001/220/JAI, de 15 de março de 2001, relativa ao estatuto da vítima em processo penal e que foi substituída, ressalte-se, demonstra enfática preocupação europeia com a vítima há décadas[382], resultado de um processo de conscientização iniciado na década de 70 do século XX e que passou a ganhar força maior na década seguinte[383].

O tratamento dispensado à vítima no Brasil, na prática e no mais das vezes, acaba sendo muito menos favorável do que o tratamento dispen-

[381] Dentre as normas de proteção e defesa das vítimas na Espanha, estabeleceu-se o protagonismo das vítimas na fase de execução das penas, inclusive com a impossibilidade de o sentenciado progredir para a semiliberdade enquanto não reparar os danos da vítima. Neste sentido Cf. BURÓN (2017).

[382] Sobre o tema, Cf. em https://apav.pt/apav_v3/images/pdf/LexUriServ_Directiva_PT.pdf. Acesso em 19/Out./2019.

[383] Sobre o tema, em dissertação específica, RODRIGUES (2012, p. 32), aponta que: "Na esteira do movimento vitimológico e do desenvolvimento da Vitimologia, importantes documentos internacionais e diplomas legais vieram à lume. A Organização das Nações Unidas (ONU) passou a demonstrar interesse pelo tema e, em 1980, durante o VI Congresso Sobre a Prevenção ao Crime e Tratamento de Infratores, em Caracas (Venezuela), despertou-se para a necessidade de se elaborar uma declaração que versasse sobre os direitos das vítimas."

sado a quem praticou o delito contra ela e, na condição de investigado ou réu, será tratado com toda a série de garantias e direitos, para que tenha um julgamento justo e sua dignidade seja assegurada. Esta peculiaridade brasileira se verifica pela diuturna presença de pessoas ávidas por defender os direitos de quem pratica crimes, aliada à recorrente existência de pessoas que se erguem em favor do réu ou investigado, nas mais diversas esferas, sem que haja quem procure defender as vítimas. Atualmente essa postura já vem sendo chamada por alguns de "bandidolatria", com consectários que se espraiam no desestímulo para a atuação de agentes públicos e para que as próprias vítimas busquem seus direitos, contribuindo para as cifras negras de crimes que fogem ao conhecimento do Estado e da opinião pública, o que, inclusive, distorce a estatística e o planejamento das ações estatais.

A vítima é rotineiramente revitimizada com todo o tipo de dificuldade para ser atendida, conseguir registrar a ocorrência do crime quando dificultado também o acesso à elaboração de boletim de ocorrência eletrônico, dificuldades para ter informação acerca dos seus direitos, dos locais e órgãos de que pode se socorrer. Às vezes também é revitimizada no tratamento que lhe é dispensado no curso da investigação e na fase judicial, na falta de informação adequada, sendo ela muitas vezes submetida a atendimento sumário e ríspido por pessoas sem o treinamento adequado, após passar por filas, longas esperas em salas ou locais sem alimentação adequada, às vezes junto com testemunhas de defesa, investigados ou réus, sem falar em outros custos que diante do desamparo é obrigada a arcar, como o deslocamento até repartições públicas e Fórum que deverá custear em prejuízo de seu orçamento familiar. Ela não tem apoio estatal para cancelamento de seus documentos porventura subtraídos e a obtenção de novos, para seu afastamento do trabalho em razão da infração penal sofrida, sem sofrer consequência negativa à sua esfera jurídica[384].

O próprio Estado, ao tomar conhecimento do crime, neste momento de extrema vulnerabilidade da vítima e seus familiares, deveria comu-

[384] Impedir a vitimização secundária, ou revitimização, é uma das pautas do Estatuto de Defesa da Vítima espanhol, diante do dever de proteção das vítimas e testemunhas, cujos direitos, e não só os do réu, também devem ser considerados. Conforme aponta RIVAS (2017, p. 3): "A este respecto, las autoridades y funcionarios encargados de la investigación, persecución y enjuiciamiento de los delitos adoptarán las medidas necesarias para garantizar la protección de la víctima y su familia frente a los diversos riesgos que pueden derivarse de

nicar de forma imediata e automática outros órgãos públicos e privados, por exemplo, estabelecimentos de proteção ao crédito, cadastros nacionais etc., para que eventuais cartões e cheques roubados ou furtados não possam ser utilizados, assim como documentos falsos e bens obtidos por meios criminosos, o que ao mesmo tempo diminui os danos colaterais aos ofendidos, evita que os criminosos potencializem seus ganhos, aumenta a possibilidade de identificação e prisão dos criminosos e evita danos à atividade econômica e a multiplicação de lides no Poder Judiciário, num ciclo em que a ausência de mecanismos inteligentes de comunicação e cooperação público-privada gera uma política em que todos perdem, Estado, empresas e vítimas.

Sua atuação como assistente de acusação, a não ser que ela possua condição política ou econômica favorável, será extremamente penosa. A ausência de disponibilização de força estatal para que a vítima possa restabelecer seus direitos em tempo razoável e retomar a normalidade de sua vida, por exemplo, mesmo não sendo mulher vítima de violência doméstica, demonstra a necessidade de aprimoramento urgente da atuação estatal (por exemplo, um homem vítima de delito poder entrar em determinado local com apoio policial para retirar seus bens).

Em adição, é necessário que toda vítima, por exemplo, possa solicitar o concurso estatal para ingressar em sua casa, local de trabalho ou estudo e retirar seus pertences celeremente, obter auxílio de qualquer órgão policial ou de fiscalização para rastrear e apreender seus dispositivos eletrônicos subtraídos, ou outros bens furtados ou roubados etc.

Há iniciativas legislativas, como o Projeto de Lei do Senado nº 65, de 2016, e a Proposição n. 216684 da Câmara dos Deputados, que tramitam para debater o aprimoramento da defesa dos direitos das vítimas de infrações penais no Brasil.

O ponto mais importante é que se discuta amplamente, crie-se e se promulgue um Estatuto de Defesa da Vítima no Brasil que, de fato, seja capaz de garantir a paz da vítima direta ou indireta e contribuir decisivamente

su intervención en el proceso penal, entre ellos, su victimización secundaria." Em tradução livre nossa: "Neste sentido, as autoridades e funcionários encarregados da investigação, persecução e processamento judicial dos delitos adotarão as medidas necessárias para garantir a proteção da vítima e de sua família em relação aos diversos riscos que podem decorrer da sua intervenção no processo penal, entre eles, sua vitimização secundária."

para a paz social. Para tanto, a norma a ser editada deve criar condições efetivas para que as vítimas não sejam em hipótese alguma novamente vitimizadas pelo atendimento e tratamento que lhes deve ser dispensado para garantir a sua dignidade, privacidade e intimidade.

É imprescindível que as vítimas possam ter amplo acesso a todas as informações acerca dos direitos que lhe são assegurados em razão de sua condição, facilidade para a obtenção de toda a assistência público-privada para a efetividade de seus direitos, inclusive apoio jurídico, médico, terapêutico e educacional, informação acerca de todos os atos do procedimento investigatório, ação penal e execução de penas respectiva, com a possibilidade de se manifestar e influir nos resultados respectivos, com garantia da plena defesa dos seus direitos e interesses, indicar meios de prova, contribuir para sua produção ou produzi-las diretamente.

A norma deve criar condições para que a vítima possa participar ativamente e com influência na fase investigatória, na ação penal e na execução das penas, para que não seja criada ou agravada situação de risco para ela e possa ser efetivamente reparada, inclusive propondo meios para tanto, além da obtenção de medidas cautelares de urgência, inclusive quando ocorre a libertação provisória a qualquer título ou liberdade definitiva do criminoso, sempre que necessário, bem como para que ela possa ser reparada dos danos sofridos e restabelecida a sua paz mediante procedimentos afinados inclusive com a justiça restaurativa.

12

A Segurança Pública como Direito Garantidor

Conforme se analisou anteriormente, a segurança é uma necessidade psicológica e motivação do agir da pessoa humana de primeira dimensão, considerada sua condição biocultural, sendo a segurança pública um direito humano e também fundamental de todos, dever do Estado e responsabilidade de todos. Este direito à segurança pública, interdependente, inter-relacionado e indissociável do direito à segurança individual e do direito à segurança social, é plataforma de garantia dos demais direitos humanos, que sempre devem observar a responsabilidade social e têm por limites os direitos das outras pessoas. Como direito, ele gera posição jurídica para que todos os brasileiros, bem como o Ministério Público e outros legitimados à propositura de ações coletivas, possam exigi-lo do Estado e de particulares, observada a eficácia horizontal dos direitos fundamentais, para o cumprimento do dever estatal e das responsabilidades de todos.

A segurança pública na pós-modernidade e no pós-positivismo, em tempos de globalização, deve ser vista como o contraponto à violação de direitos fundamentais, como a garantia estrutural do sistema de direitos, pela integração de políticas públicas multidisciplinares, com a fragmentação de sua aplicação territorialmente[385]. Como direito garantidor,

[385] Também com o enfoque de uma segurança específica que atenda a necessidades peculiares de cada município e bairro, não somente a ditames nacionais e estaduais, bem como com o viés interinstitucional, integrado, participativo e legitimador, de forma a se atingir

um ideal de segurança concreta possível das diferentes realidades que compõem a sociedade complexa multicultural brasileira dos tempos atuais. Vivemos em uma sociedade hipercomplexa, industrializada, com movimento de êxodo rural e grande urbanização, multicultural, formada por diversos grupos de pessoas e interesses, todos unidos por um caráter elementar que nos tempos atuais une a todas as comunidades formando uma única sociedade globalizada de risco, em que a criminalidade, sobretudo organizada, não encontra mais fronteiras, notadamente com os meios cibernéticos e de transmissão de dados entre todos os cantos do planeta, além de os riscos gerados pela própria modernização e busca pelo desenvolvimento serem compartilhados em todos os rincões da Terra, afetando ou podendo levar à extinção da vida para todos. Acerca desta sociedade de risco, BECK (1998, pp. 25 - 30), aponta que: "*Las cuestiones del desarrollo y de la aplicación de tecnologías (en el ámbito de la naturaleza, la sociedad y la personalidad) son sustituidas por cuestiones de la «gestión» política y científica (administración, descubrimiento, inclusión, evitación y ocultación) de los riesgos de tecnologías a aplicar actual o potencialmente en relación a horizontes de relevancia a definir especialmente. La promesa de seguridad crece con los riesgos y ha de ser ratificada una y otra vez frente a una opinión pública alerta y crítica mediante intervenciones cosméticas o reales en el desarrollo técnico-económico.* [...] *Argumentado sistemáticamente desde el punto de vista de la historia social, en la continuidad de los procesos de modernización más tarde o más temprano comienzan a solaparse las situaciones y conflictos sociales de una sociedad «repartidora de riqueza» con las de una sociedad «repartidora de riesgos». [...] Los peligros de las fuerzas productivas muy desarrolladas química y atómicamente suprimen las bases y categorías con las que hemos pensado y actuado hasta ahora: espacio y tiempo, trabajo y tiempo libre, empresa y Estado nacional, incluso los límites entre bloques militares y continentes.* [...] *La sociedad del riesgo es una sociedad* catastrófica. *En ella, el estado de excepción amenaza con convertirse en el estado de normalidad.*" Em tradução livre nossa: "As questões de desenvolvimento e aplicação de tecnologias (no campo da natureza, sociedade e personalidade) são substituídas por questões de «gestão» política e científica (administração, descoberta, inclusão, prevenção e ocultação) de riscos de tecnologias a serem aplicadas atualmente ou potencialmente em relação a horizontes relevantes a serem definidas especialmente. A promessa de segurança cresce com os riscos e deve ser ratificada repetidamente frente a uma opinião pública alerta e crítica por meio de intervenções cosméticas ou reais no desenvolvimento técnico-econômico. [...] Argumentando sistematicamente do ponto de vista da história social, na continuidade dos processos de modernização, mais cedo ou mais tarde, começam a sobrepor as situações e os conflitos sociais de uma sociedade de «compartilhamento de riqueza» com os de uma sociedade «compartilhadora de riscos». [...] Os perigos das forças produtivas altamente desenvolvidas química e atomicamente suprimem as bases e categorias com as quais pensamos e agimos até agora: espaço e tempo, trabalho e tempo livre, empresa e Estado nacional, incluindo as fronteiras entre os blocos militares e continentes [...] A sociedade de risco é uma sociedade catastrófica. Nela, o estado de exceção ameaça se tornar o estado de normalidade." E prossegue o autor, afirmando que nesta sociedade de risco, o Estado deve cumprir a promessa de segurança, assegurando direitos e interagindo na nova sociedade que se forma. Acerca desta nova sociedade, BECK (Ibidem, pp. 246-247) expõe que: "*El sistema político-administrativo no debe por más tiempo estar centralizado en un lugar responsable de la vida política. Precisamente* con *la democratización, se generan redes de cooperación o rechazo, de negociación, de reinterpretación y de posible resistencia de* manera transversal

a segurança pública, com aplicação imediata diante da força normativa da própria Constituição, permite o manejo de remédios jurídicos para a sua concretização imediata.

Explica-se a terminologia "direito garantidor", que se aplica para buscar a correta designação do que ocorre em relação ao direito à segurança pública. Trata-se de direito humano, positivado nas normas internacionais de direitos humanos, que foi internalizado com expressa declaração na Constituição da República Federativa do Brasil, consistindo, assim, em um direito fundamental[386]. Ele tem conteúdo próprio, de existência segura da

a toda la estructura vertical y horizontal de capacidades y competencias [...] Cada avance en la democracia aplicada *origina nuevos criterios y reivindicaciones que convierten la mera votación en algo insuficiente y propio de la «paz» y del* «carácter autoritario» *de las relaciones dominantes. Por tanto, la política,* «con éxito» *en la democracia puede conducir a que las instituciones del sistema político pierdan peso y se vacíen de sustancia. En este sentido la democracia* realizada *exige una noción de lo político distinta y otras instituciones políticas acordes con los ciudadanos conscientes de sus derechos y dispuestos a la participación".* Em tradução livre nossa: "O sistema político-administrativo não deve mais ser centralizado em um local responsável pela vida política. Precisamente com a democratização, redes de cooperação ou rejeição, negociação, reinterpretação e possíveis resistências são geradas de forma transversal a toda a estrutura vertical e horizontal de capacidades e competências. [...] Cada avanço na democracia aplicada cria novos critérios e exigências que transformam o mero voto em algo insuficiente e próprio da «paz» e do «caráter autoritário» das relações dominantes. Portanto, a política «com sucesso» na democracia pode fazer com que as instituições do sistema político percam peso e a sejam esvaziadas de conteúdo. Nesse sentido, a democracia realizada exige uma noção de político distinta e outras instituições políticas, consentâneas com os cidadãos conscientes de seus direitos e dispostos a participar". Ele arremata discorrendo acerca dos novos foros de exercício da cidadania e a "subpolítica" decorrente dos direitos fundamentais e das possibilidades de interpretação que permitem, descentralizando a política, concluindo que: "*Por tanto, los derechos fundamentales, con su pretensión de validez universal, constituyen el engarce del desarrollo político, con avances e interrupciones, pero tal y como se han ejercido durante los dos últimos siglos en las sociedades occidentales en un proceso (hasta hoy)* orientado. *Esos derechos, por una parte, son objeto de batallas parlamentarias; por otra, pueden desarrollarse y concretarse más allá del parlamento, a partir de los centros de la subpolítica, de modo que se escriba un nuevo capítulo de la historia de la democracia."* (Ibidem, pp. 249 - 250). Em tradução livre nossa: "Portanto, os direitos fundamentais, com sua pretensão de validade universal, constituem o elo do desenvolvimento político, com avanços e interrupções, mas como foram exercidos durante os últimos dois séculos nas sociedades ocidentais em um processo (até hoje) orientado. Esses direitos, por um lado, estão sujeitos a batalhas parlamentares; por outro, eles podem se desenvolver e se concretizar mais além do parlamento, a partir dos centros da subpolítica, para que seja escrito um novo capítulo na história da democracia."

386 Na lição de SARLET (2017): "Direitos fundamentais são, portanto, todas aquelas posições

pessoa humana, para que possa viver e se sentir segura. Ao mesmo tempo, ele encerra a garantia dos demais direitos humanos. Não se trata, portanto, de pleonasmo ou tautologia, pois não se desconsidera que todo direito é garantidor de um interesse ou posição protegida pela ordem jurídica. O termo garantidor é utilizado para ressaltar que o conteúdo do direito à segurança pública vai além, na condição de plataforma de garantia dos demais direitos humanos também[387].

Como responsabilidade de todos, a segurança pública deve ser pauta urgente de veiculação nos sistemas educacionais, de informação, políticos e judiciários, até que se obtenha uma cultura de segurança e pela segurança de todos, com a democratização de acesso e participação popular, legitimando-se a atuação dos órgãos oficiais, empoderando-se os destinatários da proteção de efetiva democracia na constituição e execução das políticas públicas específicas que os favoreçam.

A macropolítica pública deve gerar programas de ação para cada microárea geográfica e setor a ser atingido, sendo cada programa de ação

jurídicas concernentes às pessoas, que, do ponto de vista do direito constitucional positivo (na ótica do Constituinte), foram, por seu conteúdo e importância, integradas – de modo expresso ou implícito, bem como por força da abertura material do catálogo constitucional (art. 5º, § 2º, CF) – à Constituição formal e/ou material, além de subtraídas à plena disposição dos poderes constituídos, porquanto dotadas de um regime jurídico qualificado e reforçado."

[387] Conforme se expôs anteriormente neste trabalho, a doutrina que diferencia direitos e garantias anota a impossibilidade de observância desta distinção em casos raros (Cf. BONAVIDES, 2004, p.526), o que verificamos ocorrer no tocante ao direito à segurança pública, que é direito de todas as pessoas e, ao mesmo tempo, garante todos os demais direitos humanos. Para SARLET (2017), entretanto, "por derradeiro, é preciso esclarecer que do ponto de vista de sua condição de direitos fundamentais no sentido ora sustentado, não existe diferença entre direitos e garantias, pois embora o termo garantias assuma uma feição de caráter mais instrumental e assecuratório dos direitos, como é o caso, de modo especial, das garantias processuais materiais (devido processo legal, contraditório) e das assim chamadas ações constitucionais, em verdade se trata de direitos-garantia, pois ao fim e ao cabo de direitos fundamentais. Apenas para ilustrar, existe um direito subjetivo e fundamental a, preenchidos os pressupostos, impetrar um mandado de segurança ou injunção (que, por sua vez, são consagrados por normas imediatamente aplicáveis e integram as "cláusulas pétreas" da CF), assim como existe um direito fundamental ao contraditório e à ampla defesa, e assim por diante. Mas também isso, até mesmo por já ser de amplo conhecimento, não poderá aqui ser aprofundado." Deste modo, não se buscou tentar classificar entre garantia ou direito, mas frisar a característica do direito à segurança pública, de plataforma de garantia de outros direitos, o que se fez pela terminologia de direito garantidor.

conjugado, para que em conjunto tragam os resultados almejados para o todo da segurança pública.

A ausência de segurança pública efetiva, além de ofender direito social difuso, ofende direito individual fundamental. Por esta razão, entende-se que o direito público subjetivo à segurança, sempre que insatisfeito, engendra a aplicação direta da Constituição Federal, pois sua não satisfação produz danos e abre a possibilidade de qualquer indivíduo lesado acessar o Poder Judiciário e exigir reparação.

O argumento central que podemos fazer, é que a segurança pública não configura apenas direito, mas direito garantidor de outros direitos, que, portanto, jamais pode ser interpretado como contraposto a outros direitos fundamentais. A segurança não é antagônica, contraditória ou incompatível com os demais direitos fundamentais; ao contrário, quando se atua restringindo proporcionalmente algum direito em caso concreto de violação a direitos de outrem, a segurança está sendo veiculada como a ferramenta para afastar o abuso e o desvio no gozo de direito por um (ou uns) em desfavor dos demais, justamente para que possa garantir os direitos fundamentais de todos.

O direito à segurança pública não pode ser exercido para compelir o Estado a agir como um garantidor universal, que deva disponibilizar agentes públicos para acompanhar ininterruptamente toda e cada uma das pessoas que integram a população brasileira, a toda hora e em qualquer lugar, de forma incessante e sem limites. Entretanto, como direito garantidor, ele permite que se busque compelir o Estado a agir de forma escorreita, obrigando-o a provar que agiu idoneamente, que protegeu de forma suficiente e fez tempestivamente tudo o que era possível fática e juridicamente, em termos de planejamento, política pública, destinação de recursos e ações.

A denominada reserva do possível não legitima a violação ao Princípio da Proporcionalidade, por meio da Proteção Jurídica Deficiente, insuficiente e aquém do necessário, adequado e proporcional que efetivamente garanta os direitos das pessoas[388]. O ônus de prestar contas é do Estado, não da pessoa.

Em artigo específico sobre o tema, GRANGER (2008) expõe que, na época da Revolução Francesa de 1789, o termo utilizado era "sûreté", e

[388] Na lição de PERLINGEIRO (2013, pp. 176-177): "Como se depreende, a reserva do possível está intimamente relacionada com orçamento público, abarcando-o sem que com ele se confunda. Entre os recursos financeiros e a reserva do possível, não há, contudo, nenhuma

não "securité", e tinha o sentido de garantia de direitos, englobando a segurança da pessoa e de seus bens, inclusive contra o abuso de poder, e a segurança jurídica[389]. Posteriormente, o termo "sûreté" passou a desig-

vinculação. [...] Portanto, o legislador orçamentário não tem margem de discricionariedade em face de direitos existentes e exigíveis decorrentes de lei ou de um *mínimo* existencial atrelado à dignidade humana. [...] Ademais, orçamento em si jamais é uma condição para o exercício de direitos constituídos no passado, o que significaria violação à segurança jurídica, bastando que a lei, no momento da criação do benefício, indique a fonte de receita." grifo do autor. Para ele "Quanto aos recursos financeiros (fluxos de caixa), recursos materiais ou humanos, não são eles condições de existência de um direito subjetivo em face do Poder Público, apesar de a ausência de caixa – inclusive por falta de orçamento – poder afetar sua concretização." (Ibidem, p. 178). Assim, ele conclui que "Critica-se a "reserva do possível fática que, no Brasil, condicionou a adjudicação de direitos prestacionais se houver disponibilidade financeira." Na verdade, a reserva do possível poderia atingir os direitos derivados a prestações somente enquanto o legislador estivesse no seu poder de revogar, com efeito *ex nunc*, os direitos existentes." (Ibidem, p. 179).

389 Conforme GRANGER (2008): "*L'article 2 de la Déclaration des droits de l'homme et du citoyen du 26 août 1789 dispose, en effet, que « le but de toute association politique est la conservation des droits naturels et imprescriptibles de l'Homme. Ces droits sont la liberté, la propriété, la sûreté, et la résistance à l'oppression ». On observe avec le Président Robert BADINTER « qu'à mesure que les décennies s'écoulaient [...], singulièrement dans le discours politique, on affirmait constamment, avec de plus en plus de fermeté, que la sécurité était l'un des droits de l'homme inscrits dans la grande déclaration de 1789 ». Or une confusion s'est installée « entre la sûreté telle qu'elle figure dans la Déclaration des droits de l'homme et du citoyen de 1789 et la sécurité des personnes et des biens », car il n'est pas certain que l'on puisse ramener tout le « droit à la sécurité » au droit à la sûreté. Pour éclairer le propos, on ne peut faire l'économie d'une mise en perspective chronologique du droit à la sûreté. Sans reproduire ici l'analyse du Professeur François LUCHAIRE, il semble qu'à l'époque révolutionnaire, la sûreté désignait « la garantie des droits ». Autrement dit, il s'agissait de protéger à la fois les personnes et les biens, notamment contre les abus du pouvoir monarchique (les lettres de cachet, par exemple), mais aussi la sécurité juridique (contrats et actes unilatéraux).*" Em tradução livre nossa: "O artigo 2 da Declaração dos Direitos do Homem e do Cidadão de 26 de agosto de 1789 estabelece que "o objetivo de qualquer associação política é a preservação dos direitos naturais e imprescritíveis do homem. Esses direitos são liberdade, propriedade, segurança e resistência à opressão. Observamos com o Presidente Robert BADINTER que « com o passar das décadas, [...] especialmente no discurso político, foi constantemente afirmado, com cada vez mais firmeza, que a seguridade era um dos direitos humanos consagrados na Grande Declaração de 1789 ». Mas houve confusão entre «a segurança como aparece na Declaração dos Direitos do Homem e do Cidadão de 1789 e a segurança de pessoas e bens», porque não é certo que o direito à seguridade pode ser reduzido ao direito à segurança. Para esclarecer o assunto, não podemos prescindir de uma perspectiva cronológica do direito à segurança. Sem reproduzir aqui a análise do professor François LUCHAIRE, parece que, na era revolucionária, segurança significava "a garantia de

nar a proteção estatal contra os riscos da vida em geral, até sua concepção atual, mais restrita, de se prestar somente a proteger o indivíduo contra a restrição arbitrária da liberdade[390].

O enfoque de segurança pública como direito garantidor, que constitui, a um só tempo, direito com conteúdo próprio e verdadeira plataforma de

direitos". Em outras palavras, tratava-se de proteger pessoas e propriedades, especialmente contra abusos do poder monárquico (por exemplo, letras de carimbo), mas também segurança jurídica (contratos e atos unilaterais)".

[390] Conforme GRANGER (2008): "*C'est avec la Constitution du 5 fructidor an III « qu'un glissement progressif de signification du terme " sûreté " » s'est opéré. A partir de cette période et tout au long du XIXème siècle, la sûreté sera désormais comprise comme « celle de l'Etat ». Elle se présente comme « un élément de l'ordre public », comme un « facteur de conservation de la société politique en tant que telle ». Même si la Constitution du 27 octobre 1946, et singulièrement son préambule, n'emploie jamais le terme de « sûreté », certaines dispositions laissent planer son aura. C'est ainsi que la sûreté se voit reconnaître une nouvelle dimension : la garantie contre les risques de l'existence (le droit à l'emploi visé à l'alinéa 5 du préambule ; la protection de la santé, la sécurité matérielle, le repos et les loisirs consacrés à l'alinéa 11 du même préambule). A tel point que certains ont pu parler à son propos de concept « attrape-tout ». Toutefois, pour tourner cette difficulté définitionnelle, il appert que le Conseil constitutionnel tend à recourir à d'autres normes de référence plus précises et plus concrètes. En outre, malgré une fraction de la doctrine qui attribue à la notion de sûreté un sens plus large, les approches contemporaines préfèrent retenir une conception plus réduite de la « sûreté ». La sûreté serait alors une sorte de traduction française du principe de l'habeas corpus qui renverrait à la liberté de circulation et à la garantie de l'individu de ne pas être arbitrairement arrêté et détenu. En effet, selon le Professeur Jacques ROBERT, «la notion de sûreté s'éclaire à la lecture des articles 7, 8 et 9 (de la Déclaration des Droits de l'Homme et du Citoyen) qui précisent, l'un, que l'accusation, l'arrestation ou la détention d'un individu ne peuvent s'opérer que dans les cas déterminés par la loi et selon les formes qu'elle a prescrites, l'autre, que toute punition ne peut être infligée qu'en vertu d'une loi antérieure fixant des peines strictement et évidemment nécessaires, le troisième, que tout homme est présumé innocent jusqu'à ce qu'il ait été déclaré coupable ». D'ailleurs, la jurisprudence européenne tend à confirmer cette approche. A cet égard, on rappelle que l'article 5, alinéa 1er, de la Convention européenne de sauvegarde des droits de l'homme prévoit que « toute homme a droit à la liberté et à la sûreté ». Par cette disposition il s'agit essentiellement de « protéger la liberté physique des personnes contre toute arrestation ou détention arbitraire ou abusive : nul ne peut être arbitrairement dépouillé de sa liberté ».*" Em tradução livre nossa: "É com a Constituição do 5º Fructidor ano III que ocorre uma mudança gradual no significado do termo "segurança". A partir deste período e ao longo do século XIX, a segurança será agora entendida como "a do Estado". É apresentado como "um elemento da ordem pública", como um "fator de conservação da sociedade política como tal". Embora a Constituição de 27 de outubro de 1946, e particularmente seu preâmbulo, nunca use o termo "segurança", certas disposições deixam pairar dúvida. Assim, a segurança recebe uma nova dimensão: a garantia contra os riscos de existência (o direito ao emprego referido no parágrafo preambular 5, a proteção da saúde, a segurança física, descanso e recreação do parágrafo 11 do mesmo preâmbulo). Tanto é assim que alguns foram capazes

garantia dos demais direitos humanos, afasta o discurso de contraposição de qualquer dos demais direitos da pessoa ao direito à segurança pública e vice-versa, contornando a inconveniência destes discursos, fomentadores até mesmo do denominado "Estado Penal"[391].

Tal enfoque afasta, ademais, o fomento do medo e da sensação de insegurança da população, nas atuais sociedades de risco pós-modernas, como

de falar sobre isso como um conceito "genérico". No entanto, para resolver essa dificuldade de definição, parece que o Conselho Constitucional tende a usar outros padrões de referência mais precisos e concretos. Além disso, apesar de uma fração da doutrina que dá à noção de segurança um significado mais amplo, as abordagens contemporâneas preferem manter um conceito reduzido de "segurança". A segurança seria então uma espécie de tradução francesa do princípio do habeas corpus que se referiria à liberdade de movimento e à garantia do indivíduo de não ser arbitrariamente preso e detido. De fato, segundo o professor Jacques ROBERT, "a noção de segurança se torna mais clara na leitura dos artigos 7, 8 e 9 (da Declaração dos Direitos do Homem e do Cidadão) que especificam, primeiro, que a acusação, a prisão ou detenção de um indivíduo só pode ocorrer nos casos determinados pela lei e de acordo com as formas prescritas, segundo, que qualquer punição pode ser infligida apenas em virtude de uma lei anterior que fixa as penas estrita e obviamente necessárias, terceiro, que todo homem é presumido inocente até que seja condenado". Além disso, a jurisprudência europeia tende a confirmar essa abordagem. A esse respeito, recorde-se que o artigo 5, parágrafo 1, da Convenção Europeia para a Proteção dos Direitos Humanos estabelece que "todo homem tem direito à liberdade e segurança". O objetivo desta disposição é essencialmente "proteger a liberdade física das pessoas contra prisões ou detenções arbitrárias ou abusivas; ninguém será arbitrariamente privado de sua liberdade".

391 Em reforço à nossa tese da segurança pública como garantia de direitos, cito a lição de MARTINEZ (2012, pp. 116 - 117): "A insegurança pública decorre da insegurança jurídica gerada pela impunidade e prescrição privilegiada do direito: "aos amigos, tudo; aos inimigos, a lei". Em todo caso, norma cogente, em poucas palavras, é a norma que garante a segurança dos seus destinatários - a exemplo dos salários, para o trabalhador e os alimentos, no direito civil. Para o senso comum, interligando as coisas, pensa-se que a norma cogente da estabilidade social é a segurança. Se a norma cogente garante a segurança, para a insegurança, a norma cogente precisa de ainda mais segurança. [...] Os potenciais inimigos do Estado no Brasil, no passado, foram: escravos fugidos, capoeiras, abolicionistas, republicanos e os seguidores do tenentismo; depois, os trabalhadores organizados, os favelados, os infiéis ao capital, os comunistas. Hoje, são os éticos, os democratas, os socialistas e os de sempre: os marginalizados. Na ditadura de 64, basicamente, os pobres. O que leva a pensar que os sistemas de segurança primeiro forjam seus "inimigos", para depois se legitimarem com a edição da legislação opressiva. [...] Como vimos, a violência social pode ser enfrentada de duas formas básicas: a) inserção no mundo da vida, elevando-se o Humano à referência objetiva das condições de produção; b) repressão social e criminalização. Temos visto crescer a segunda aposta. [...] no Estado Penal, o desalento

alimentos para a edição de legislação de emergência que suprime direitos, restringe ou retira ainda mais a liberdade das pessoas e hipertrofia o controle e a interferência estatal, levando em última análise a regimes de poder totalitários, à banalização dos regimes de exceção, ao governo por decretos de lei e da ordem[392]: normas que, na prática, suspendem a aplicação de uma norma para conservá-la, valendo a partir de então a norma de exceção, que na prática não deixa de ser uma violência conservadora[393].

A segurança pública, vista com este enfoque, impulsiona a eficácia social pela legitimação de seus fins e meios, levando à colaboração e ao cumpri-

social e a forte repressão a direitos fundamentais forma a dupla face do moderno terrorismo social: o Estado ressurge como efeito econômico propagado pela segurança jurídica aplicada aos direitos do capital e, com isso, os direitos sociais de inclusão sem efetividade caminham em paralelo à generalização da violência. Por ação ou omissão pública do Estado, os direitos sociais são vilipendiados, relegados ao segundo plano ou simplesmente descartados, como vemos em periferias ou grandes favelas. O Estado não patrocina ativamente os direitos sociais, e o pior é que há suporte jurídico para isso ("reserva do possível"). O Estado pouco faz para erradicar a miséria social e a desigualdade regional. Neste sentido, as políticas econômicas implementadas, regularmente, apresentam o efeito do vínculo político assistencialista, estabelecendo a troca de favores e de votos em claro clientelismo político. É evidente, portanto, que o terrorismo social acirra a violência social e tem implicação direta na (in)segurança social. [...] Assim, o terrorismo social corresponde à função "policial" do Estado, em defesa da propriedade e seus beneficiários. No Estado Penal, as políticas públicas ou são minadas ou são oferecidas sem nenhuma qualidade significativa."

392 ELBERT (2012, pp. 257 - 258), exemplifica com o totalitarismo do regime nazista alemão de Hitler, que suspendeu liberdades pessoais da Constituição de Weimar por um decreto de 1933 para a proteção do povo e do Estado, instalando regime de exceção que durou doze anos, e aponta para o crescente direito penal de emergência nas sociedades de risco pós-modernas, com resultados sempre catastróficos: "*En el momento actual, parece haberse impuesto ampliamente el sistema de las legislaciones de emergencia y de los estados de excepción, como respuesta generalizada a la realidad de las llamadas "sociedades de riesgo". [...] El estado de excepción vuelve a ser justificado una y otra vez en contextos democráticos, con resultados siempre catastróficos, que parecieran ser olvidados con ligereza y que llevan a pensar, como sostienen muchos autores, que el estado de excepción se ha constituido ya en* un sistema legitimado y habitual de las democracias posmodernas." (grifo do autor). Em tradução livre nossa: "Atualmente, o sistema de leis e estados de emergência parece ter sido amplamente imposto, como uma resposta generalizada à realidade das chamadas "sociedades de risco". [...] O estado de exceção é justificado repetidamente em contextos democráticos, com resultados sempre catastróficos, que parecem esquecidos rapidamente e que nos levam a pensar, como muitos autores sustentam, que o estado de exceção já se constituiu em um sistema legítimo e habitual de democracias pós-modernas".

393 Neste ponto, vale a lição de AGAMBEN (2004, p. 63): "O estado de exceção é, nesse sentido,

mento voluntário de normas e regras, de forma a resgatar a solidariedade social, o objetivo do bem-estar geral e o exercício da cidadania, com respeito à dignidade das pessoas.

Igualmente, a segurança pública deve ser entendida como a garantia do uso da força a serviço do direito, ou melhor, da proteção dos direitos humanos, impondo a proporcionalidade na razão de meios e fins para que a coercibilidade, a coação pela sanção prevista e aplicada seja a adequada, necessária e graduada para a exata proteção a que se destina[394]. Assim se resolvem as violações de direitos (especialmente pela violência em geral), pelo Direito, que integra a pauta ética, mas se diferencia das regras da moral pela sua coercibilidade.

Pode-se concluir que a segurança pública, como garantia de direitos, também é a proteção contra o uso desviado, arbitrário ou abusivo da própria força a serviço do Direito, trazendo o elemento justiça, que integra a análise ética, como pressuposto para que, de fato, haja efetividade deste direito à segurança de direitos[395].

a abertura de um espaço em que aplicação e norma mostram sua separação e em que uma pura força de lei realiza (isto é, aplica desaplicando) uma norma cuja aplicação foi suspensa. Desse modo, a união impossível entre norma e realidade, e a consequente constituição do âmbito da norma, é operada sob a forma da exceção, isto é, pelo pressuposto de sua relação. Isso significa que, para aplicar uma norma, é necessário, em última análise, suspender sua aplicação, produzir uma exceção. Em todos os casos, o estado de exceção marca um patamar onde lógica e práxis se indeterminam e onde uma pura violência sem logos pretende realizar um enunciado sem nenhuma referência real."

394 Na lição de LIMA (1974, Introdução) expunha que: "O direito não resulta da força, como pretendia Hegel em sua famosa definição ***Recht ist Macht.*** Pelo contrário, o direito é a redenção da força. Ele não anula a força, nem é muito menos um produto dela. Ele a redime da violência, colocando a força sob seu domínio e a seu serviço. É nesse sentido que a ***coação*** é um elemento essencial do direito, quando este passa de sua formulação abstrata, como justiça, para sua norma concreta e aplicada, como lei. É nesse sentido que um Estado de Direito ê substancialmente superior a um Estado de Fato, isto ê, de autoridade arbitrária. Onde falha a justiça e as leis não enquadram, nem autoridade nem a liberdade, o resultado é o domínio dos fortes sobre os fracos e a opressão dos ricos contra os pobres, segundo o quadro dramático e verídico dos nossos tempos [...]" (grifos do autor).

395 Oportuna, neste ponto, a lição de LIMA (1974, p. 137), ao comentar a Declaração Universal dos Direitos Humanos: "Segurança, longe de ser um conceito **estático,** é um conceito **dinâmico.** Não se trata da defesa de uma situação de fato, geralmente injusta e portanto insegura, mas da conquista de uma situação **de direito** com a garantia de um padrão de vida equitativo e analógico para toda a população. A supressão das barreiras iníquas que hoje separam as cha-

Neste ponto, a segurança pública, para cumprir a sua missão de garantidora dos demais direitos humanos e fundamentais, deve se voltar para a garantia do direito à paz[396], mas não de uma paz injusta, forçada e coagida,

madas **classes superiores** das chamadas **classes inferiores** da sociedade, entre nós como por toda parte, é que deve constituir o verdadeiro esforço pela segurança nacional. Não se trata de defender privilégios hereditários e tradicionais, nem mesmo de manter imobilizado o **status quo,** do chamado "Estabelecimento", mas de garantir a todos os níveis da população, não uma igualdade matemática, mas uma equivalência analógica na satisfação das necessidades fundamentais de uma condição humana normal, que constitui precisamente um padrão de vida justo e racionalmente distribuído. O único combate eficaz ao terrorismo está em garantir esse direito a um padrão de vida **seguro** a todas as camadas da população, acabando com os desníveis monstruosos que hoje tornam precária toda ordem social. E levam de um lado ao arbítrio dos que já gozam de um alto padrão de vida e de outro à insurreição patente, ou latente, dos que não o desfrutam para si mas o vêem desfrutado, até o excesso, pelas minorias privilegiadas. Enquanto esse problema não for atacado de frente, com a meta de satisfazer o direito geral a um padrão de vida elevado, isto é, satisfazendo as necessidades básicas de toda a população, a insegurança será a norma dos regimes vigentes, seja qual for o regime drástico de segurança imposta ou o apelo inócuo a uma segurança nominal." (grifos do autor).

396 A paz, no Dicionário AULETE Digital, é apontada como: "sf. 1. Situação de concórdia e tranquilidade. 2. Superação da violência e dos conflitos: "No céu redondo os anjos seguravam a ponta das nuvens - foi assim que ele teve ideia de paz inofensiva" (Clarice Lispector, *A maçã no escuro*)) [Antôn.: guerra, conflito] 3. Situação de países que não estão em guerra. 4. Psi. Individualmente, harmonia interior, conciliação; CALMA 5. Pol. Cessação de hostilidades entre nações, acordo, restabelecimento de relações amigáveis; ARMISTÍCIO 6. Circunstância de repouso e silêncio; QUIETUDE; SOSSEGO: No campo, encontrou condições de paz [F.: Do lat. *pax, pacis*. Hom./Par.: *pás* (pl. de *pá*). Ideia de 'paz': *pac(i)-* (*pacificar, pacifismo*) .]". Este é o sentido positivo do direito à paz, como garantia deste valor de concórdia, tranquilidade, calma, conciliação etc., que BOBBIO (1998, p. 157) aponta como: "*En un discurso general sobre la paz, los problemas por tratar son esencialmente dos: la definición (de la paz) y la valoración. En su significado descriptivo, en efecto, por «paz» se entiende un estado de cosas del que se trata de establecer las fronteras (extensión), y, en el ámbito de estas fronteras, las connotaciones (intención), de cumplir, en fin, la operación que se llama precisamente «definición». Pero el término «paz» tiene también un fuerte significado emotivo, por cuanto quien usa la palabra generalmente expresa o proclama un valor, es decir algo altamente deseable y recomendable, cuya naturaleza se procura ilustrar, lo mismo que su intensidad y relación con otros valores, de dar, en suma, una valoración.*" Em tradução livre nossa: "Em um discurso geral sobre paz, os problemas a serem abordados são essencialmente dois: a definição (de paz) e valoração. Em seu significado descritivo, com efeito, "paz" significa um estado de coisas que consiste em estabelecer fronteiras (extensão) e, dentro do escopo dessas fronteiras, as conotações (intenção) de cumprir, em suma, a operação que se chama precisamente "definição". Mas o termo "paz" também tem um forte significado emocional, porque quem usa a palavra geralmente expressa ou proclama um valor, isto é, algo altamente desejável e

sem legitimidade, ou uma situação inefetiva, de mera aparência ou hipocrisia, e sim de uma paz legítima quanto aos meios pelos quais é alcançada e justa em relação aos fins que a determinam, pois a paz é o direito universal das vítimas, conforme será exposto a seguir.

recomendável, cuja natureza se procura ilustrar, bem como sua intensidade e relação com outros valores, para dar, em suma, uma valoração."

Todavia, ele também explica a definição negativa de paz: "*En otras palabras: mientras «guerra» se define positivamente con la lista de connotaciones que la caracterizan, «paz» se define negativamente como ausencia de guerra, o más brevemente como no-guerra. Se dice que de los dos términos en cuestión, el primero es el término fuerte y el segundo el débil.*" (Ibidem, pp. 159-160). Em tradução livre nossa: "Em outras palavras: enquanto "guerra" é definida positivamente com a lista de conotações que a caracterizam, "paz" é definida negativamente como ausência de guerra, ou mais brevemente como não-guerra. Diz-se que dos dois termos em questão, o primeiro é o termo forte e o segundo o termo fraco."

13

A Superação do Princípio da Segurança Pública e a Efetividade do Direito à Paz

O Princípio da Segurança Pública se verifica em razão de as normas de direitos fundamentais, que veiculam valores, constituírem uma "determinação de otimização", no sentido de diretriz da ação estatal para atendê-lo ao máximo do que for possível fática e juridicamente. Em caso de conflito entre princípios, prepondera aquele que no caso concreto tem maior peso ou importância, não se tratando da regra do tudo-ou-nada, do caso de conflito entre normas do tipo regras, que preveem sanção específica para a hipótese de descumprimento de seu conteúdo permissivo, proibitivo ou mandamental[397].

Como princípio, é inegável a sua grande importância no que tange à hermenêutica constitucional, para a correta aplicação do Direito e como

[397] Explica GUERRA FILHO e CANTARINI (2017) que: "As regras trazem a descrição de dada situação, formada por um fato ou uma espécie (a *fattispecie* a que se referem os italianos) deles, enquanto nos princípios há uma referência direta a valores. Daí se dizer que as regras se fundamentam nos princípios, os quais não fundamentariam diretamente nenhuma ação, dependendo para isso da intermediação de uma (ou mais) regra(s) concretizadora(s). Princípios, portanto, têm um grau incomensuravelmente mais alto de generalidade (referente à classe de indivíduos à que a norma se aplica) e abstração (referente à espécie de fato a que a norma se aplica) do que a mais geral e abstrata das regras. Por isso, também, poder-se dizer com maior facilidade, diante de um acontecimento, ao qual uma regra se reporta, se essa

fundamento jurídico, para se exigir a ação conforme, dada a força normativa da constituição e o caráter de norma jurídica dos princípios.

Entretanto, segurança pública é direito de todos, interdependente e indissociável do direito à segurança individual e do direito à segurança social, que integram as várias dimensões do direito à segurança[398]. Pode-se falar, assim, em direitos de segurança, que compõem uma pauta de seguridade, de asseguramento da pessoa humana, de proteção para uma vida plena e digna.

regra foi observada ou se foi infringida, e, nesse caso, como se poderia ter evitado sua violação. Já os princípios trazem ínsitas "determinações de otimização" (*Optimierungsgebote*, na consagrada expressão de Robert Alexy),[12] isto é, um mandamento de que sejam cumpridos na medida das possibilidades, fáticas e jurídicas, que se oferecem concretamente - o que já nos remete, de imediato, ao princípio da proporcionalidade, por ele ser a própria expressão deste mandamento e contemplar tal ideia de gradação no cumprimento de um princípio, aí incluindo-se o próprio princípio da proporcionalidade, que também não se pode acatar em termos definitivos, de "tudo ou nada", como as regras. Essa circunstância já esclarece não poder ele, por hipótese alguma, ser considerado uma regra, de acordo com o que nos parece uma "boutade" que, infelizmente, se produziu como proposta séria entre nós, gerando, inclusive, significativas adesões – mais adiante e novamente ao final retomaremos este ponto. E ainda, enquanto o conflito de regras resulta em uma antinomia, a ser resolvida pela perda de validade de uma das regras em conflito, ainda que em um determinado caso concreto, deixando-se de cumpri-la para cumprir a outra, que se entende ser a correta, as colisões entre princípios resultam apenas em que se privilegie o acatamento de um, sem que isso implique no desrespeito completo do outro. Já na hipótese de choque entre regra e princípio, é evidente que o princípio deva prevalecer, embora aí, na verdade, ele prevalece, em determinada situação concreta, sobre o princípio em que a regra se baseia - a rigor, portanto, não há colisão direta entre regra(s) e princípio(s). O traço distintivo entre regras e princípios, por último referido, aponta para uma característica desses, já mencionada, que é de se destacar: sua relatividade. Não há princípio do qual se possa pretender seja acatado de forma absoluta, em toda e qualquer hipótese, pois uma tal obediência unilateral e irrestrita a uma determinada pauta valorativa - digamos, individual - termina por infringir uma outra - por exemplo, coletiva. Daí se dizer que há uma necessidade lógica e, até, axiológica, de se postular um "princípio de relatividade" (*Verhältnismässigkeitsprinzip*), que é o princípio da proporcionalidade, para que se possa respeitar normas, como os princípios, tendentes a colidir, quando se opera concretamente com o Direito."

[398] Na lição de SAYEG e BALERA (2019, p. 176): "Os Direitos Humanos são concretos e não se interpretam, mas se concretizam – isto é, executam-se diante das realidades com o fim específico de consecução objetiva e tangível do Direito da Dignidade da Pessoa Humana. Violar a Dignidade Humana é colocar o Homem em situação desumana, ou seja, naquilo que avilta a sua condição existencial biocultural".

Em que pese a importância do Princípio da Segurança Pública, é necessário superá-lo, não no sentido de retirá-lo do Ordenamento Jurídico, mas no sentido de ir além, diante da natureza concreta de direito de todos à segurança pública. Trata-se de direito humano, que encerra o vínculo jurídico e o dever de se lutar pela sua concretização, pois confere aos seus titulares a exigibilidade e oponibilidade geral, nas relações das pessoas com o Estado e também nas relações horizontais, entre particulares. É nesta dimensão, incorporado ao patrimônio jurídico de cada pessoa e, por consequência, do povo, que a efetividade do direito à segurança pública será alcançada.

Contudo, a concretização do direito humano à segurança pública, dever do Estado e responsabilidade de todos não se dá de forma isolada, pois os direitos humanos complementam-se, dependem uns dos outros, não podem ser dissociados[399]. Por isso é importante que, além dos titulares individuais, também os co-legitimados à tutela de direitos difusos, coletivos e individuais homogêneos atuem para a sua efetivação, valendo-se, sempre que necessário, de todos os mecanismos jurídicos existentes para tanto.

O direito humano de todos à segurança pública permite exigir ações integradas de diversas áreas do Estado por seus vários órgãos, conjugando serviços públicos e atuações público-privadas, planejamento estratégico, dotação orçamentária e a busca de fontes de recursos e soluções que efetivem a segurança pública.

A efetividade dos direitos humanos, fundamentados na dignidade da pessoa humana e cuja plataforma de garantia é o direito à segurança, é um caminho imprescindível para a concretização do direito à paz das pessoas, dos povos e dos Estados, para que haja a paz perpétua mundial[400]. Para a

[399] Novamente na lição de SAYEG e BALERA (2019, pp. 177 - 178): "Os Direitos Humanos, como direitos subjetivos naturais, estão revestidos de pretensão garantida pela ordem jurídica, sendo concretizáveis. Tal pretensão consiste na espontânea e objetiva atribuição da Dignidade da Pessoa Humana e Planetária. Os Direitos Humanos não são somente ideais ou valores, e muito menos princípios programáticos destituídos de qualquer normatividade. [...] Integrados à essência humana, tais Direitos são consubstanciais e existem como feixe indissociável e interdependente dotado de inquebrantável universalidade jurídica, constitutivos de única singularidade. Concretizáveis na singularidade quântica, não se recortam ou segregam de sua universalidade jurídica, sendo executáveis em conjunto sob pena de inadmissível ruptura – a exclusão de qualquer de seus elementos ou dimensões desarranjaria todo o conjunto."

[400] Ensinam SAYEG e BALERA (2019, p. 178) que: "A Dignidade manifesta-se na consubstan-

sua concretização, o direito à segurança pública se revela imprescindível, pois ele é a plataforma dos demais direitos humanos, sem a qual ninguém é de fato livre em sociedade e se desenvolve em sua plenitude e dignidade, sendo a segurança tão importante, que é a base buscada pela pessoa até mesmo para a realização de suas necessidades fisiológicas.

A superação do Princípio da Segurança Pública, neste viés, também permite dar efetividade ao direito individual à paz, potencializando o seu exercício e concretização.

13.1 A efetividade do direito individual à paz

Interpretada como direito das vítimas, a paz incorporada ao patrimônio individual de todas as pessoas, constitui fundamento suficiente para o exercício deste direito em face de quem viole ou ameace de violação os direitos alheios, sendo desnecessário se adentrar o mérito da equivalência de bens jurídicos tutelados entre a vida, liberdade, integridade física e patrimônio do ofensor, pois a paz é direito universal e fundamental para o pleno exercício dos direitos humanos. Em face da violência contra a pessoa, a força do Direito age em sentido contrário, para harmonizar a situação e efetivar o direito à paz. É esta a paz como tarefa do Direito, em seu nível individual.

A ação estatal, após o mal causado, não se presta sempre a proteger determinado bem jurídico penalmente tutelado e que foi ofendido, no sentido de garantir o bem que foi perdido e não será recuperado. Por exemplo, o patrimônio da vítima não foi recuperado; ou a integridade física atacada de forma irreparável permanece violada; ou a vida ceifada não pode ser reposta. Em qualquer hipótese, a ação estatal se justifica, porém, não somente pelos fins de prevenção (especial e geral), repressão e ressocialização do ofensor, mas sobretudo para a promoção das múltiplas dimensões do direito à paz, este que é o direito universal das vítimas.

cialidade das dimensões primarias de liberdade, igualdade e fraternidade, emergindo objetivamente como singularidade em face do Homem e de todos os Homens. Sem liberdade haverá tirania da igualdade. Sem igualdade, a tirania da liberdade. E, sem fraternidade, liberdade e igualdade são incompatíveis. De fato, a conquista da paz perpétua só será possível quando todos os Homens estabelecerem entre si relações concretas que envolvam o cumprimento recíproco dos Direitos Humanos no Planeta [...]".

Para ilustrar esta afirmação, propõe-se o esquema abaixo, em que a Força do Direito é exercida por meio legítimo, de forma proporcional e para fins justos:

Figura 6 - O justo equilíbrio da paz.
Fonte: Elaborada pelo autor.

Neste sentido, os agentes públicos, sejam eles policiais ou membros do Ministério Público, encarregados de fiscalização ou outros com a incumbência de dar concretude aos direitos fundamentais, agem e devem agir, em verdade, como verdadeiros defensores da paz[401].

[401] Neste sentido, KELSEN (1944, p. 3) explicava que: "*Peace is a state characterized by the absence of force. Within an organized society, however, absolute absence of force- the idea of anarchism--is not possible. The employment of force in the relationship between individuals is prevented by being reserved for the community. To guarantee peace the social order does not exclude all kinds of coercitive acts; it authorizes certain individuals to perform such acts under certain conditions. The employment of force, in general forbidden as a delict, is exceptionally permitted as a reaction against the delict, that is, as a sanction. The individual who, authorized by the social order, performs coercitive acts against other individual acts as an organ of the social order or-what amounts to the same-as an agent of the community constitued by that order. Only the individual through whom the community acts, only the organ of the community, is competent to perform a coercitive act as a sanction directed against the violator of the order, the delinquent. Thus the social order makes the use of force a monopoly of the community and by so doing pacifies the mutual relations of its members. It is the essential characteristic of the law as a coercitive order to establish a community monopoly of force.*" Em tradução livre nossa: "A paz é um estado caracterizado pela ausência de força. Dentro de uma sociedade organizada, no entanto, a absoluta ausência de força - a ideia de anarquismo - não é possível. O emprego da força no relacionamento entre os indivíduos é impedido por ser reservado à comunidade. Para garantir a paz, a ordem social não exclui todos os tipos de atos coercitivos; ele autoriza certos indivíduos a realizar tais atos sob certas condições. O emprego da força, geralmente proibido como delito, é excepcionalmente permitido como reação ao delito, ou seja, como sanção. O indivíduo que, autorizado pela ordem social, realiza atos coercitivos contra outros atos individuais como um órgão da ordem social ou - o que equivale - como um agente da comunidade constituído por essa ordem. Somente o indivíduo através do qual a comunidade atua, apenas o órgão da comunidade, é competente para realizar um ato coercitivo como

E este fenômeno de ofensa ao direito à paz individual das vítimas, que perturba a paz social, é sentido instintivamente pelas vítimas, seus familiares, amigos e comunidades, que clamam não somente por uma ação estatal que combata a impunidade (justiça retributiva), mas sobretudo por paz. Buscam a concretização do direito à paz, que a violação criminosa perturba, ofendendo a ordem necessária para a organização da vida individual e coletiva nas relações entre seres humanos em que é possível a realização das pessoas. Para exemplificar:

Figura 7 – Clamor pela paz 1.
Fonte: Giro de Notícias. População protesta por morte de comerciante e carregam cartazes durante enterro pedindo paz em Itabela.

Figura 8 – Clamor pela paz 2.
Fonte: FN - Forte na Notícia. Centenas de pessoas participam da 'Caminhada da Paz' em Cruz das Almas.

A proteção da ordem pública, nesta perspectiva, não é o apego a normas ou à manutenção do *status quo*, pois ela se justifica pelo direito de todos à segurança pública, sem a qual não é possível a efetividade do direito à paz. Assim, proteger a ordem pública significa a proteção de parcela da ordenação necessária à paz. A violação dos direitos fundamentais perturba a paz das vítimas e, quando não diretamente, ofende de forma reflexa a paz social.

uma sanção dirigida contra o violador da ordem, o delinquente. Assim, a ordem social faz do uso da força um monopólio da comunidade e, ao fazê-lo, pacifica as relações mútuas de seus membros. É a característica essencial da lei, como uma ordem coercitiva, estabelecer um monopólio comunitário da força."

A violência ilegítima em sentido contrário, exercida diretamente pelos ofendidos sem amparo legal, ou nas mesmas condições por outrem sem autoridade para tanto, revela-se indesejável para que não se instaure um caos que impeça a vida social. Assim, a alternativa à vingança privada é a força estatal no exato limite para restabelecer a paz. Já a intervenção estatal legítima é exercida pelo monopólio da força, para o fim justo de restabelecer a paz, viés em que, axiologicamente, promove-se um valor de conteúdo positivo.

Neste sentido, os instrumentos jurídicos que permitem a concretização do direito à segurança pública, permitem igualmente, para a promoção desta e para a defesa das vítimas, a invocação, isolada, do direito à paz, em suas múltiplas dimensões. Esta possibilidade propicia atingir fins justos (de proteção direta e indireta aos direitos humanos, aos bens juridicamente tutelados) por meios legítimos (previstos no Ordenamento Jurídico), podendo-se controlar o abuso e desvio de finalidade, bem como o excesso ou insuficiência na escolha dos meios e em sua aplicação concreta.

É esta a forma de se dar concretude ao direito à paz, no plano do direito interno, não como ente jurídico abstrato, mas como direito concretizável.

Aliás, um dos motivos primordiais da existência da própria Organização das Nações Unidas é a defesa do direito à paz, especialmente em sua dimensão coletiva máxima, que é a paz mundial, entre os Estados e povos. Nas declarações de direitos, corretamente interpretadas as normas, verifica-se a presença da defesa da paz individual, não somente pela previsão dos demais direitos humanos, todos eles, sempre com a restrição de se proteger a ordem e saúde pública, mas sobretudo pela restrição a estes direitos para que sejam respeitados os direitos das demais pessoas e pela própria dignidade da pessoa humana, que é a pedra fundamental, sobre a qual se erige todo o arcabouço de proteção a direitos humanos, e a qual sempre é ofendida quando presente a violência direta, estrutural ou cultural. Frise-se mais uma vez que, conforme se apontou aqui, a formação dos Estados se justifica pela necessidade de monopólio da força para garantir a paz na relação entre os indivíduos na comunidade[402].

A invocação do direito à paz como fundamento para a defesa das vítimas implica, por exemplo, deferir-se provimento jurisdicional cautelar ou

[402] Neste sentido, KELSEN (1944, p. 4) lecionava que: "*When the exercise of this monopoly is centralized, when the right of employing force as a sanction is withdrawn from the injured individuals*

definitivo, que impeça que uma pessoa tolha a paz de outra, como no caso de afastamento cautelar, a proibição de contato e aproximação de ofensor ou perseguidor em relação à vítima. Ele traz, destarte, a perspectiva do abuso, desvio e excesso como ações que não se coadunam com o necessário, adequado e proporcional para o restabelecimento da paz e da ordem[403].

Neste passo, se a paz é um direito e se constitui como prescrição de sobrenível à própria ordenação jurídica, cujo fundamento repousa na paz social que permita a convivência humana, ela deve ser concretizada. Para tanto, suas dimensões devem ter a aptidão de, na condição de direito, serem objeto de efetivação, mediante a força do Direito, por Instituições e pela promoção da Justiça.

Por meio da concretização em análise, é possível que as vítimas exerçam o seu direito à segurança pública, sem a necessidade de se discutir

and transferred to a central agency, when a centralized executive power comes into existence, the legal community becomes a State. The modern State is the most percept type of a social order establishing a community monopoly of force. Its perfection is due to the centralization of the employment of force (which must not be confused with its monopolization). Within the State, pacification of inter-individual relations--that is, national peace-is attained in the highest possible degree. Except under certain extraordinary circumstances, such as revolution or civil war, the employment of force is effectively eliminated from relations between citizens and reserved for central agencies, as governments and courts that are authorized to use force as sanctions against illegal acts." Em tradução livre nossa: "Quando o exercício desse monopólio é centralizado, quando o direito de empregar a força como uma sanção é retirado dos indivíduos que sofreram lesão e transferido para uma agência central, quando um poder executivo centralizado existe, a comunidade jurídica se torna um Estado. O Estado moderno é o tipo mais perceptivo de uma ordem social que estabelece o monopólio comunitário da força. Sua perfeição se deve à centralização do emprego da força (que não deve ser confundida com sua monopolização). Dentro do Estado, a pacificação das relações interindividuais - isto é, a paz nacional - é alcançada no mais alto grau possível. Exceto sob certas circunstâncias extraordinárias, como revolução ou guerra civil, o emprego da força é efetivamente eliminado das relações entre os cidadãos e reservado às agências centrais, como governos e tribunais autorizados a usar a força como sanções contra atos ilegais."

[403] Neste sentido, previsões de medidas protetivas de urgência (por exemplo de proibição de aproximação e contato), como na Lei n. 11.340/2006, podem e devem ser aplicadas para a proteção da paz das vítimas. Para se evitar a perseguição ou *stalking* contra a pessoa, o direito à paz é oponível. Sobre o tema, conferir, por exemplo, notícia acerca de decisão judicial em processo sigiloso, no qual o magistrado julgador proibiu aproximação de ex-namorado pois a mulher tem o direito de ser deixada em paz, disponível em https://www.migalhas.com.br/Quentes/17,MI310072,81042-Mulher+tem+o+direito+de+ser+deixada+em+paz+diz+juiz+ao+proibir. Acesso em 15/Set./2019.

se a segurança pública é direito subjetivo, pois o fundamento do pedido será o direito à paz.

Aliás, como titulares do direito à paz individual, que requer uma segurança pública efetiva capaz de garantir direitos humanos, também é possível que as pessoas exijam a possibilidade de participarem da política de segurança de forma ativa, e não como meras recebedoras na condição de súditas.

Neste sentido, a segurança pública exigida em nome da paz potencializa-se para auxiliar a realização do princípio democrático[404] e do bem comum[405].

13.2 O direito à paz: a paz é o objeto da segurança pública e seu limite

O direito à paz, assim como a dignidade da pessoa humana, configura a base dos direitos humanos[406]. No estado de natureza, de caos, há a violên-

[404] AFONSO DA SILVA (2011) expõe que: "A Democracia que o Estado Democrático de Direito realiza há de ser um processo de convivência social numa sociedade livre, justa e solidária (art. 3.º, I), em que o poder emana do povo, deve ser exercido em proveito do povo, diretamente ou por seus representantes eleitos (art. 1.º parágrafo único); participativa, porque envolve a participação crescente do povo no processo decisório e na formação dos atos de governo; pluralista, porque respeita a pluralidade de ideias, culturas e etnias e pressupõe, assim, o diálogo entre opiniões e pensamentos divergentes e a possibilidade de convivência de formas de organização e interesses diferentes na sociedade; há de ser um processo de liberação da pessoa humana das formas de opressão, que não depende apenas do reconhecimento formal de certos direitos individuais, políticos e sociais, mas, especialmente, da vigência de condições econômicas suscetíveis de favorecer o seu pleno exercício."

[405] Para MARITAIN (1967, p. 43), o fim de toda sociedade humana é "certa obra a realizar em comum."

[406] Neste sentido, conforme BOBBIO (2204, p. 223): "O reconhecimento e a proteção dos direitos do homem são a base das constituições democráticas, e, ao mesmo tempo, a paz é o pressuposto necessário para a proteção efetiva dos direitos do homem em cada Estado e no sistema internacional."
Em artigo dedicado ao tema, ESPIELL (2006, p. 61), expõe que: "*Todo esto nos lleva a la afirmación preambular de esta clase: paz y derechos humanos son conceptos ineludiblemente ligados. No puede haber respeto de los derechos humanos sin paz y no puede haber paz sin respeto de los derechos humanos. Hay una doble relación entre ambos conceptos, entre los conceptos de paz y derechos humanos. La guerra es la más monstruosa violación de los derechos humanos. Y, a la inversa, la paz es el presupuesto necesario, pero no suficiente, para el respeto de los derechos del hombre.*" Em tradução livre nossa: "Tudo isso nos leva à afirmação preambular dessa classe: paz e direitos humanos são conceitos inevitavelmente ligados. Não pode haver respeito pelos direitos humanos sem paz e não pode haver paz sem respeito pelos direitos humanos. Há uma dupla relação entre os dois conceitos, entre os conceitos de paz

cia pura, incondicionada quanto às formas de seu exercício, quanto a quem a exerce e os fins por meio dela desejados. A violência pura não é direcionada por valores pautados numa consciência ética coletiva[407].

O direito à paz pauta o desenvolvimento da humanidade em sua plenitude, com justiça. A vida em sociedade não se realiza como uma vida com direitos assegurados se não há a necessária garantia de direitos em uma ordem clara e justa, na qual se busca possibilitar a convivência harmônica em sociedade e, por meio dela, a realização do ser humano[408]. Esta garantia de paz deve ser dada pela força ou poder que exerce o monopólio da força ou coação legítima (atualmente o ente denomina-se Estado), tendo em vista que o monopólio foi instituído e perdura[409].

Neste sentido, a coação estatal ou com a autorização do Estado (denominada sanção, coerção, poder, força, defesa, legítima defesa, estado de necessidade, direito de resistência legítima, resposta, cumprimento do dever ou qualquer outro nome que a ela for dado) passa a ser analisada pela legitimação quanto aos seus meios e quem a exerce (limitação quanto aos meios legítimos, previstos no Ordenamento Jurídico e

e direitos humanos. A guerra é a violação mais monstruosa dos direitos humanos. E, inversamente, a paz é o orçamento necessário, mas não suficiente, para o respeito aos direitos humanos."

407 Esta expressão é utilizada por COMPARATO (2017, p. 80), para quem "a consciência ética coletiva, como foi várias vezes assinalado aqui, amplia-se e aprofunda-se com o envolver da História. A exigência de condições sociais aptas a propiciar a realização de todas as virtualidades do ser humano é, assim, intensificada no tempo, e traduz-se, necessariamente, pela formulação de novos direitos humanos."

408 MARQUES (2010, p. 42), em sua tese de doutorado dedicada ao tema da paz como direito, assevera que: "Aspiração coletiva de vários séculos, a paz é a essência de todas as justificações em que a razão humana, sob o manto da lei e da justiça, fundamenta o ato de reger a sociedade, de modo a punir o terrorista, julgar o criminoso de guerra, encarcerar o torturador, manter invioláveis as bases do pacto social, estabelecer e conservar, por intangíveis, as regras, princípio e cláusulas da comunhão política."

409 O monopólio da força estatal veio a substituir a vingança privada. Ensina BENJAMIN (2013, p. 127) que "o direito considera a violência nas mãos dos indivíduos um perigo capaz de solapar a ordenação do direito. [...] o interesse do direito em monopolizar a violência com relação aos indivíduos não se explicaria pela intenção de garantir os fins do direito mas, isso sim, pela intenção de garantir o próprio direito; de que a violência, quando não se encontra nas mãos do direito estabelecido, qualquer que seja este, o ameaça perigosamente, não em razão dos fins que ela quer alcançar, mas por sua mera existência fora do direito."

autoridade investida para tanto)[410], sem prejuízo de se poder discutir a justiça da violência quanto aos seus fins (fins justos).

Em nossa visão, a legitimidade e a justiça, inclusive em seu viés de proporcionalidade, integram o Direito e, portanto, na forma como é e deve ser prevista a própria coação estatal, autorizada, motivada, pautada, direcionada, limitada e condicionada pelas normas jurídicas. A coerção estatal deve observar o binômio fins justos e meios legítimos[411].

As ordens pública, econômica, política, social, ambiental, cibernética, dos povos e a ordem internacional, como ordenações humanas inseridas no Direito, servem para direcionar condutas no âmbito do dever-ser, de modo a se atingir determinados fins visados pelo Ordenamento Jurídico

[410] BENJAMIN (2013, pp. 121 - 122) aponta que: "a relação mais elementar e fundamental de toda ordenação de direito é aquela entre fim e meios. Além disso, que em princípio, a violência só pode ser procurada na esfera dos meios, não dos fins." Explica, igualmente, que "O direito natural almeja "justificar" os meios pela justiça dos fins, o direito positivo, "garantir" a justiça dos fins pela "justificação" dos meios. A antinomia se mostraria insolúvel se o pressuposto dogmático comum for falso; se, por um lado, meios justificados e, por outro, fins justos, se encontram num conflito inconciliável. Mas nenhuma luz poderia ser vislumbrada a esse respeito, enquanto não se sair desse círculo e não se estabelecer critérios mutuamente independentes tanto para fins justos como para meios justificados." (Ibidem, p. 124).

[411] Vale mencionar a advertência de CAVALIERI FILHO (2002, pp. 58 - 65): "Se a finalidade do Direito, como enfatizado, é a realização da Justiça, qual seria a finalidade da Justiça? Essa é a segunda questão que gostaria de destacar. A finalidade da Justiça é a transformação social. É a construção de uma sociedade justa, como expressamente previsto no artigo 3º da nossa Constituição. E o que é uma sociedade justa? A própria Constituição nos responde. É uma sociedade sem preconceitos e discriminação de raça, sexo, cor ou idade; uma sociedade livre, solidária, sem pobreza e desigualdades sociais, na qual a cidadania e a dignidade da pessoa humana estão no topo da pirâmide jurídica. E se assim é, então isso importa dizer que, como operadores do direito, jamais poderemos aplicar o direito de forma a contrariar esta finalidade, ainda que a lei não seja a melhor.[...] A criação de um direito justo, com efetivo poder transformador da sociedade, entretanto, não é obra apenas do legislador, mas também, e principalmente, de todos os operadores do direito, de sorte que se ainda não temos uma sociedade justa é porque temos falhado nessa sagrada missão de bem interpretar e aplicar o direito. O que o legislador faz, repetimos, é apenas criar a lei mas esta, por mais ampla que seja, não passa de um capítulo do Direito.[...] O que faz a diferença, em última instância, não é tanto a lei mas sim a cultura jurídica. [...] Lembremo-nos que o nosso compromisso é com o Direito e a Justiça e não apenas com a lei, e que sem operadores competentes o Direito não passará de uma estrutura formal e a justiça de uma mera utopia."

(garantidos pela coação sancionada)[412]. Estas diversas ordens são especializações que devem convergir no mesmo sentido, lembrando-se que o Direito tem, em sua etimologia, o significado de dar direção, de direcio-

[412] O próprio Direito e as ordenações humanas vão se modificando, pois inexiste imutabilidade. As revoluções de violência criadora de Direito, que ocasionam mudança nas ordens estabelecidas, trazem novas ordens, até que outras as sucedam e assim as mudanças vão ocorrendo. Neste sentido, BENJAMIN (2013, p. 136) distingue entre a violência mantenedora do direito e a violência instauradora: "Toda violência como meio é ou instauradora ou mantenedora do direito. Se não pode reivindicar nenhum desses predicados, ela renuncia por si só a qualquer validade. Daí resulta que toda violência como meio, mesmo no caso mais favorável, participa da problemática do direito em geral."
A relação entre Direito e violência também é apontada por BOBBIO, (pp. 65 - 66): "Mas o que é poder originário? É o conjunto das forças políticas que num determinado momento histórico tomaram o domínio e instauraram um novo ordenamento jurídico. [...] Dizendo que o Direito é fundado em última instância sobre o poder e entendendo por poder o poder coercitivo, quer dizer, o poder de fazer respeitar, também recorrendo à força, as normas estabelecidas, não dizemos nada de diferente daquilo que temos repetidamente afirmado em relação ao Direito como conjunto de regras com eficácia reforçada. Se o Direito é um conjunto de regras com eficácia reforçada, isso significa que um ordenamento jurídico é impensável sem o exercício da força, isto é, sem um poder. Colocar o poder como fundamento último de uma ordem jurídica positiva não quer dizer reduzir o Direito à força, mas simplesmente reconhecer que a força é necessária para a realização do Direito."
Esta relação ainda foi demarcada por FREUD (2005, pp. 30 - 32), em carta para Albert Einstein, na qual aponta que "atualmente, direito e violência se nos afiguram como antíteses. No entanto, é fácil mostrar que uma se desenvolveu da outra e, se nos reportarmos às origens primeiras e examinarmos como essas coisas se passaram, resolve-se o problema facilmente. Esta foi, por conseguinte, a situação inicial dos fatos: a dominação por parte de qualquer um que tivesse poder maior, a dominação pela violência bruta ou pela violência apoiada no intelecto. Como sabemos, esse regime foi modificado no transcurso da evolução. Havia um caminho que se estendia da violência ao direito ou à lei. Que caminho era este? Penso ter sido apenas um: o caminho que levava ao reconhecimento do fato de que à força superior de um único indivíduo, podia-se contrapor a união de diversos indivíduos fracos: a união faz a força. A violência podia ser derrotada pela união, e o poder daqueles que se uniam representa, agora, a lei, em contraposição à violência do indivíduo só. Vemos, assim, que a lei é a força de uma comunidade. Todavia, ela é ainda violência, pronta a se voltar contra qualquer indivíduo que se lhe oponha. Ela funciona pelos mesmos métodos e persegue os mesmos objetivos. A única diferença real reside no fato de que aquilo que prevalece não é mais a violência de um indivíduo, mas a violência da comunidade." E conclui que "presentemente, parece estar condenada ao fracasso a tentativa de substituir a força real pela força das ideias. Estaremos fazendo um cálculo errado se desprezarmos o fato de que a lei, originalmente, era força bruta e que, mesmo hoje, não pode prescindir do apoio da violência." (Ibidem, p. 37).

nar[413]. Nesta linha de raciocínio, a ordenação do Direito deve direcionar, pelas ordens criadas, uma convivência harmônica do ser humano em sociedade, que só é possível se a ordem visada buscar a paz nas relações sociais.

Nesta paz se incluem a estabilidade e a previsibilidade, a continuidade de relações e situações, a manutenção, concórdia e tranquilidade que delas se extrai, o que evidencia a ligação indissolúvel entre paz e segurança em todos os seus sentidos (segurança jurídica, social, pública, nacional, internacional etc.)[414]. Entretanto, a paz é maior do que a segurança, elemento que ela incorpora, exigindo respeito e promoção de todos os demais direitos humanos. A paz é mais abrangente e precedente porque é possível estar seguro, mas não estar em paz, não ter o seu direito à paz garantido.

Neste sentido, por exemplo, se o direito à segurança pública for entendido como a disponibilização de serviços públicos suficientes, adequados e eficientes para a sociedade, com o fim de inibir e reprimir a violência intersubjetiva, este direito pode estar plenamente garantido, mas a paz, ainda assim, pode não ser efetivamente alcançada, seja no âmbito individual, social, nacional ou internacional[415]. Isto se dá porque só se atinge a paz quando a segurança pública, com o viés de garantia de direitos, é integrada no contexto de "cultura da paz", em que o esforço é maior, para que todas as dimensões da paz sejam garantidas.

Em outras palavras, a segurança pública que além de direito de todos, dever estatal e responsabilidade de todos, não seja entendida com a finalidade de ser também a plataforma de garantia dos demais direitos humanos e fundamentais, especialmente o direito à paz, é inidônea quanto à direção dos meios e dos fins. E mesmo a segurança pública corretamente entendida em seu papel de garantia de direitos só cumpre a sua missão

[413] Conforme FIGUEIREDO (1913, p. 660), a palavra Direito tem etimologia no latim *directus* e também no latim *directum*, no sentido de reto, íntegro, direção, linha reta.

[414] Na lição de SCHOPENHAUER (2005, p. 266): "Sem tranquilidade, entretanto, nenhum bem-estar verdadeiro é possível." Aliás, ensina GALTUNG (2005, p. 63) que: "A formação social requer ordem social e estabilidade, que o mesmo é dizer, um *status quo* apoiado pelos que dele usufruem e por aqueles que sabem o que têm e que o preferem àquilo que poderiam, eventualmente, vir a ter."

[415] Posso estar seguro de minha pessoa e de meus bens, por menores que sejam e caso os tenha, diante de um eficiente serviço público de repressão a infrações penais. Nem por isso terei paz, privado de direitos reais e da garantia de acesso a eles. Igualmente meu direito à paz não estará assegurado, pois a repressão eficiente não resolve os conflitos das relações sociais.

quando é integrada com a efetiva promoção da paz, em uma "cultura da paz", em que os conflitos e a ameaça de que ocorram são episódicos e isolados, não fruto de grave crise decorrente de violência estrutural, como a vivenciada no Brasil.

Neste sentido, além de se priorizar o viés preventivo, a eliminação dos fatores de violência estrutural e cultural, a promoção de direitos e a eficácia dos serviços de segurança pública, dando ênfase à cooperação público-privada e a políticas públicas que integrem as diversas áreas de atuação estatal nas três esferas do Poder e em todos os entes da Federação, impõe-se inclusive a criação de um Estatuto de Defesa das Vítimas, que impeça a revitimização, permita a promoção do direito à paz delas, o tratamento com dignidade, proteção da segurança individual, privacidade, intimidade, reparação dos danos, informação e capacidade de influir na investigação, processo penal e execução das penas, afinado com práticas restaurativas, que potencializem a paz social.

13.3 O caos, a segurança pública e o núcleo mínimo do direito à paz

Analisada a questão desde o ponto de vista da segurança pública como garantia de direitos fundamentais, verifica-se que, se a garantia da ordem não é um fim em si mesma, então algum grau de caos seria aceito na promoção e efetivação de direitos humanos. A pergunta que surge, consequentemente, é a seguinte: qual é o limite de caos tolerável? O limite é a não violação significativa dos bens jurídicos tutelados, notadamente os direitos humanos, pois, a partir do momento em que são tocados com lesividade, a paz é atingida e a desordem passa a representar a instauração do estado caótico (retorno ao estado natural), em lugar da ordenação do caos.

O caos pode ser considerado o estado natural, ontológico, em diversos aspectos[416], mas, do ponto de vista deontológico, deve reinar a ordem no caos,

[416] Como se tem verificado em estudos de geometria, matemática, física, meteorologia, na denominada Teoria do Caos, ou mesmo na geometria moderna dos Fractais. Neste sentido, em obra dedicada ao tema, FELDMAN (2012, p. 355) expõe que. "*One of the conclusions that results from the study of chaos is that there are limits on our knowledge. Long-term prediction is impossible for a chaotic dynamical system. It is important to underscore that not everything is chaotic; there are many predictable, stable systems both in mathematics and, more importantly, in the physical world. Nevertheless, chaos is not an unusual state of affairs.*" Em tradução livre nossa: "Uma das conclusões que resulta do estudo do caos é que existem limites para o nosso conhecimento. A previsão a longo prazo é impossível para um sistema dinâmico caótico. É importante ressaltar que nem

no sentido de que o caos seja ordenado de forma a conferir suficiente previsibilidade para garantir a convivência social harmônica. No plano do dever-ser, a imprevisibilidade da vida tem na ordenação jurídica a base para o exercício da vida social, em que o ser humano se realiza, sendo a segurança uma necessidade humana. O núcleo mínimo do direito à paz corresponde, destarte, à manutenção da ordem necessária para que os direitos humanos não sejam ofendidos.

O direito à paz pode ser entendido em diversos planos: negativo (como a não-guerra ou ausência de conflitos armados[417], ou ainda como a ausência de violência direta, cultural ou estrutural em geral[418]) e positivo (como

tudo é caótico; existem muitos sistemas previsíveis e estáveis, tanto em matemática quanto, mais importante, no mundo físico. No entanto, o caos não é um estado incomum."

[417] Conforme salientado por BOBBIO (1998, pp. 159 - 160): "*Sobre la definición de «paz», la primera consideración por hacer es que no puede definirse sino en relación y en estrecha conexión con la definición de «guerra». Aquí se impone advertir que mientras a menudo uno de dos términos opuestos se define por medio del otro, como «movimiento» (ausencia de quietud) o «quietud» (ausencia de movimiento), en el caso del par de opuestos paz-guerra, siempre es el primero que resulta definido por medio del segundo y no a la inversa. En otras palabras: mientras «guerra» se define positivamente con la lista de connotaciones que la caracterizan, «paz» se define negativamente como ausencia de guerra, o más brevemente como no-guerra. Se dice que de los dos términos en cuestión, el primero es el término fuerte y el segundo el débil.*" Em tradução livre nossa: "Na definição de «paz», a primeira consideração a ser feita é que ela só pode ser definida em relação e em estreita conexão com a definição de «guerra». Aqui é necessário notar que, embora muitas vezes um de dois termos opostos seja definido pelo outro, como «movimento» (ausência de quietude) ou «quietude» (ausência de movimento), no caso dos dois opostos da paz/guerra, é sempre o primeiro definido pelo segundo e não vice-versa. Em outras palavras: enquanto «guerra» é definida positivamente com a lista de conotações que a caracterizam, «paz» é definida negativamente como ausência de guerra, ou mais brevemente como não-guerra. Diz-se que dos dois termos em questão, o primeiro é o termo forte e o segundo o termo fraco."

[418] Estas formas de violência foram objeto de estudo por GALTUNG (2005, p. 63), que aponta que nas formações sociais as formas de violência coexistem com as de paz, sendo por ele contrapostos: "violência cultural (produção de ideias justificativas das demais violências) com a paz cultural (cooperação e comiseração com todas as formas de vida); da violência directa (eliminação física do outro) com a paz directa (formas de controlo não-violentas, com sanções positivas); e da violência estrutural (mecanismos sistémicos de injustiça e morte) com a paz estrutural (satisfação das necessidades básicas e distribuição de bens e serviços)." Sobre a abordagem do tema pelo Conselho de Segurança da ONU, aponta KOWALSKI (2013, pp. 50 - 53): "No que respeita à dimensão substantiva do discurso do Conselho de Segurança, para efeitos analíticos, a concetualização da paz por aquele órgão pode ser dividida em duas grandes vertentes: por um lado, a da paz negativa, traduzindo a ausência de violência direta – sob esta dimensão são considerados os atos e os instrumentos de uso da força; **por outro lado,**

um valor a ser alcançado, inclusive pela denominada "cultura da paz"[419]). Já quanto à titularidade, é um direito complexo, pois não é apenas direito dos povos, ou de Estados, mas também um direito individual, que se efetiva no duplo aspecto de abstenção e ação: pela não violação dos bens juridicamente tutelados e por sua efetiva garantia[420].

Na condição de direito individual, a paz constitui fundamento suficiente para invocar a defesa estatal de seus direitos subjetivos pelas víti-

os da paz positiva, no sentido de ausência das formas estruturais de violência indireta que impedem o bem-estar – estão aqui incluídos aspetos económicos, sociais, humanitários e ecológicos. No que respeita à concetualização da paz negativa, esta desenvolveu-se por referência não apenas aos conflitos tradicionais interestaduais mas também, e cada vez mais, à nova tipologia dos conflitos não-interestaduais." g.n.

419 A "cultura da paz" é definida pela Organização das Nações Unidas na sua *Declaração e Programa de Ação sobre uma Cultura de Paz*, de 13 de setembro de 1999, sendo bem apontada por OLIVEIRA (2007, p. 22), nos seguintes termos: "No final deste milênio, a humanidade passou a discutir e a perceber que a paz não está ligada à ausência de conflitos: eles são fatores constitutivos da vida social. Nenhuma relação, seja entre os indivíduos, comunidades, partidos políticos ou nações, permanece a mesma, dia após dia. Novas situações estão sempre surgindo e destas, tensões e problemas que necessitam de uma resolução. E é justamente nas resoluções destas situações que se demonstra em que paradigma se vive: se no paradigma da força e da intolerância, na cultura de violência; ou se no paradigma do diálogo e da compreensão, a cultura de paz. Com base nisto, um número cada vez maior de pessoas passam a entender que paz não é ausência de conflito ou uma condição de passividade. A paz é um tipo de mentalidade, uma forma de agir cotidianamente. Assim, a paz é um tipo de mentalidade pelo qual países, comunidades, partidos e indivíduos buscam resolver suas diferenças por meio de acordos, negociações e concessões, e não com ameaças, imposições e violência."
Sobre o tema, GALTUNG (2005, p. 75) propõe a paz como um caminho para superar o sacrifício de soldados e civis, a exploração de trabalhadores e consumidores e a manutenção do domínio do povo na condição de súditos e não de cidadãos, concluindo que: "É por aqui o caminho. O problema é que as três elites tentam com enorme frequência, e à traição, toda a sorte de truques para achar novas maneiras de sacrificar o povo e de o explorar em nome de abstracções como a nação/classe, o Estado, e o mercado/economia. A violência abate-se com mais força sobre o povo do que sobre qualquer outra entidade; a paz protege o povo sem sacrificar as elites. Quanto às revoluções, ao sacrificar as elites, elas mais não fazem do que reproduzir a estrutura da guerra. *A paz é o caminho.*"

420 Neste sentido, ESPIELL (2006, p. 70) leciona que: "*Todo derecho implica una relación jurídica. Es por eso que es preciso determinar, en este caso, los sujetos de la relación jurídica, y en especial el o los destinatarios del derecho, que poseen la potestad jurídica de invocarlo y de exigir las correlativas obligaciones o deberes. El Derecho a la Paz, en este sentido, es uno de los derechos más complejos y que plantea más interrogantes al jurista. ¿Por qué? Porque el Derecho a la Paz hoy día se ha intentado conceptualizar*

mas, mesmo quando a lesão ao direito não chega a ofender gravemente um determinado bem juridicamente tutelado, mas tolhe a paz. Este é o caso, por exemplo, de um tapa no rosto que não chega a causar lesão física, mas perturba a paz da vítima. Quando há uma ameaça de lesão a direito, ainda que esta nunca venha a se materializar, a paz foi ofendida, e esta ofensa é o fundamento para se invocar a defesa estatal do direito violado[421].

O direito à paz pode ser igualmente invocado para a legítima defesa e para a defesa estatal da pessoa, preventiva e repressiva, como no exemplo de fixação de medida judicial de afastamento e proibição de contato do agressor doméstico em relação à vítima, ou de pessoa que cisma com outra e passa a persegui-la, seja pela internet (hipótese em que a pessoa perseguida pode retirar o perseguidor de seu rol de contatos em redes sociais e aplicativos de comunicação, bloqueando-o, bem como pedir em

como un derecho del cual pueden ser titulares, según los diferentes casos o situaciones, los estados, los pueblos, los individuos y la humanidad. Como otros «nuevos» derechos, el Derecho a la Paz es un derecho a la vez individual y colectivo. En cuanto derecho individual es un derecho humano. En cuanto derecho colectivo puede ser un derecho de distintos sujetos colectivos: el estado, los pueblos, las naciones, la humanidad." Em tradução livre nossa: "Todo direito implica uma relação jurídica. É por isso que é necessário determinar, nesse caso, os sujeitos da relação jurídica e, em particular, aquele ou os destinatários do direito, que têm o poder legal de invocá-lo e exigir as obrigações ou deveres correspondentes. O direito à paz, nesse sentido, é um dos direitos mais complexos que suscita mais questões para o jurista. Por que? Porque tem se tentado hoje em dia conceituar o Direito à Paz como um direito do qual podem ser titulares, de acordo com diferentes casos ou situações, Estados, povos, indivíduos e a humanidade. Como outros "novos" direitos, o Direito à Paz é um direito individual e coletivo. Como direito individual, é um direito humano. Como direito coletivo, pode ser um direito de diferentes sujeitos coletivos: o Estado, os povos, as nações, a humanidade."

[421] Um ponto para reflexão, neste sentido, verifica-se no Código Penal (Decreto-Lei nº 2.848, de 07 de dezembro de 1940), acerca do crime de ameaça previsto em seu artigo 147, pois está inserido na seção denominada "Dos Crimes Contra a Liberdade Pessoal". Ocorre que, da ameaça ali prevista, conquanto sempre possa se colher violação ao bem jurídico paz individual, nem sempre é visível que haja alguma ofensa à liberdade pessoal, de autodeterminação, de escolha, de ação, de ir e vir, ou outra forma de sua expressão, até porque o tipo penal não prevê qualquer resultado naturalístico para a ameaça. A paz individual, como cediço, não se encontra entre os bens jurídicos penalmente tutelados naquele Código Penal, em que só há previsão de quatro crimes específicos contra "a paz pública", quais sejam a incitação ao crime, apologia de crime ou criminoso, associação criminosa e constituição de milícia privada, o que justifica a inclusão do crime de ameaça, pelo legislador, em seção dedicada a crimes que ofendem a liberdade pessoal.

Juízo que esta pessoa cesse a postagem de fotos, mensagens e comunicações em relação à vítima, retirando, ainda, o conteúdo já reproduzido, divulgado, compartilhado), seja ao vivo (por exemplo, seguindo a vítima na rua, indo todos os dias ao seu local de trabalho etc.), tolhendo-lhe a paz. Toda infração penal cujo ofendido pode ser individualizado afeta, ao menos em tese, o direito individual à paz dele[422]. E lembre-se aqui que, especialmente quando tais condutas permanecem impunes, ou quando não há proporcionalidade na resposta à ofensa, a impunidade por si só abala a crença no Direito e nas Instituições, pela ausência de aplicação da justiça retributiva. No que se refere à resposta estatal, tanto o excesso, quanto a falta, podem trazer irritação à justiça proporcional, ao equilíbrio em que há proporcionalidade entre ação e reação.

Para finalizar este raciocínio, é necessário indagar: basta se alcançar qualquer paz para se materializar o direito à paz? Ora, a submissão do coagido pela força ilegitimamente empregada para fins injustos, ou enganado pela astúcia, não materializa este direito. É a paz justa que deve ser alcançada[423].

[422] MARQUES (2010, p. 44), em sua tese de doutorado dedicada ao tema da paz como direito, assevera que: "*a* defesa da paz se converteu em princípio constitucional, inserido no Art. 4º, VI, da Constituição Federal. A partir de 1988 figura entre os princípios que o legislador constituinte estatuiu para governarem o país na esfera de suas relações internacionais. Assim, como todo princípio na Constituição, tem ele a mesma força, a mesma virtude, a mesma expressão normativa dos direitos fundamentais. Resta universalizá-lo, guindando-o a cânone de todas as constituições. Dessa forma, o direito à paz deve ser pleiteado como se pleiteia a igualdade, a moralidade administrativa, a ética na relação política, a democracia no exercício do poder."

[423] Na lição de BOBBIO (1998, p. 166), a paz pode ser justa ou injusta, mas para ser verdadeiramente paz deve ser justa: "*Mientras el concepto técnico-jurídico de paz es positivo en el sentido de que, rechazando la definición negativa de paz como ausencia de guerra, la caracteriza como un estado de cosas portador de un valor positivo, como es el valor de la justicia, que hace por sí mismo deseable este estado de cosas. Pero a esta altura la definición de paz no es ya una definición meramente lexicológica sino persuasiva,* ***es decir que es una definición no de lo que la paz es sino de lo que <u>debería ser</u> para ser considerada como un bien****. En la definición técnico-jurídica de paz no hay nada que permita distinguir una paz justa de una paz injusta; en la definición teológico-filosófica sólo la paz con justicia merece ser llamada propiamente paz, mientras que la paz injusta es sólo un simulacro de paz, una paz aparente, una paz impropiamente dicha.*" g.n. Em tradução livre nossa: "Embora o conceito técnico-jurídico de paz seja positivo no sentido de que, ao rejeitar a definição negativa de paz como ausência de guerra, a caracteriza como um estado de coisas com valor positivo, como o valor da justiça, que faz por si só desejável esse estado de coisas. Mas, nesse ponto, a definição de paz não é mais uma definição puramente lexicológica, mas persuasiva, ou seja, é uma definição não do que é a paz, mas do que ela deveria ser para ser considerada como um bem. Na definição técnico-

Toda vítima tem direito à paz, que é sempre violada, assim como outro bem jurídico diretamente protegido pela norma jurídica, quando ocorre a violência ou infração penal, motivo pelo qual se pode dizer que é o direito universal das vítimas. Daí a importância de se implementar outros modelos de cumprimento do dever estatal de dar segurança pública, que contemplem o restabelecimento da paz dos ofendidos, como no exemplo da Justiça Restautativa.

O direito à segurança pública, dever estatal e responsabilidade de todos, na condição de plataforma para os demais direitos humanos, especialmente o direito à paz, requer uma política de segurança pública integrada às demais políticas públicas (inclusive uma educação para a paz), que seja voltada a combater a violência direta, intersubjetiva e, igualmente, de forma conjugada, direcione-se para a retirada das condições instauradoras e de manutenção das demais formas de violência, estrutural e cultural. Para tanto é imprescindível empregar-se sanções não somente negativas, mas também positivas[424], promovendo a cultura da paz.

-legal de paz, não há nada para distinguir uma paz justa de uma paz injusta; na definição teológico-filosófica, somente a paz com a justiça merece ser chamada de paz, enquanto a paz injusta é apenas uma simulação da paz, uma paz aparente, uma paz impropriamente dita."

424 A relação entre paz, violência e sanções positivas foi exposta por GALTUNG (2005, p. 65), para quem, "nas formações sociais assentes em sanções positivas, mora a paz; nas formações assentes em sanções negativas, a violência. A violência priva as pessoas da satisfação das suas necessidades básicas. A paz permite satisfazê-las. A guerra é, essencialmente, travada contra as pessoas. A paz é a defesa das pessoas."

14
Considerações Finais

Este trabalho se debruçou sobre o direito à segurança pública, tendo por objetos de indagação (i) o que é segurança pública, (ii) a que se presta e (iii) qual a sua relação com os demais direitos humanos e especialmente com o direito à paz.

A segurança é uma necessidade psicológica de primeira grandeza, que o ser humano, em sua constituição biocultural, busca satisfazer com precedência até mesmo em relação às necessidades biológicas essenciais da sobrevivência[425]. Ela também constitui motivação do agir humano, ligada à pulsão ou instinto de preservação e sobrevivência. A ordenação de comportamentos humanos, em categorias de permissão, proibição e obrigação, portanto, vincula-se à necessidade humana de segurança. A segurança é plataforma para a garantia da paz e, sem ela, não se dá qualquer concretude ao direito à paz.

A prestação de serviços públicos para o atendimento da necessidade humana de segurança é rigorosamente vinculada ao interesse público primário, da sociedade, de se criar a condição para que as pessoas que a integram possam ter a existência digna e se desenvolverem plenamente. Ela visa, assim, possibilitar a promoção do bem-estar geral.

[425] Por exemplo, até mesmo para se comer ou dormir, busca-se um local seguro. Em sã consciência, não se escolhe, por exemplo, o meio de avenida movimentada com tráfego de veículos automotores, como local para se tomar refeições ou dormir.

Não existe liberdade absoluta, nem segurança absoluta. A segurança não é incompatível com os demais direitos humanos, sobretudo os de liberdade. Aliás, o direito à segurança é previsto nos mesmos diplomas de direito internacional de direitos humanos, que preveem os direitos à vida e à liberdade, enquanto a segurança pública é prevista como limitação ao exercício dos demais direitos humanos, para que este exercício não se degenere em abuso e violação dos direitos das outras pessoas, pois o direito à segurança pública é plataforma dos demais direitos humanos e permite a busca da felicidade[426].

O gênero direito à segurança engloba dentre as espécies de direitos que alberga, a segurança pública, devendo ser superado o princípio da segurança pública, entendido como dever-ser, que se configura como um mandado de otimização, obrigando o Estado brasileiro a realizá-la na máxima medida do possível e, sempre que houver conflito com outros princípios ou regras, a resolvê-lo pela ponderação do peso e importância dos valores conflitantes, de modo a permitir a busca do controle jurisdicional para compelir a ação estatal, quando necessário).

Esta superação, no sentido de ir além, é necessária porque o direito de todos à segurança pública cria o vínculo jurídico, a oponibilidade geral e a exigibilidade, impondo a concretização deste direito humano e fundamental, interrelacionado, interdependente e indissociável da segurança individual e do direito à segurança social, que são, como dito, a plataforma de garantia para os demais direitos humanos. Igualmente, para a resolução dos conflitos entre normas jurídicas que envolvam a segurança pública, aponta-se o caminho do direito quântico, em busca de um Direito Integral, justo e efetivo, que considere os três universos jurídicos, do Direito Positivo, dos Direitos Humanos e do Direito Realidade.

A segurança pública, por meio dos órgãos com a incumbência de prestá-la, constitui emanação de poder sem a qual o Estado não se estrutura, em nenhuma de suas funções, e sem a qual não há soberania, não há Direito, nem livre exercício de direitos, ainda que fundamentais.

Na doutrina, tanto internacional quanto nacional, encontram-se variados posicionamentos acerca do conceito possível de segurança e de sua vertente segurança pública, notando-se propostas de definições mais abertas,

[426] É necessário que a pessoa goze de satisfatório nível de segurança, que permita o desenvolvimento sadio das faculdades humanas, garantindo a sua dignidade.

que englobam não só o combate à criminalidade, mas a toda espécie de infração ou ainda a outros riscos, ao lado de outras propostas, que reduzem o tema à repressão e prevenção de infrações penais, assim como aquelas que vinculam a segurança pública à efetiva promoção e garantia de direitos, ou ainda as propostas segundo as quais se trata de função estatal ou de situação jurídica.

Propomos a definição da segurança pública na deontologia jurídica como sendo o direito humano de existir, viver e sentir-se seguro, que garante juridicamente e sob pena de coerção os demais direitos fundamentais e humanos, legitimando a coação estatal como necessária para garantir direitos contra quem os vulnere, gerando o dever estatal e a responsabilidade de todos (o dever e a responsabilidade nascem do direito humano).

A segurança pública é direito humano que exige o cumprimento de deveres e responsabilidades de todos para assegurar direitos (de promoção e acesso a direitos fundamentais, de proteção a direitos fundamentais, de prevenção de lesões a direitos fundamentais ou neles embasados). O desempenho da coação estatal se legitima para proteger direitos fundamentais.

A segurança pública deve ser corretamente compreendida para que de fato assegure os direitos humanos e fundamentais, conferindo a proteção necessária para a efetivação dos direitos das pessoas, não para a só manutenção do *status quo*. O exercício da força legítima para a manutenção do Estado continua presente, mas vinculado à garantia de direitos, da ordem enquanto meio para a promoção de direitos de todos.

No plano do direito interno, a segurança pública é especificamente prevista como direito de todos, dever estatal e responsabilidade de todos no artigo 144, *caput*, da Constituição da República Federativa do Brasil. No plano do direito internacional dos direitos humanos, este direito à segurança pública é previsto nas regras de limitação de liberdades e outros direitos declarados, o que se exemplifica pelo artigo XXIX, 2., da Declaração Universal dos Direitos Humanos, bem como por diversos dispositivos da Convenção Americana de Direitos Humanos, do Pacto Internacional de Direitos Civis e Políticos e da Carta Africana dos Direitos do Homem e dos Povos, que foram mencionados anteriormente.

A segurança pública é um dever jurídico que obriga o Estado brasileiro a adotar providências, no âmbito de políticas públicas e programas de ações, para que seja implementado este direito em seu maior grau possível. A segurança é mais ampla e engloba não só a ordem pública e a incolumidade das pessoas e de seus bens, mas o propósito de proteção efetiva a todos os bens juridicamente tutelados, consistindo em princípio jurídico constitucional com força normativa própria e exigível, a par das normas-regras específicas acerca da segurança pública espalhadas pelo Ordenamento Jurídico, inclusive em normas penais incriminadoras.

A segurança pública, direito humano de todos, deve ser interpretada como a plataforma de garantia geral aos demais direitos humanos. Decorre desse *status* a sua legitimidade para limitar o exercício de direitos declarados nas normas internacionais de direitos humanos, evitando o abuso e a lesão aos direitos das outras pessoas, porque se trata de direito garantidor, que envolve a responsabilidade de todos e dever estatal expresso. O fim da segurança pública é garantir direitos de todos, não privilégios de alguns ou o massacre de muitos, daí a sua legitimidade ao restringir liberdades.

O direito de todos à segurança pública é interrelacionado, interdependente e indissociável do direito individual à segurança e do direito à segurança social. Ele também apresenta natureza pública manifestamente difusa, em razão de sua proteção interessar a toda a sociedade, o que permite a sua defesa por ações coletivas movidas pelo Ministério Público e outros co-legitimados, pois a ação estatal beneficia a todos, assim como a omissão prejudica a coletividade como um todo. A lesão ou ameaça concreta a este direito pode ensejar interesses, pretensões e ações individuais, individuais homogêneas, coletivas ou difusas, conforme o caso, com reflexos na legitimidade ativa para a promoção de ações, inclusive em substituição processual.

O Estado brasileiro (União, Estados e Municípios), para cumprir seus deveres e desempenhar sua função de dar segurança pública, deve instituir e manter adequado serviço público de segurança. Para o Estado se desincumbir realmente deste dever, impõe-se que combata com eficácia as causas geradoras da insegurança pública, os fatores que são molas propulsoras da violência, da prática de infrações penais, notadamente a não satisfação de necessidades básicas, pela não promoção dos direitos sociais pelo próprio Estado.

De um lado, a previsão da segurança pública como responsabilidade de todos no artigo 144 da Constituição da República Federativa do Brasil deve ser lida como responsabilidades compartilhadas, no sentido de reforçar a impossibilidade de que se pratique qualquer conduta comissiva que afete a segurança pública. De outro, possibilita que todos colaborem para a segurança pública de forma ativa, mesmo sem o dever de agir, reforçando o interesse comum. Por fim, legitima a criação de deveres jurídicos de agir também para aqueles que não integram o Estado diretamente como órgãos ou agentes.

O artigo 144 da Constituição da República Federativa do Brasil prevê apenas os órgãos (todos policiais) aos quais incumbe a preservação da ordem pública e da incolumidade das pessoas e do patrimônio, omitindo o dever em relação aos Municípios, Poder Judiciário, Ministério Público órgãos do sistema penitenciário, os órgãos incumbidos de promover e fiscalizar o cumprimento de penas, medidas alternativas e de medidas socioeducativas, dentre outros.

Embora deva existir a previsão de órgãos policiais com o dever de promover a segurança pública, a atuação deles, isolada, não basta para trazer os resultados sociais e promover integralmente o direito, sendo necessária a atuação integrada em rede de todo o arcabouço estrutural do Estado que influencia na seara.

Os incisos e parágrafos do artigo 144 da Constituição Federal devem ser lidos, portanto, apenas como um elenco dos órgãos com dever de agir ininterruptamente em atividade policial, pois prestam serviço público de policiamento ostensivo e de investigação de infrações penais no âmbito de polícia judiciária. Este rol não deve, entretanto, ser visto como taxativo, ou seja, como o esgotamento de todos os atores estatais com função e dever de promover a segurança pública, afinal, o dever é do Estado e a responsabilidade é de todos.

Em análise histórica, verifica-se que em nenhuma das Constituições anteriores à do ano de 1988 houve sistematização da matéria "segurança pública", que não foi prevista como direito ou dever nelas, ainda que se pudesse tentar interpretá-la como contida na "segurança interna" ou na "segurança nacional". O rol com contornos bem definidos dos papéis de cada órgão policial somente veio a ser estabelecido na atual Constituição.

Em análise comparativa de diversas Constituições de Estados estrangeiros, como a Espanha, Polônia, México, Colômbia e França, verifica-se que nelas não há, em regra, determinação de rol exaustivo de órgãos responsáveis pela segurança pública com limitação a órgãos policiais apenas, trilhando opção constitucional distinta do legislador brasileiro.

Não há antagonismo entre a segurança pública e os demais direitos humanos, pois estes nunca se prestaram a justificar ou gerar impunidade, insegurança, caos na segurança pública, inércia e omissão de Poderes Públicos. Eles também não têm, e nunca tiveram, por função legitimar ações abusivas, ou omissões nefastas.

Pela corrente contratualista, no que tange à formação e manutenção dos Estados com o Contrato Social, HOBBES, ROUSSEAU e LOCKE tomam como fim ou fundamento do Estado garantir a segurança de todos, o que é reforçado pela análise de FREUD do ponto de vista psicológico e por KELSEN quanto ao efeito do Estado, consistente na segurança da paz nacional. Disto se conclui que a segurança pública deve ser vista como um princípio de direito, mesmo que não estivesse prevista expressamente em norma constitucional.

Como os princípios constitucionais possuem força normativa e o estado de insegurança atenta contra a continuidade da existência de nosso Estado Democrático de Direito, o monopólio da coação estatal fundado no próprio Estado e no Direito deve ser capaz de garantir a paz e a segurança da população. Mas, na República Federativa do Brasil, o Estado Democrático de Direito tem se revelado incapaz de garantir o bem-estar geral e, até mesmo, a segurança das pessoas em território nacional, com eficácia e suficiência para que estas pelo menos se sintam protegidas, o que revela descumprimento do contrato social e do dever previsto inclusive no artigo 144 da Constituição da República Federativa do Brasil.

O custo social e econômico da insegurança no Brasil é imenso há muitos anos. Trata-se de um dos países mais inseguros do mundo, com uma das maiores sensações de insegurança medidas em pesquisas de âmbito global e com impacto anual calculado de centenas de bilhões de reais, alcançando quase 6% do PIB nacional em estimativas que não contemplam todas as consequências da violência e criminalidade. O Direito, neste sentido, não está cumprindo o seu papel, sendo necessário que se modifique a sua aplicação para trazer efetiva transformação social.

Efetuou-se uma comparação acerca da segurança pública entre o Estado-membro brasileiro mais rico da federação e com vários dos melhores índices (São Paulo) e os Estados da Eslováquia e da Polônia, que apresentavam semelhante PIB *per capita*, tendo a Polônia número de habitantes semelhante. Com base nela se observou que, ao longo do tempo, estes Estados estrangeiros alcançaram sensação de segurança, níveis criminais e graus de desenvolvimento muito superiores aos de São Paulo, que a princípio investiu cerca de quatro vezes menos recursos em segurança pública do que a Polônia o fez em 2016, por exemplo.

Tendo em vista que o dever jurídico de dar segurança efetiva e suficiente está sendo descumprido pelos Poderes do Estado, com enormes reflexos sociais e econômicos, é cabível o controle jurisdicional, para que a tutela da segurança pública passe a ter efetividade. O cumprimento deste dever estatal passa por políticas públicas e programas de ações multiórgãos e multidisciplinares, nas três esferas da Federação, com a participação popular, não atuando o Estado somente de forma policial ou judicial em relação às consequências danosas já verificadas, mas sobretudo nas causas da insegurança atual, com foco na prevenção da violência, da criminalidade e da ofensa aos bens jurídicos tutelados.

Para compelir o Estado brasileiro a dar segurança à sua população, em diferentes vertentes e espectros, há a possibilidade de manejo de diversas espécies de ações na busca do controle jurisdicional. É possível exemplificá-lo com o mandado de segurança individual ou coletivo, ação civil pública, ação popular, ação de inconstitucionalidade por ação ou omissão, arguição de descumprimento de preceito fundamental, mandado de injunção, *habeas corpus*.

Independentemente da espécie de ação escolhida ou formalmente cabível, o devido processo legal, em seu aspecto material e sua subspécie garantia de acesso à jurisdição, configura garantia constitucional idônea para a promoção da segurança pública em Juízo e a alteração do quadro atual de sistemática violação dos direitos humanos no Brasil pelo descumprimento deste dever estatal, que vem trazendo imenso ônus social e um flagelo de milhões de vítimas de infrações penais todos os anos.

A garantia do devido processo legal permite ao Juiz de Direito controlar o arbítrio do Poder Legislativo e a discricionariedade do Poder Executivo, além da legitimidade da atuação (e da omissão), pela análise de irrazoabilidade dos meios e procedimentos escolhidos para o fim de se dar efetiva segurança para as pessoas e a sociedade brasileira, bem como pela análise da necessidade, adequação, excesso ou insuficiência do conteúdo das normas editadas e do mérito dos atos de administração, visando promover a efetiva implementação do direito fundamental em tela.

A chamada "legitimação pelo procedimento" jamais pode ser reduzida às formalidades e aos aspectos meramente procedimentais, sob pena de se esvaziar o conteúdo próprio daquilo que se busca legitimar. À legitimação pelo procedimento deve-se somar, portanto, a legitimação pelo conteúdo, que somente se controla pelo efetivo exercício da garantia do devido processo legal em seu aspecto material.

O atual cenário é de insegurança pública e violação aos direitos fundamentais de milhões de vítimas diretas e indiretas todos os anos no Brasil, sem que o Poder Judiciário seja o canal idôneo para o efetivo controle das políticas públicas, programas de ação e normas editadas pelos legisladores e administradores de nossa sociedade politicamente organizada no que tange à segurança pública. A justificativa mais corrente é de que se trata de decisão política, de mérito da norma ou da discricionariedade administrativa. Mas, em persistindo este cenário, as consequências sociais e as lesões a direitos fundamentais aumentarão a ponto de colocar as instituições públicas em total descrédito, com a sua completa perda de legitimidade, acarretando à população oprimida pela falta de segurança a necessidade de adoção de meios próprios e não admitidos pela ordem jurídica para a resolução dos conflitos, ou se rebelar em busca da alteração da realidade.

A enorme "sede de Justiça" que se verifica no Brasil, onde existe maciça procura pelo Poder Judiciário, com 80 milhões de processos ao final do ano de 2017, segundo estatísticas do Conselho Nacional da Justiça[427], parece ser um reflexo da injustiça social e da frustração das justas expectativas de uma sociedade sofrida, submetida à má gestão dos recursos públicos e enorme corrupção em sentido largo, que lhe nega o acesso a bens e serviços públicos que atendam à dignidade de cada pessoa e propiciem condições para o seu desenvolvimento. Nas dificuldades e, até mesmo, na inexistência de sentimento de real acesso aos Poderes Executivo e Legislativo para ver seus direitos garantidos, a massa de lesados se socorre do Poder Judiciário, direta ou indiretamente, para tentar ser "ouvida" e ter seus direitos assegurados.

A evolução do papel do Poder Judiciário no Estado Democrático de Direito, intimamente ligada ao desenvolvimento dos direitos humanos, revela a imprescindibilidade da atuação deste Poder do Estado, valendo-se de todas as possibilidades propiciadas pelo Devido Processo Legal em seu aspecto material, pois a ele incumbe o desempenho de fiel da balança da

[427] Dados disponíveis em: http://www.cnj.jus.br/programas-e-acoes/politica-nacional-de--priorizacao-do-1-grau-de-jurisdicao/dados-estatisticos-priorizacao. Acesso em 13/Dez./2018.

justiça no sistema de freios e contrapesos por meio do qual se pode legitimamente controlar os excessos e omissões dos demais Poderes, sem o que de nada adianta a mais bela declaração de direitos que nunca se efetivará.

O atual cenário de insegurança, a longo prazo, não parece ser passível de manutenção. A mudança da atual realidade somente poderá ser obtida por uma de duas vias. Uma é a jurídico-política, mediante políticas públicas efetivas, alteração legislativa e de postura judicial. Outra é seara social, pela legítima resistência civil ou eventual revolução, que, como se frisou, pode vir a ser feita de várias formas[428].

O problema da efetividade do direito à segurança pública, como direito que se constitui em verdadeira plataforma de garantia dos demais direitos, ganha, assim, contornos de dramaticidade e urgência, pois, sem se assegurar direitos, perde-se o sentido de Estado, de Direito e da própria declaração dos direitos. A segurança pública, mais do que direito, dever e responsabilidade, configura verdadeira garantia aos demais direitos fundamentais, mas ao mesmo tempo deve ser garantida pelo devido processo legal material. Ela não é apenas direito, mas direito-garantia, que, portanto, em seu papel garantidor jamais pode ser interpretado como contraposto a outros direitos fundamentais

O direito à segurança pública configura um direito subjetivo que permite cobrar serviços públicos de qualidade, com proteção suficiente, efetiva, tempestiva e adequada da segurança pública, fundamentando que se busque compelir o Estado a agir de forma escorreita. Por outro lado, este direito não é exercitável para compelir o Estado a fazer o impossível, a buscar um controle absoluto, a limitar as liberdades individuais ao ponto de desconfigura-las, ou para que cada pessoa possa exigir diante de seu direito abstratamente considerado, sem situação fática limite de suporte, que lhe sejam disponibilizados serviços de segurança pública, com a colocação de agentes públicos, mecanismos e ferramentais públicos em tempo integral, a toda hora e em qualquer lugar, incessantemente como um garantidor universal sem limites.

Diversas são as propostas possíveis para que o Estado brasileiro dê efetiva segurança pública para a sua população. Dentre elas foram destacadas: (a) a formulação de métricas adequadas para a avaliação da efe-

[428] Inclusive por meio de protestos, pressão popular, ou mesmo pela revolução silenciosa nas ações pessoais de cada um em efeito cadeia.

tividade de políticas públicas, planejamento e direcionamento de ações e recursos estatais; (b) o aperfeiçoamento da legislação, redimensionamento da quantidade e qualidade das normas penais, combate às causas da impunidade; (c) a criação de mecanismos para a real participação popular e colaboração público-privada; (d) a implementação integral do Sistema Único de Segurança Pública criado pela Lei n. 13.675, de 11 de junho de 2018, bem como o aperfeiçoamento desta norma; (e) a priorização do combate à corrupção e à lavagem de dinheiro; (f) o investimento em mecanismos de acompanhamento, fiscalização e reinserção social de egressos do sistema penitenciário e de adolescentes infratores liberados de medidas socioeducativas em meio fechado; (g) o aparelhamento estatal, investimento em tecnologias, valorização dos agentes públicos que atuam na seara da segurança pública e possibilidades de sanções premiais; (h) priorização de enfoque nas denominadas ações neutras; (i) criação de um Estatuto de Defesa das Vítimas, que impeça a revitimização, permita a promoção do seu direito à paz, facilite o seu acesso e exercício de direitos, o tratamento com dignidade, a proteção da segurança individual, privacidade, intimidade, reparação dos danos, informação e capacidade de influir na investigação, processo penal e execução das penas, afinado com práticas restaurativas que potencializem a paz social.

Ao se analisar a segurança pública como direito garantidor, verifica-se a sua vinculação indissociável com o direito à paz, cujo núcleo mínimo corresponde à manutenção da ordem no montante necessário para que os direitos humanos não sejam ofendidos. Ele determina a defesa estatal preventiva e repressiva contra atos de que resultam risco de lesão a direitos de pessoas. Na condição de direito individual, a paz deve ser concretizada, gerando oponibilidade geral e exigibilidade, mesmo quando a lesão ao direito não chega a ofender gravemente outro bem juridicamente tutelado, mas tolhe ou prejudica a paz do ofendido.

Para se alcançar de fato a paz, é necessário que a política de segurança pública, integrada às demais políticas públicas (inclusive uma educação para a paz), seja voltada a combater a violência direta, intersubjetiva e, igualmente, de forma conjugada, direcione-se para a retirada das condições instauradoras e de manutenção das demais formas de violência, estrutural e cultural. Para tanto é imprescindível empregar sanções não somente negativas, mas também consequências positivas.

Interpretada em sua correta significação como direito das vítimas, a paz, incorporada ao patrimônio individual de todas as pessoas, constitui fundamento suficiente para o exercício deste direito em face de quem viole ou ameace de violação os direitos alheios, sendo desnecessário adentrar o mérito da equivalência de bens jurídicos tutelados entre a vida, liberdade, integridade física e patrimônio do ofensor, pois a paz é direito universal das vítimas e fundamental para o pleno exercício dos direitos humanos.

Proteger a ordem pública significa garantir a proteção de parcela da ordenação necessária à paz justa, que constitui direito universal das vítimas, bem a ser protegido pela segurança pública voltada à garantia de direitos e que pode ser reclamado pelos lesados, devendo-se dar concretude ao direito à paz. A violação dos direitos fundamentais perturba a paz das vítimas e, quando não diretamente, ofende a paz social de forma reflexa. Neste sentido, a segurança pública exigida em nome da paz, potencializa a realização do princípio democrático e a realização do bem comum, pois o direito à paz deve ser a base da segurança pública.

Assim, a efetiva implementação do direito à segurança pública concretiza o direito à paz. O direito humano à paz é o núcleo significante dos direitos humanos da vítima.

REFERÊNCIAS

ADORNO, Theodor Wiesengrund. *Educação após Auschwitz.* In: *Educação e emancipação.* Tradução de Wolfgang Leo Maar. Rio de Janeiro: Paz e Terra, 1995. Disponível em <http://www.verlaine.pro.br/txt/pp5/adorno-educacao.pdf>. Acesso em 22 Out. 2018.

AFONSO DA SILVA, José. *O Estado Democrático de Direito.* Doutrinas Essenciais de Direito Constitucional. Vol.2. São Paulo: Revista dos Tribunais, 2011.

AFONSO, José Roberto. Gastos públicos com segurança pública. *Conjuntura Econômica,* nov. 2017, pp. 26-28. Disponível em: <https://bibliotecadigital.fgv.br/dspace/bitstream/handle/10438/19512/Jos_%20Roberto%20Afonso.pdf?sequence=1&isAllowed=y>. Acesso em 20 Dez. 2018.

AGAMBEN, Giorgio. *Estado de Exceção.* Tradução de Iraci D. Polite. São Paulo: Boitempo, 2004.

ALESSI, Renato. *Sistema instituzioale del diritto amministrativo italiano.* Milão: A. Giuffré, 1960.

ALEXY, Robert. *Teoria dos Direitos Fundamentais.* Tradução de Virgílio Afonso da Silva. São Paulo: Malheiros, 2008.

ALFAYA, Ingrid. *Brasil gasta R$ 408 por ano com segurança pública de cada cidadão: O financiamento de políticas de segurança no país custou R$ 84,7 bilhões em 2017. Isso representa 1,3% do PIB nacional. R7,* São Paulo, 09 ago. 2018. Disponível em: <https://noticias.r7.com/sao-paulo/brasil-gasta-r-408-por-ano-com-seguranca-publica-de-cada-cidadao-09082018>. Acesso em 04 Jul. 2019.

ANDRADE, Vera Regina Pereira de. *Conferência nacional e mudança de paradigma em segurança pública.* Distrito Federal: Conselho Nacional de Justiça, 2016. Disponível em: <http://www.cnj.jus.br/files/conteudo/arquivo/2016/02/cc9d5b5c5a4ad40e2498c8a8f5e992dd.pdf>. Acesso em 08 Jun. 2018.

ANTUNES ROCHA, Cármen Lúcia. *Cármen Lúcia destaca direito à vida, liberdade e segurança. Conjur,* 10 dez. 2008. Disponível em: <https://www.conjur.com.br/2008-dez-10/carmen_lucia_destaca_

direito_vida_liberdade_seguranca>. Acesso em 10 Set. 2019.

ARISTÓTELES. *Ética a Nicômacos.* 3ª ed. Tradução de Mário da Gama Kury. Brasília: Universidade de Brasília, 1999.

ATTANASIO, Angelo. *Coronavírus: o dramático aumento da atividade dos pedófilos virtuais com o isolamento.* BBC News Mundo, 28 Abr. 2020. Disponível em https://www.bbc.com/portuguese/geral-52450312. Acesso em 28 Mai. 2020.

AULETE, Caldas. *Dicionário contemporâneo da língua portuguesa*: Dicionário Caldas Aulete., versão online. Disponível em: <http://www.aulete.com.br/paz>. Acesso em: 04 Set. 2018.

ÁVILA, Humberto Bergmann. A Distinção entre Princípios e Regras e a Redefinição do Dever de Proporcionalidade. *Revista de Direito Administrativo*, Rio de Janeiro, v. 215, Jan./Mar., pp. 151-179, 1999.

AZEVEDO, Paulo Faraco de. *Justiça Distributiva e Aplicação do Direito.* Porto Alegre: Sergio Antonio Fabris, 1983.

BADIOU, Alain. La leçon de bonheur d'Alain Badiou. *Le Monde*, Entrevista concedida a Nicolas Truong em 14 de agosto de 2015. Disponível em: <http://www.lemonde.fr/idees/article/2015/08/14/comment-vivre-sa-vie_4724566_3232.html>. Acesso em 24 Abr. 2018.

BALDWIN, David A. The concept of security. *Review of International Studies*, British International Studies Association , v. 23, pp.5-26, 1997. Disponível em: <https://www.princeton.edu/~dbaldwin/selected%20articles/Baldwin%20(1997)%20The%20Concept%20of%20Security.pdf>. Acesso em: 07 Jun. 2018.

BANDEIRA DE MELLO, Celso Antonio. *Curso de Direito Administrativo.* 15ª ed. São Paulo: Malheiros, 2003.

BARATTA, Alessandro. El concepto actual de seguridad en Europa. *Revista Catalana de Seguretat Pública*, n. 8, pp. 17-30, Jun. 2001.

CHALITA, Gabriel. *Heurística e direito.* In: BOUCAULT, Carlos E. de Abreu; RODRIGUEZ, José Rodrigo (Orgs). *Hermenêutica Plural*: possibilidades jusfilosóficas em contextos imperfeitos. 2ª ed. São Paulo: Martins Fontes, 2005.

BARRETO, Ana Carolina Rossi. Artigo III – Todo homem tem direito à vida, à liberdade e à segurança pessoal. In. *Comentários à Declaração Universal dos Direitos do Homem.* Wagner Balera (coord.). Brasília: Fortium, 2008.

BARROSO, Luís Roberto. Neoconstitucionalismo e constitucionalização do Direito. O triunfo tardio do direito constitucional no Brasil. *Revista Jus Navigandi*, Teresina, a 10, n. 851, nov. 2005. Disponível em: <https://jus.com.br/artigos/7547>. Acesso em 26 Nov. 2018.

BARROSO, Luís Roberto; BARCELLOS, Ana Paula de. O começo da história. A Nova interpretação constitucional e o papel dos princípios no direito brasileiro. *Revista de Direito Administrativo*, Rio de Janeiro, v. 232, p. 141-176, abr. 2003. Disponível em: <http://bibliotecadigital.fgv.br/ojs/index.php/rda/article/view/45690/45068>. Acesso em: 18 Dez. 2018.

BAUMAN, Zygmunt. Entrevista com Zigmunt Bauman. Entrevista concedida a Maria Lúcia Garcia Pallares-Burke. *Tempo social*, São Paulo, v. 16,

n. 1, p. 301-325, Jun. 2004. Disponível em: <http://www.scielo.br/scielo.php?script=sci_arttext&pid=S0103-20702004000100015&lng=en&nrm=iso>. Acesso em 14 Fev. 2018.

BAUMAN, Zygmunt. La felicità secondo Bauman: «Non barattiamo la libertà per la sicurezza». *Il Messaggero*, Entrevista concedida a Valéria Arnaldi em 03 junho de 2016. Tradução de Moisés Sbasdelotto. Disponível em: <http://www.ihu.unisinos.br/555960-felicidade-privilegio-para-todos-entrevista-com-zygmunt-bauman>. Acesso em 14 Fev. 2018.

BENJAMIN, Walter. Para a Crítica da Violência. In. *Escritos sobre mito e linguagem*. Tradução de Susana Kampff Lages e Ernani Chaves. Rio de Janeiro: Editora 34, 2013.

BENTHAM, Jeremy. *An introduction to the principles of Morals and Legislation*. Disponível em: <http://www.dominiopublico.gov.br/download/texto/0175_Bk.pdf>. Acesso em 24 Abr. 2018.

BEZERRA, Jorge Luiz. *Segurança pública*. Uma perspectiva político-criminal à luz da teoria das janelas quebradas. São Paulo: Blucher Acadêmico, 2008.

BOBBIO, Norberto. *A era dos Direitos*. Tradução de Carlos Nelson Coutinho. Rio de Janeiro: Elsevier, 2004.

BOBBIO, Norberto. *El problema de la guerra y las vías de la paz*. Tradução de Jorge Binaghi. Buenos Aires: Altaya, 1998.

BOBBIO, Norberto. *Teoria do Ordenamento Jurídico*. 10ª ed. Tradução de Maria Celeste C.J. Santos. Brasília: Editora Universidade de Brasília,1999.

BONAVIDES, Paulo. A quinta geração de direitos fundamentais. *Direitos Fundamentais & Justiça*, n. 3, Abr./Jun. 2008. Disponível em: <http://dfj.emnuvens.com.br/dfj/article/view/534/127>. Acesso em 17 Out. 2019.

BONAVIDES, Paulo. *Curso de Direito Constitucional*. 15ª ed. São Paulo: Malheiros, 2004.

BRASIL. Câmara dos Deputados. Projeto de Lei PL 4373/2016, de 16 fev. 2016. Disponível em: <http://www.camara.gov.br/proposicoesWeb/prop_mostrarintegra?codteor=1433190>. Acesso em 25 Mai. 2018.

BRASIL. Código de Defesa do Consumidor. Lei nº. 8.078, de 11 de setembro de 1990. Brasília, set. 1990. Disponível em: <http://www.planalto.gov.br/ccivil_03/leis/l8078.htm>. Acesso em 04 Jul. 2019.

BRASIL. Código Penal. Decreto-Lei nº 2.848, de 07 de dezembro de 1940. Rio de Janeiro, dez. 1940. Disponível em: <http://www.planalto.gov.br/ccivil_03/decreto-lei/Del2848compilado.htm>. Acesso em 22 Nov. 2018.

BRASIL. Conselho Nacional da Justiça. *Dados estatísticos: priorização do 1o grau de jurisdição*. Brasília: CNJ, 2018. Disponível em: <http://www.cnj.jus.br/programas-e-acoes/politica-nacional-de-priorizacao-do-1-grau-de-jurisdicao/dados-estatisticos-priorizacao>. Acesso em 13 Dez. 2018.

BRASIL. Conselho Nacional do Ministério Público. Resolução n. 181, de 07 de agosto de 2017. Brasília: ago. 2017. Disponível em: <http://www.cnmp.mp.br/portal/atos-e-normas-busca/norma/5277>. Acesso em 14 Jul. 2019.

BRASIL. Constituição da República dos Estados Unidos do Brasil, de 24 de fevereiro de 1891. Rio de Janeiro, fev. 1891. Disponível em: <http://www.planalto.gov.br/ccivil_03/Constituicao/Constituicao91.htm>. Acesso em 15 Dez. 2018.

BRASIL. Constituição da República dos Estados Unidos do Brasil, de 16 de julho de 1934. Rio de Janeiro, jul. 1934. Disponível em: <http://www.planalto.gov.br/ccivil_03/Constituicao/Constituicao34.htm>. Acesso em 15 /Dez. 2018.

BRASIL. Constituição da República dos Estados Unidos do Brasil, de 10 de novembro de 1937. Rio de Janeiro, nov. 1937. Disponível em: <http://www.planalto.gov.br/ccivil_03/Constituicao/Constituicao37.htm>. Acesso em 15 Dez. 2018.

BRASIL. Constituição da República Federativa do Brasil, de 05 de outubro de 1988. Brasília, out. 1988. Disponível em: <http://www.planalto.gov.br/ccivil_03/Constituicao/Constituicao.htm>. Acesso em 11 Dez. 2018.

BRASIL. Constituição da República Federativa do Brasil, de 24 de janeiro de 1967. Brasília, jan. 1967. Disponível em: <http://www.planalto.gov.br/ccivil_03/Constituicao/Constituicao67.htm>. Acesso em 15 Dez. 2018.

BRASIL. Constituição dos Estados Unidos do Brasil, de 18 de setembro de 1946. Rio de Janeiro, set. 1946. Disponível em: <http://www.planalto.gov.br/ccivil_03/Constituicao/Constituicao46.htm>. Acesso em 15 Dez. 2018.

BRASIL. Constituição Política do Império do Brazil, de 25 de março de 1824. Rio de Janeiro, mar. 1824. Disponível em: <http://www.planalto.gov.br/ccivil_03/Constituicao/Constituicao24.htm>. Acesso em 15 Dez. 2018.

BRASIL. Decreto Lei nº. 9.785, de 07 de maio de 2019. Brasília, mai. 2019. Disponível em: <http://www.planalto.gov.br/ccivil_03/_ato2019-2022/2019/decreto/D9785.htm>. Acesso em 14/Jul./2018.

BRASIL. Emenda Constitucional nº. 1, de 17 de outubro de 1969. Brasília, out. 1969. Disponível em: <http://www.planalto.gov.br/ccivil_03/Constituicao/Emendas/Emc_anterior1988/emc01-69.htm>. Acesso em 15 Dez. 2018.

BRASIL. Escola Nacional da Magistratura. *Justiça Restaurativa no Brasil.* A paz pede a palavra. Associação dos Magistrados do Brasil, 2015. Disponível em: <https://www.amb.com.br/jr/docs/cartilha.pdf>. Acesso em 15 Set. 2019.

BRASIL. Instituto de Pesquisas Econômicas Aplicadas (IPEA). *Atlas da violência 2017*. Rio de Janeiro, 2017. Disponível em: <http://ipea.gov.br/portal/images/170602_atlas_da_violencia_2017.pdf>. Acesso em 07 Mar. 2018.

BRASIL. Instituto de Pesquisas Econômicas Aplicadas (IPEA). *Reincidência Criminal no Brasil: Relatório de pesquisa.* Rio de Janeiro, 2015. Disponível em: <http://www.ipea.gov.br/portal/images/stories/PDFs/relatoriopesquisa/150611_relatorio_reincidencia_criminal.pdf>. Acesso em 04 Jul. 2019.

BRASIL. Lei das Contravenções Penais. Decreto-Lei nº. 3.688, de 03 de outubro de 1941. Rio de Janeiro, out. 1941. Disponível em: <http://www.planalto.gov.br/ccivil_03/decreto-lei/del3688.htm>. Acesso em 14 Jul. 2018.

BRASIL. Lei nº 12.016, de 07 de agosto de 2009. Brasília, ago. 2009. Disponível em: <http://www.planalto.gov.br/ccivil_03/_ato2007-2010/2009/lei/l12016.htm>. Acesso em 14 Jul. 2019.

BRASIL. Lei nº 12.846, de 1º de agosto de 2013. Brasília, ago. 2013. Disponível em: <http://www.planalto.gov.br/ccivil_03/_ato2011-2014/2013/lei/l12846.htm>. Acesso em 12 Set. 2019.

BRASIL. Lei nº 13.146, de 06 de julho de 2015. Brasília, jul. 2015. Disponível em: <http://www.planalto.gov.br/ccivil_03/_ato2015-2018/2015/lei/l13146.htm>. Acesso em 10 Set. 2019.

BRASIL. Lei nº 4.717, de 29 de junho de 1965. Brasília, jun. 1965. Disponível em: <http://www.planalto.gov.br/ccivil_03/leis/L4717.htm>. Acesso em 14 Jul. 2019.

BRASIL. Lei nº. 11.340, de 07 de agosto de 2006. Brasília, ago. 2006. Disponível em: <http://www.planalto.gov.br/ccivil_03/_ato2004-2006/2006/lei/l11340.htm>. Acesso em 15 Set. 2019.

BRASIL. Lei nº. 13.675, de 11 de junho de 2018. Brasília, jun. 2018. Disponível em: <http://www.planalto.gov.br/ccivil_03/_Ato2015-2018/2018/Lei/L13675.htm>. Acesso em 14 Jul. 2019.

BRASIL. Lei nº. 7.347, de 24 de julho de 1985. Brasília, jul. 1985. Disponível em: <http://www.planalto.gov.br/ccivil_03/leis/l7347orig.htm>. Acesso em 14 Jul. 2019.

BRASIL. Lei nº. 7.716, de 05 de janeiro de 1989. Brasília, jan. 1989. Disponível em: <http://www.planalto.gov.br/ccivil_03/leis/l7716.htm>. Acesso em 14 Jul. 2019.

BRASIL. Lei nº. 9.613, de 03 de março de 1998. Brasília, mar. 1998. Disponível em: <http://www.planalto.gov.br/ccivil_03/LEIS/L9613.htm>. Acesso em 12 Set. 2019.

BRASIL. Lei nº. 9.882, de 03 de dezembro de 1999. Brasília, dez. 1999. Disponível em: <http://www.planalto.gov.br/ccivil_03/leis/l9882.htm>. Acesso em 14 Jul. 2019.

BRASIL. Lei nº.7.170, de 14 de dezembro de 1983. Brasília, dez. 1983. Disponível em: <http://www.planalto.gov.br/ccivil_03/leis/l7170.htm>. Acesso em: 11 Set. 2019.

BRASIL. Lei nº.7.210, de 11 de julho de 1984. Brasília, jul. 1984. Disponível em: <http://www.planalto.gov.br/ccivil_03/LEIS/L7210.htm>. Acesso em 14 Jul. 2019.

BRASIL. Ministério da Justiça e Segurança Pública do Governo Federal. *Conceitos básicos*. Disponível em: <http://www.justica.gov.br/sua-seguranca/seguranca-publica/orgaos-de-seguranca-1/conceitos-basicos>. Acesso em 16 Fev. 2018.

BRASIL. Secretaria de Direitos Humanos da Presidência da República. *Direito à liberdade e à segurança da pessoa*. Brasília: Coordenação Geral de Educação em SDH/PR, Direitos Humanos, Secretaria Nacional de Promoção e Defesa dos Direitos Humanos, 2013. Disponível em: <www.sdh.gov.br/assuntos/...e-defesa/.../direito-a-liberdade-e-a-seguranca-da-pessoa>. Acesso em 19 Fev. 2018.

BRASIL. Senado Federal. Ordenações e leis do Reino de Portugal: recopiladas por mandado d'El-Rey D. Philippe I. 14ª ed. Rio de Janeiro: Typ. Do Instituto Phiilomathico, 1870. Disponível em: <https://

www2.senado.leg.br/bdsf/handle/id/242733>. Acesso em 17 Nov. 2019.

BRASIL. Senado Federal. Coordenação de Edições Técnicas. Direitos Humanos. 4ª ed. Brasília: Senado Federal, 2013. Disponível em: <https://www2.senado.leg.br/bdsf/bitstream/handle/id/508144/000992124.pdf?sequence=1&isAllowed=y>. Acesso em 09 Ago. 2019.

BRASIL. Superior Tribunal de Justiça. Agravo Regimental no Agravo de Instrumento nº 2009.02.24885-0. Primeira Turma. Relator: Ministro Luiz Fux, Dje: 09 set. 2010. Disponível em: <https://stj.jusbrasil.com.br/jurisprudencia/16096082/agravo-regimental-no-agravo-de-instrumento-agrg-no-ag-1249132-sp-2009-0224885-0/inteiro-teor-16678137>. Acesso em 11 Ago. 2019.

BRASIL. Superior Tribunal de Justiça. Agravo Interno no Recurso Especial nº 201200345037. Segunda Turma. Relator: Ministro Og Fernandes. Dje: 25 Set. 2017.. Disponível em: <https://scon.stj.jus.br/SCON/jurisprudencia/toc.jsp?processo=2012%2F0034503-7+OU+201200345037&b=ACOR&thesaurus=JURIDICO&p=true>. Acesso em 11 Ago. 2019.

BRASIL. Superior Tribunal de Justiça. Recurso Especial nº 199900845978. Primeira Turma. Relator: Ministro Humberto Gomes de Barros. DJ: 25 Set. 2000. Disponível em: <https://scon.stj.jus.br/SCON/jurisprudencia/toc.jsp?processo=1999%2F0084597-8+OU+199900845978&b=ACOR&thesaurus=JURIDICO&p=true>. Acesso em 11 Ago. 2019.

BRASIL. Superior Tribunal de Justiça. – Recurso Especial nº 201700981320. Segunda Turma. Relator: Ministro Herman Benjamin. Dje: 30 Jun. 2017. Disponível em: <https://scon.stj.jus.br/SCON/jurisprudencia/toc.jsp?processo=2017%2F0098132-0+OU+201700981320&b=ACOR&thesaurus=JURIDICO&p=true>. Acesso em 11 Ago. 2019.

BRASIL. Supremo Tribunal Federal. Agravo Regimental no Recurso Extraordinário nº. 349581. Primeira Turma, Relator: Ministro Roberto Barroso, julgamento em 07 Abr. 2015. Dje: 20 Abr. 2015. Disponível em: <http://www.stf.jus.br/portal/jurisprudencia/listarJurisprudencia.asp?s1=%28349581%2ENUME%2E+OU+349581%2EACMS%2E%29&base=baseAcordaos&url=http://tinyurl.com/yac778s3>. Acesso em 11 Ago. 2019.

BRASIL. Supremo Tribunal Federal. Recurso Extraordinário nº 201819 / RJ. Relatora: Ministra Ellen Gracie. Relator para o Acórdão: Ministro Gilmar Mendes. Julgamento em 11 Out. 2005. Segunda Turma. DJ 27. Out. 2006. Disponível em: <http://stf.jus.br/portal/jurisprudencia/listarJurisprudencia.asp?s1=%28201819%2ENUME%2E+OU+201819%2EACMS%2E%29&base=baseAcordaos&url=http://tinyurl.com/y3mczexw>. Acesso em 11 Set. 2019.

BRASIL. Supremo Tribunal Federal. Ação Direta de Inconstitucionalidade nº 3.510. Relator: Ministro Ayres Britto, julgamento em 29 Mai. 2008. Dje: 28 Mai. 2010. Disponível em: <http://www.stf.jus.br/portal/jurisprudencia/listar-

Jurisprudencia.asp?s1=%283510%2ENUME%2E+OU+3510%2EACMS%2E%29&base=baseAcordaos&url=http://tinyurl.com/y3n4ah6q>. Acesso em 11 Ago. 2019.

BRASIL. Supremo Tribunal Federal. Ação Direta de Inconstitucionalidade nº 4.277. Relator: Ministro Ayres Britto, julgamento em 5 Mai. 2011. Dje:14 Out. 2011. Disponível em: <http://www.stf.jus.br/portal/jurisprudencia/listarJurisprudencia.asp?s1=%284277%2ENUME%2E+OU+4277%2EACMS%2E%29&base=baseAcordaos&url=http://tinyurl.com/jylqsdv>. Acesso em: 11 Ago. 2019.

BRASIL. Supremo Tribunal Federal. Ação Direta de Inconstitucionalidade nº 236. Relator: Ministro Octávio Gallotti, julgamento em 01 Jun. 2001. Disponível em: <http://www.stf.jus.br/portal/jurisprudencia/listarJurisprudencia.asp?s1=%28236%2ENUME%2E+OU+236%2EACMS%2E%29&base=baseAcordaos&url=http://tinyurl.com/y23m33rt>. Acesso em: 11 Ago. 2019.

BRASIL. Supremo Tribunal Federal. Ação Direta de Inconstitucionalidade nº 1442. Relator: Ministro Celso de Mello, julgamento em 24 Mar. 1997. Disponível em: <http://www.stf.jus.br/portal/jurisprudencia/listarJurisprudencia.asp?s1=%281442%2ENUME%2E+OU+1442%2EACMS%2E%29&base=baseAcordaos&url=http://tinyurl.com/j3op3kp>. Acesso em 11 Ago. 2019.

BRASIL. Supremo Tribunal Federal. Ação Direta de Inconstitucionalidade nº 2.667/DF. Relator: Ministro Celso de Mello, julgamento em 12 Mar. 2004. Disponível em: <http://www.stf.jus.br/portal/jurisprudencia/listarJurisprudencia.asp?s1=%282667%2ENUME%2E+OU+2667%2EACMS%2E%29&base=baseAcordaos&url=http://tinyurl.com/y3b4hb6l>. Acesso em 11 Ago. 2019.

BRASIL. Supremo Tribunal Federal. Agravo Regimental no Recurso Extraordinário com Agravo nº 654.823. Primeira Turma. Relator: Ministro Dias Toffoli, julgamento em 12 Nov. 2013. Dje: 5 Dez. 2013. Disponível em: <http://www.stf.jus.br/portal/jurisprudencia/listarJurisprudencia.asp?s1=%28654823%2ENUME%2E+OU+654823%2EACMS%2E%29&base=baseAcordaos&url=http://tinyurl.com/y32mmy69>. Acesso em 11 Ago. 2019.

BRASIL. Supremo Tribunal Federal. Arguição de Descumprimento de Preceito Fundamental nº 132. Relator: Ministro Ayres Britto, julgamento em 05 Mai. 2011. Dje: 14 Out. 2011. Disponível em: <http://www.stf.jus.br/portal/jurisprudencia/listarJurisprudencia.asp?s1=%28132%2ENUME%2E+OU+132%2EACMS%2E%29&base=baseAcordaos&url=http://tinyurl.com/yy3k2ykq>. Acesso em 11 Ago. 2019.

BRASIL. Supremo Tribunal Federal. Arguição de Descumprimento de Preceito Fundamental nº 594. Relator: Ministro Edson Fachin. Dje: 08 Ago. 2019. Disponível em: <https://portal.stf.jus.br/processos/detalhe.asp?incidente=5721251>. Acesso em 11 Ago. 2019.

BRASIL. Supremo Tribunal Federal. Arguição de Descumprimento de Preceito Fundamental nº 581, Relator: Ministro

Rosa Weber. Dje: 19 Jun. 2019. Disponível em: <http://portal.stf.jus.br/processos/detalhe.asp?incidente=5691348>. Acesso em 11 Ago. 2019.

BRASIL. Supremo Tribunal Federal. Habeas Corpus nº 101.300. Segunda Turma. Relator: Ministro Ayres Britto, julgamento em 5 Out. 2010. Dje: 18 Nov. 2010. Disponível em: <http://redir.stf.jus.br/paginadorpub/paginador.jsp?docTP=AC&docID=616782>. Acesso em: 12 Ago. 2019.

BRASIL. Supremo Tribunal Federal. Habeas Corpus nº 102.087/MG. Segunda Turma. Relator: Ministro Celso de Mello, julgamento em 28 Fev. 2012. Dje: 14 Ago. 2012. Disponível em: <http://redir.stf.jus.br/paginadorpub/paginador.jsp?docTP=AC&docID=629960>. Acesso em: 07 Mar. 2018.

BRASIL. Supremo Tribunal Federal. Habeas Corpus nº 143.641/SP. Segunda Turma, Relator: Ministro Ricardo Lewandowski, julgamento em 20 Fev. 2018. Dje: 08 Out. 2018. Disponível em: <http://stf.jus.br/portal/jurisprudencia/listarJurisprudencia.asp?s1=%28143641%2ENUME%2E+OU+143641%2EACMS%2E%29&base=baseAcordaos&url=http://tinyurl.com/y5zcp44y>. Acesso em: 15 Set. 2018.

BRASIL. Supremo Tribunal Federal. Mandado de Injunção nº. 4733/DF. Relator: Ministro Edson Fachin 2018. Disponível em: <https://portal.stf.jus.br/processos/detalhe.asp?incidente=4239576>. Acesso em 24 Jun. 2019.

BRASIL. Supremo Tribunal Federal. Recurso Extraordinário nº 1048340 / RN. Relator: Ministro Gilmar Mendes, julgamento em 14 Fev. 2018. Dje 16 Fev. 2019. Disponível em: <http://stf.jus.br/portal/jurisprudencia/listarJurisprudencia.asp?s1=%28%281048340%2ENUME%2E+OU+1048340%2EDMS%2E%29%29+NAO+S%2EPRES%2E&base=baseMonocraticas&url=http://tinyurl.com/yykc3xan>. Acesso em 16 Set. 2019.

BRASIL. Supremo Tribunal Federal. Recurso Extraordinário nº 477.554 AgR. Segunda Turma, Relator: Ministro Celso de Mello, julgamento em 16 Ago. 2011. Dje: 26 Ago. 2011. Disponível em: <http://www.stf.jus.br/portal/jurisprudencia/listarJurisprudencia.asp?s1=%28477554%2ENUME%2E+OU+477554%2EACMS%2E%29&base=baseAcordaos&url=http://tinyurl.com/y2n6gemm>. Acesso em 24 Jun. 2019.

BRASIL. Supremo Tribunal Federal. Recurso Extraordinário nº 559.646 AgR. Segunda Turma, Relator: Ministra Ellen Gracie, julgamento em 07 Jun. 2011. Dje: 24 Jun. 2011. Disponível em: <http://www.stf.jus.br/portal/jurisprudencia/listarJurisprudencia.asp?s1=%28559646%2ENUME%2E+OU+559646%2EACMS%2E%29&base=baseAcordaos&url=http://tinyurl.com/j9vbneg>. Acesso em 24 Jun. 2019.

BRASIL. Supremo Tribunal Federal. Recurso Extraordinário nº 593.727/MG. Relator: Ministro Cezar Peluso, julgamento em 14 Mai. 2015. Dje 08 Set. 2015. Disponível em: <http://www.stf.jus.br/portal/jurisprudencia/listarJurisprudencia.asp?s1=%28593727%2ENUME%2E+OU+593727%2EACMS%2E%29&base=baseAcordaos&url=http://tinyurl.com/y3vz3l76>. Acesso em 24 Jun. 2019.

BRASIL. Supremo Tribunal Federal. Recurso Extraordinário nº 593.727/MG. Relator: Ministro Cezar Peluso, julgamento em 14 Mai. 2015. Dje: 08 Set.2015. Disponível em: <http://www.stf.jus.br/portal/jurisprudencia/listarJurisprudencia.asp?s1=%28593727%2ENUME%2E+OU+593727%2EACMS%2E%29&base=baseAcordaos&url=http://tinyurl.com/h5mazle>. Acesso em 24 Jun. 2019.

BRASIL. Supremo Tribunal Federal. Recurso Extraordinário nº 898.060. Relator: Ministro Luiz Fux, j. 21/9/2016, Dje: 24/Ago./2017. STF: 2017. Disponível em: <http://portal.stf.jus.br/processos/detalhe.asp?incidente=4803092>. Acesso em 24 Jun. 2019.

BSTAN'DZIN-RGYA-MTSHO, Dalai Lama XIV, 1935. *A arte da felicidade*: um manual para a vida/ de sua santidade o Dalai Lama e Howard C Cutler. Tradução de Waldéa Barrellos. São Paulo: Martins Fontes, 2000.

BURÓN, Javier Nistal. Los derechos de la víctima del delito en el ámbito de la ejecución penal. El «derecho a saber» y el «derecho a recurrir» en los términos establecidos en el estatuto de la víctima(Ley 4/2015). *Diario La Ley*, nº 8999, Sección Tribuna, 13 de Junio de 2017, Editorial Wolters Kluwer. Disponível em: <https://aladinoprisiones.webcindario.com/varios/tribuna6.pdf>. Acesso em 19 Out. 2019.

CALSING, Renata de Assis. Teoria da Norma Jurídica e a Efetividade do Direito. *Revista do Programa de Pós-Graduação em Direito da UFC*, v. 32, n. 2, jul./dez. 2012. Disponível em: <http://periodicos.ufc.br/nomos/article/view/362/344>. Acesso em 21 Mar. 2018.

CAMARGO, Margarida Maria Lacombe. Eficácia constitucional: uma questão hermenêutica. In: BOUCAULT, Carlos E. de Abreu; RODRIGUEZ, José Rodrigo (Orgs.). *Hermenêutica Plural*: possibilidades jusfilosóficas em contextos imperfeitos. 2ª ed. São Paulo: Martins Fontes, 2005.

CANOTILHO, José Joaquim Gomes. *Direito Constitucional*. Coimbra: Almendina, 1993.

CAPPELLETTI, Mauro. *Juízes Legisladores?* Tradução de Carlos Alberto Alvaro de Oliveira. Porto Alegre: Sergio Antonio Fabris Editor, 1999.

Carta dos Direitos Fundamentais da União Europeia – 2000. Disponível em: <http://www.direitoshumanos.usp.br/index.php/Documentos-n%C3%A3o-Inseridos-nas-Delibera%C3%A7%C3%B5es-da-ONU/carta-dos-direitos-fundamentais.html>. Acesso em 11 Set. 2019.

CARVALHO, Vilobaldo Adelício de; FÁTIMA E SILVA, Maria do Rosário. Política de segurança no Brasil: avanços, limites e desafios. *Revista Katálysis*, Florianópolis, v. 14, n. 1, pp. 59-67, jan./jun. 2011. Disponível em: <http://www.scielo.br/pdf/rk/v14n1/v14n1a07.pdf>. Acesso em 18 Dez. 2018.

CASTRO, Carlos Roberto de Siqueira. *O devido processo legal e os princípios da razoabilidade e da proporcionalidade*. Rio de Janeiro: Forense, 2005.

CASTRO, Carlos Roberto Siqueira. *A Constituição aberta e os direitos fundamentais*:

ensaios sobre o constitucionalismo pós-moderno e comunitário. Rio de Janeiro: Forense, 2005.

CAVALIERI FILHO, Sérgio. Direito, Justiça e Sociedade. *Revista da EMERJ*, v.5, n.18, 2002. Disponível em: <http://www.emerj.tjrj.jus.br/revistaemerj_online/edicoes/revista18/revista18_58.pdf>. Acesso em 17 Out. 2019.

CERQUEIRA, Daniel; CARVALHO, Alexandre; LOBÃO, Waldir; RODRIGUES, Rute. *Análise dos custos e consequência da violência no Brasil*. Governo Federal, IPEA-Instituto de Pesquisa Econômica Aplicada, 2007. Disponível em: <www.ipea.gov.br/portal/images/stories/PDFs/TDs/td_1284.pdf>. Acesso em 09 Mar. 2018.

CERQUEIRA, Daniel; SOARES, Rodrigo. *Custo de bem-estar da violência letal no Brasil e desigualdades regionais, educacionais e de gênero*. Governo Federal, IPEA-Instituto de Pesquisa Econômica Aplicada, 2011. Disponível em: <repositorio.ipea.gov.br/bitstream/11058/1380/1/td_1638.pdf>. Acesso em 09 Mar. 2018.

CHALITA, Gabriel. Heurística e direito. In: BOUCAULT, Carlos E. de Abreu; RODRIGUEZ, José Rodrigo (Orgs). *Hermenêutica Plural*: possibilidades jusfilosóficas em contextos imperfeitos. 2ª ed. São Paulo: Martins Fontes, 2005.

CLAUSEWITZ, Carl Von. *Da Guerra*. Tradução de Luiz Carlos Nascimento e Silva do Valle. Disponível em: <https://pt.scribd.com/document/360388359/Carl-Von-Clausewitz-Da-Guerra-pdf>. Acesso em 21 Mar. 2018.

COLÔMBIA. Constituição Política de Colômbia, de 06 de julho de 1991. Disponível em: <http://www.corteconstitucional.gov.co/inicio/Constitucion%20politica%20de%20Colombia.pdf>. Acesso em: 03 Mai. 2018.

COMPARATO, Fábio Konder. *A afirmação histórica dos direitos humanos*. 11ª ed. São Paulo: Saraiva, 2017.

COMPARATO, Fábio Konder. *Novas funções judiciais no estado moderno*. Parar viver a democracia. São Paulo: Brasiliense, 1989.

COPETTI SANTOS, André Leonardo. Gestão penal da exclusão e o caráter ideológico do sistema penal. In: BORGES, Paulo César Corrêa (Org.)*Leituras de um realismo jurídico-penal marginal*: Homenagem a Alessandro Baratta. São Paulo: NETPDH; Cultura Acadêmica Ed., 2012.

CORVALÁN, Juan Gustavo. *Direito administrativo em transição*. Porto Alegre: Astrea - Contracorrente, 2018.

CRUET, Juan. *A vida do direito e a inutilidade das leis*. Lisboa: Antiga Casa Bertrand-José Bastos &Cia.-Livraria editora, 1908.

CUNHA JR, Dirley da; COSTA E SILVA, Gabriela. Efeitos das decisões em ação direta de inconstitucionalidade por omissão: da possibilidade de prolação de sentenças criativas no controle abstrato das omissões do Poder Público. *Revista de Direito Brasileira*, São Paulo, v. 19, n. 8, pp. 395 - 418, Jan./Abr. 2018.

CUNHA, José Ricardo. Fundamentos axiológicos da hermenêutica jurídica. In: BOUCAULT, Carlos E. de Abreu; RODRIGUEZ, José Rodrigo (Orgs.). *Hermenêutica Plural*: possibilidades jusfilosóficas em contextos imperfeitos. 2ª ed. São Paulo: Martins Fontes, 2005.

DE LIMA. Renato Sérgio. *11º Anuário Brasileiro de Segurança Pública*. São Paulo: Fórum Brasileiro de Segurança Pública, 2017. Disponível em: <http://www.forumseguranca.org.br/atividades/anuario/>. Acesso em 03 Mai. 2018.

Declaração dos Direitos do Homem e do Cidadão, de 27 de agosto de 1789. Disponível em: <http://www.direitoshumanos.usp.br/index.php/Documentos-anteriores-à-criação-da-Sociedade-das-Nações-até-1919/declaracao-de-direitos-do-homem-e-do-cidadao-1789.html>. Acesso em 09 Ago. 2019.

Declaração de direitos do homem e do cidadão – 1789. In: *Textos Básicos sobre Derechos Humanos*. Madrid. Universidad Complutense, 1973, Traduzido do espanhol por Marcus Cláudio Acqua Viva. Apud. FERREIRA Filho, Manoel G. et. alli. *Liberdades Públicas*. São Paulo: Saraiva, 1978. Disponível em: <http://www.direitoshumanos.usp.br/index.php/Documentos-anteriores-%C3%A0-cria%C3%A7%C3%A3o-da-Sociedade-das-Na%C3%A7%C3%B5es-at%C3%A9-1919/declaracao-de-direitos-do-homem-e-do-cidadao-1789.html>. Acesso em 11/Set./2019.

DEMERCIAN, Pedro Henrique; MALULY, Jorge Assaf. *Curso de processo penal*. 9ª ed. Rio de Janeiro: Forense, 2014.

DEMERCIAN, Pedro Henrique; MORAES, Alexandre Rocha Almeida de. Um novo modelo de atuação criminal para o Ministério Público brasileiro: Agências e Laboratório de Jurimetria, *Revista Jurídica da Escola Superior do Ministério Público de São Paulo*, v. 11, n. 1, 2017. Disponível em: <http://www.esmp.sp.gov.br/revista_esmp/index.php/RJESMPSP/article/view/338>. Acesso em 14 Jul. 2019.

DIAS, Daniella S. O que vem a ser Nação no contexto atual? *Revista de Informação Legislativa*, Brasília, a. 49, n. 196, out./dez. 2012. Disponível em: <https://www2.senado.leg.br/bdsf/bitstream/handle/id/496615/000967049.pdf?sequence=8&isAllowed=y>. Acesso em 10 Set. 2019.

DIDIER JÚNIOR, Fredie. *Curso de Direito Processual Civil*. Teoria geral do processo e processo de conhecimento. 9ª. ed. Salvador: JusPodivm, 2008.

DOSSETI, Giuseppe. *Funzioni e ordinamento dello stato moderno*. Circoli Dosseti: 2001. Disponível em: <http://www.circolidossetti.it/funzioni-ordinamento-moderno/>. Acesso em: 11 Jun. 2018.

DUARTE, Ivo Carlos. *O papel da religião no processo de reintegração do preso à sociedade*, contextualizando a Penitenciária Estadual de Londrina. Dissertação de Mestrado, Programa de Pós-Graduação em Tratamento Penal e Gestão Prisional, Universidade Federal do Paraná, Londrina, 2002. Disponível em: <http://www.depen.pr.gov.br/arquivos/File/monografia_ivo.pdf>. Acesso em 14 Jul. 2018.

EINSTEIN, Albert; FREUD, Sigmund. *Um diálogo entre Einstein e Freud*: por que a guerra? Santa Maria: FADISMA, 2005.

ELBERT, Carlos Alberto. Breve Historia De Las Alternativas Al Poder Penal: Buenas Intenciones y Pocos Resultados. In: BORGES, Paulo César Corrêa (org.).

Leituras de um realismo jurídico-penal marginal: Homenagem a Alessandro Baratta. São Paulo: NETPDH; Cultura Acadêmica Ed., 2012.

EMILIO, Paulo. Sensação de segurança no Brasil só é melhor que Gabão, Afeganistão e Venezuela. *Brasil247*, 29 mai. 2019. Disponível em: <https://www.brasil247.com/pt/247/mundo/360895/Sensação-de-segurança-no-Brasil-só-é-melhor-que-Gabão-Afeganistão-e-Venezuela.htm>. Acesso em 26 Dez. 2018.

ESPANHA. Constituição Espanhola, de 29 de agosto de 1978. Disponível em: <http://www.congreso.es/consti/constitucion/indice/titulos/articulos.jsp?ini=104&tipo=2>. Acesso em 03 Mai. 2018.

ESPIELL, Héctor Gross. El Derecho a la paz, *Pace diritti umani Rivista quadrimestrale del Centro di Ateneo per i Diritti Umani dell´Universitá di Padova*, Nuova serie, a. X, n. 2-3. Maggio-diciembre 2013. Veneza: Marsilio Editori, 2014. Disponível em: <http://docplayer.es/71398175-El-derecho-a-la-paz-hector-gros-espiell.html>. Acesso em 20 Set. 2018.

ESTADOS UNIDOS DA AMÉRICA. Congress. *Constitution Annotated: Amdt2.1 In General*. Disponível em: <https://constitution.congress.gov/conan/essay/2_1/>. Acesso em 15 Set. 2019.

ESTADOS UNIDOS DA AMÉRICA. *Poland Safety and Security*, 2016. Disponível em: <https://www.export.gov/article?id=Poland-Safety-and-Security>. Acesso em 26 Abr. 2018.

ESTADOS UNIDOS DA AMÉRICA. National Archives. *Declararion of Independence*: A transcription. The U.S. National Archives and Records Administration: 2019. Disponível em: <https://www.archives.gov/founding-docs/declaration-transcript>. Acesso em 10 Set. 2019.

ESTADOS UNIDOS DA AMÉRICA. U.S. Department of State. Overseas Security Advisory Council. *Poland 2016 Crime & Safety Report*, 13 abr. 2016. Disponível em: <https://www.osac.gov/pages/ContentReportDetails.aspx?cid=21340>. Acesso em 26 Abr. 2018.

ESTADOS UNIDOS DA AMÉRICA. U.S. Embassy in Georgia. *National Security Strategy of the United States of America*. 19 dez. 2017. Disponível em: <https://ge.useembassy.gov/2017-national-security-strategy-united-states-america-president/>. Acesso em 11 Set. 2019

ESTADOS UNIDOS DA AMÉRICA. Government Publishing Office (U.S.). Second Amendment. 03 out. 1992. Disponível em: <https://www.govinfo.gov/content/pkg/GPO-CONAN-1992/pdf/GPO-CONAN-1992-10-3.pdf>. Acesso em 12 Set. 2019.

FARIA, José Eduardo. *Sociologia jurídica*: Crise do Direito e Praxis Política. Rio de Janeiro: Ed. Forense, 1984.

FARIAS, Edilsom Pereira de. *Colisão de Direitos*: A honra, a intimidade, a vida privada e a imagem versus a liberdade de expressão e informação. Porto Alegre: Sergio Antonio Fabris Editos, 1996.

FAUCHER, Guillaume. *La Nouvelle Gouvernance de la Securité Publique et ses Impacts sur les Institutions Démocratiques*: une analyse de cas de la commercialization des services offerts par le SPVM. Dissertação de Mestrado em Ciência Política, Université Du Quebec à Montreal, Montreal, 2015. Disponível em: <https://archipel.uqam.ca/8266/1/M14129.pdf>. Acesso em 24 Jul. 2018

FELDMAN, David P. *Chaos and Fractals*. An Elementary Introduction. Oxford: Oxford University Press, 2012.

FÉLIX, Luciene. Freud e a busca pela felicidade. *Carta Forense,* 03 Ago. 2009. Disponível em: <http://www.esdc.com.br/CSF/artigo_2009_08_Freud_e_a_busca_pela_felicidade.htm>. Acesso em 14 Fev. 2018.

FERRARESI, Eurico. *Do Mandado de Segurança*: comentários à Lei n. 12.016, de 07 de agosto de 2009. Rio de Janeiro: Forense, 2010.

FERRAZ JUNIOR, Tércio Sampaio. Apresentação. O pensamento jurídico de Norberto Bobbio. In: BOBBIO, Norberto. *Teoria do Ordenamento Jurídico.* 10ª ed. Tradução de Maria Celeste Cordeiro Leite dos Santos. Brasília: Editora Universidade de Brasília, 1999.

FIGUEIREDO. Cândido de. *Novo Diccionário da Língua Portuguesa*. 1913. Disponível em: <http://dicionario-aberto.net/dict.pdf>. Acesso em 14 Set. 2018.

FILOCRE, Lincoln D'Aquino. *Direito de segurança pública*. Limites jurídicos para políticas de segurança pública. Coimbra: Almedina, 2010.

FN. Centenas de pessoas participam da 'Caminhada da Paz' em Cruz das Almas, *Forte na Notícia,* 04 Fev. 2018. Disponível em: <https://www.fortenanoticia.com.br/centenas-de-pessoas-participam-da-caminhada-da-paz-em-cruz-das-almas/>. Acesso em 19 Set. 2018.

FONTOURA, Natália de Oliveira; RIVERO, Patricia Silveira; RODRIGUES, Rute Imanishi. Segurança Pública na Constituição Federal de 1988: continuidades e perspectivas, *Segurança Pública,* v. 03, n. 17 Repositório IPEA. Disponível em: <http://repositorio.ipea.gov.br/bitstream/11058/4327/1/bps_n.17_vol03_segurana_publica.pdf>. Acesso em 18 Dez. 2018.

FRAGOSO, Heleno Cláudio. *Lições de Direito Penal*: Parte Geral. 16ª ed. Rio de Janeiro: Forense, 2003.

FRANÇA. Constituição da Quinta República Francesa, de 04 de outubro de 1958. Disponível em: <http://www.conseil-constitutionnel.fr/conseil-constitutionnel/root/bank_mm/portugais/constitution_portugais.pdf>. Acesso em 03 Mai. 2018.

FRANÇA. Le Service Public de la Difusion Du Droit (LEGIFRANCE). *Déclaration des Droits de l'Homme et du Citoyen de 1789.* Disponível em <https://www.legifrance.gouv.fr/Droit-francais/Constitution/Declaration-des-Droits-de-l-Homme-et-du-Citoyen-de-1789>. Acesso em 03 Dez. 2019.

FRANCO, Alberto Silva. Prefácio. In. ZAFFARONI, Eugênio Raul; PIERANGELI, José Henrique. *Manual de Direito Penal Brasileiro*. E-book baseado na 11ª ed. impressa. São Paulo: Revista dos Tribunais, 2015.

FREITAS, Marisa Helena D'Arbo Alves de. *O Direito Penal Simbólico e o Engodo da Segurança Pública*. In: BORGES, Paulo César Corrêa (Org.). *Leituras de um realismo jurídico-penal marginal*: Homenagem a Alessandro Baratta. São Paulo:

NETPDH; Cultura Acadêmica Editora, 2012.

FREUD, Sigmund. *Mal-Estar na Civilização.* Edição Standard Brasileira das Obras Psicológicas Completas de Sigmund Freud. Vol. XXI. Rio de Janeiro: Imago, 1976. Disponível em: <http://conexoesclinicas.com.br/wp-content/uploads/2015/01/freud-sigmund-obras-completas-imago-vol-21-1927-1931.pdf>. Acesso em 02 Mar. 2018.

G1 - Globo Economia. Custos com a violência no Brasil chegaram a R$ 258 bilhões em 2013 - Dados são do Fórum Brasileiro de Segurança Pública. 2.212 pessoas foram mortas pela polícia em todo o país no ano passado. *G1,* São Paulo, 10 nov. 2014. Disponível em: <http://g1.globo.com/economia/noticia/2014/11/custos-com-violencia-no-brasil-chegaram-r-258-bilhoes-em-2013.html>. Acesso em 04 Jul. 2019.

GAGNO, Luciano Picoli; COUTO, Camilo José d ⊠Ávila. Ação popular por omissão lesiva ao mínimo existencial (moralidade) e controle de políticas públicas: novos horizontes desvelados pela jurisprudência do STJ e do STF no paradigma dos direitos fundamentais. *Revista Brasileira de Políticas Pública*, Brasília, v. 8, n. 1, pp. 631/647, 2018.

GALLUP NEWS. *Global Law and Order Report.* Gallup Inc: Washington, 2017. Disponível em: <http://bestsemester.com/sites/default/files/BestSemester/Gallup%202017%20Global%20Law%20and%20Order%20Report.pdf>. Acesso em 07 Mar. 2018.

GALTUNG, Johan. Três formas de violência, três formas de paz. A paz, a guerra e a formação social indo-europeia. *Revista Crítica de Ciências Sociais*, v. 71, pp. 63-75, Junho 2005.

GARRET, Brandon L. Constitutional Reasonableness. *Minnesota Law Review*, v. 102, pp. 101-165, 2017. Disponível em: <http://www.minnesotalawreview.org/wp-content/uploads/2017/12/Garrett_MLR.pdf>. Acesso em 03 Mar. 2018.

Giro de Notícias. População protesta por morte de comerciante e carregam cartazes durante enterro pedindo paz em Itabela. *Giro de Notícias,* 29 Ago. 2016. Disponível em: <https://www.girodenoticias.com/noticias/8934/populacao-protesta-por-morte-de-comerciante-e-carregam-cartazes-durante-enterro-pedindo-paz-em-itabe-29-08-2016/>. Acesso em 19 Set. 2018.

GLEISER, Marcelo. Acreditar é humano. Folha de São Paulo, Entrevista concedida em 11 Dez 2011. Disponível em: <http://www1.folha.uol.com.br/fsp/ciencia/14143-acreditar-e-humano.shtml>. Acesso em 24 Abr. 2018.

GOMES, Inajara Tainá Lessa. O papel das ONG's na construção da cidadania no Brasil. In: RABELO, Francisco Chagas Evangelista; BERNARDES, Genilda D'arc (orgs.). *Políticas públicas e cidadania.* Goiânia: Cânone, 2008.

GONÇALVES, Leonardo Augusto. *Origens, Conceito e Características dos Direitos Sociais: uma Análise das Consequências do Déficit Na Implementação dos Direitos Fundamentais de Segunda Dimensão.* 2010. Disponível em: <http://www.mpsp.mp.br/portal/page/portal/cao_civel/acoes_afirmativas/aa_doutrina>. Acesso em 07 Mar. 2018.

GONZAGA, Alvaro de Azevedo; CAMPITELLI ROQUE, Nathaly. Teoria Tridimensional do Direito. *Enciclopédia Jurídica da PUCSP*. Tomo Teoria Geral e Filosofia do Direito. São Paulo: Pontifícia Universidade Católica de São Paulo, 2017. Disponível em: <https://enciclopediajuridica.pucsp.br/verbete/64/edicao-1/tridimensional-do-direito,-teoria>. Acesso em 28 Mar. 2018.

GOVERNO DO ESTADO DE SÃO PAULO. *Aprovado orçamento de R$ 207,2 bilhões para 2016*: Assembleia Legislativa do Estado de São Paulo (Alesp) aprovou a lei orçamentária que prevê a receita e fixa a despesa para o próximo ano. Portal do Governo: 18 dez. 2015. Disponível em: <http://www.saopaulo.sp.gov.br/spnoticias/ultimas-noticias/aprovado-orcamento-de-r-207-2-bilhoes-para-2016/>. Acesso em 20 Dez. 2018.

GOVERNO DO ESTADO DE SÃO PAULO. Secretaria de Segurança Pública. *Indicadores da criminalidade do Estado de São Paulo*. Disponível em <http://www.ssp.sp.gov.br/Estatistica/Pesquisa.aspx>. Acesso em 26 Abr. 2018.

GRANGER, Marc-Antoine. Existe-t-il un « droit fondamental à la sécurité » ? *Revue de science criminelle et de droit pénal compare*, n. 2, pp. 273-296, 2008. Disponível em: <http://www.revuedlf.com/droit-fondamentaux/existe-t-il-un-droit-fondamental-a-la-securite/>. Acesso em 23 Nov. 2018.

GRANZOTTO DA SILVA, Eduardo Pinheiro. *Custos com segurança pública no Brasil e em outros países*. Brasília: Câmara dos Deputados, 2018. Disponível em: <http://bd.camara.gov.br/bd/bitstream/handle/bdcamara/35840/custo_seguranca_granzotto.pdf?sequence=1>. Acesso em 07 Ago. 2019.

GRAU, Eros Roberto. Nota sobre a distinção entre obrigação, dever e ônus. *Revista da Faculdade De Direito Universidade de São Paulo*, v. 77, pp. 177-183, 1982. Disponível em: <http://www.revistas.usp.br/rfdusp/article/view/66950>. Acesso em 12 Set. 2019.

GROWTH FROM KNOWLEDGE. *Preocupação com segurança e proteção pessoal:* Pesquisa Global Gfk, julho 2016. Disponível em: <http://www.gfk.com/fileadmin/user_upload/dyna_content/BR/infographics/original_size/RZ_GfK_16058_PR-Infografik_Angst_RGB_web2.jpg>. Acesso em 26 Abr. 2018.

GUERRA FILHO, Willis Santiago. A dimensão processual dos direitos fundamentais e da Constituição. *Revista de Informação Legislativa*, Brasília, a. 35, n. 137, jan./mar. 1998. Disponível em: <https://www2.senado.leg.br/bdsf/bitstream/handle/id/327/r137-02.pdf?sequence=4>. Acesso em 17 Out. 2019.

GUERRA FILHO, Willis Santiago. *Autopoiese do Direito na Sociedade Pós-Moderna*. Introdução a uma teoria social sistêmica. Porto Alegre: Livraria do Advogado Editora, 1997.

GUERRA FILHO, Willis Santiago. Hermenêutica constitucional, direitos fundamentais e princípio da proporcionalidade. In: BOUCAULT, Carlos Eduardo de Abreu; RODRIGUEZ, José Rodrigo (org.). *Hermenêutica plural*: possibilidades jusfilosóficas em contextos imperfeitos. 2ª ed. São Paulo: Martins Fontes, 2005.

GUERRA FILHO, Willis Santiago; CANTARINI, Paola. Proporcionalidade. In: CAMPILONGO Celso Fernandes; GONZAGA, Alvaro de Azevedo; FREIRE, André Luiz (coords.). *Enciclopédia jurídica da PUC-SP*. Tomo Teoria Geral e Filosofia do Direito. São Paulo: Pontifícia Universidade Católica de São Paulo, 2017. Disponível em: <https://enciclopediajurídica.pucsp.br/berbete/15/edicao-1/proporcionalidade>. Acesso em 08 Set. 2019.

HARARI, Yuval Noah. *Sapiens:*- Uma breve história da humanidade. Tradução de Janaína Marcoantonio. 19ª ed. Porto Alegre: L&PM, 2017.

HEGEL, Georg Wilhelm Friedrich. *Philosophy of Right*. Traduzido por S.W. Dyde. Kitchener/Canada: Batoche Books, 2001.

HESSE, Konrad. *A Força Normativa da Constituição*. Tradução de Gilmar Ferreira Mendes. Porto Alegre: Sergio Antonio Fabris, 1991.

HOBBES, Thomas. *Leviatã ou matéria, forma e poder de uma república eclesiástica e civil.* Organizado por Richard Tuck. Tradução de João Paulo Monteiro, Maria Beatriz Nizza da Silva e Claudia Berliner. São Paulo: Martins Fontes, 2003.

HOUAISS, Antonio; VILLAR, Mauro de Salles. *Míni Houaiss Dicionário da língua portuguesa*. 3ª ed. Rio de Janeiro: Objetiva, 2009.

HUME, David. *Resumo de Um Tratado da Natureza Humana*. Edição bilíngue. Tradução de Rachel Gutiérrez e José Sotero Caio. Porto Alegre: Editora Paraula, 1995.

IHERING, Rudolf Von. *A luta pelo direito*. Tradução de J. Cretella Jr. e Agnes Cretella. 5ª. ed. São Paulo: Editora Revista dos Tribunais, 2008.

Instituto Brasileiro de Planejamento Tributário (IBPT). *Quantidade de Normas Editadas no Brasil: 30 anos da constituição federal de 1988*, 15 out. 2018. Disponível em: <https://ibpt.com.br/img/uploads/novelty/estudo/2603/QuantidadeDeNormas201628AnosCF.pdf>. Acesso em 25 Mai. 2018.

INTERPOL – Organização Internacional de Polícia Criminal apud PUC MINAS MINI ONU. *Polônia*. Interpol 2017: 28 mai. 2017. Disponível em: <https://2minionuinterpol.wordpress.com/2017/05/28/polonia/>. Acesso em 26/Abr./2018.

JAROCHINSKI SILVA, João Carlos. Análise histórica das Constituições brasileiras. *Ponto & Vírgula*, n. 10, pp. 217-244, 2011. Disponível em: <revistas.pucsp.br/index.php/pontoevirgula/article/viewFile/13910/10234>. Acesso em 18 Dez. 2018.

JUNG, Carl Gustv. *Os arquétipos e o inconsciente coletivo*. Tradução Maria Luíza Appy e Dora Mariana R. Ferreira da Silva. Petrópolis: Vozes, 2000.

KAHN, Tulio. Os custos da violência: quanto se gasta ou deixa de ganhar por causa do crime no Estado de São Paulo. *Perspectiva*, São Paulo, v. 13, n. 4, pp. 42-48, Dec. 1999. Disponível em: <http://www.scielo.br/scielo.php?script=sci_arttext&pid=S0102-88391999000400005&lng=en&nrm=iso>. Acesso em 03 Mai. 2018.

KANT, Immanuel. *A paz perpétua: um pro-*

jeto filosófico. Tradução de Artur Morão. Corvilhã: Universidade da Beira Interior, 2008.

KANT, Immanuel. *Fundamentação da Metafísica dos Costumes*. Tradução de Tânia Maria Bernkopf, Paulo Quintela e Rubens Rodrigues Torres Filho. 2ª ed. São Paulo: Abril Cultural, 1984.

KANT, Immanuel. *Fundamentação da Metafísica dos Costumes*. Tradução de Antônio Pinto de Carvalho. São Paulo: Companhia Editora Nacional, 1964. Disponível em: <http://www.dhnet.org.br/direitos/anthist/marcos/hdh_kant_metafisica_costumes.pdf>. Acesso em 12 Abr. 2018.

KELSEN, Hans. *O Problema da Justiça*. Tradução de João Batista Machado. 3ª ed. São Paulo: Martins Fontes, 1998.

KELSEN, Hans. *Peace Through Law*. North Carolina: University of North Carolina Press, 1944.

KNOEMA. *Atlas Eslováquia*: índice nacional de roubos. Dados estatísticos disponíveis em: <http://pt.knoema.com/atlas/Eslov%C3%A1quia/%C3%8Dndice-Nacional-de-Roubos-taxa-cada-100000-habitantes>. Acesso em 26 Abr. 2018.

KOWALSKI, Mateus. A paz segundo o Conselho de Segurança das Nações Unidas. *Nação e Defesa*, Lisboa, nº 135, p. 47-65, 2013.

LIMA SILVA, Alcione Maria de; RODRIGUES, Cleonice de Arruda; ALBUQUERQUE, Cristina Maria de; DA SILVA, Maria José. *Importância da Pesquisa das Personalidades Auto-Realizadoras na Teoria de Abraham Maslow*, Out. 2015. Disponível em: <https://psicologado.com/abordagens/humanismo/a-importancia-da-pesquisa-das-personalidades-auto-realizadoras-na-teoria-de-abraham-maslow>. Acesso em 09 Fev. 2018.

LIMA, Alceu Amoroso. *Os direitos do homem e o homem sem direitos*. Rio de Janeiro: Francisco Alves Editora, 1974.

LINDGREN ALVES, José Augusto. *A Declaração dos Direitos Humanos na Pós-Modernidade*. São Paulo: Perspectiva, 2005. Disponível em: <http://www.dhnet.org.br/direitos/militantes/lindgrenalves/lindgren_100.html>. Acesso em 07 Abr. 2018.

LINDGREN ALVES, José Augusto. É preciso salvar os direitos humanos! *Lua Nova*, São Paulo, v. 86, pp. 51-88, 2012. Disponível em: <http://www.scielo.br/pdf/ln/n86/a03.pdf>. Acesso em 10 / Abr. 2018.

LINDGREN ALVES, José Augusto. *Relações internacionais e temas sociais: a década das conferências*. Brasília: Instituto Brasileiro de Relações Internacionais, 2001.

LOCKE, John. *Two Treatises of Government*. Londres: Thomas Tegg; W. Sharpe and Son; G. Offor; G. and J. Robinson; J. Evans and Co.: Also R. Griffin and Co. Glasgow; and J. Gumming, Dublin, 1823. Disponível em: <http://www.dominiopublico.gov.br/pesquisa/DetalheObraForm.do?select_action=&co_obra=4855)>. Acesso em 13 Mar. 2018.

LOWELL, J. Howe. The Meaning of Due Process of Law Prior to the Adoption of the Fourteenth Amendment, *California Law Review*, v. XIII, n. 3, 1930. Disponível em: <http://scholarship.law.berkeley.edu/californialawreview/vol18/iss6/1>. Acesso em: 02 Mar. 2018.

LUNARDI, Soraya Gasparetto. Segurança, privilégio ou direito de todos. In: BORGES, Paulo César Corrêa (org.). *Leituras de um realismo jurídico-penal marginal.* Homenagem a Alessandro Baratta. São Paulo: NETPDH; Cultura Acadêmica Editora, 2012.

MACHADO, Mônica Labuto Fragoso. Decisão do STF na ADI 4.424 x Justiça Restaurativa. In: *Curso Capacitação em Gênero: acesso à justiça e violência contra as mulheres, 2012.* Rio de Janeiro: EMERJ, 2013. Disponível em: <http://www.emerj.tjrj.jus.br/serieaperfeicoamentodemagistrados/paginas/series/14/capacitacaoemgenero.pdf>. Acesso em 15 Set. 2019.

MALUF, Sahid. *Teoria Geral do Estado.* 25ª ed. São Paulo: Saraiva, 1999.

MANCUSO, Rodolfo de Camargo. *Ação popular.* Proteção do erário, do patrimônio público, da moralidade administrativa e do meio ambiente. 6ª ed. São Paulo: Revista dos Tribunais, 2008.

MARITAIN, Jacques. *Os Direitos do Homem e a Lei Natural.* Tradução de Afrânio Coutinho. Rio de Janeiro: José Olympio, 1967.

MARMELSTEIN, George. *Curso de direitos fundamentais.* São Paulo: Altas, 2008.

MARQUES, Maria Edith de Azevedo. *Direitos Fundamentais: o direito à paz no pensamento de Hannah Arendt.* Reflexões e propostas. Tese de Doutorado em Direito, Pontifícia Universidade Católica de São Paulo, São Paulo, 2010.

MARTINEZ, Vinício Carrilho. Estado penal: mors tua, vita mea. In: BORGES, Paulo César Corrêa (Org). *Leituras de um realismo jurídico-penal marginal*: Homenagem a Alessandro Baratta.- São Paulo: NETPDH; Cultura Acadêmica Editora, 2012.

MASLOW, A. H. *Motivation and Personality.* New York: Harper & Row, 1954.

MAXIMILIANO, Carlos. *Hermenêutica e Aplicação do Direito.* 20ª ed. Rio de Janeiro: Forense, 2011.

MAZZILLI, Hugo Nigro. *A defesa dos interesses difusos em juízo*: meio ambiente, consumidor, patrimônio cultural, patrimônio público e outros interesses. 21ª ed. São Paulo: Saraiva, 2008.

MAZZUOLI, Valerio de Oliveira. *Controle concentrado de convencionalidade tem singularidades no Brasil,* CONJUR, 24 Abr. 2015. Disponível em: <https://www.conjur.com.br/2015-abr-24/valerio-mazzuoli-controle-convencionalidade-singularidades>. Acesso em 12 Mai. 2019.

MEIJER, Richard. Comparing Brazilian states with countries: Brazilian equivalents. *The Economist,* 07 set. 2011. Disponível em: <http://masterclassbrazil.com/brazil-knowledge/comparing-brazilian-states-countries-brazilian-equivalents-economist/>. Acesso em 26 Abr. 2018.

MEIRELLES, Hely Lopes. *Mandado de Segurança, Ação Popular, Ação civil pública, Mandado de Injunção, "Habeas Data", Ação Direta de Inconstitucionalidade e Ação Declaratória de Constitucionalidade.* 22a ed. São Paulo: Malheiros Editores, 2000.

MENDES, Gilmar Ferreira. O princípio da proporcionalidade na jurisprudência do Supremo Tribunal Federal: novas leituras. *Repertório IOB de Jurisprudência,* n. 14/2000, caderno 1, 2ª quinzena de julho de 2000.

MESQUITA, Gil Ferreira de. *O devido processo legal em seu sentido material*: breves considerações. Senado Federal, Brasília, a. 43, n. 170, abr./jun. 2006. Disponível em: <https://www2.senado.leg.br/bdsf/bitstream/handle/id/92748/Mesquita%20Gil.pdf?sequence=1>. Acesso em 04 Mar. 2018.

MÉXICO. Constitución Política de los Estados Unidos Mexicanos, de 05 de fevereiro de 1917. Disponível em: <http://www.ordenjuridico.gob.mx/Constitucion/articulos/21.pdf>. Acesso em 03 Mai. 2018.

MINISTÉRIO PÚBLICO DO ESTADO DE SÃO PAULO. *Iniciativa do MP leva à redução do valor de seguro de veículos em Mogi das Cruzes.* Projeto de Segurança Pública é desenvolvido em conjunto com Prefeitura e Polícias. São Paulo: Ministério Público do Estado de São Paulo, 03 jun. 2016. Disponível em: <http://www.mpsp.mp.br/portal/page/portal/noticias/noticia?id_noticia=15137084&id_grupo=118>. Acesso em 15 Set. 2019.

MINISTÉRIO PÚBLICO DO ESTADO DE SÃO PAULO. *RAIO X da violência doméstica durante isolamento. Um retrato de São Paulo.* São Paulo: Ministério Público do Estado de São Paulo, 13 abr. 2020. Disponível em: <http://www.mpsp.mp.br/portal/pls/portal/!PORTAL.wwpob_page.show?_docname=2659985.PDF>. Acesso em 28 Mai. 2020.

MIGALHAS. Mulher tem o direito de ser deixada em paz, diz juiz ao proibir aproximação do ex. *Migalhas,* 02 set. 2019. Disponível em: <https://www.migalhas.com.br/Quentes/17,MI310072,81042-Mulher+tem+o+direito+de+ser+deixada+em+paz+diz+juiz+ao+proibir>. Acesso em 15 Set.2019.

MODÉ, Leandro. Revista Inglesa "descobre" países dentro do Brasil. *Estadão,* 06 set. 2011. Disponivel em: <http://economia.estadao.com.br/noticias/geral,revista-inglesa-descobre-paises-dentro-do-brasil-imp-,768945>. Acesso em 26 Abr. 2018.

MORIN, Edgar. *O método 5*: A Humanidade da Humanidade. Porto Alegre: Sulina, 2005.

MORIN, Stephanie; SOUTO, Carolina. *Onde mora a impunidade?* Porque o Brasil precisa de um indicador Nacional de esclarecimento de homicídios. São Paulo: Instituto Sou da Paz, 2017. Disponível em: <http://soudapaz.org/upload/pdf/index_isdp_web.pdf>. Acesso em 07 Mar. 2018.

MOSER, Claudio, RECH, Daniel (Org.). Direitos Humanos no Brasil: Diagnóstico e Perspectivas. *Coletânea CERIS,* Rio de Janeiro, a. 1, n. 1, 2003.

NAÇÕES UNIDAS. *Quase metade da população global vive abaixo da linha da pobreza.* Disponível em: <https://nacoesunidas.org/bando-mundial-quase-metade-da-populacao-global-vive-abaixo-da-linha-da-pobreza/>. Acesso em 12 Mai. 2019.

NAVARRO COELHO, Sacha Calmon. O direito como produto social. GENJurídico, 31 Jan. 2018. Disponível em: <http://genjuridico.com.br/2018/01/31/o-direito-como-produto-social/>. Acesso em 21 Mar. 2018.

NEW HAMPSHIRE. State Constitution, de 31 out. 1783. Disponível em: <https://www.nh.gov/glance/constitution.htm>. Acesso em 20 Ago. 2019.

NIMER, Beatriz Lameira Carrico. *Ação popular como instrumento de defesa da moralidade administrativa*. Dissertação de Mestrado em Direito do Estado, Faculdade de Direito da Universidade de São Paulo, São Paulo, 2016. Disponível em: <http://www.teses.usp.br/teses/disponiveis/2/2134/tde-20062016-175724/>. Acesso em: 25 Abr. 2018.

NOGUEIRA, Luana. Projeto de segurança de Mogi se torna modelo para o Estado. Câmara avaliará mais três projetos; Plano de Segurança, Fundo de Segurança e revisão do Código de Posturas. *MogiNews*, Mogi das Cruzes, 05 set. 2016. Disponível em: <http://www.portalnews.com.br/_conteudo/2016/09/cidades/40298-projeto-de-seguranca-de-mogi-vira-modelo-para-estado.html>. Acesso em 15 Set. 2019.

NUCCI, Guilherme de Souza. *Dificuldades do Brasil no combate à corrupção*, 24 Dez. 2017.Disponível em: <https://www.lfg.com.br/conteudos/artigos/geral/dificuldades-do-brasil-no-combate-a-corrupcao>. Acesso em 20 Jul. 2018.

NUCCI, Guilherme de Souza. *Direitos Humanos versus Segurança Pública*. Questões controvertidas penais, processuais penais, de execução penal e da infância e juventude. Rio de Janeiro: Forense, 2016.

NUCCI, Guilherme de Souza. *Segurança pública: um dever de todos*, 08 de Dez. 2016. Disponível em: <http://www.guilhermenucci.com.br/artigo/seguranca-publica-um-dever-de-todos>. Acesso em 16 Fev. 2018.

NUNES JÚNIOR, Vidal Serrano. *A cidadania social na Constituição de 1988*: estratégias de positivação e exigibilidade judicial dos direitos sociais. São Paulo: Verbatim, 2009.

PARLAMENTO EUROPEU E CONSELHO DA UNIÃO EUROPEIA. Diretiva 2012/29/UE do Parlamento Europeu e do Conselho da União Europeia, de 25 de outubro de 2012. Estrasburgo: Jornal Oficial da União Europeia L 315/57, 14 Nov. 2012. Disponível em: <https://apav.pt/apav_v3/images/pdf/LexUriServ_Directiva_PT.pdf>. Acesso em 19 Out. 2019.

OEA. Comissão Interamericana de Direitos Humanos. *Report on citizen security and human rights*. OEA/Ser.L/V/II. Doc. 57, pp. 23–29, 31 Dez. 2009. Disponível em: <http://www.cidh.org/countryrep/Seguridad.eng/CitizenSecurity.II.htm>. Acesso em 03 Mai. 2018.

OLIVEIRA, Ariana Bazzano de. *O Percurso do Conceito de Paz*: de Kant à atualidade. I Simpósio em Relações Internacionais do Programa de Pós-Graduação em Relações Internacionais San Tiago Dantas (UNESP, UNICAMP e PUC-SP), 12 a 14 de novembro de 2007.

ONU. *Informe Regional de Desenvolvimento Humano (IDH) 2013-2014*. Programa das Nações Unidas para o Desenvolvimento (PNUD). Disponível em: <http://www.pg.undp.org/content/dam/rblac/docs/Research%20and%20Publications/IDH/UNDP-RBLAC-ResumoExecPt-2014.pdf>. Acesso em 26 Mar. 2018.

Organisation for Economic Co-operation and Development (OECD). *OECD Better Life Index. Brazil*. Disponível em: <http://www.oecdbetterlifeindex.org/pt/paises/brazil-pt/>. Acesso em 26 Abr. 2018.

Organisation for Economic Co-operation and Development (OECD). *OECD Better Life Index. Poland.* Disponível em: <http://www.oecdbetterlifeindex.org/pt/paises/poland-pt/>. Acesso em 26 Abr. 2018.

ORGANIZAÇÃO DA UNIDADE AFRICANA. Conferência Ministerial da Organização da Unidade Africana. Carta Africana dos Direitos Humanos e dos Povos, de 27 jul. 1981. Disponível em: <http://www.direitoshumanos.usp.br/index.php/Documentos-não-Inseridos-nas-Deliberações-da-ONU/carta-africana-dos-direitos-humanose-dos-povos-carta-de-banjul.html>. Acesso em 09/Ago./2019.

PANCOTTI, José Antonio. *Princípio da Inafastabilidade da jurisdição e o controle jurisdicional da discricionariedade administrativa.* Dissertação de Mestrado em Direito, Centro Universitário Toledo de Araçatuba. São Paulo, 2007. Disponível em: <http://www.dominiopublico.gov.br/download/teste/arqs/cp040248.pdf>. Acesso em 26 Mar. 2018.

PASTANA, Debora Regina. Estado Punitivo Brasileiro na Perspectiva da Criminologia Crítica. In: BORGES, Paulo César Corrêa (Org.). *Leituras de um realismo jurídico-penal marginal:* Homenagem a Alessandro Baratta. São Paulo: NETPDH; Cultura Acadêmica Editora, 2012.

PAULSEN, Monrad G. *The Persistence of Substantive Due Process In The States.* Indiana: 1950. Disponível em: <https://www.repository.law.indiana.edu/cgi/viewcontent.cgi?article=3196&context=facpub>. Acesso em 02 Mar. 2018.

PENA, Adriana Francisca Souza. *Direitos Humanos e Narrativa*: reflexões padadoxais sobre a paz. Dissertação de Mestrado em Direito do Estado, Faculdade de Direito, Pontifícia Universidade Católica de São Paulo, São Paulo, 2014.

PERLINGEIRO, Ricardo. É a reserva do possível um limite à intervenção jurisdicional nas políticas públicas sociais? *Revista de Direito Administrativo Contemporâneo*, v. 2, pp. 163-185, 2013. Disponível em: <https://www.researchgate.net/publication/257984153_E_a_reserva_do_possivel_um_limite_a_intervencao_jurisdicional_nas_politicas_publicas_sociais_Does_the_Proviso_of_the_Possible_Vorbehalt_des_Moglichen_Limit_Judicial_Intervention_in_Social_Public_Polic/link/0deec526b8ed96b78a000000/download>. Acesso em 08 Out. 2019.

POLÔNIA. Constituição da República da Polônia, de 02 de abril de 1997. Disponível em: <http://www.sejm.gov.pl/prawo/konst/angielski/kon1.htm>. Acesso em 03 Mai. 2018.

Programa das Nações Unidas para o Desenvolvimento no Brasil (PNUD BRASIL). *Segurança Cidadã.* PNUD BRASIL, 19 fev. 2019. Disponível em: <https://pnud-brasil.exposure.co/seguranca-cidada>. Acesso em 10 Set. 2019.

PROIETTI, Mauro Mancini. L'esigenza di un effettivo coordinamento tecnico delle Forze di polizia fra riparto constituzionale di competenze, ruolo dei sindaci ed esigenze di sicurezza alla luce della sentenza della Corte constituzionale del 7 aprile 2011 n. 115. In: BENVENUTI, Stefano et al (Coords). *Sicurezza pubblica e sicurezza urbana*. Il limite del potere di ordinanza dei sindaci stabilito dalla Corte constituzionaele. Milão: Franco Angeli, 2013.

RASSI, João Daniel. *Imputação das ações neutras e o dever de solidariedade no direito penal brasileiro*. Tese de Doutorado em Direito do Estado, Faculdade de Direito da Universidade de São Paulo, São Paulo, 2012. Disponível em: <https://teses.usp.br/teses/disponiveis/2/2136/tde-07062013-152131/publico/Joao_Daniel_Rassi_Doutorado_2012_Versao_completa.pdf>. Acesso em: 17/Out./2019.

RESK, Felipe. Sensação de segurança no Brasil é equivalente à do Afeganistão. *O Estado de São Paulo*, 25 set. 2015. Disponível em: <http://brasil.estadao.com.br/noticias/geral,sensacao-de-seguranca-no-brasil-e-equivalente-a-do-afeganistao--diz-pesquisa,1769058>. Acesso em 16 Abr. 2018.

RIVAS, Natalia Pérez. *Víctimas Necesitadas de Especial Protección*: Especial Referencia A Las Personas Con Discapacidad. 2017. Disponível em: <http://congreso.fderechoydiscapacidad.es/wp-content/uploads/2017/12/PerezRivasNatalia.pdf>. Acesso em 19 Out. 2019.

RODRIGUES, Luís Fernando Matricardi. *A Proibição de Insuficiência e o STF*: há controle de proporcionalidade da omissão estatal? Sociedade Brasileira de Direito Público, 2009. Disponível em: <http://www.sbdp.org.br/arquivos/monografia/158_MLF.pdf>. Acesso em 07 Mar.2018.

RODRIGUES, Roger de Melo. *A vítima e o Processo Penal Brasileiro*: Novas Perspectivas. Dissertação de Mestrado em Direito, Faculdade de Direito da Universidade de São Paulo, São Paulo, 2012. Disponível em: <https://teses.usp.br/teses/disponiveis/2/2137/tde-29082013-135837/publico/VERSAO_COMPLETA_DISSERTACAO_ROGER_DE_MELO_RODRIGUES_A_VITIMA_E_O_PROCESSO_PENAL_BRASILEIRO.pdf>. Acesso em: 19 Out. 2019.

RODRIGUEZ, José Rodrigo. Controlar a profusão de sentidos: a hermenêutica jurídica como negação do subjetivo. In: BOUCAULT, Carlos E. de Abreu; RODRIGUEZ, José Rodrigo (Orgs). *Hermenêutica Plural*: possibilidades jusfilosóficas em contextos imperfeitos. 2ª ed. São Paulo: Martins Fontes, 2005.

ROOSEVELT, Franklin Delano. *Four Freedoms speech ou Discurso por ocasião da mensagem do Estado da União*. Washington, 06 de janeiro de 1941. Disponível em: <https://voicesofdemocracy.umd.edu/fdr-the-four-freedoms-speech-text/>. Acesso em 29 Jul. 2019.

ROUSSEAU, Jean-Jacques. Do Contrato Social. Tradução de Ronaldo Roque da Silva. Edição eletrônica: Ed. Ridendo Castigat Mores, 2002. Disponível em: <http://www.dominiopublico.gov.br/download/texto/cv00014a.pdf>. Acesso em 28 Fev. 2018.

RUBIO, David Sánchez. Inversión Ideológica y Derecho Penal Mínimo, Decolonial, Intercultural y Antihegemónico. In: BORGES, Paulo César Corrêa (Org.). *Leituras de um realismo jurídico-penal marginal*: Homenagem a Alessandro Baratta.- São Paulo: NETPDH; Cultura Acadêmica Editora, 2012.

SANDEL, Michael J. *JUSTIÇA O que é fazer a coisa certa*. Tradução de Heloísa Matias e Maria Alice Máximo. Rio de Janeiro: Civilização Brasileira, 2015. E-Book. Disponível em: <https://docero.com.br/doc/e8x511>. Acesso em 29 Jul. 2019.

SANTIN, Valter Foleto. *Controle judicial da segurança pública*: eficiência do serviço na prevenção e repressão ao crime. São Paulo: Revista dos Tribunais, 2004.

SANTOS, Marcelo de Oliveira Figueiredo. *Teoria Geral do Estado*. 2ª. ed. São Paulo: Atlas, 2001.

SARLET, Ingo Wolfgang. Conceito de direitos e garantias fundamentais. In: *Enciclopédia Jurídica da PUCSP*. Celso Fernandes Campilongo, Alvaro de Azevedo Gonzaga e André Luiz Freire (coords.). Tomo: Direito Administrativo e Constitucional. Vidal Serrano Nunes Jr., Maurício Zockun, Carolina Zancaner Zockun, André Luiz Freire (coord. de tomo). São Paulo: Pontifícia Universidade Católica de São Paulo, 2017. Disponível em: <https://enciclopediajuridica.pucsp.br/verbete/67/edicao-1/conceito-de-direitos-e-garantias-fundamentais>. Acesso em 17 Out. 2019.

SARLET, Ingo Wolfgang. Constituição e Proporcionalidade: o direito penal e os direitos fundamentais entre proibição de excesso e de insuficiência. *Revista Brasileira de Ciências Criminais: RBCCrim*, v. 12, n. 47, p. 60-122, mar./abr. 2004.

SAWULSKI, Jakub. *Public finance in Poland: evolution, characteristics and perspectives*. Instytut Badan Strukturalnych (IBS) policy paper 04/2016. June 2016. Disponível em: <http://ibs.org.pl/app/uploads/2016/07/IBS_Policy_Paper_04_2016.pdf>. Acesso em 20 Dez. 2018.

SAYEG, Ricardo Hasson. Decreto que libera armas é triste, mas necessário, diz advogado: Novas regras asseguram direito à legítima defesa do brasileiro, segundo Ricardo Sayeg. *Folha de São Paulo*, entrevista concedida a Rogério Gentile em 10 de maio de 2019. Disponível em: <https://www1.folha.uol.com.br/cotidiano/2019/05/decreto-que-libera-armas-e-triste-mas-necessario-diz-advogado.shtml>. Acesso em 12 Set. 2019.

SAYEG, Ricardo Hasson. O perfil de Bolsonaro Eleito prioriza direitos de vítimas, não de criminosos. *Folha de São Paulo*, 10 dez. 2018. Disponível em: <https://www1.folha.uol.com.br/opiniao/2018/12/o-perfil-de-bolsonaro.shtml>. Acesso em 12 Set. 2019.

SAYEG, Ricardo Hasson. Os direitos humanos não servem de escudo para os criminosos. *O Estado de São Paulo*, Entrevista concedida a Fausto Macedo em 20 mai. 2018. Disponível em: <https://politica.estadao.com.br/blogs/fausto-macedo/os-direitos-humanos-nao-servem-de-escudo-para-os-criminosos/>. Acesso em 12 Set. 2019.

SAYEG, Ricardo Hasson; BALERA, Wagner. *Fator CapH capitalismo humanista a dimensão econômica dos direitos humanos*. São Paulo: Editora Max Limonad, 2019.

SAYEG, Ricardo Hasson; BALERA, Wagner; CANTARINI, Paola. *Consubstancialidade da Teoria do Direito Quântico à Luz da Teoria do Diálogo das Fontes*. São Paulo, 2019, no prelo.

SCHOPENHAUER, Arthur. *O mundo como vontade e como representação*. Tradução de Jair Barboza. São Paulo: Editora UNESP, 2005.

SCLIAR, Moacyr. História do Conceito de Saúde. *PHYSIS: Rev. Saúde Coletiva*, Rio de Janeiro, v. 17, n. 1, pp. 29-41, 2007. Disponível em: <http://www.scielo.br/pdf/physis/v17n1/v17n1a03.pdf>. Acesso em 24 Abr. 2018.

SEN, Amartya Kumar. *Desenvolvimento como liberdade*. São Paulo: Companhia das Letras, 2000.

SÉRGIO DOS SANTOS, Pedro. A Criminologia da Libertação e Mito da Periculosidade. In: BORGES, Paulo César Corrêa (Org.). *Leituras de um realismo jurídico-penal marginal*: Homenagem a Alessandro Baratta.- São Paulo: NETPDH; Cultura Acadêmica Editora, 2012.

SILVA NETO, Manoel Jorge e. *O Constitucionalismo Brasileiro Tardio*. Brasília: ESMPU, 2016.

SILVA, A. M. de L.; RODRIGUES, C. de A.; ALBUQUERQUE, C.M. de; SILVA, M.J. da. *A Importância da Pesquisa das Personalidades Auto-Realizadoras na Teoria de Abraham Maslow*. Disponível em: <https://psicologado.com/abordagens/humanismo/a-importancia-da-pesquisa-das-personalidades-auto-realizadoras-na-teoria-de-abraham-maslow>. Acesso em: 09 Fev. 2018.

SOUZA, Motauri Ciocchetti de. *Ação civil pública e inquérito civil*. 6ª ed. São Paulo: Saraiva, 2017.

SOUZA, Motauri Ciocchetti de. *Ministério Público e o princípio da obrigatoriedade*: ação civil pública, ação penal pública. São Paulo: Método, 2007.

SOUZA, Rafaelle Lopes; Silveira, Andréa Maria. Mito da ressocialização: programas destinados a egressos do sistema prisional. *SER Social*, Brasília, v. 17, n. 36, p. 163-188, jan.-jun./2015.

TELLES JUNIOR, Goffredo. *O Poder do Povo*. 2002. Disponível em: <http://www.migalhas.com.br/especiais/13_09_02_goffredo.htm>. Acesso em 20 Mar. 2018.

TELLES JUNIOR, Gofredo da Silva. *Direito Quântico*. 1971. Disponível em: <http://www.revistas.usp.br/rfdusp/article/viewFile/66689/69299>. Acesso em: 01 Mar. 2018.

The Economist apud Folha Política. *Revista 'Economist' derruba mito do suposto crescimento brasileiro*. Disponível em: <http://www.folhapolitica.org/2014/01/revista-economist-derruba-mito-do.html>. Acesso em 26 Abr. 2018.

The Economist apud jornal Cidade Verde. *PIB per capita do Piauí é maior que o da Índia, revela revista inglesa*. 19 jun. 2014. Disponível em: <https://cidadeverde.com/noticias/165758/pib-per-capita-do-piaui-e-maior-que-o-da-india-revela-revista-inglesa>. Acesso em 26 Abr. 2018.

TRIBUNAL DE JUSTIÇA DE SÃO PAULO. Apelação APL 39666512008826O576 SP 0039666-51.2008.8.26.0576. Relator: Desembargador Conti Machado. 19 Câmara de Direito Privado. Data de publicação: 23/05/2011. Disponível em: <https://tj-sp.jusbrasil.com.br/jurisprudencia/19110312/apelacao-apl-396665120088260576-sp-0039666-5120088260576/inteiro-teor-104260796>. Acesso em: 29 Jul. 2019.

TUROLLO JR., Reynaldo; PAGNAN, Rogério. Em 5 anos, polícia brasileira matou em média 6 pessoas por dia Diz Estudo. *Folha de São Paulo*, São Paulo, 11 nov. 2014. Disponível em: <http://www1.folha.uol.com.br/cotidiano/2014/11/1545847-em-5-anos-policia-brasileira-matou-em-media-6-pessoas-por-dia-diz-estudo.shtml>. Acesso em 07 Jan. 2015.

VARONA, Ciro Alegría. La seguridad como derecho humano, *Revista Pensamiento Constitucional*, San Salvador, v. 4, n. 4, 1997.

VERGARA, Rodrigo. A origem da criminalidade: Sem contar as vidas perdidas, o crime custa ao Brasil mais de 100 bilhões de reais. Para curar essa chaga, é preciso primeiro entender como ela é fabricada. *Superinteressante*, 31 mar. 2002. Disponível em: <http://super.abril.com.br/ciencia/origem-criminalidade-442835.shtml>. Acesso em 02 Jul. 2019.

VIAPIANA, Luiz Tadeu. *Economia do Crime*: uma explicação para a formação do criminoso. Porto Alegre: Editora Age, 2006. Disponível em: <https://books.google.com.br/books?id=0Z-KAr2aPmYC&pg=PA12&lpg=PA12&dq=cifras+negras+registro+criminal&source=bl&ots=GxmP9-T0Ul&sig=UklGbBh2xb44eq6dRnjNtU3pVrg&hl=pt-BR&sa=X#v=onepage&q=cifras%20negras%20registro%20criminalcifras%20negras&f=false>. Acesso em 07 Mar. 2018.

VILLA, Marco Antonio. *A História das Constituições Brasileiras*: 200 anos de luta contra o arbítrio. São Paulo: Leya, 2011.

WACQUANT, Loïc. *As prisões da miséria*. Rio de Janeiro: Jorge Zahar, 2001.

WOLKMER, Antonio Carlos. *Pluralismo jurídico*: fundamentos de uma nova cultura no Direito. São Paulo: Alfa-Omega, 2001.

ZAFFARONI, Eugênio Raul, PIERANGELI, José Henrique. *Manual de Direito Penal Brasileiro*. E-book baseado na 11ª ed. São Paulo: Editora Revista dos Tribunais, 2015.